Ulrich Quack

Strände, Tempel und Korallen

Reise-Handbuch Mauritius-Réunion

Aktuelle Informationen und Reisetips für bekannte und unbekannte Gebiete auf Mauritius und Réunion

1. Auflage 1990/91
2. Auflage 1993/94

© Vertrieb und Service, Reisebuchverlag, Reisevermittlung,
Im- und Export Iwanowski GmbH
Raiffeisenstraße 21 · D 4047 Dormagen 1
Telefon 02133/61919 · Fax 02133/63130
Telex 8517396 vsd d

Alle Informationen und Hinweise
ohne jede Gewähr und Haftung

Umschlagbild: Ulrich Quack

Alle Farb- und Schwarzweißbilder: Ulrich Quack
Chefredaktionelle Bearbeitung: Michael Iwanowski

Zeichnungen, graphische Gestaltung, Lasersatz und Layout:
Art Design Ursula Iwanowski

Gesamtherstellung: F. X. Stückle, D 7637 Ettenheim

Printed in W.-Germany

ISBN 3-923975-20-1

INHALTSVERZEICHNIS

Einleitung		8
1	**Allgemeiner Überblick**	**10**
	Mauritius auf einen Blick 11	
2	**Mauritius: Land und Leute**	**12**
2.1	Geschichtlicher Überblick	12
2.1.1	Entdeckung und erste Kolonisation	12
2.1.2	Die Zeit der Franzosen	15
	Informationen zu Mahé de Labourdonnais 17	
2.1.3	Die Zeit der Engländer	21
2.1.4	Die Unabhängigkeit	24
	Informationen zu Sir Seewoosagur Ramgoolam 25	
2.1.5	Zeittafel	27
2.2.	Landschaftlicher Überblick	30
2.2.1	Landschaften	30
2.2.2	Klima/Reisezeit	33
	Klimatabelle 34	
2.2.3	Pflanzen- und Tierwelt	36
	Informationen zum Dodo 37 - Informationen zum Solitaire 38	
2.2.4	Wirtschaft	46
2.2.5	Bevölkerung	51
3	**Mauritius als Reiseland**	**55**
	Zitate 55	
3.1.	Praktische Reisetips von A - Z	56
3.2	Mauritianisches Kaleidoskop	76
3.2.1	Kreolisches Leben	76
	Information zur Sega 80	
3.2.2	Religionen und religiöse Feste	82
3.2.3	Essen und Trinken	89
3.2.4	Strände	95
3.2.5	Hotels	101
	Strandhotels der First-Class und Luxusklasse 105 - Strandhotels/Bungalows der Mittelklasse 106 - Einfache Strandhotels/Bungalows 107 - Stadthotels/Hotels im Landesinneren 107	
3.2.6	Mauritius: "Die Blaue" und andere	108
4	**Reisen auf Mauritius**	**111**

Vorbemerkungen zum Reisekapitel 111 - Zeiteinteilung und touristische Interessen 112 - Übersichtskarte 114

4.1	**Port Louis**	**115**
4.1.1	Überblick	115
4.1.2	Touristische Hinweise	118
4.1.3	Port Louis: Sehen und Erleben	119
4.1.4	Die nähere Umgebung von Port Louis	127

Fort William/Fort George 127 - Signal Hill 128 - Pagode Thien-Thane 128 - Priest's Peak 129 - Vallée des Pretres 129 - Tamilen-Tempel Sockalingum Meenatchee Ammen 129 - Ste. Croix 129 - Informationen zu Jacques Désiré Laval 130 - Le Réduite 131 - Eureka 132 - Rundfahrt um den Pieter Both 132

4.2	**Der Norden**	**134**
4.2.1	Überblick	134
4.2.2	Touristische Hinweise	135
4.2.3	Von Port Louis zur Grand Baie	136

Hindu-Tempel Shivalah 137 - Trou aux Biches 138 - Aquarium 138 - Grand Baie 139

4.2.4	Von Grand Baie über Poudre d'Or nach Pamplemousses	140

Information zu "Paul und Virginie" 142

4.2.5	Pamplemousses	143
4.3	**Der Südwesten**	**149**
4.3.1	Überblick	149
4.3.2	Touristische Hinweise	151
4.3.3	Von Port Louis nach Curepipe	152

Beau Bassin 153 - Rose Hill 154 - Quatre Bornes 154 - Vacoas/Phoenix 154 - Rundfahrten von Vacoas aus 155 - Floréal 155

4.3.4	Curepipe	156
4.3.5	Von Curepipe nach Baie du Cap	159

Alternative Route 159 - Mare aux Vacoas 160 - Grand Bassin 160 - Plaine Champagne 161 - Gorges de la Rivière Noire 162 - Terres de Couleurs 163

4.3.6	Von Baie du Cap nach Tamarin (Port Louis)	164

Morne Brabant 165 - Grande Rivière Noire 166 - Tamarin 166 - Casela Bird Park 167

4.4	**Der Süden und Osten**	**168**

Inhaltsverzeichnis

4.4.1	Überblick und touristische Hinweise	168
4.4.2	Zwischen Poudre d'Or und und Mahébourg	170

Poste de Flacq 170 - Centre de Flacq 171 - Belle Mare 171 - Trou d'Eau Douce 171 - Ile aux Cerfs 172 - Beau Champs 173 - Domaine du Chasseur 174 - Montagne du Lion 176 - Vieux Grand Port 176 - Mahébourg 177

4.4.3	Zwischen Mahébourg und Baie du Cap	178

Pointe Desny 178 - Blue Bay 178- Krokodilfarm La Vanille 179 - Souillac 180 - Rochester Falls 180 - Riambel 181 - Pointe aux Roches 181 - Ilot Sanche 181 - Bel Ombre 182

4.5	**Die Inseln der Insel**	**183**
4.5.1	Überblick	183
4.5.2	Touristische Hinweise	185
4.5.3	Die nahen Inseln	185

Inseln im Norden 186 - Ostküste 187 - Südwestküste 189

4.5.4	Rodrigues	190

Touristische Hinweise 190

4.5.5	Die Cargados und andere entferntere Inseln	193

Archipel der Cargados-Inseln 193 - Agalega 194 - Chagos-Inseln/Diego Garcia 195

5	**Réunion: Land und Leute**	**197**

Réunion auf einen Blick 197

5.1	**Geschichtlicher Überblick**	**198**
	Zeittafel 200	
5.2	**Landschaftlicher Überblick**	**203**
5.2.1	Landschaften	203
5.2.2	Klima/Reisezeit	205
5.2.3	Tier- und Pflanzenwelt	206
5.2.4	Bevölkerung	208

6	**Réunion als Reiseland**	**213**
6.1	**Praktische Reisetips von A - Z**	**214**
6.2	**Frankreichs südlichster Landesteil**	**236**
6.3	**Sportmöglichkeiten und Inselerkundung**	**238**

Busrundfahrt 239 - Rundfahrten 239 - Wandern 240 - Surfen 241 - Hochseeangeln 242 - Tauchen 243

6.4	**Hotels**	**244**

Saint-Denis 246 - Salazie 246 - Saint-Philippe 246 - Cilaos 247 - La Plaine-des-Palmistes 247 - Saint-Pierre

247 - La Plaine-des-Cafres/Le Tampon 247 - Saint-Gilles 247

7   Reisen auf Réunion **249**
Vorbemerkungen zum Reisekapitel 249 - Zeiteinteilung und touristische Interessen 250 - Übersichtskarte 251

7.1	St-Denis und Umgebung...	252
7.1.1	Überblick und touristische Hinweise......................	252
7.1.2	St-Denis: Sehen und Erleben..................................	253
7.1.3	Rundfahrt Le Brûlé..	261
7.1.4	Rundfahrt Colorado	263

7.2	Nordostküste und Cirque de Salazie......................	266
7.2.1	Überblick und touristische Hinweise......................	266
7.2.2	Zwischen St-Denis und Bras-Panon......................	268

Cascade de Chaudron 269 - Sainte-Marie 269 - Sainte-Suzanne 270 - Saint-André 270 - Bras-Panon 271 - Information zur "Vanille Bourbon" 271 - Bassin la Paix 274 - Bassin la Mer 275

7.2.3	Der Cirque de Salazie...	275

Salazie 275 - Cascades du Voile de la Mariée 276 - Hell-Bourg 277 - Ilet à Vidot 278 - Grand-Ilet 278

7.3	Der Osten und der wilde Süden.............................	280
7.3.1	Überblick und touristische Hinweise......................	280
7.3.2	Zwischen Bras-Panon und St-Philippe..................	282

St-Benoit 282 - Ste-Anne 282 - Ste-Rose 284 - Coulée de lave 284 - Anse des Cascades 284 - Vierge au Parasol 285 - Symbiose pour Volcan et Oiseau 286 - Pointe de la Table 286 - St-Philippe 288 - Mare-Longue 288

7.3.3	Zwischen St-Philippe und St-Pierre.......................	288

Abstecher zum Cap Méchant 289 - Abstecher nach Grand Galet 290 - St-Joseph 291 - Grand Coude 291 - Rundfahrt über Petite-Ile 292 - Grand Anse 292

7.4	Der Piton de la Fournaise.......................................	294
7.4.1	Überblick und touristische Hinweise......................	294
7.4.2	Anfahrt über Le Tampon...	297

Le Tampon 297 - La Plaine-des-Cafres 298

7.4.3	Anfahrt über La Plaine-des-Palmistes....................	299

	Mille Monts 299 - Grand Étang 299 - Plaine-des-Palmistes 300 - Col de Bellevue 301 - Plaine-des-Cafres 301	
7.4.4	**Die Route du Volcan**	301
	Plaine des Sables 302 - Pas de Bellecombe 303	
7.5	**St-Pierre und Cirque de Cilaos**	306
7.5.1	Überblick und touristische Hinweise	306
7.5.2	St-Pierre: Sehen und Erleben	308
	Abstecher nach Entre-Deux 312	
7.5.3	Der Cirque de Cilaos	313
	Cilaos 314 - Abstecher von Cilaos aus 315 - Landschaftsfahrt nach La Fenêtre 316	
7.6	**Die Westküste**	317
7.6.1	Überblick und touristische Hinweise	317
7.6.2	Zwischen St-Pierre und St-Gilles-les-Bains	318
	St-Leu 321 - Schildkrötenfarm von St-Leu 321 - Zwischen St-Leu und St-Gilles-les-Bains 322 - St-Gilles-les-Bains 322	
7.6.3	Zwischen St-Gilles-les-Bains und St-Denis	323
	St-Paul 326 - Informationen zu "La Buse" 327 - Abstecher Etang St-Paul 330 - Omega 330 - Le Port 331 - Ausflug nach Dos-d'Ane 331 - Route en Corniche 331	
7.6.4	Der Cirque de Mafate	332
8	**Literaturverzeichnis**	**334**
9	**Stichwort-, Orts- und Namensregister**	**336**

EINLEITUNG

Die Inseln Mauritius und La Réunion, im Wendekreis des Steinbocks abgeschieden im Indischen Ozean gelegen, können allein durch ihren Namen beim sonnenhungrigen Touristen paradiesische Vorstellungen erwecken. Träume von palmengesäumten Stränden, Wassersport im wärmsten aller Meere, Korallenbänken und freundlichen Einheimischen - dies hat besonders Mauritius populär gemacht und zu einem enormen Aufschwung des Fremdenverkehrs geführt. In der letzten Dekade besuchten so Jahr für Jahr durchschnittlich 10 % mehr Menschen die Tropeninsel; 1989 waren es insgesamt 270 000. Mit 17 000 Gästen stellten davon die Bundesdeutschen zwar nur einen relativ geringen Anteil (in der Länderstatistik rangieren sie an vierter Stelle hinter Réunion, Frankreich und Südafrika), steigerten dafür aber in den letzten zehn Jahren kontinuierlich ihre Besucherzahlen um durchschnittlich mehr als 20 % in jeder Saison! Kein Zweifel: Eine solche Bilanz kann ihren Grund nicht allein in touristischen Klischeevorstellungen haben, sondern hat auch mit der Erlebenswirklichkeit vor Ort zu tun.

Demgegenüber ist Réunion nach wie vor ein hauptsächlich inner-französisches Urlaubs-Eldorado, das von ausländischen Gästen nur zögernd angenommen wird. Aber auch hier sind die Zahlen steigend, verursacht u.a. durch das "Inselhüpfen", das durch die geringe Distanz von knapp 200 km zwischen den beiden Destinationen ja naheliegend ist.

Ob man nun Mauritius oder Réunion oder beide Inseln bereist, enttäuscht sein wird man wohl kaum. Sowohl Mauritius als auch Réunion haben ihr jeweils eigenes Gepräge, sind unverwechselbar und unvergleichlich schön. Trotz relativ hoher Bevölkerungsdichte (Mauritius: 513 Menschen pro qkm; Réunion: 218 pro qkm) bleibt genügend Freiraum zum ungestörten Wandern und Wassersport auch an einsamen Stränden. Doch nur den Tag am Strand zu verbringen, dazu sind die Inseln eigentlich zu schade. Denn dem interessierten Besucher bieten die pittoresken Orte und quirligen Städte, die herrliche Vegetation, die mal majestätische, mal liebliche Landschaft und vor allen Dingen die verschiedenen Bevölkerungsanteile eine solche Fülle an Eindrücken, daß sich ein bloßes Sonnenbaden fast von selbst verbietet. Inder, Afrikaner, Chinesen, Europäer, Kreolen haben eine multi-kulturelle Gemeinschaft gebildet, die mit ihren Tempeln, Kirchen, Pagoden und Moscheen, mit ihren religiösen Festen und mit ihren Küchen, mit ihrer Vitalität und Freundlichkeit an sich schon eine Reise wert ist. Daß sich alles zudem in recht stabilen politischen Verhältnissen abspielt, kann das positive Erleben dieser Gemeinschaft nur verstärken.

In diesem Reiseführer beschreibe ich deshalb Sehens- und Erlebenswertes für alle, die ihr komfortables Urlaubsquartier zu Exkursionen in

Einleitung

die nähere und weitere Umgebung verlassen möchten. Darüberhinaus will Ihnen das Buch schon bei der Wahl eben dieses Quartiers mit Empfehlungen behilflich sein, die ich aufgrund von Eigenerfahrungen zusammengestellt habe. Gleiches gilt für Tips und Hinweise zu Restaurants, Stränden, touristischen Leistungsträgern u.a..

Ziel des Buches ist es, dem individuellen Reisenden praktikable Routen für Ausflüge (etwa mit dem Mietwagen oder dem Bus) an die Hand zu geben, auf denen er die Hauptsehenswürdigkeiten, aber auch weniger bekannte, lohnende Ziele erreicht. Die verhältnismäßig geringe Größe und Überschaubarkeit der beiden Inseln kommt dabei dem Gast insofern zugute, als er alle angegebenen Rundfahrten und Abstecher in der 'normalen' Urlaubszeit bequem schaffen kann. Das Buch richtet sich sowohl an den Mauritius-Reisenden, der evtl. auch die französische Nachbarinsel erkunden möchte, als auch an den Réunion-Reisenden, der z.B. einen zusätzlichen Badeaufenthalt auf Mauritius in Erwägung zieht.

Wie auch immer Sie Ihren Urlaub planen und einteilen, ich bin sicher, daß es Ihnen auf Mauritius und/oder Réunion gefallen wird. Beide Inseln sind liebenswert - und Sie werden sie lieben lernen!

Ulrich Quack

Mönchengladbach, im Mai 1990

1 ALLGEMEINER ÜBERBLICK

Mauritius und Réunion liegen mitten im Indischen Ozean, knapp südlich des 20. südlichen Breitengrades und zwischen dem 55. und 58. östlichen Meridian. Zusammen mit Rodrigues, 650 km nordöstlich von Mauritius entfernt und politisch diesem zugehörig, bilden sie den Archipel der Maskarenen, der sich durch vulkanische Tätigkeit aus einem unterseeischen Hochplateau heraushob. Spuren dieser Tätigkeit sind auf Mauritius als der älteren Insel nur noch rudimentär, auf Réunion jedoch immer noch aktiv zu erfahren. Von den nächsten Küsten ist Mauritius weit entfernt: etwa 1 800 km von Ostafrika (Mombasa), 2 000 km von Südafrika (Durban), 4 700 km von Indien (Bombay), 6 000 km von Australien (Perth), 850 km von Madagaskar und 1 800 km von den Seychellen; Réunion liegt etwa 200 km näher zur afrikanischen Küste.
Topographisch zeichnen sich beide Inseln durch eine vielfältige und reich gegliederte Landschaft aus, wobei das ältere Mauritius wegen der Erosionskräfte und eines allmählichen Absinkens seine höchsten Erhebungen bei etwas über 800 m hat, während Réunion bis zu 3 000 m ü.d.M. aufsteigt. Zum Meer hin besitzt Mauritius eine knapp 200 km lange Küste, die fast ganz von Korallenriffen umgeben ist und zum größten Teil aus Sandstrand besteht. Auch Réunion hat Abschnitte mit Sandstrand, zeigt sich an der Küste aber überwiegend schroff und wild. Mit 65 - 70 km Länge und 40 - 50 km maximaler Breite sind die Inseln von bescheidener Ausdehnung und jeweils kleiner als Mallorca.
Der historische Verlauf war auf Mauritius und auf Réunion über weite Strecken parallel: Von Arabern vermutlich im 12. Jh. entdeckt und von den Portugiesen im 15. Jh. zum erstenmal in den europäischen Horizont gebracht, waren es die Holländer, die sich hier für eine kurze Zeit kolonisatorisch betätigten. Aber erst durch die lange Periode der französischen Herrschaft bekamen die Inseln ihr bis heute sichtbares Gepräge. 1815 trennten sich dann die historischen Wege: Mauritius wurde englische Kolonie und konnte 153 Jahre später die nationale Unabhängigkeit erlangen, während Réunion zunächst noch als Kolonie, seit 1946 dann als Übersee-Département bei Frankreich verblieb.
Identisch ist beiden Inseln eine ausgesprochen bunte Zusammensetzung der Bevölkerung, die aus Kreolen, Weißen, Indern, Schwarzafrikanern und Chinesen - freilich in unterschiedlicher Stärke - besteht.
Wirtschaftlich wurden sowohl Mauritius als auch Réunion als "Zuckerinseln" bezeichnet. Die ehemalige Monokultur hat sich inzwischen jedoch zu einem nach wie vor starken, aber nicht mehr einzigen Standbein der insularen Wirtschaft entwickelt. Weitere Agrarprodukte und eine zunehmende Industrialisierung, insbesondere durch Textilindustrie, vergrößerten die Export-Palette. Daneben trat vor allem in den letzten 15 Jahren eine ständig steigende, teilweise stürmisch verlaufende Entwicklung des Fremdenverkehrs.

MAURITIUS AUF EINEN BLICK

Fläche:	1 865 qkm
Einwohner:	1 020 000 (1988)
Bevölkerungsdichte:	546 Menschen / qkm
Bevölkerung:	Ca. 66 % Indo-Mauritianer (Inder), ca. 29 % Kreolen (afrikanischer oder madegassischer Abstammung), ca. 3 % Sino-Mauritianer (Chinesen), ca. 1,5 % Franko-Mauritianer (Weiße)
Staatssprache:	Offizielle Landessprache ist Englisch, das aber in seiner Bedeutung hinter Créole und Französisch zurücksteht; auch Hindi ist weit verbreitet.
Hauptstadt:	Port Louis (ca. 165 000 Einwohner)
Religion	50 % Hindus, 31 % Christen, 16 % Moslems, 2 % Buddhisten
Flagge:	vier Querstreifen in den Farben (v.o.): rot, dunkelblau, gelb, grün
Nationalfeiertag:	12. März (Tag der Unabhängigkeit)
Staats- und Regierungsform:	Souveräner Staat im Commonwealth; Parlamentarische Demokratie nach britischem Vorbild; repräsentatives Staatsoberhaupt ist Queen Elizabeth
Städte:	Port Louis 165 000 EW, Rose Hill / Beau Bassin 88 000 EW, Curepipe 60 000 EW, Quatre Bornes 60 000 EW, Phoenix/Vacoas 51 000 EW, Mahébourg 20 000 EW
Wirtschaft:	Textilindustrie, Zucker, Tourismus
Ausfuhr:	1988 zu 61,9 % Industriegüter (hauptsächlich Textilien) und zu 33.7 % Zucker, daneben Früchte, Tabak, Rum, Gewürze u.a.
Arbeitslosenquote:	Die Schätzwerte schwanken zwischen 10 - 20 %
Inflation:	9,2 % (1988)
Handelspartner:	Frankreich, USA, BRD, Großbritannien, Italien
Problematik:	Die Hauptausfuhrgüter sind starken Preis-Schwankungen auf dem Weltmarkt ausgesetzt; relativ hohe Inflation; Überbevölkerung mit 1,6 % jährlichem Wachstum (1988)

2 MAURITIUS: LAND UND LEUTE

2.1 GESCHICHTLICHER ÜBERBLICK

Obwohl lange Zeit außerhalb der bedeutenden Handels- und Schiffahrtsrouten gelegen und deshalb verhältnismäßig spät entdeckt, sind die Maskarenen trotzdem ein Archipel mit einer äußerst interessanten Geschichte, die die wichtigsten Kolonialmächte der Neuzeit hier versammelte und sie gegeneinander kämpfen ließ. Aber nicht nur Holländer, Franzosen und Engländer haben den Inseln ihren Stempel aufgedrückt, sondern besonders die als Sklaven hierhin verschleppten Afrikaner und die als billige Arbeitskräfte und als Händler nach Mauritius gekommenen Inder und Chinesen prägten und prägen Wirtschaft, Sozialgefüge, Kultur und Politik des Landes. Über weite Strecken liest sich die Geschichte des Inselstaates spannend wie ein Abenteuerroman von Louis Stevenson: Schauplatz von Kämpfen zwischen seefahrenden Europäern, Unterschlupf und Stützpunkt von Piraten und Korsaren, Insel der Sklavenhändler, Sklaven und Sklavenaufstände, Insel des Zuckers und der Zuckerbarone, Spielball in den Napoleonischen Kriegen...

Mauritius bietet aber mehr als nur den (oft historisch verklärten) Rückblick auf die Zeit der Seeräuberschätze; und jedenfalls auch mehr als nur die 'Karriere' einer Briefmarke! Für uns genauso interessant ist die Zeit der Unabhängigkeit, in der ein Vorposten Afrikas versucht, mit den Schwierigkeiten der Dritten Welt, mit Überbevölkerung, wirtschaftlicher Monokultur und ethnischer Zersplitterung fertig zu werden und sich in einem funktionierenden Gemeinwesen zusammenzufinden.

Dieser historische Überblick will Ihnen Geschichten und Daten an die Hand geben, die zum Verständnis sowohl des alten als auch des modernen Mauritius notwendig sind. Denn ebenso wichtig wie die Landschaft und die Kulturdenkmäler sind die Menschen, die in dieser leben und jene geschaffen haben, und die alles andere als geschichtslos sind.

2.1.1 Entdeckung und erste Kolonisation

Wann Mauritius oder die anderen Inseln der Maskarenen zum erstenmal von wagemutigen Seefahrern angelaufen wurden, ist nicht mit Sicherheit zu sagen. Denn nicht alles Beweisbare ist gleichzeitig auch das einzig Mögliche. So sind Vermutungen laut geworden, die sich jeweils auf zeitgenössische Quellen oder volkstümliche Erzählungen stützen, daß bereits die Phönizier oder die Ägypter auf die Inseln des Indischen Ozeans gestoßen sind. Oder die Malaien hätten auf ihrem Weg von Indonesien nach Madagaskar auch Mauritius erreicht. All das läßt sich nicht ausschließen, ist aber, wie gesagt, nicht zu beweisen. Als gesichert kann hingegen gelten, daß seit dem 10. Jh. n.Chr. arabische Seefahrer auf ihren Dhaus bis zu den Seychellen, Komoren und Maskarenen vorgedrungen sind. Auf Réunion z.B. wird eine Brunnenanlage auf diese arabischen Expeditionen zurückgeführt und deswegen als ältestes Bauwerk des gesamten Archipels bezeichnet; auf den Seychellen und auf Madagaskar gibt es außerdem Gräber und Funde von Gebrauchsgegenständen eindeutig arabischer Herkunft. In irgendeiner Weise geprägt wurden die Maskarenen durch die Araber allerdings nicht - ihnen blieb noch eine Gnadenfrist bis zur Ankunft der ersten Europäer, in der die einzigartige Tier- und Pflanzenwelt mit ihren Dronte-Vögeln, Elephantenschildkröten und Ebenholzwäldern (vgl. 2.2.3) unbeschadet von äußeren Einflüssen weiterexistieren konnten. Es waren aber Araber, die den Europäern den Weg nach Mauritius weisen sollten, nämlich als Lotsen, Navigatoren und Kartographen in Diensten der Portugiesen.

In der Geschichte der Entdeckungen und Überseefahrten haben die Portugiesen eine überragende Rolle gespielt. Auch der Indische Ozean, von Portugal aus nur durch den Atlantik und um das Kap der Guten Hoffnung herum zu erreichen, ist von wagemutigen Seefahrern und Händlern aus Portugal ausgekundschaftet worden. In Südasien, besonders in Indien, lockten Gewürze, Edelmetalle und Luxuswaren, und nach der Afrikaumsegelung des Bartolomeo Diaz (1488) begann sehr bald ein lebhafter Handelsverkehr. Es war da nur eine Frage der Zeit, wann auch die Maskarenen in den europäischen Blickpunkt geraten sollten, lag der Archipel doch recht nah zur Fahrtroute und eignete sich als Zwischenstation zur Proviantaufnahme. Obwohl von Landsleuten

wie Da Chuna (1507) bereits vorher gesichtet, war es dem **Kapitän Don Pedro Mascarenhas**, der 1512 oder 1516 auf Réunion stieß, vorbehalten, in die Geschichtsschreibung als Entdecker der Inseln einzugehen und ihnen seinen Namen zu geben: seit 1520 sind sie auf portugiesischen Seekarten als "Islas Mascarenhas" verzeichnet.

Da es auf den Maskarenen keine einheimische Bevölkerung, folglich auch keine Handelsprodukte gab, waren sie für die Portugiesen nur zu einem Zweck interessant: hier konnte man Wasser- und Essensvorräte bunkern, sich bei plötzlich auftretenden Zyklonen in Sicherheit bringen und allgemein auf der riesigen Seestrecke eine bequeme Zwischensta-

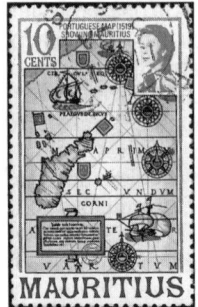

tion einlegen (sofern man einen Durchlaß durch den Korallengürtel um Mauritius fand!). Um die Versorgung mit Frischfleisch zu gewährleisten, setzten die Europäer Schweine und Ziegen aus, die man bei der Rückfahrt wieder einfing und schlachtete. Es blieb nicht aus, daß dabei ebenfalls Hunde und Ratten eingeführt wurden, die zusammen mit den Nutztieren sehr bald die einheimische Tier- und Pflanzenwelt empfindlich zu stören begannen.

Aber Mauritius hatte den hungrigen Portugiesen auch selbst genug anzubieten: Der Dronte ("Dodo"), ein flugunfähiger Vogel, war mangels natürlicher Feinde überall anzutreffen und leicht einzufangen; daß er überdies eßbar war, wurde ihm schließlich zum Verhängnis. Noch schmackhafter waren für die ersten Europäer jedoch die riesigen Schildkröten, die man ebenfalls leicht einfangen konnte und die sich, ohne Wasser oder Nahrung zu brauchen, wochenlang als lebende Fleischreservoire auf den Schiffen halten ließen. Recht früh wurde außerdem bekannt, daß Mauritius einige ideale Nutzhölzer aufzuweisen hatte, allen voran das begehrte Ebenholz. Unter diesen Umständen erstaunt die verhältnismäßig lange Zeitspanne, bis sich auch andere Seemächte für die Insel interessierten und erste Kolonialisierungsversuche unternahmen.

Das Ende des 16. und der Anfang des 17. Jhs. sahen dann aber eine bunte Schar von Europäern, die von den Reichtümern und der Lage Mauritius' - vor allem im Zusammenhang mit dem sprunghaft angestiegenen Ostindienhandel - profitieren wollten. 1598 landete hier zum erstenmal eine holländische Expedition von einigen Schiffen an, deren Admiral Wybrandt van Warwijk die Insel in Besitz nahm und ihr nach dem Statthalter Prinz Moritz von Nassau den noch heute gültigen Namen gab. Auch Dänen, Engländer und Franzosen kamen, schlugen Holz

zur Reparatur ihrer Schiffe oder zu Exportzwecken, deckten sich mit Dodos, Schildkröten und Schweinefleisch ein und verschwanden wieder. Um gegen diese Konkurrenz 'ihre' Insel zu schützen, wurde Mauritius von den Niederländern nun ganz offiziell annektiert und ab 1638 mit zwei kleinen Kolonien besiedelt. Außerdem verfolgte die holländische Ostindienkompanie dadurch das politisch-strategische Ziel, ihren Besitzungen auf Indonesien und dem lukrativen Handel sozusagen Flankenschutz zu geben. Aber schon nach zwanzig Jahren mußten die Niederländer ihre beiden Siedlungen "Warwijck's Haven" und "Vlak" wieder aufgeben, nachdem ihnen Wirbelstürme, Rattenplagen, Desorganisation und Erdrutsche das Le-

Mauritius: Geschichtlicher Überblick

ben schwer gemacht hatten. Auch ihrem zweiten Versuch, auf Mauritius Fuß zu fassen, war kein langes Leben beschieden: 1664 wurden die Kolonialisierungspläne erneut aufgegriffen und 1710 aus den gleichen Gründen wieder fallengelassen. Wir können nicht annehmen, daß in diesen beiden Perioden jemals mehr als 200 Niederländer und etwa 1 000 Sklaven auf Mauritius lebten.

Die Zeit der Holländer, so kläglich sich deren Versuche einer dauerhaften Präsenz auch ausnehmen mögen, hatte doch weitreichende Konsequenzen:
* Sie hinterließ der Insel den **heutigen Landesnamen** und einige Orts- und Flurbezeichnungen (z.B. Vlak = Flacq; Pieter Both u.a.).
* In jener Zeit wurden die **einheimische Flora und Fauna schwer geschädigt** - der Dodo und andere Vogelarten wurden vollständig ausgelöscht, ebenso die Elephantenschildkröte (die in unseren Tagen aus den Seychellen wieder eingeführt wurde), und die Ebenholzbestände wurden fast ganz vernichtet.
* Mit der **Einführung des Zuckerrohrs** wurde der Grundstock der späteren Monokultur und des Hauptexportartikels der Insel gelegt.
* Die aus Java **importierten Sambur-Hirsche** haben sich bis heute enorm vermehrt und bereichern den insularen Speisezettel.
* Schließlich brachten die Holländer auch die ersten **Sklaven** aus Afrika und Madagaskar auf die Insel.

2.1.2 Die Zeit der Franzosen

Die Präsenz der Franzosen auf Mauritius ist älter als der freiwillige Abzug der Niederländer. Seitdem sie ab 1643 auf Madagaskar über ein Fort verfügten, gab es noch im 17. Jh. mehrere französische Expeditionen in die Weite des Indischen Ozeans, die 1649 in die Annexion der Inseln Réunion und Rodrigues mündeten. Aber auch Mauritius wurde angelaufen, wobei ihnen die Insel teilweise als Verbannungsort diente, teilweise als Versuch, selbst zu Zeiten der holländischen Herrschaft dort dauerhaft Fuß zu fassen. In diesem Zusammenhang ist die Ankunft einiger bretonischer Schiffe im Jahre 1665 von Bedeutung, die immerhin etwa 20 Siedler auf die Insel brachten. Rodrigues schließlich wurde ganz ohne niederländisches Intermezzo von Anfang an von Franzosen geprägt: 1691 zuerst von

zehn Hugenotten für einige Jahre besiedelt, 1725 in einem zweiten, ebenfalls mißglückten Anlauf, und ab 1750 letztlich erfolgreich und dauerhaft. Aber natürlich war die Sache bedeutend einfacher, nachdem die Holländer 1710 endgültig Mauritius in Richtung Südafrika verlassen hatten.
Außer strategischen und kolonisatorischen Gründen war das Eingreifen Frankreichs im Indischen Ozean noch durch einen anderen Faktor bedingt: die immer dreister werdenden und nach dem niederländischen Abrücken besonders starken Übergriffe der Piraten, die z.T. selbst Franzosen oder französischer Herkunft waren. Ursprünglich von einem Stützpunkt in Nordmadagaskar aus operierend, setzten sich die Seeräuber nach 1710 auf Mauritius fest und fügten gerade den französischen Handelsschiffen enormen Schaden zu. Die unvorstellbaren Reichtümer, die damals aus Indien und anderen Ländern durch den Ozean nach Europa transportiert wurden, animierten immer mehr Seeräuber zu ihrem einträglichen Geschäft. Die Geschichten von sagenhaften Schätzen, die schillernde Piratengestalten wie Olivier le Vaseur alias "La Buse" (= der Bussard) und andere auf Réunion, Mauritius und den Seychellen vergraben haben sollen, gehen auf diese bewegte Zeit zurück. Deswegen war das französische Engagement auf Mauritius ab 1715 zunächst hauptsächlich ein Kampf einer Handelsmacht gegen das gut organisierte und besonders mit amerikanischen Schiffen kooperierende Piratentum, ein Kampf, der schließlich 1730 durch die Hinrichtung von La Buse (vgl. 7.6.4) auf Réunion von Erfolg bekrönt war.

Als jedenfalls im September 1715 ein Kriegsschiff zur Jagd auf die Seeräuber anlandete, stieß dessen Kapitän Guilleaume Dufresne damit

gleichzeitig in ein machtpolitisches Vakuum und nahm die Insel als "Ile de France" für Frankreich in Besitz. Nun waren die Franzosen Herren über den gesamten Archipel der Maskarenen und hatten außerdem einen guten Brückenkopf im sich abzeichnenden Kampf gegen England um die indischen Besitzungen. Nachdem die Piraten gefangen, hingerichtet oder vertrieben waren, konnte die französische Ostindien-Kompanie 1721 darangehen, auch Siedlungspolitik zu betreiben. Aus bescheidenen Anfängen mit 15 Kolonisatoren und etlichen Sklaven erwuchs ab 1735 ein ernst zu nehmender, ständig prosperierender und wirtschaftlich erfolgreicher Machtfaktor im Indischen Ozean. Treibende Kraft und gleichzeitig vornehmster Repräsentant dieser Entwicklung war der neue Gouverneur Bertrand François Mahé de Labourdonnais.

> **i** *Informationen zu Mahé de Labourdonnais:*
>
> *Nicht nur die vielen Standbilder an exponierter Stelle auf Réunion und Mauritius, sondern auch der Name der Seychellen-Hauptinsel Mahé erinnert an jenen Gouverneur, dem es zum erstenmal glückte, die Maskarenen zu blühenden Kolonien mit beträchtlicher wirtschaftlicher und militärischer Potenz und schnell wachsender Population zu verwandeln. Wie viele berühmte Seefahrer Frankreichs war auch Mahé de Labourdonnais ein Sohn der Stadt Saint Malo, wo er 1699 geboren wurde. Bereits als Zehnjähriger bei der Handelsmarine tätig, war sein Leben seit frühester Jugend mit der Schiffahrt verknüpft und sollte es auch durch seine nachfolgenden Aufträge bleiben. Als Leutnant trat er in die Ostindische Kompanie seines Landes ein, später kämpfte er gegen Seeräuber vor Indien und war Kapitän in portugiesischen Diensten. Als 36jähriger wurde er als neuer Gouverneur der Kompanie zu den Maskarenen berufen. Hier ging er mit außerordentlicher Energie daran, die zivile und militärische Struktur der Inseln zu verbessern. Zunächst verlegte er Hafen und Hauptstadt von der Ile Bourbon (= Réunion) an den günstigeren Platz von Saint Denis. Überall ließ er Verkehrswege erschließen, neue Wohnhäuser bauen und Verteidigungsanlagen errichten. Nicht selten mischte er sich dabei auch in detaillierte Fragen der Kolonialarchitektur ein und erwies sich dabei als Mann mit einem treffsicheren Geschmack. 1738 verlegte schließlich Labourdonnais seinen Gouverneurssitz von der Ile Bourbon zur Ile de France (= Mauritius), wo er Bauprojekte von ähnlichem Umfang durchführen ließ. Wichtigstes Ergebnis waren dabei die Entstehung von Hauptstadt und Hafen in Port Louis, das seinen Namen nach dem französischen König erhielt und das der Gouverneur mit Kriegsschiffen und einer starken Garnison zu schützen wußte. Die ersten beiden Stockwerke des prächtigen Governor's House tragen heute noch seine Handschrift. Seine Förderung der Landwirtschaft und der Ausbau der Infrastruktur, besonders durch den vermehrten Anbau von Zuckerrohr,*

haben viel zur Entwicklung der Kolonie beigetragen und prägen das Bild der Insel bis auf den heutigen Tag. In diesem Zusammenhang ist die Eröffnung der ersten beiden Zuckerraffinerien im Jahre 1744 von enormer Bedeutung.

Obwohl als oberster ziviler Landesherr von der Kompanie berufen, mußte Labourdonnais 1742 die von ihm vorhergesagte Eskalierung des Konfliktes um Indien zum offenen Krieg erleben. Hier erwiesen sich seine präventiven militärischen Maßnahmen als richtige Entscheidungen. In dem Handelskrieg, bei dem es immerhin um die gesamte wirtschaftliche Macht Frankreichs in Indien ging (einschließlich etlicher Millionen Inder, die auf den Plantagen der Franzosen arbeiteten), erwies sich der Gouverneur auch als Seeheld: Vor der Küste Indiens konnte er die englische Flotte besiegen und die Insel Madras erobern. Wie so oft sollten zuviel Leistung und zuviel Glück bei den Zeitgenossen, insbesondere bei persönlichen Konkurrenten, nicht gleichermaßen positiv aufgenommen werden. Der damalige indische Generalgouverneur erreichte es, daß Mahé de Labourdonnais noch während seiner Rückfahrt nach Mauritius seines Postens als Gouverneur enthoben und unter Anklage gestellt wurde. Während des jahrelangen Prozesses - man bezichtigte ihn des Verrates und der Kooperation mit dem Feind - saß er als Gefangener in der Pariser Bastille ein. Zwar wurde der Mann, der

> aus Réunion und Mauritius blühende französische Kolonien gemacht hatte und nebenbei auch die Seychellen für Frankreich annektieren konnte, schließlich von allen Vorwürfen freigesprochen, aber niemals wieder konnte er an seine glänzende Vergangenheit anschließen: nur kurze Zeit später starb Mahé de Labourdonnais, psychisch gebrochen und finanziell verarmt...

Labourdonnais' Nachfolger hatten längst nicht dessen Format, wenn auch die Entwicklung Mauritius' zunächst noch im Aufschwung begriffen war. Der Ausgang des Siebenjährigen Krieges jedoch machte die Vorrangstellung Englands deutlich und konnte nicht ohne Folgen für die Kolonien bleiben. Zunächst ging in der Folge des Kriegsausganges 1767 die Ostindiengesellschaft bankrott, und die Ile de France wurde nun direkt von der Krone verwaltet. Einer deren Intendanten war **Pierre Poivre** (1767-72), der mit seinem persönlichen Einsatz und den Ergebnissen seiner Verwaltung noch einmal an die Zeit Labourdonnais' anschließen konnte: Das Straßennetz wurde erweitert, verfallene Gebäude wurden erneuert und ausgebaut, neue Siedler ins Land geholt und der Gewürzanbau intensiviert. Poivres privates Interesse galt der Botanik, und der Aufbau der Botanischen Gärten von Pamplemousses (vgl. 4.2.5) ist zum größten Teil sein Verdienst. Von den damals knapp 20 000 Einwohnern der Insel waren höchstens 15 % Weiße, der Rest bereits Sklaven...

Im letzten Jahrzehnt vor der Französischen Revolution spitzte sich der englisch - französische Gegensatz im Indischen Ozean nochmals zu. Die in ihrer Gesamtheit stark geschrumpften französischen Gebiete konnten sich aber nun voll auf die Abwehr der Engländer konzentrieren und wurden durch eine Kriegsflotte zusätzlich unterstützt. Dadurch gelang es, die Briten mehrfach empfindlich zu schlagen und sogar einige Bastionen in Indien zurückzuerobern. In dieser Situation bedeutete die Revolution hier keine besonders einschneidende Umwälzung. Zwar wurde in Port Louis ein Paradeschafott installiert, zwar wurde der Name der Nachbarinsel "Bourbon" in "Réunion" umgeändert, aber das Mutterland war zu weit entfernt, als daß dort gefaßte Beschlüsse auf Mauritius in die Tat hätten umgesetzt werden können. So hatte die Proklamation der Abschaffung der Sklaverei trotz der Entsendung republikanischer Agenten keine Aussicht auf Einlösung, da die insulare Wirtschaft zu eng mit der Sklaverei verknüpft war. Die Agenten wurden zurück nach Paris geschickt, und vorläufig blieb alles beim alten. Außenpolitisch war der erneute Kriegszustand mit England ebenfalls ein altes Kapitel. Da traf die verheerende Pockenepidemie in den Jahren 1792/93 die Bevölkerung schon empfindlich tiefer.

Zu Anfang des 19. Jhs. standen Mauritius und besonders seine Hauptstadt Port Louis in voller Blüte. Dessen Bedeutung als Hafenstadt, die kurzzeitig in Port Napoleon umbenannt wurde, reichte an die jeder anderen Metropole des Indischen Ozeans heran. Kein Zweifel: Der Wahlspruch des Inselwappens "Stern und Schlüssel zum Indischen Ozean" (= "Stella Clavisque Maris Indicis") hatte seine Berechtigung! Das verlockte natürlich die Briten, die bereits 1794 den Archipel der Seychellen erobert hatten. Im Seekrieg gegen die Engländer jedoch übernahmen die Franzosen die Taktik der Piraten, deretwegen sie ursprünglich ja nach Mauritius gekommen waren. Nur war diese Seeräuberei eine höchst offizielle, von Paris aus mit Kaperbriefen ausgestattet. Die Korsaren (franz.: Corsaires) fügten den schwerfälligeren englischen Handels- und Kriegsschiffen einen solch immensen Schaden zu, daß die Briten auf die bekannten Korsaren hohe Kopfgelder aussetzten. Der berühmteste von diesen war wohl jener Robert Surcouf, der fast 50 feindliche Schiffe aufgebracht und zu enormem Reichtum gelangt sein soll. Bereits zu Lebzeiten eine Legende, ist Surcouf (1773-1827) noch heute Gegenstand mauritianischer Verehrung, während nach seinen Schätzen fieberhaft gesucht wird. Trotz aller Nachstellungen konnte der "König der Korsaren" niemals gefangen werden und beendete sein Leben als reicher Reeder in seiner Geburtsstadt Saint Malo.

Doch der Lauf der Weltgeschichte ließ sich auch durch die Korsaren nicht mehr aufhalten: Die französische Epoche ging unaufhaltsam ihrem Ende entgegen. Noch einmal aber lieferten sie den Engländern eine solch berühmte und erfolgreiche Seeschlacht, daß Napoleon es wert fand, diese auf dem Triumphbogen in Paris darstellen zu lassen - am 20. August 1810 schossen sie ein gleichstarkes britisches Geschwader vor Grand Port zusammen. Drei Monate später jedoch war durch die Landung eines 10 000 Mann-Korps unter General Abercrombie am Cap Malheureux jeder weitere Widerstand der zahlenmäßig unterlegenen Verteidiger zwecklos, und nach einigen Scharmützeln mußte Decaen, der General Napoleons und letzte französische Gouverneur von Mauritius, die Kapitulation unterschreiben. Da im gleichen Jahr auch Réunion an England gefallen war, hatte Frankreich nun alle seine ehemaligen Besitzungen im Indischen Ozean an den Erbfeind verloren!

2.1.3 Die Zeit der Engländer

Nach den langjährigen Kriegen zwischen Frankreich und England könnte man annehmen, die Übernahme der Insel würde eine starke historische Zäsur bedeuten. Dem aber war nicht so. Selbstverständlich gab es einige "Korrekturen" auf politischem, administrativem und kulturellem Gebiet. Selbstverständlich mußte die Hauptstadt ihren kurz vorher erhaltenen Namen "Port Napoleon" ablegen und hieß nun wieder "Port Louis", und aus der "Ile de France" wurde wieder "Mauritius". Aber schon in den Kapitulationsbedingungen von 1810 (Artikel 8) war den französischen Siedlern eine von englischen Einflüssen weitgehend ungestörte Zukunft versprochen worden: Sie durften ihre Religion ausüben, ihre Sprache sprechen, nach ihren Gebräuchen leben und selbst ihre Gesetze behalten. Der Grund für diese zuvorkommende Behandlung war wohl der, daß das recht kleine Mauritius für britische Kolonialisierungspläne zu unbedeutend war und es den Engländern genügte, von der geostrategischen Lage, dem Hafen und den Steuern der französischen Siedler zu profitieren. Diese Toleranz den ehemaligen Herren gegenüber hat ihre Folgen bis auf den heutigen Tag: die offizielle Landessprache Englisch wird längst nicht in dem Umfang beherrscht wie Französisch und Créole, und immmer noch ist der Code Napoleon die gesetzliche Grundlage des Inselstaates.

Wirtschaftlich setzten die Briten auf den bereits von den Holländern eingeführten und von den Franzosen intensivierten Zuckerrohranbau.

Zuckerrohr

In der zweiten Hälfte des 19. Jhs. wurde die Produktion von ca. 10 000 auf über 100 000 Tonnen gesteigert, und Mauritius konnte bereits damals zu Recht als "Zuckerinsel" bezeichnet werden. Aus einer wirtschaftlichen Komponente unter vielen wurde somit die alles beherrschende Monokultur mit all ihren Auswirkungen auf Handel und Sozialgefüge. Die großen Landeigentümer, die "Zuckerbarone", gaben von nun an in Politik und Gesellschaft den Ton an, und sie waren es, die sich am heftigsten gegen die Befreiung der Sklaven wehrten. Erst nachdem ihnen von London eine großzügige Entschädigung für jeden freigelassenen Sklaven zugesichert worden war, konnte 1835 auf Mauritius wie in allen anderen britischen Kolonien die Abschaffung der Sklaverei durchgesetzt werden - innenpolitisch sicherlich das bedeutendste Ereignis nach dem Ende der französischen Zeit.

Die Slavenbefreiung sollte jedoch weder die vorherrschende Wirtschaftsform noch deren negative Folgen ins Wanken bringen. Die geringe Bezahlung, die die ehemaligen Sklaven aus Afrika und Madagaskar nun für ihre Arbeit verlangen konnten, wurde von den Zuckerbaronen bequem aus dem überquellenden Topf der Entschädigungsgelder entrichtet. Da sich unter diesen Umständen die meisten Freigelassenen von den Plantagen zurückzogen und ein Stück eigenen Landes erwarben und bebauten, entstand ein Arbeitskräftemangel, den die Grundeigentümer mit "Menschenmaterial" aus Indien und China behoben. Obwohl formell an befristete Verträge gebunden, unterschied sich das Los der neuen Arbeiter nur unwesentlich von dem der früheren Sklaven: von skrupellosen Händlern in den Slums etwa Kalkuttas angeworben, wußten die "Kulis" weder wohin die Reise ging - ihnen war erzählt worden, sie würden in eine andere indische Stadt gebracht! - noch was sie dort erwartete. Viele starben bereits auf der Überfahrt auf jenen Schiffen, die früher im Sklavenhandel eingesetzt worden waren, und viele folgten ihnen unter den unsäglichen sanitären und arbeitsmäßigen Bedingungen auf den Zuckerplantagen. Das Geld für diesen "Kulihandel" stammte immer noch aus den Entschädigungen im Zuge der Sklavenbefreiung! Da aber der Handel mit Zucker florierte und sich die Absatzchancen z.B. durch die Eröffnung des Suezkanals ständig verbesserten, sahen weder die Zuckerbarone noch die englische Administration irgendeinen Grund für die Beseitigung dieser Verhältnisse...

Das Mauritius der zweiten Hälfte des 19. Jhs. bot somit ein Bild, dessen starke Licht- und Schattenseiten ohne Zwischentöne charakteristisch waren:
* Auf der einen Seite eine **blühende Kolonie mit allen wirtschaftlichen und gesellschaftlichen Vorteilen der europäischen Oberschicht:** Man wohnte in prächtigen Villen, vergnügte sich im neuen Theater von Port Louis, konnte seit 1869 durch ein unterseeisches Kabel mit Europa kommunizieren, hatte Eisenbahnverbindungen und profitierte von einer

Wirtschaftslage, die Mauritius als Zuckerlieferant für Australien, Indien und Europa zu einer internationalen Drehscheibe des Exportes gemacht hatte.

* Auf der anderen Seite eine **überwältigende Bevölkerungsmehrheit unter ärmlichsten Verhältnissen**, geprägt von einem zu starken Import von neuen Arbeitskräften - etwa 500 000 Menschen allein aus Indien! - und den dadurch verursachten Ernährungsproblemen, zusätzlich verschlimmert durch eingeschleppte Krankheiten wie Malaria und Cholera.

Es ist erstaunlich, wie lange sich diese polarisierte Gesellschaft halten konnte, selbst noch in den Zeiten des unaufhaltsamen Niederganges. Zwar gab es erfolgreiche Bestrebungen, die Allmacht der Zuckerbarone zu brechen und die rechtliche und soziale Situation der Arbeiter zu verbessern. Eine Verfassungsreform sah ab 1885 ein Wahlrecht vor, das aber nur die Mitglieder der Oligarchie in Anspruch nehmen konnten und das bis 1947 Bestand hatte. Auch eine Abkehr von der verhängnisvollen Zucker-Monokultur wurde vereinzelt versucht. Im Großen und Ganzen aber verharrte Mauritius bis nach dem Zweiten Weltkrieg auf dem Stand des 19. Jhs. - mit der wichtigen Ausnahme allerdings, daß die wirtschaftliche Lage immer schlechter wurde. Zuerst verlagerte sich der Weltmarkt für Zucker immer mehr in die Karibik, und außerdem baute man nun verstärkt auch in Europa Zuckerrüben an. Dann gingen auch die Handelsrouten mehr und mehr an Mauritius vorbei, die Zahl der jährlichen Schiffsanläufe wurde stetig geringer und schließlich spielte die Insel, die jahrhundertelang eine wichtige Zwischenstation zwischen Asien, Afrika und Europa gewesen war, überhaupt keine Rolle mehr. Trotz einer zeitweiligen Hausse auf dem Zuckermarkt während des Ersten Weltkrieges waren in dieser Zeit zu viele Schiffe militärisch gebunden, als daß Mauritius seine frühere Stellung hätte wiedererlangen können. Die Folge war eine Verarmung ungeheuren Ausmaßes und ein starker Rückgang der Population, auch verursacht durch die immer wieder aufflackernden Epidemien.

Politisch bedeutsam ist in dieser Zeit ein Besuch Mahatma Gandhis, der viel für das politische Selbstbewußtsein des indischen Bevölkerungsanteiles getan hat, und die Gründung der ersten Parteien. Vom internationalen Geschehen war Mauritius jedoch weitgehend ausgeschlossen, und Verkehrsverbindungen mit dem Mutterland oder mit Afrika gab es nur noch sporadisch.

Im Zweiten Weltkrieg wurde die Insel jedoch aufgrund ihrer Lage für die Briten erneut interessant. Wie Malta im Mittelmeer, konnte Mauritius ab 1942, als die Air Force ihren Militärflughafen in Plaisance eröffnete, die Rolle eines "Flugzeugträgers" im Indischen Ozean ausführen. Hinsichtlich der späteren Entwicklung des Tourismus ist dieser Flughafen (heute: Sir Seewoosagur Ramgoolam International Airport), der ab 1946 dem zivilen Flugverkehr diente, zusätzlich von ausschlaggebender Bedeutung.

Nach dem Zweiten Weltkrieg wurden nun endlich längst überfällige Verbesserungen der Infrastruktur und der politischen Landschaft in die Tat umgesetzt. Seit 1947 durfte jeder, der seinen Namen schreiben konnte, zur Wahl gehen; seit 1958 gibt es das uneingeschränkte, allgemeine Wahlrecht. Durch Bereitstellung entsprechender Gelder und eine großangelegte Schädlingsbekämpfung gelang es in den 50ern auch, der Cholera und Malaria Herr zu werden (was allerdings in einen erneuten explosionsartigen Anstieg der Bevölkerung mündete). Seitdem nun auch die Masse der Landarbeiter wählen konnte und das politische Leben immer mehr von der Labour Party geprägt wurde, vermehrten sich zum Ausgang der 50er Jahre jene Stimmen, die eine Loslösung von Großbritannien und die Installierung eines unabhängigen Mauritius forderten. Eine Verfassungskonferenz in London prüfte 1965 diese Möglichkeit, und nachdem sich bei der Wahl von 1967, die über die Frage der Unabhängigkeit entscheiden sollte, 56 % der Mauritianer klar dafür aussprachen, stand der staatlichen Souveränität der Insel nichts mehr im Wege. Am 12. März 1968 fand auf dem Champ-de-Mars in Port Louis deren feierliche Proklamation statt.

2.1.4 Die Unabhängigkeit

Es ist bewunderswert, wie es der kleine, aber volkreiche Inselstaat in der kurzen Geschichte seiner Unabhängigkeit geschafft hat, mit Schwierigkeiten fertig zu werden, für die er selbst nicht verantwortlich ist. Die außerordentliche Vielfalt der ethnischen Gruppen und deren Mischformen waren eine Hypothek, begründet in Sklaverei und Kulihandel der Kolonialmächte, die noch 1968 zu schlimmsten Befürchtungen Anlaß gab. Aber die vorhergesagten bürgerkriegsähnlichen Zustände oder gar Pogrome blieben aus. Zwar stimmt es, daß die ersten politischen Parteien den Charakter von verschiedenen landsmannschaftlichen bzw. religiösen Interessensvertretungen hatten: Die alte Arbeiterpartei z.B. war die Partei der Inder, das Muslimische Aktions Komitee (CAM) vertrat die Moslems, die Sozialdemokratische Partei (PMSD) die Christen. Und verschiedentlich wurden auch Stimmen laut, die das Übergewicht dieser oder jener Gruppe in harschen Tönen anklagten. Die politische Großwetterlage jedoch ist bis heute erfolgreich von dem Bestreben geprägt, die Bürger des Landes zusammenzuführen und untereinander in gutnachbarschaftliche Beziehungen einzubinden. Dem kam entgegen, daß die genannten Parteien zu Regierungsbildungen Koalitionen einzugehen hatten, sich schließlich in ihrer Struktur auflösten und z.T. neuen, nun nicht mehr religiös-ethnisch gebundenen Vereinigungen Platz machen mußten. Hier ist das 1968 gegründete Mouvement

Mauritius: Geschichtlicher Überblick

Mauritien Militaire (MMM) besonders zu nennen, da es nach einem Achtungserfolg bei den 1976er Wahlen, als es stärkste Partei des Landes wurde, 1982 die absolute Mehrheit erhielt und über alle Parlamentssitze verfügte. Ihr Parteivorsitzender, der Rechtsanwalt Anerood Jugnauth, wurde Premierminister. Zwar sank der Stern der MMM nur kurze Zeit später durch eine parteiinterne Spaltung, Jugnauth jedoch - nun Führer der neuen Partei Mouvement Socialiste Militant (MSM) - konnte innerhalb einer Koalitionsregierung 1983 und 1987 weiterhin wichtigste politische Gestalt des Landes bleiben.

Bedeutsamer jedoch - und als Symbolfigur des unabhängigen Mauritius jedem Bürger des Landes vertraut - war Sir Seewoosagur Ramgoolam.

> **i** *Informationen zu Sir Seewoosagur Ramgoolam:*
>
> *Mit dem "Vater der Unabhängigkeit" wird jeder Besucher des Landes schon bei der Ankunft vertraut gemacht: der Internationale Flughafen in Plaisance ist heute nach ihm benannt. Daneben wird man sein Standbild in Port Louis und seinen - etwas schwierig zu schreibenden - Namen in vielen Straßenbezeichnungen wiederfinden.*
>
>
>
> *Am 18. September 1900 im Dorf Bois d'Oiseaux geboren, erwies sich der Sohn indischer Eltern schon früh als aufgeweckt und politisch interessiert. Nach einem Studium der Medizin in Großbritannien kehrte er in sein Heimatland zurück und engagierte sich auf karitativem und politischem Gebiet. 1940 war er bereits Konsul, der für eine begrenzte Selbstverwaltung innerhalb des britischen Reiches kämpfte. Als Mitglied der Union Mauricienne stand er zunächst den Ideen der Arbeiterpartei feindlich gegenüber, näherte sich dieser jedoch immer mehr an, so daß er schließlich deren Mitglied und, 1948, sogar deren Vorsitzender wurde. Nach der Unabhängigkeit war Seewoosagur Ramgoolam als politische Autorität immer präsent und leitete von 1968 bis 1982 die Regierung. Nach dem Erdrutschsieg der MMM, der seiner Arbeiterpartei keinen Platz im Parlament mehr einräumte, wurde ihm das Amt des Generalgouverneurs übertragen, in seinen Aufgaben vergleichbar mit dem des Bundespräsidenten.*
>
> *1985 starb Sir Seewoosagur, der wie kein zweiter die junge Geschichte seines Landes miterlebt und mitgestaltet hat.*

Wirtschaftlich war das schwierigste Erbe der kolonialen Vergangenheit die einseitige Ausrichtung auf den Zuckerrohranbau. Auch hier ist Mauritius Erstaunliches gelungen. Zwar stellt nach wie vor Zucker und dessen 'Abfallprodukte' wie Melasse und Rum einen Großteil des Exports und der Exporteinnahmen, aber der Aufbau einer funktionierenden Textilindustrie in einem beispiellosen Kraftakt verhalf dem Land innerhalb kürzester Zeit zu einem starken zweiten Standbein. Heute steht Mauritius glänzend da, hat nach der Etablierung einer Freihandelszone weit mehr als 300 ausländische Investoren angelockt und konnte Inflation und Arbeitslosigkeit in Grenzen halten. Selbstgewähltes Vorbild soll für die wirtschaftliche Entwicklung nach Angaben der Regierung Singapore sein. Auf der Rangliste der Länderbonität (Institutional Investor List) jedenfalls nahm 1988 das Land bereits den 60. Platz ein - vor Staaten wie Chile, Brasilien, Jugoslawien oder Iran! Der Tourismus ist der dritte große Erwerbszweig, der bei ständig steigenden Besucherzahlen (1989 waren es 270 000) auch in Zukunft nicht ab-, sondern vielmehr zunehmen wird (Vgl. 2.2.4).

Das Problem der Überbevölkerung ist drängender denn je, obwohl man den jährlichen Zuwachs der Population von 4 % auf unter 2 % bringen konnte. Stärkste Gegner einer Geburtenkontrolle sind die Moslems und römisch-katholischen Christen, während die hinduistische Bevölkerungsmehrheit - auch angeregt durch positive Beispiele in Indien - dem Thema aufgeschlossener gegenübersteht. Hier gilt wie in allen Entwicklungsländern, ob es gelingt, die Rolle der Nachkommen als potentielle Altersversorgung durch eine wirksame Sozialgesetzgebung überflüssig zu machen.

Außenpolitisch verfolgt Mauritius den Kurs einer Anlehnung an die Europäische Gemeinschaft bei guten Beziehungen zu den afrikanischen und asiatischen Ländern und setzt sich für eine Entmilitarisierung des Indischen Ozeans ein. Dabei kam es in der Vergangenheit zu Auseinandersetzungen mit den USA, die von Großbritannien die eigentlich von Mauritius zu verwaltende Insel Diego Garcia übernommen und zur vielleicht größten, atomar bestückten Militärbasis des gesamten Raumes gemacht haben. Die mehr als 1 000 Insulaner wurden dabei in den 60er Jahren einfach nach Mauritius zwangsevakuiert und drängen natürlich auf eine Rückkehr in ihre Heimat. Ohne Lösung (d.h. Rückgabe der Insel) wird das Thema auch in Zukunft die Beziehungen zu den USA belasten.

Als afrikanisches Land verurteilt Mauritius natürlich die südafrikanische Apartheidspolitik, hat andererseits aber gute Wirtschaftsbeziehungen nach Südafrika und empfing 1988 von dort mehr als 35 000 Touristen.

2.1.5 Zeittafel

Vor- geschichte:	Mögliche, aber nicht bewiesene Entdeckung der Maskarenen durch Phönizier, Ägypter und Malaien.
ab dem 10. Jh.:	Allgemein vermutete Ankunft der Araber auf den Inseln des Indischen Ozeans. Ihre "Diva Mashrig" (= Ostinsel) meint wahrscheinlich Mauritius.
1488	Bartolomeo Diaz umsegelt das Kap der Guten Hoffnung und stößt in den Indischen Ozean vor.
1502	Mauritius und Rodrigues tauchen in der Weltkarte des Portugiesen Alberto Cantino 1502 als "Dina mozare" und "Dina arobi" auf.
1512 - 1516	Don Pero Mascarenhas erreicht die Insel Réunion, später auch Mauritius und Rodrigues; der ganze Archipel der Maskarenen wird nach ihm benannt ("Islas Mascarenhas").
16. Jh.	Die Portugiesen setzen als lebenden Proviant Schweine, Ziegen und andere Tiere aus und beginnen dadurch, Flora und Fauna zu manipulieren.
1598	Zum erstenmal laufen holländische Schiffe unter Admiral Wybrandt van Warwijck die Insel an und nehmen sie für die Niederlande in Besitz; nach ihrem Statthalter Moritz Prinz von Nassau erhält sie den Namen "Mauritius".
1615	Admiral Pieter Both legt auf der Heimfahrt von Indonesien nach Holland Zwischenstation auf Mauritius ein.
1638	Die holländische Ostindienkompanie beginnt mit der Besiedlung am heutigen Vieux Grand Port und Flacq, gibt aber nach 20 Jahren wegen Versorgungsmängel auf.
1638	Die Franzosen annektieren Réunion und Rodrigues.
1664	Erneuter Versuch einer holländischen Besiedlung. Intensives Abschlagen der Ebenholzbäume, Einfuhr von Sklaven, Zuckerrohr und Java-Hirschen.
1665	Die französische Ostindienkompanie beginnt mit der Kolonialisierung von Réunion, auch nach Mauritius werden Schiffe gesandt, wo etwa 20 Franzosen bleiben.
1691	Zehn französische Hugenotten gründen die erste Niederlassung auf Rodrigues, die wegen Frauenmangels allerdings vier Jahre später wieder verlassen wird.
1710	Die Holländer verlassen Mauritius endgültig, die Insel wird zu einem berüchtigten Piratennest.
1715	Kapitän Guilleaume Dufresne nimmt Mauritius als "Ile de France" für Frankreich in Besitz und beginnt den Kampf gegen die Piraten.
1721	Erste bescheidene französische Kolonie auf Mauritius mit 15 Siedlern und etlichen Sklaven.
1725	Erneuter französischer Kolonialisierungsversuch auf Ro-

	drigues.
1730	Hinrichtung des berühmten Seeräubers La Buse auf Réunion.
1735-46	Mahé de Labourdonnais ist Gouverneur der Maskarenen.
1738	Labourdonnais verlegt seinen Gouverneurssitz von Réunion nach Mauritius.
1750	Beginn der dauerhaften Besiedlung von Rodrigues.
1745	Unter Oberbefehl von Mahé de Labourdonnais läuft eine Flotte zu siegreichen Schlachten in Indien aus; auf der Rückfahrt wird der Gouverneur seines Postens enthoben und in Paris unter Anklage gestellt.
1767	Infolge des Siebenjährigen Krieges geht die französische Ostindienkompanie bankrott, die Krone übernimmt deren Besitz.
1767-72	Unter dem Intendanten Pierre Poivre kann an den Erfolg der Ära Labourdonnais angeknüpft werden.
1789	Die Französische Revolution bleibt ohne große Auswirkungen auf die Kolonien im Indischen Ozean. Die postulierte Abschaffung der Sklaverei (1794) wird nicht eingelöst.
1792/93	Eine Pockenepidemie richtet verheerenden Schaden an.
1802-10	Der napoleonische General Decaen ist der letzte Gouverneur Frankreichs auf Mauritius; unter ihm wird 1808 der Code Napoleon gesetzliche Grundlage.
1800-10	Die Franzosen setzen ihren Seekrieg gegen die Briten mittels der Korsaren erfolgreich fort. Der berühmteste von ihnen, Robert Surcouf, nennt sich "König der Korsare".
1810	Am 20.08. letzter großer französischer Seesieg über die Engländer in der Bucht von Grand Port.
1810	Am 29.11. Landung eines britischen Expeditionskorps am Cap Malheureux unter General Abercrombie.
1810	Am 02.12. Kapitualation der Franzosen in Port Napoleon (= Port Louis).
1814	Friedensvertrag von Paris: Réunion verbleibt bei Frankreich; Mauritius, Rodrigues und die Seychellen kommen an England; Mauritius hat eine Bevölkerung von 78 000 Menschen, wovon 63 000 Sklaven sind.
1835	Die Engländer setzen die Sklavenbefreiung durch und entschädigen die ehemaligen Sklavenhalter; in der Folge werden billige Arbeitskräfte aus China und Indien nach Mauritius geholt, die bald die Bevölkerungsmehrheit stellen.
1841-64	Der Missionar Jacques Désiré Laval ist geistlicher Ratgeber der Freigelassenen und wird bis heute als der "Heilige von Mauritius" verehrt.
1847	Der Fehldruck eines Briefmarkensatzes kommt in Umlauf, die "blaue Mauritius" wird später weltberühmt.

Mauritius: Geschichtlicher Überblick

1860	Mauritius hat etwa 200 000 Einwohner.
1864	Eröffnung der ersten Eisenbahnlinie (Port Louis - Flacq), kurze Zeit später einer zweiten Linie (Port Louis - Mahébourg).
1866-68	Schlimme Malariaepidemie mit etwa 48 000 Toten.
1885	Verfassungsreform mit stark eingeschränktem Wahlrecht.
1891-99	Aufeinanderfolge von Epidemien und Umweltkatastrophen: Verwüstung der Insel und Port Louis durch einen Zyklon, Cholera- und Malariaepidemien, Zerstörung der Hauptstadt durch ein Großfeuer.
1910	Mauritius hat etwa 700 000 Einwohner.
1914	Beim Ausbruch des Ersten Weltkrieges hat sich die Bevölkerung durch Krankheiten und Auswanderung fast halbiert, Handel und Wirtschaft sind stark zurückgegangen, das Land ist verarmt.
1936	Gründung der ersten politischen Partei, der "Parti Travailliste" (Arbeiterpartei) unter der Führung von Maurice Curé.
1942	Die britische Air Force eröffnet für den Krieg im Indischen Ozean den Militärflughafen Plaisance, der ab 1946 zivil genutzt wird.
1948	Einführung eines erweiterten Wahlrechtes für alle, die ihren Namen schreiben können und nicht mittellos sind, dadurch Anstieg der Wahlberechtigten von 12 000 auf fast 72 000.
1952	Durch großen finanziellen und technisch-chemischen Aufwand können Cholera und Malaria besiegt werden.
1958	Einführung des uneingeschränkten allgemeinen Wahlrechts, das der Arbeiterpartei unter dem Inder Sir Seewoosagur Ramgoolam zu großen Erfolgen verhilft.
1965	Verfassungskonferenz in London, die die Unabhängigkeit des Landes vorbereiten hilft und die in die neue Verfassung von 1966 mündet.
1967	Bei den Wahlen stimmen 58 % der Mauritianer für die Parteien, die die Unabhängigkeit wollen.
1968	Am 12. März feierliche Proklamation der staatlichen Souveränität in Port Louis; erster Premierminister ist Seewoosagur Ramgoolam.
1971	Durch die Etablierung einer Freihandelszone kurbelt Mauritius die heimische Industrie (besonders für Textilwaren) an und animiert unzählige ausländische Investoren.
1982	Die MMM (Mouvement Militant Mauricien) gewinnt die Wahlen mit absoluter Mehrheit und alle Parlamentssitze. Ihr Parteivorsitzender, der Rechtsanwalt Anerood Jugnauth, wird neuer Premierminister.
1983	Wegen einer Spaltung der MMM kommt es zu Neuwah-

1987	len, die eine Koalition unter Jugnauth gewinnt. Die Parlamentswahlen bestätigen die Mehrheit der Koalition. Zum erstenmal wird die 200 000 - Marke bei den Besucherzahlen überschritten.
1989	Der Tourismus ist weiter auf dem Vormarsch: 270 000 Besucher, davon mehr als 100 000 aus Westeuropa, verbringen ihren Urlaub auf Mauritius. Ebenfalls Gast auf Mauritius ist Papst Johannes Paul II., der unter großer Anteilnahme der Bevölkerung mehrere Messen liest und Wallfahrtsorte besucht.

2.2 LANDSCHAFTLICHER ÜBERBLICK

2.2.1 LANDSCHAFTEN

Es mag seltsam erscheinen, im Zusammenhang mit einer Insel, die deutlich kleiner als Luxemburg ist, von Landschaften zu reden. Tatsächlich aber hat Mauritius, wenn auch längst nicht so eindrucksvoll wie La Réunion, ein so vielgestaltiges Landschaftsprofil, daß die Pluralform angemessen ist - und damit sind die Landschaften unter und über Wasser gemeint!

Zunächst aber einige Worte zur Geographie:

Als vor etwa 150 Millionen Jahren unterseeische Kräfte begannen, die einzelnen Platten eines ehemaligen Superkontinentes auseinanderzuschieben, war von Mauritius natürlich noch nichts zu sehen. Wie Réunion liegt die Insel aber am Randbereich der afrikanischen Scholle, die langsam nach Nordwesten driftet. An den Rändern sind die Schollen oft so dünn, daß Magma nach oben steigen kann, sich zunächst noch am Meeresboden ausbreitet - und dabei die Platten weiter auseinanderdrängt - und zu Bergmassiven auftürmt. So entstanden die Maskarenen, zuerst in 4 000 Meter Tiefe, dann bis zur Meeresoberfläche reichend und schließlich diese um einige tausend Meter überragend. Nachdem die vulkanische Tätigkeit vor etwa 7 Millionen Jahren Mauritius gebildet und emporgehoben hatte, wird es wohl ähnlich ausgesehen haben wie heute Réunion. Und die Plaines Wilhelms, das Hochland im Zentrum der Insel, gibt noch eine ungefähre Vorstellung von der Größe des einstigen Vulkans. Dieser bildete mit seinen Lavaausflüssen die nördlichen Ebenen, während neuerliche Eruptionen den Südteil schufen. Nachdem vor etwa 100 000 Jahren die vulkanische Tätigkeit aufhörte, konnten Regen, Wind und Wellen darangehen, Mauritius zu modellieren. Der Basalt zersprang in die Gesteinsbrocken, die heute auf den Zuckerrohrplantagen mühselig zu großen Haufen aufgeschichtet werden. Regen, Wasserläufe und Zyklone zernagten den Fels und transportierten das Erosionsmaterial in die Ebenen. Und schließlich sank langsam der mächtige Vulkanstumpf wieder nach unten bis zu seinem heutigen Niveau. Wer sich für Zeugen der vulkanischen Vergangenheit interessiert und nicht die Gelegenheit hat, Réunion zu besuchen, sollte zumindest einen Abstecher zum Krater Trou aux Cerfs in Curepipe oder zum heiligen Kratersee Grand Bassin machen.

Korallenbänke

Mit dem Absinken der Insel hat jene Landschaft zu tun, die man schon aus dem Flugzeug als weißen Kranz vor der Küste ausmachen kann: die Korallenbänke.

Sie sind als unfreiwillige Wellenbrecher dafür verantwortlich, daß sich das Wasser in den Lagunen so gut wie niemals stürmisch zeigt und Wassersport also durchweg möglich ist. Auch der feine Sandstrand verdankt ihnen seine Entstehung, und als Unterwassergarten mit einer Unmenge von Fischen, Pflanzen und Schalentieren sind sie eine der ganz großen Attraktionen der Insel. Als pflanzenähnliches Meerestierchen kann die Koralle nur knapp unter der Meeresoberfläche leben; aus dem dem Wasser entzogenen Kalk baut sie ihre phantasievolle "Wohnung", auf der sich nach ihrem Absterben neue Korallen ansiedeln. Sinkt nun der Meeresboden langsam ab, klettern die Korallenstöcke immer weiter nach oben, um nicht die notwendige Energie des Sonnenlichts zu verlieren. So also entstanden und entstehen die Korallenbänke, die irgendwann einmal in ferner Zukunft ein Atoll tragen werden, zwischen dem eine Lagune das dann untergegangene Mauritius bedecken wird...

Küstenstreifen

Zum Meer hin wird die Insel begrenzt durch einen i.d.R. flach auslaufenden Küstenstreifen, der mit seinen kilometerlangen Stränden Hauptziel des Fremdenverkehrs ist. Obwohl Mauritius auf Landkarten als kompakte Masse erscheint, ist die Küste dennoch fein gegliedert. Gerade Abschnitte sind die Ausnahme, dafür gibt es umso mehr kleinere und größere Buchten, Inseln und Inselchen in nächster Nähe. Wo Flußläufe ins Meer münden, haben sich in vielen Fällen Mangrovenwälder ausgebreitet. Nur an ganz wenigen Stellen hat die Küste einen wilden Charakter, wenn etwa - wie zwischen Souillac und Mahébourg im Süden - die Brandung nicht durch Korallenriffe gebrochen wird oder - wie zwischen Mahébourg und Beau Champ im Südosten oder bei Bel Ombre im Süden - der Gebirgsstock direkt bis zum Meer reicht. Im südwestlichen Zipfel der Insel schiebt sich der eindrucksvolle Morne Brabant (556 m) in den Ozean und bildet, von zwei schönen Sandstränden gesäumt, eine charakteristische Halbinsel.

Ebene

Zwischen dem Küstenstreifen und dem zentralen Plateau erstreckt sich die im Norden und Osten breite, im Süden und Westen schmalere Ebene. Sie wird nahezu ausschließlich landwirtschaftlich genutzt, und

das heißt: Zuckerrohrfelder neben Zuckerrohrfeldern. Durch die Bergketten der Montagnes Bambous im Südosten und der Montagnes Savanne im Süden wird die Ebene jäh unterbrochen und auch zum Zentrum hin geht sie ziemlich abrupt in das Bergland über.

Hochland

Das bizarr geformte und recht steil aufragende Hochland schließlich täuscht über seine meist geringe Höhe hinweg. Zum Hochland zählt alles, was über 300 m den Meeresspiegel übersteigt. Die 'großen drei Berge' sind der Piton de la Rivière Noire (828 m), Pieter Both (823 m) und Le Pouce (812 m). Als zackige Kulisse sind sie bei Inselrundfahrten Hilfen der Orientierung oder auch Zielpunkt von Wanderungen und

Bergtouren der durchaus schwereren Kategorie. Wer bei klarer Sicht die meisten Bergspitzen sehen will, ohne selbst klettern zu müssen, sollte zum Trou aux Cerfs in Curepipe fahren; wer hingegen die ganze Insel und den Ozean bis Réunion überblicken will, sollte den Piton de la Rivière Noire besteigen.

Aber auch aus anderen Gründen ist das Hochland, das immerhin fast 40 % der Oberfläche einnimmt, sehenswert: Hier gibt es die größten Seen, die schönste Vegetation, Tiere in freier Wildbahn (z.B. Hirsche, Affen und seltene Vögel) und die eindrucksvollsten Wasserfälle der Insel. Unter den 10 Seen, die z.T. als Wasserreservoirs künstlich angelegt sind, ist der Mare aux Vacoas wegen seiner Größe von 5,6 qkm erwähnenswert.

2.2.2 KLIMA/REISEZEIT

In den Tropen zwischen Äquator und südlichem Wendekreis gelegen, kann man bei den Maskarenen nicht mit unseren Begriffen von "Sommer" und "Winter" operieren, aber auch "Regenzeit" und "Trockenzeit" treffen nur bedingt zu. Um es ganz grob vereinfacht zu sagen: es ist das ganze Jahr über warm, und es fallen das ganze Jahr über Niederschläge! Die Unterschiede stecken also mehr im Detail und betragen nur etwa 5° C zwischen Januar und Juli. Da sich Mauritius von uns aus gesehen auf der anderen Welthalbkugel befindet, gilt: am wärmsten ist es von November bis Januar, am "kühlsten" von Juni bis August. Die heißen Monate sind dabei gleichzeitig die, die den meisten Regen bringen - mit dem Maximum im Januar -, und umgekehrt haben die weniger heißen Monate den geringsten Niederschlag - mit dem Minimum im Juli. Damit ist das Klima von Mauritius aber noch nicht eindeutig festgelegt, denn zwei wichtige Komponenten bestimmen mindestens ebenso, wie warm oder feucht es tatsächlich werden kann - der Wind und der jeweilige Standort. Bei Wanderungen im Gebirge sollte man daran denken, daß die oft angegebenen Durchschnittstemperaturen für die Küstenregion gelten und daß es ab etwa 500 m ü.d.M. kühler ist: sommers wie winters bis zu 5° C und mehr. Gleichzeitig ist es auf den Bergen auch erheblich nasser, besonders auf der Ostseite, denn hier stauen sich die Wolken und regnen ab. So liegen die Montagnes

KLIMADATEN MAURITIUS

	Jan.	Febr.	März	Apr.	Mai	Juni	Juli	Aug.	Sept.	Okt.	Nov.	Dez.
				Temperaturen in °Celsius Niederschläge in mm								
durchschnittl. Temperatur - Maximum	31	30	30	30	29	27	26	26	28	29	30	31
durchschnittl. Temperatur - Minimum	24	23	24	24	24	23	21	21	21	23	24	24
Sonnenscheinstunden täglich	7,5	7,5	7,5	7,5	7,5	7,5	7,5	7,5	8	8	9	8,5
durchschnittliche Wassertemperatur	27	27	27	26	25	24	23	22	23	23	24	25
durchschnittl. Anzahl der Regentage	15	16	18	17	15	11	13	14	9	9	7	14
durchschnittl. Niederschlagsmenge	297	208	193	94	36	13	5	10	15	33	74	117

Klimatabelle

Bambous oder die Montagnes Savanne oft in dichten Wolken oder Nebel, während sich an der Küste die Badegäste unter strahlend blauem Himmel tummeln. Ja, an einigen Stellen konnten hier sogar bis über 4 500 mm Niederschläge im Jahresdurchschnitt gemessen werden, was selbst in den schlimmsten Regenlöchern Nordwesteuropas nicht erreicht wird. Die hohe Luftfeuchtigkeit von 90 % tut ihr übriges, daß beim Wandern der Besucher auch auf der Haut recht naß wird.

Die vorherrschende Windrichtung wird durch den ständigen Südostpassat bestimmt. Diese gleichmäßige Brise ist dafür verantwortlich, daß die südöstlichen Berghänge meistens wolkenverhangen sind und es an der Küste dieser Inselseite immer etwas frischer ist: Im heißen mauritianischen Sommer (November - Januar) also angenehmer und für Surfer immer ideal. Demgegenüber kann die Hitze auf der windabgewandten Seite "stehen" und in der regenarmen Region des Nordens oder der Hauptstadt Port Louis unangenehm werden. Für den Touristen ergibt sich daraus folgende Faustregel für die Quartiersuche:
* Wer es, besonders im mauritianischen Sommer, **nicht zu heiß** haben will und sich beim Sonnenbaden von einer mäßigen bis **stärkeren Brise** (Sandflug!) nicht gestört fühlt, sollte ein Hotel an der **Ostküste** bevorzugen. Gleiches gilt für passionierte Surfer, die ideale Bedingungen wollen.
* Wem hingegen **Hitze** nichts ausmacht oder aber im mauritianischen Winter die wärmsten Temperaturen genießen will, außerdem zum Baden, Wasserski u.a. **Wind nicht gebrauchen** kann, der sollte an der **Westküste** logieren. Der Südostpassat ist zwar ganzjährig wirksam, besonders stark aber von Juni bis September.

Zyklone

Manmchmal allerdings steigert sich der Wind zu unangenehmen, ja gefährlichen Stärken. Gemeint sind die sporadisch auftretenden Zyklone, die im Indischen Ozean etwa 2 000 km östlich von Mauritius entstehen und mit ungeheurer Gewalt westwärts wandern. Obwohl mit wohlklingenden Mädchennamen versehen ("Hermine", 1970; "Eugenie", 1972; "Claudette", 1979; "Gabrielle", 1982 usw.), ist ihre Wirkung ganz und gar unweiblich-gewaltsam: sie können mit bis zu 250 km/h heranbrausen, Gebäude, Strommasten und Bäume umwerfen, die Zuckerrohrernte gefährden, viele Tote und Verletzte fordern - mehr als 1 000 Tote sollen es 1892 gewesen sein! -, ganze Strandabschnitte wegspülen und Landstriche verwüsten. Natürlich ist dies kein alljährlich stattfindendes Schauspiel, und natürlich trifft nicht jeder Zyklon mit seiner ganzen Stärke auf Mauritius, und manchmal kündigen nur sintflutartige Regenfälle von der Existenz eines weit entfernten Wirbelsturms. Aber Zyklone stellen immer noch, trotz aller Weiterentwicklung der Wettervorhersagen, ein unberechenbares und gefährliches Phänomen dar, das seine Auswirkungen auch auf den Tourismus hat: der Besucher darf in einem solchen Fall sein Hotel nicht verlassen und muß mit Stromausfällen, Wasserknappheit und Flugverschiebungen rechnen. Wer einem Zyklon mit Sicherheit aus dem Weg gehen will, sollte nicht zwischen November und April nach Mauritius fliegen, denn bisher sind nur in dieser Zeit, besonders häufig im Januar und Februar, die gefährlichen Wirbelstürme aufgetaucht.

Reisezeit

Von der extremen Ausnahme eines Zyklons abgesehen, ist als Reisezeit also das ganze Jahr zu empfehlen. Der April, Mai und Juni sowie September, Oktober, November und Dezemberanfang sind besonders schön, in dieser Zeit sind auch die wenigsten Touristen auf der Insel. Wer dem größten Andrang ausweichen und nebenbei auch Saisonzuschläge einsparen möchte, sollte die (französischen) Ferienzeiten meiden, insbesondere Weihnachten und Neujahr, Ostern und den August.

Entsprechend der tropischen Lage von Mauritius sind Tage und Nächte etwa gleich lang; die Zeit des Sonnenaufgangs variiert nur zwischen 5 Uhr (Dezember) und 6 Uhr (Juni), die des Sonnenuntergangs zwischen 19 Uhr (Dezember) und 18 Uhr (Juni).

Die nachstehende Klimatabelle zeigt die ganzjährigen geringen Temperaturunterschiede im Wasser und in der Luft sowie die Durchschnittswerte der Niederschlagsmenge. Hierbei gilt allerdings das oben Gesagte, daß nämlich im Hochland von etwa 5° C geringeren Temperatur - Werten und erheblich höheren Niederschlags-Werten ausgegangen werden muß und daß der Südostpassat an der Küste unterschiedliche Bedingungen schafft, je nachdem, ob man sich an der Luv- oder Leeseite der Insel befindet.

2.2.3 PFLANZEN- UND TIERWELT

Die Urnatur von Mauritius ist leider durch die Ankunft des Menschen geschädigt, manipuliert und ausgerottet worden. Mit anderen Worten: Die Flora und Fauna der Insel, wie sie die ersten arabischen und portugiesischen, z.T. auch noch die ersten holländischen Seefahrer gesichtet haben, existiert in ihrer Gesamtheit nicht mehr! Demgegenüber herrschen heute Pflanzen und Tiere vor, die erst in den letzten drei Jahrhunderten - freiwillig oder zufällig - heimisch gemacht worden sind. Das Mauritius des 17. Jhs. dürfen wir uns so vorstellen.:
Im Landesinneren beherrschten ausgedehnte Wälder von tropischen Edelhölzern das Landschaftsbild. Ebenholz, Mahagony und Teak dominierten den Regenwald und fielen wegen ihrer Härte und Widerstandsfähigkeit den periodischen Zyklonen nicht zum Opfer. In den

Mauritius: Pflanzen- und Tierwelt

Wäldern wimmelte es von Vögeln mit außerordentlicher Farbenpracht und z.T. kuriosem Aussehen. Dazu gehörten viele Papageienarten, darunter der berühmte "Mauritius-Breitschnabelpapagei" und die merkwürdige Dronte. Owohl spätestens 1690 ausgestorben, ist die Dronte, besser als **Dodo** bekannt, geradezu zum Wahrzeichen von Mauritius geworden.

Informationen zum Dodo:

Wenn man im Museum von Port Louis der Rekonstruktion des Dodo (Raphus cucullatus) begegnet, kann man sich, trotz der tragischen Geschichte dieses Laufvogels, eines Lächelns nicht erwehren: auf kurzen Stummelbeinen stehend, von plumper Statur, ist er nicht nur mit einem überdimensionierten Hakenschnabel ausgestattet, sondern schaut den Betrachter dermaßen griesgrämig an, als ob dieser persönlich für sein Aussterben verantwortlich sei. Wenn der Dodo dabei allerdings allgemein die Spezies Mensch im Auge haben sollte, hat er natürlich recht: Es waren die Holländer, die die letzten Exemplare aufaßen oder spaßeshalber erschlugen, nachdem vorher schon die von den Portugiesen eingeführten Ratten und später Schweine, Ziegen und Affen den Bestand stark vermindert hatten.

Millionen Jahre ohne natürliche Feinde lebend, hatte der Dodo existiert. Die fruchtbare Insel bot ihm Nahrung genug und keine Land-Raubtiere, die ihm hätten gefährlich werden können - also brauchte er seine Flugkünste nicht und verlernte allmählich das Fliegen. Mit seinen Stummelflügelchen konnte er schließlich allenfalls noch Konkurrenten vertreiben, nicht mehr aber sein Gewicht von schätzungsweise 20 - 25 kg in die Lüfte erheben; stattdessen schleifte sein dicker Bauch, wie es heißt, manchmal über die Erde. Zur Sicherung der Art brauchte das Dodo - Weibchen zudem nur noch ein Ei jährlich zu legen, und beides zusammen - Flugunfähigkeit und wenig Nachkommen - sollte in dem Moment tragisch werden, in dem vier- oder zweibeinige Raubtiere die Isolation der Insel durchbrachen und ihm oder seinen Eiern nachstellten.

Das Gefieder des Tieres war von hell- bis dunkelgrauer Farbe, seine vierzehigen Füße waren kurz und stark, anstelle eines Schwanzes hatte er nur wenige Federn, und um Schnabel und Augen war er nackt. Eine Hautfalte ermöglichte es dem Dodo, seinen ganzen Kopf 'einzuziehen'. Er wird, wie aufgefundene Skelette beweisen, so groß wie ein Schwan gewesen sein (die Portugiesen nannten Mauritius auch "Ilha do Cirne" = "Schwaneninsel" und meinten damit wohl den Dodo!) und muß von der Bewegung her außerordentlich plump gewirkt haben.

Die Ornithologen sind sich über die Verwandschaft des Dodo nicht ganz sicher und geben Tauben, Kraniche, Schwäne, Hühner oder Geier als mögliche Familienangehörige an. Da wir in den Quellen zum letzten Mal 1681 von ihm hören, dürfte der Zeitpunkt seines Aussterbens kurze Zeit später anzusetzen sein.

Informationen zum Solitaire:

Etwas länger lebte auf der Nachbarinsel Rodrigues der ebenfalls flugunfähige Solitaire (die weiße Dronte), von dem im gleichen Museum noch ein Skelett zu sehen ist. Dieser hatte zwar ein ähnliches Gewicht, aber eine andere Gestalt: nicht plump und häßlich, sondern elegant und schön; nicht mausgrau, sondern weiß bis goldbraun. Besonders das Weibchen wurde wegen seiner Schönheit gerühmt, und diese war es wohl auch, warum dem stets allein anzutreffenden Solitaire (daher sein Name), mehr Pardon gegeben wurde als dem Dodo.

Am Ende des 18. Jhs. war es aber auch mit dem Solitaire vorbei und beide Laufvögel, die es nur auf Mauritius bzw. Rodrigues gegeben hatte, ereilte das gleiche Schicksal wie die Riesenstrauße auf Madagaskar oder die Moas auf Neuseeland.

Nicht nur der Dodo, auch die meisten der Papageienvögel sind schon zu Beginn der europäischen Entdeckung ausgerottet worden - sie wanderten geradewegs in die Kochtöpfe der Matrosen oder wurden ein Opfer der importierten Ratten und Affen.

Nicht anders erging es der **Elephanten- oder Riesenschildkröte** (Dipsochelys elephantina), die sich leicht einfangen ließ, auf den Rücken gelegt nicht fortlaufen konnte und sich auf den Schiffen lange Zeit als Frischfleischreserve hielt. Die Elephantenschildkröte existierte vormals in allen Teilen des tropischen Gürtels, wohin sie sich wohl auf dem Rücken treibend ausgebreitet hatte. Heute lebt sie in freier Wildbahn nur noch dort, wo der Mensch nicht oder erst im Zeitalter des Umweltbewußtseins vordrang, z.B. auf den Galapagos-Inseln.

Mauritius: Pflanzen- und Tierwelt

An den Küsten wälzten sich die **Gugongs**, das waren die riesigen, den Elephanten verwandten Seekühe, die ohne natürliche Feinde die Algenweiden abgrasen konnten. Leider schmeckten sie wie Rindfleisch und waren zu zutraulich... Und im Meer gab es größere Bestände von **Pottwalen**, die sich erst im letzten Jh. von den Küsten um Mauritius zurückgezogen haben.

All diese Tiere und Pflanzen also prägten die Insel und boten den europäischen Seefahrern viele Möglichkeiten zu überleben und zu profitieren. Das Holz wurde, wenn es nicht direkt in den lukrativen Export ging, zur Reparatur der Schiffe und zum Bau der Häuser verwendet. Nur wenige Exemplare des einstmals schier unerschöpflichen Bestandes haben sich erhalten können, zumeist in der Region des Gorges de la Rivière Noire (Südwesten) oder in den Gärten von Pamplemousses. Einige der ursprünglichen Tiere konnten, falls sie nicht überall ausgerottet waren, aus anderen Gebieten wieder eingeführt werden und sind ebenfalls in Pamplemousses oder Tierfarmen zu besichtigen. Der ausgerottete Dodo und Solitaire schließlich sind nur noch als Rekonstruktion in Museen - außer in Port Louis besonders im südafrikanischen Durban - und als 'Wahrzeichen' auf unzähligen Etiketten, Postkarten und Emblemen zu sehen.

Flora

Anstelle der alten Regenwälder mit endemischer Vegetation prägen heute die ausgedehnten Zuckerrohrfelder 90 % der nutzbaren Fläche. Das **Zuckerrohr** blüht zwischen Mai und September, dann sieht man überall die zierlichen silbergrauen Federbüschel über dem kräftigen Grün. Die bis zu fünf Meter hohen Pflanzen werden zwischen Juni und Dezember geerntet, d.h. die Halme werden abgeschlagen, von den

Blättern befreit und zu den Zuckerfabriken transportiert. Hier werden die Stengel ausgepreßt, der Saft dann zu Sirup verarbeitet und dieser schließlich zu braunen Zuckerkristallen verkocht. Nach der Ernte erfordert die Zuckerkultur keine neue Aussaat, denn über den abgeschlagenen Halmen wachsen die neuen sofort wieder nach. Das Zuckerrohr ist biegsam und widerstandsfähig, und es bedarf schon eines sehr schlimmen Zyklons, um die Nutzpflanze ernsthaft zu gefährden.

Unter den **Bäumen** dominieren nicht, wie touristische Prospekte manchmal weismachen möchten, die Kokospalmen! Obwohl schon im 18. Jh. eingeführt, konnte sich die **Kokospalme** wegen der Wirbelstürme nicht allgemein durchsetzen und nur in geschützter Umgebung existieren. Heute wird sie, besonders in Hotelnähe, verstärkt angepflanzt.
Stattdessen werden die Strände von den **Casuarinen** (auch: Filaos) gesäumt. Diese aus Australien eingeführten Bäume erinnern an Lärchen oder Kiefern, wobei sie aber keine Nadeln haben, sondern lange, schachtelhalmartige Blätter.
Ebenfalls aus Australien wurden **Eukalyptusbäume** importiert, die man an mancher Allee sieht und sehr häufig dort, wo früher Sumpfgebiete waren.
Als Alleebaum noch öfter anzutreffen und in der Weihnachtszeit ganz Mauritius in ein rotes Blütenmeer verwandelnd, ist der aus Madagaskar stammende **Flammenbaum** (Flamboyant) der vielleicht typischste Baum

der Insel. Seine Blütezeit liegt zwischen November und Mai und liefert dann, etwa in Mont Choisy im Norden, die herrlichsten Fotomotive. Auch die aus Indien stammende **Tamarinde** ist mit ihren leuchtend-gelben Blüten eine Freude fürs Auge.

Zwar nicht so farbenprächtig, aber sich mit seinen vielen Luftwurzeln zu imponierender Größe erhebend, bietet der **Banyanbaum** einen majestätischen Anblick. Dieser Baum pflanzt sich durch Vögel fort, die seinen Samen auf anderen Pflanzen ausscheiden, von denen er sich zunächst als Schmarotzer ernährt.

Unter den unzähligen **Palmenarten** und sonstigen Bäumen, die man in Flußtälern, im Hochland, an der Küste und - als phantastische Zusammentragung der schönsten und seltensten Exemplare - in Pamplemousses (vgl. 4.2.5) sehen kann, sollen an dieser Stelle nur genannt sein:

* die **Schraubenpalme** (Vacoa), deren Stamm sich über dünnen Stelzwurzeln erhebt;
* der aus Madagaskar importierte **Baum des Reisenden** (Traveller's Palm), der wie ein 10 m hoher Fächerwedel aussieht und in der Vergangenheit durch seine gespeicherten Wasservorräte Reisenden von Nutzen war;
* die schlanke und hohe **Palmiste-Palme**.

An Flußmündungen und an sumpfigen Küsten bilden schließlich **Mangroven**, die mit ihren Stelzwurzeln im Salzwasser leben können, ein undurchdringliches Dickicht.

Daneben gedeihen auf Mauritius vielerlei **Nutzpflanzen** - Stauden und Bäume -, die nicht nur Köstlichkeiten wie Papayas, Mangos, Brotfrüchte, Letchis, Avokados, Corasols, japanische Mispeln, Longanes, Jackfrüchte, Bananen, Ananas, Golden Apples und Zitrusfrüchte tragen, sondern oft genug allein durch ihre Schönheit beeindrucken.
In steigendem Maß werden außerdem Kaffee, Tee, Tabak, verschiedene Gemüse und andere tropischen Früchte angebaut und exportiert (vgl. 2.2.4). In diesem Zusammenhang seien auch Gewürzpflanzen wie Zimt,

Vanille, Muskatnuß, Gewürznelke u.a. erwähnt, die ja einmal einen bedeutenden Wirtschaftsfaktor darstellten und heute noch vereinzelt angetroffen werden können (z.B. in Pamplemousses).

Der kurze Überblick wäre unvollständig, würde man nicht auf die vielen **Zierblumen und Zierblattarten** hinweisen, die ganzjährig aus Mauritius einen blühenden und farbenprächtigen Park machen. In privaten und botanischen Gärten, auf Hecken, am Wegrand und in den Wäldern findet man hiervon eine überquellende Fülle, die jeden Spaziergang zu einem Erlebnis werden lassen.

Aus der Familie der Malven bestechen dabei die Hibiskusarten durch ihre Schönheit, genauso aber auch Lilien, Riesenwasserlilien, Strelizien, Bougainvilleas, Indisches Blumenrohr, Oleander, Anthurien u.v.m.. Für alle, die sich dafür interessieren und begeistern lassen, ist ein Besuch in den Botanischen Gärten von Pamplemousses und Curepipe ein unbedingtes 'Muß'.

Fauna

Anstelle der ursprünglichen Tierwelt, die bis auf einige Vogelarten und Fledermäuse weitgehend ausgerottet ist, bevölkern heute in unterschiedlichen Zeiten importierte Arten Mauritius. Bei den **Vögeln** haben sich u.a. der Kestrel (Mauritius-Falke), die rosa Taube (pink pigeon), der Mauritius-Papagei und der Paille-en-queue erhalten können, jeweils in nur wenigen Paaren, und trotz aller Schutzmaßnahmen vom Aussterben bedroht. Dem Kestrel kann man am ehesten bei einem Besuch der Domaine du Chausseur (vgl. 4.4.4) begegnen; der Meeresraubvogel

Paille-en-queue wiederum ist als Symboltier der Air Mauritius allgegenwärtig.

Weitaus zahlreicher sind natürlich die eingeführten Vogelarten vertreten: Mit der südostasiatischen Sperbertaube macht wohl jeder Hotelgast, der im Freien ißt, Bekanntschaft, wenn diese furchtlosen Tiere auf Futtersuche bis auf die Tische fliegen. Ähnliches tut der schwarze indische Hirtenmaina mit seinem gelben Schnabel. Als roter Farbtupfer ist der madegassische Kardinal (Webervogel) gleichermaßen schön und unübersehbar. Der ostasiatische Hühnervogel, der indische Spatz, Drosseln aus Java und der afrikanische Bengali - dies sind nur wenige Beispiele einer umfangreichen Liste von 'Importen', die heute zahlreich, farbenfroh und stimmgewaltig Mauritius bevölkern. In einem Vogelschutzgebiet und Zoo mit Gehegen findet der Interessierte die prächtigsten Exemplare nahe beieinander: Etwa 2 500 Vögel aus allen Tropengebieten der Erde, besonders natürlich aus Mauritius, hat der Casela Bird Park versammelt; Sie finden ihn zwischen Port Louis und Flic en Flac (vgl. 4.3.6).

An seltenen **Seevögeln** sind besonders die vorgelagerten und weiter entfernten Inseln reich. Rodrigues, der St.Brandon-Archipel, die Ile Cocos und Serpent Island beherbergen Arten, die auf Mauritius bereits ausgestorben sind, wie die Feenseeschwalben, die Fregattvögel und die Noddy-Seeschwalben.

Unter den **Säugetieren** sind verschiedene Fledermäuse und Fliegende Hunde noch ursprünglich und oft zu beobachten. Außer den normalen Haustieren wie Hunden, Katzen, Ziegen und einigen Rindern sind von besonderem Interesse jene Tiere, die man nur selten zu Gesicht bekommt. Oft handelt es sich um verwilderte Haustiere, die sich im gebirgigen Innern vermehren konnten, wie z.b. das europäische Schwein oder das madegassische Wildschwein, das nur etwa 30 Zentimeter groß wird.

Als Schädlinge für die ursprüngliche Tier- und Pflanzenwelt spielten z.B. die braune Ratte, die von portugiesischen Schiffen auf die Insel kam, oder auch der **Jacot-dansé**, eine asiatische Affenart, eine traurige Rolle. Weil erstere auch in den Zuckerrohrplantagen großen Schaden anrichtete, versuchte man sie um die Jahrhundertwende durch den Import von Mangusten aus Indien auszurotten - mit dem Erfolg, daß nun ihrerseits Mangusten zu einer Plage wurden. Auch die Affen erwiesen sich nicht nur im Tierreich als nesträuberische Schädlinge, sondern plünderten auch in den Plantagen und wurden deswegen gejagt und gegessen. Noch heute sollen sie in einigen Gegenden den Speiseplan bereichern; wer den Jacot-dansé in freier Wildbahn erleben will, sollte in der Plaine Champagne auf Beobachtungsposten gehen.

Seit 1639 sind die aus Java stammenden Sambur-Hirsche auch auf Mauritius heimisch. Sie haben sich hier so gut eingelebt, daß jährlich mehrere Tausend von ihnen abgeschossen werden müssen. Jagdsaison ist von Juni bis September; wer dazu oder nur zur Rotwild-Beobachtung in Mauritius Lust hat, ist in der Domaine du Chausseur am besten aufgehoben.

Unter den **Reptilien** stellten die Elephantenschildkröten sicher die eindrucksvollsten Exemplare dar. Nach ihrer Ausrottung sind sie nun auf Mauritius wieder zu sehen, nachdem man sie von den Seychellen re-importierte. Allerdings nur in Gehegen, wie z.B. in Pamplemousses oder La Vanille (vgl. 4.4.5).

Häufiger Gast in Hotelzimmern ist der Gecko, der dem Menschen bei der Jagd auf lästige Insekten hilft. Eidechsen und Chamäleone sind häufig vertreten (z.B. in den Zuckerrohrplantagen), im Gegensatz zum Skorpion, der praktisch gar nicht mehr vorkommt.

Entgegen einer oft zu hörenden Anschauung gibt es doch Schlangen auf der Insel, die allerdings vollkommen harmlos sind. Die größten Reptilien finden Sie in der Krokodilfarm von La Vanille, wo die aus Madagaskar und anderswo eingeführten Tiere zu kommerziellen Zwecken aufgezogen und geschlachtet werden; neben Krokodilen können sie in den benachbarten Gehegen dort aber auch viele der anderen hier beschriebenen Tiere besichtigen.

Unterwasserwelt

Für Schnorchler und Taucher, für Angler und Hochseefischer sind vielleicht die Tiere am interessantesten, die man bei Landexkursionen überhaupt nicht zu Gesicht bekommt: die Abermillionen von kleinen und großen, farbenprächtigen und unscheinbaren, gefährlichen und harmlosen Geschöpfen in der Welt unter Wasser.

Da auch die Koralle ein Kleintier ist, gehört diesem Bereich sogar ein charakteristischer und landschaftsbildender Teil von Mauritius an! Nur mit Staunen kann der tauchende Tourist dieses Wunderwerk der Natur betrachten und sehen, welch phantastische Formenvielfalt Korallen zu bilden in der Lage sind:

* da gibt es Bauformen, die an zarte Verästelungen eines Strauches erinnern;
* solche, die wie Gehirnwindungen aussehen;
* kompaktere in der Form eines Tisches;
* vegetabile, die wie seltene Landpflanzen anmuten.

Man sollte sich aber hüten, diese Wunderwelt etwa durch Berührungen zu zerstören - außerdem entgeht man dabei dem schmerzhaften Kontakt mit der gelblichen Feuerkoralle!

Um die Korallenriffe erstreckt sich der Lebensraum der meist kleinen, aber außerordentlich farbigen Korallenfische wie Dicklippen, Kofferfische, Trompetenfische, Kaiserfische, Schmetterlingsfische, Demoisellesfische, Seeanemonen, Papageienfische u.v.m..

Es gibt auch hier einige gefährliche Arten; so sollte man dem schönen Rotfeuer- oder Tigerfisch und dem häßlich-unförmigen Steinfisch unbedingt ausweichen. Gleiches gilt für die Seeigel, die weite Abschnitte der mauritianischen Strände bewohnen; prinzipiell ist es sowieso ratsam, sich nicht ohne Badeschuhe oder Schwimmflossen auf Unterwasserexpedition zu begeben... In den Korallenriffen leben allerdings noch viele andere Geschöpfe, die an dieser Stelle nicht alle aufgeführt werden können. Muränen und Langusten gehören dazu, vor allem aber auch eine einzigartige Vielfalt von Muscheln und Schnecken. Nicht alle sind ungefährlich (Vorsicht besonders vor einigen der etwa 100 Kegelschnecken-Arten!), und nicht alle sind sensationell, aber unter den mehr als 1 000 Arten Muscheln findet man immer einige unglaublich schöne Exemplare. Daß "Finden" nicht gleichbedeutend ist mit "Mitnehmen", sollte das oberste Gebot sein - schon heute sind einige Arten der Meeresmollusken fast gänzlich verschwunden, weil sie jahrzehntelang als Souvenirs gehandelt wurden.

Für **Hochseeangler** ist Mauritius ein wahres Eldorado - nicht umsonst sind hier einige Angler-Weltrekorde erzielt worden. Haie und Speerfische halten sich außerhalb des Korallenriffs in den tieferen Gewässern auf und werden dem Schwimmer in der Lagune nie zu nahe kommen. Neben den Großfischen wie Barrakudas, Thunfischen, Blaue Marline, Seglerfischen, Makrelen, Blau- und Hammerhaien usw. kann man vereinzelt noch den seltenen Karettschildkröten begegnen.

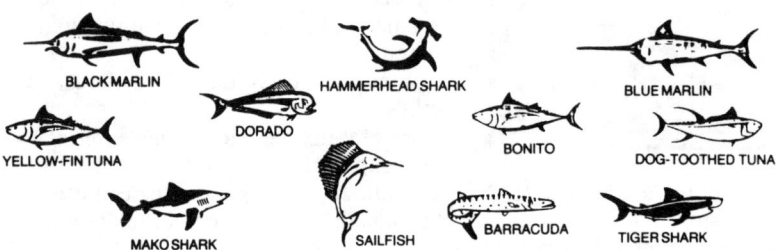

Wer sich dem nassen Element nicht unbedenklich ausliefern, trotzdem aber einige Meeresbewohner anschauen möchte, der sei an das Museum in Port Louis oder - lebensnäher! - an das Aquarium in Trou aux Biches (vgl. 4.2.3) verwiesen.

2.2.4 WIRTSCHAFT

Wie unter 2.1.5 schon angedeutet, ist die wirtschaftliche Lage von Mauritius besser als in den meisten anderen afrikanischen Ländern und lebt längst nicht mehr nur vom Zucker allein. Seit der Etablierung der Freihandelszone wurde stattdessen, besonders in den 80er Jahren, eine Industrie mit einer breit gefächerten Produktpalette aufgebaut, in der allerdings Textilien eindeutig dominieren. Ohne eigene Bodenschätze, mußte das kleine Land dafür sorgen, mit Hilfe ausländischer Investoren eine Exportindustrie zu installieren, die nicht nur von schwankenden Weltmarktpreisen abhängige Massenprodukte anbietet, sondern sich auch auf hochwertige Spezialwaren stützt. Dies ist Mauritius in solchem Maße geglückt, daß 1988 die Nachrichten über das Land im Wirtschaftsteil der großen Zeitungen durchweg positive Titel hatten.

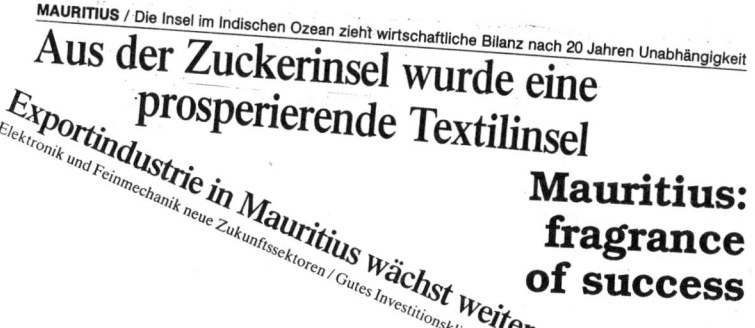

Daneben durfte die Landwirtschaft nicht vernachlässigt werden, galt es doch, die ständig wachsende Bevölkerung auf möglichst vielen Sektoren mit einheimischen Lebensmitteln zu versorgen. Auch das ist in vielen Fällen, z.B. mit Kartoffeln, geglückt. Beim Fremdenverkehr schließlich mußte darauf geachtet werden, auf steigende Besucherzahlen nicht mit nachlassender Qualität zu reagieren und den Ausbau touristischer Leistungsträger so behutsam voranzutreiben, daß der exklusive Charakter des Inselurlaubs nicht in einer Vermassung unterging.

Zu den drei wichtigsten Sparten der mauritianischen Wirtschaft im einzelnen:

Landwirtschaft

Wer Mauritius bereist, sieht auf den ersten Blick, warum der Beiname "Zuckerinsel" berechtigt ist: nach dem schmalen Küstenstreifen, meist mit Sandstrand, breiten sich nahezu unendlich die Zuckerrohrfelder aus, bis schließlich eine steil aufragende Bergwand deren kräftiges Grün begrenzt. Gleichzeitig fallen die zu konischen Türmen aufgeschichteten Gesteinsbrocken auf, die fast an vorgeschichtliche Grabanlagen erinnern - ohne Zweifel stellten und stellen die Steine ein Hindernis für die Landwirtschaft dar. Tatsächlich hat Mauritius gegenüber anderen zukkerproduzierenden Ländern den Nachteil, daß aus dem genannten Grund ein Einsatz von Maschinen kaum möglich ist; dies allerdings soll nach Abschluß des derzeit laufenden "De-Rocking"-Programms besser werden.

Trotz der Schwierigkeiten ist Zucker (und damit zusammenhängende Produkte wie Melasse und Rum) weiterhin ein Aktivposten der insularen Wirtschaft, wenn auch mit sinkender Tendenz. Obwohl die geerntete Menge und die damit erzielten Exportgewinne in den letzten Jahren kontinuierlich gesteigert werden konnten (von 2,5 Milliarden Rs 1984 auf 4,5 Milliarden Rs 1988!), ging im gleichen Zeitraum der Anteil des Zuckerexports am Gesamtexport von 49,8 % auf 33,7 % zurück. Dies kann ja nur bedeuten, daß Industrieprodukte oder andere Güter in noch stärkerem Maße die Warenausfuhr bestimmten. Die Gesamtmenge der jährlich anfallenden Zuckerproduktion ist starken Schwankungen ausgesetzt: Zyklone und Trockenperioden entscheiden darüber, ob es nun 300 000 t oder 700 000 t werden. Für eine solche Menge wie 700 000 t raffiniertem weißen und braunen Zucker muß man im Lande etwa 6 Millionen t Rohr ernten, die dann in 21 modernen Großbetrieben - 20 davon im privatem Besitz - verarbeitet werden. 70 % des Zuckerexportes gehen in die EG, davon die Hälfte nach Frankreich. Durch den Vertrag von Lomé, der die EG an 59 Staaten bindet, hat sich die Gemeinschaft seit langem bereit erklärt, Mauritius zu einem Garantiepreis eine ebenfalls garantierte Absatzmenge von maximal 500 000 t abzukaufen, was das Land von den Sorgen des Zuckerpreisverfalls auf dem Weltmarkt z.T. befreit. Die Vereinbarung hat sich als zuverlässig erwiesen, und die EG bezahlte in der Vergangenheit weit über dem Weltmarkt liegende Preise; andererseits kann der Inselstaat nicht davon ausgehen, daß die europäische Garantie auch in der Zukunft des Gemeinsamen Marktes aufrechterhalten wird.

Alle anderen Agrarerzeugnisse stehen weit im Schatten des Zuckers, obwohl sie zunehmend an Bedeutung gewinnen. Tabak, Tee, Gewürze, Gemüse, Früchte und Schnittblumen sind hier an erster Stelle zu nennen. Eine Ertragssteigerung ist auch hinsichtlich der Eigenversorgung wichtig gewesen; Kartoffeln, die früher importiert werden mußten, decken heute bereits den Eigenbedarf. In großen Mengen importiert wird Reis, den die Mehrheit der Bevölkerung als Grundnahrungsmittel braucht: sowohl die indische, als auch die kreolische und chinesische Küche kommen ohne ihn nicht aus!

Der Geschmack der Industrieländer an tropischen Früchten und exotischem Gemüse hatte den vermehrten Anbau und Export von Ananas, Avokados, Papayas, Letchis, Kokosnüssen, Mangos, Jack-Früchten u.v.a. zur Folge. Exportsteigerungen von über 30 % konnten bei

Schnittblumen - vor allem Anthurien - erzielt werden, nachdem die Air Mauritius entsprechende Cargoflüge nach Amsterdam eingerichtet hat.

Industrie und Handwerk

Als rohstoffarme Entwicklungsregion hat Mauritius seit der Unabhängigkeit viel dazu getan, den Vorbildern Taiwan und Singapore nachzueifern. Durch die Errichtung der Freihandelszone EPZ ("Export Processing Zones") schuf sich das Land die Basis für eine revolutionäre Umwälzung der Wirtschaftsstruktur binnen kürzester Zeit: Bereits nach 10 Jahren hatten sich die Waren der EPZ 40 % des Gesamtexports erobert, ist auf 42,4 % im Jahre 1984 (über 2 Milliarden RS) und dann nochmals auf 61,9 % (über 8 Milliarden RS) gestiegen! Etwa 170 000 Beschäftigten gibt die EPZ inzwischen Arbeit und Lohn, mehr als in der Landwirtschaft. Es waren vor allem ausländische Investoren, die den Industriestandort Mauritius wählten, und dafür hatten sie viele gute Gründe:
* Vollständige **Einfuhrsteuer- und Quotenbefreiung** für Exportwaren in die EG
* Beachtliche **Steuervergünstigungen**
* Hohe **fachliche Qualifikation und Sprachkenntnisse** (Englisch, Französisch) der Arbeitskräfte
* Gute **Infrastruktur und Kommunikationstechnik** sowie **politische Stabilität**
* Trotz Anhebung der Mindestlöhne 1988 **geringes Lohnniveau** von nur etwa 10% des europäischen Standards.

Den rasantesten Aufstieg konnte dabei die **Textilindustrie** verzeichnen, die jetzt gleichwertig neben der Zuckerindustrie steht. Die Produktpalette ist mit Polo- und T-Shirts, Oberhemden, Wollpullover, Herrenanzügen u.ä. ungemein breit. Der Export geht hier hauptsächlich nach Frankreich (führende französische Hersteller wie Christian Dior, Pierre Cardin und Yves St.Laurent lassen in Mauritius anfertigen!), aber auch die Bundesrepublik - immerhin der wichtigste Abnehmer von mauritianischen Herrenanzügen - ist ein gutes Absatzland.

Weitere Industriezweige mit beachtlichen Zuwachsraten sind die Lederindustrie (besonders Schuhe und Handschuhe), die optische Industrie (1988 mehr als 4 Millionen Brillen) und die Fertigung von Stilmöbeln, Uhren, Fischereizubehör und von Schmuck- und Spielwaren. Z.Zt. wird die Ansiedlung von Elektronik- und Feinmechanikbetrieben gefördert, und Gemeinschaftsunternehmen zur Herstellung von Fahrrädern, Nähmaschinen, Autoersatzteilen und feinmechanischen Produkten sind in Planung. Besondere Beachtung verdient ebenfalls die Diamantenschleiferei, die die Insel zu einem international anerkannten Diamantenexporteur gemacht hat und hier zunehmend Arbeitsplätze schafft - zu Lasten von Amsterdam, Antwerpen und Israel!

Demgegenüber tritt das traditionelle Handwerk mit seiner Töpferei, Steinschleiferei, Weberei, Korbmacherei und Holzschnitzerei in seiner Bedeutung zurück, ist für den Touristen jedoch nicht minder interessant. Solche Produkte findet man in beachtlicher Qualität auf den Märkten und in den einschlägigen Souvernirshops, und insbesondere die mühsame Herstellung detailgetreuer Schiffsmodelle hat sich einen festen Markt unter ausländischen Liebhabern sichern können.

Tourismus

Seit der Einführung von Direktflugverbindungen nach Mauritius hat der Fremdenverkehr enorm zugenommen. Die Gründe dafür liegen auf der Hand: Die Insel ist überschaubar, kulturell beeindruckend, landschaftlich reizvoll, klimatisch begünstigt und hat ca. 160 km Sandstrand! Nun bedeuten solche Vorzüge nicht zwangsläufig einen exklusiven oder "anderen" Urlaub - schließlich treffen sie auf Mallorca genauso zu. Der Unterschied ist jedoch, daß man auf Mauritius steigende Besucherzahlen zwar gerne sieht und für die Jahrtausendwende eine Marke von jährlich 400 000 Touristen anpeilt, daß man jedoch alles tut, um eine Vermassung mit all ihren negativen Folgen zu vermeiden. Dazu gehören strenge Auflagen für Größe, Architektur und Standort neuer Hotels, Bewachung der Strände, Kontrolle der Qualität von Unterkünften und die Betonung eines "gehobenen Standards". Immerhin kann man auf eine umfangreiche Liste illustrer Gäste verweisen - von Charles Baudelaire und Mark Twain bis hin zum britischen Prinz Edward oder dem Stammgast Stephanie von Monaco.

1987 kamen erstmalig mehr als 200 000 Besucher, 1989 waren es schon 270 000. Das bedeutete in den letzten drei Jahren eine Zunahme von jährlich ca. 20 %. Noch stärker stiegen die Deviseneinnahmen aus dem Tourismus: Lagen diese 1979 noch bei 75 Mio. DM, so konnten 1987 bereits 226,6 Mio. DM eingenommen werden. Eine Steigerung von weit über 60 % auf etwa 400 Mio. DM im Jahre 1989 macht die enorm wachsende Bedeutung dieses Wirtschaftssektors für das Land deutlich - hauptsächlich allerdings als Devisenbringer, denn die Zahl der direkt im Tourismus Beschäftigten liegt z.Zt. nur bei etwa 8 000. Von Vorteil ist für alle Beteiligten dabei die Saisonunabhängigkeit des Fremdenverkehrs. Mit anderen Worten: Die Touristen kommen gleichmäßig über das ganze Jahr verteilt, und die beiden stärksten Besucherströme (Frankreich und Südafrika) überlappen einander nicht, sondern ergänzen sich.

Auf die Frage nach der nationalen Zusammensetzung des Kundenkreises ergibt die Statistik für das Jahr 1988 einige interessante Antworten. Denn mit fast 57 000 Besuchern lagen dabei die Einwohner der Nachbarinsel Réunion deutlich an der Spitze. Hier zeigt sich einmal mehr, daß sich auch im Selbstverständnis der Einheimischen Réunion für alles

Mögliche, aber eben nicht so gut zum Baden eignet! An zweiter Stelle lagen die Franzosen mit 50 000 Besuchern, und da man Réunion eigentlich zu Frankreich zählen sollte, sind die Franzosen also fast zur Hälfte am mauritianischen Tourismus beteiligt. Nach Südafrika (36 000) war die Bundesrepublik mit 15 000 Gästen an vierter Stelle, gefolgt von Italien, Großbritannien, der Schweiz, Madagaskar und Indien. Der Statistik nach bleiben die Deutschen mit 16,4 Tagen jedoch länger als der durchschnittliche Tourist (11,4 Tage) und geben damit vor Ort auch mehr aus, nämlich DM 1 870 (Durchschnitt: DM 1 462).

2.2.5 Bevölkerung

Die Einwohnerzahl von Mauritius beträgt etwas mehr als eine Million; am 31. Juli 1988 wurde sie mit 1 019 665 Personen angegeben. Mit 546 Menschen pro qkm ist der kleine Inselstaat eines der dichtest besiedelten Länder der Erde, wobei die Bevölkerungsexplosion erst einsetzte, als es gelungen war, Malaria und andere Seuchen wirksam zu bekämpfen. Noch 1867 betrug die Sterberate für die ganze Insel 247 pro Tausend, und allein in Port Louis starb ein Zwölftel der Einwohnerschaft. Heute sind über die Hälfte der Insulaner jünger als 20 Jahre!

Aufgrund der relativ späten Entdeckung der Maskarenen und der kolonialen Vergangenheit kann sich keine Bevölkerungsgruppe als "Ureinwohner" bezeichnen, alle Mauritianer sind freiwillig oder unfreiwillig Zugereiste. Die **Vielfalt der ethnischen Gruppen** ist beeindruckend: Etwa 66 % sind Indo-Mauritianer, 29 % Kreolen madegassischer oder afrikanischer Herkunft, 3 % Sino-Mauritianer und 1,5 % Franko-Mauritianer. Durch Mischehen und -verbindungen sind hier die Grenzen jedoch fließend. Außerdem bedeutet die Zuordnung etwa zu Indern oder Chinesen nicht gleichzeitig auch eine religiöse oder sprachliche Festlegung.

Die Indo-Mauritianer

Die Inder stellen heute auf Mauritius die Zweidrittel-Mehrheit und sind in allen führenden Positionen in Handel, Wirtschaft, Politik und Kultur dominierend vertreten. Nichts sollte die Bevölkerungszusammensetzung der Insel so vollständig ändern wie ihre Einwanderung im letzten Jahrhundert: Allein zwischen 1835 und 1907 kamen etwa 450 000 Inder auf Grund von Arbeitsverträgen nach Mauritius. Der Ort ihrer Herkunft entschied und entscheidet über ihre sprachliche und religiöse Zugehörigkeit: die meisten kamen aus Bihar, Orissa und Bengalen, andere aus südindischen Provinzen und einige aus Bombay. Nachgestoßene Kaufleute aus Bombay waren meist moslemischen Glaubens. Und neben Hindus gab es unter den indischen Arbeitern auch Christen. Von den

heute im Land lebenden Indo-Mauritianern sind 51 % Hindus und 16 % Moslems. Und je nach Herkunftsgebiet wird von den Indern neben Hindi auch Gudscharati, Urdu, Marathi, Tamilisch und Telugu gesprochen. Die Rupien-Noten z.B. sind auf englisch, hindi und tamilisch bedruckt...

Die Kreolen

Mit den Europäern sind die Kreolen die ältesten Einwanderer der Insel, denn Holländer und Franzosen griffen für die harte Arbeit auf den Plantagen von Anfang an auf Sklaven zurück, die man aus Schwarzafrika und Madagaskar heranschleppte. Als 1815 die Engländer die französische Kolonie übernahmen, lag das Verhältnis bei 15 000 Europäern zu 63 000 Sklaven. Zwischen den Franzosen und den Negersklaven standen einige freie Schwarze und Mischlinge, insgesamt etwa 10 % der Bevölkerung: die französischen Herren hatten sich häufiger mit Sklavinnen eingelassen, und unter gewissen Bedingungen gab es für Schwarze die Möglichkeit, in die Freiheit entlassen zu werden. Da diese aber vollkommen entwurzelt und zudem in der zweiten oder dritten Generation auf Mauritius ansässig waren, blieben sie auf der Insel und vermischten sich wiederum mit den Mischlingen. Offiziell waren Ehen zwischen Europäern und Sklaven strafbar ("Code noir").
So entstand die Bevölkerungsgruppe der Kreolen, die nun die zweitstärkste des Inselstaates ist. Durch die tolerante britische Administration niemals zur Aufgabe ihrer Lebensweise gezwungen, sprechen sie heute noch Créole und haben ihren römisch-katholischen Glauben behalten.

Die Sino-Mauritianer

Die Chinesen stellen das jüngste Element der mauritianischen Völkergemeinschaft dar und sind z.T. schon im letzten Jahrhundert, besonders stark aber nach dem Zweiten Weltkrieg zugewandert. Ihre ursprüngliche Heimat liegt in Südchina und in anderen Gebieten, so daß auch sie verschiedene chinesische Sprachen sprechen. Vorherrschend jedoch ist Kantonesisch. Die Sino-Mauritianer sind häufig als Kaufleute tätig oder führen kleine Läden.

Die Franko-Mauritianer

Es gibt nur noch sehr wenige Mauritianer, die eindeutig europäischer, d.h. französischer Herkunft sind. Diese wenigen haben es aber geschafft, ihre alte Position zu halten, so daß sie unter den Plantagenbesitzern überproportional verteten sind.

Die unterschiedliche Bevölkerungszusammensetzung ist **nicht** identisch mit einer sozialen Klassifizierung; ein möglicher Grund für Unruhen oder Bürgerkriege ist damit dem Land erspart geblieben. Zwar kann man die Faustregel aufstellen, daß die meisten Plantagenbesitzer Franko-Mauritianer, die meisten Plantagenarbeiter Inder, die meisten Ladenbesitzer Chinesen und die meisten Handwerker Kreolen sind, doch sind die Ausnahmen von der Regel groß, und jede Gruppe hat jeweils ihre Ober-, Mittel- und Unterschicht. Durch die breite Beamtenschicht und die neuen Arbeitsplätze in der Industrie, wo ohnehin die Gruppen miteinander konkurrieren, wird das angedeutete Gefüge zusätzlich aufgelockert. Einer Vermischung der Gruppen kommt der Umstand entgegen, daß die Mauritianer auf engem Raum zusammenleben müssen (zu 46 % in den Städten), deswegen ständig Kontakt zu anderen Volksgruppen haben und es Dörfer mit nur einem ethnischen Bestandteil praktisch gar nicht gibt. Trotzdem sind die Gruppen untereinander recht stabil, bedingt auch durch ihre jeweilige Religionszugehörigkeit. D.h., daß i.d.R. ein indischer Moslem nur mit einer indischen Moslemin, ein kantonesischer Chinese mit einer Chinesin und ein katholischer Kreole mit einer Kreolin eine Ehe eingehen wird.

Entdecken Sie Mauritius mit

Tages-Exkursionen

Montag:	Reduit / Eureka (Creolisches Haus) / Casela Vogel Park
Dienstag:	Port Louis / Pamplemousses Botanischer Garten
Mittwoch:	Bclair / Andrea oder Le Val / Grand Bois
Donnerstag:	Ile aux Cerfs (einschließlich Boot-Transfers)
Freitag:	Curepipe / Plaine Champagne / Chamarei
Samstag:	Isla Mauritia (Yacht-Kreuzfahrt)

* garantierte Abfahrten von allen Hotels und Städten
* Führungen in Englisch, Französisch, Deutsch, Italienisch, Spanisch und Japanisch

Andere Dienstleistungen

Anmietungen:	Mietautos (Europcar) * klimatisierte Mietwagen * Kleinbus mit Fahrer zu privaten Besichtigungen
Transfer:	Vom Flughafen zum Hotel und umgekehrt im klimatisierten Auto oder Minibus
Spezielle örtliche Ausflüge:	* Hubschraubertouren * Bergsteigen * Vogelbeobachtungen * Hochwildjagd * Hochseeangeln
Spezielle Übersee-Touren:	Réunion und Rodrigues Inseln

Kontaktieren Sie

MauriTours Hauptgeschäftsstelle, S. Venkatesananda Street, Rose Hill, Mauritius, P.O. Box 125, Tel. 454-1666 oder 464-3078, Telex: 4349 IW oder 4560 IW, Fax: (230) 454-1682
oder:
die Vertreter an den Begrüßungsständen in allen führenden Hotels in Mauritius.

PARADIESISCHE PROBLEME.

Die Wahl, welches Hotel auf Mauritius Ihr Urlaubsdomizil sein soll, wird Ihnen nicht leicht gemacht: Verweilen Sie im 5-Sterne-Luxus des „St. Géran" mit seinem exclusiven Ambiente und privatem Golfplatz... ... oder bevorzugen Sie die bezaubernde Romantik im „Touessrok Hotel", wo Sie auf Ihrer eigenen Insel in einem Zimmer wohnen, das Ihnen den Ausblick auf das azurblaue Wasser des Indischen Ozeans freigibt? Vielleicht neigen Sie aber auch zu einem Aufenthalt im „La Pirogue Hotel"... umgeben von weitläufigen tropischen Gärten, gesäumt von kilometerlangen weißen Sandstränden... und den auf der ganzen Welt wohl spektakulärsten Möglichkeiten zum Marlin-Fischen. Wie, wo und was – am besten Sie kommen dreimal.

Sun International

POSTFACH 2030, 6370 OBERURSEL, TEL. 0 61 71/5 70 71-2

Le Grand Gaube – Mauritius – ein tropisches Refugium

Le Grand Gaube liegt zurückgezogen und geschützt im Nordosten der Insel, unweit des kleinen, farbenprächtigen Dorfes Grand Baie.

Unmittelbar an einer kleinen privaten Strandbucht gelegen, erstreckt sich das Hotel mit seinen 119 gemütlichen, komfortabel eingerichteten Zimmern im Schatten der Palmen und Casuarina-Bäume.

Das Restaurant, die Bar, der Swimmingpool sowie die Tanz- und Unterhaltungsfläche bieten einen herrlichen Ausblick über den Indischen Ozean.

Hier ist das Paradies – es ist Mauritius – und ganz besonders „Le Grand Gaube"!

Einladung zum Urlaub: Strände und Lagunen

Mauritius: Komfortable Strand-Hotels

Mauritius: Jagdhotel im Regenwald

Mauritius: Marktszene in Port Louis

Mauritius: Einbringen der Ernte

Mauritius: Gebirgiges Inselinnere

Mauritius: Feierabend der Zuckerarbeiter

Réunion: Hohe Berge und tiefe Canyons

Mauritius: Landschaftsidylle bei Chamarel

Mauritius: Fischreiche Bäche

Mauritius: Monokultur Zuckerrohr

Mauritius: Naturphänomen „Farbige Erde"

Mauritius: Strand am Cap Malheureux

Mauritius: Abseits der großen Straßen

Réunion: Kleiner Fischerhafen im Süden

Réunion: Wilde Küste im Süden

Mauritius: In den Gärten von Pamplemousses

Mauritius: Felsklotz des Morne Brabant

Mauritius: Krokodilfarm La Vanille

Mauritius: Straßenszene in Port Louis

Réunion: Marktstand in St-Denis

Réunion: Hinduistischer Tempel in St-André

Réunion: Chinesische Pagode in St-Pierre

Réunion: Katholische Kapelle in St-Anne

Mauritius: Tempel und Flamboyants in Triolet

Mauritius: Government House in Port Louis

Grüne Inseln: Vegetation der Maskarenen

3   Mauritius als Reiseland

ZITATE:

"Wenn ich geschlossnen Augs in Abendglut
Einschlürfe deinen warmen Duft mit Beben,
Seh' ich ein herrlich Ufer sich erheben
Aus einem Meer, drauf ewiges Leuchten ruht.

Ein schwellend Eiland, dem der Sonne Flut
Seltsame Bäume, saftige Frucht gegeben
Und schlanke Männer voller Kraft und Leben
Und Frauen, deren Blick voll Glanz und Mut."
Charles Baudelaire, in "Les Fleurs du Mal"

"Man bekommt die Vorstellung, daß zuerst Mauritius und dann der Himmel erschaffen wurde; und daß der Himmel Mauritius nachgebildet wurde".
Mark Twain, in "Following the Equator"

"Wir laden Sie ein, zu kommen und Mauritius zu sehen. Diejenigen, die schon hier waren, können über die Schönheit einer einzigartigen Landschaft berichten und von der legendären Gastfreundlichkeit einer Insel, wo sich die Rassen, Kulturen und Zivilisationen Europas, Afrikas und Asiens in Harmonie treffen.
So lassen Sie uns nicht nur Freunde sein, lassen Sie uns engere Freunde werden."
Anerood Jugnauth, Premierminister von Mauritius

3.1 PRAKTISCHE REISETIPS VON A - Z

A Adressen

Informationsbüro auf **Mauritius**:
Mauritius Government Tourist Office, Emmanuel Anquetil Building, Sir S. Ramgoolam Street (gegenüber dem Rathaus), Port Louis, Tel.: 01-1703

Informationsbüros in **Deutschland**:
Mauritius Informationsbüro, Goethestraße 22, 6000 Frankfurt/M 1, Tel.: 069-284348

Informationsbüros in der **Schweiz**:
Mauritius Informationsbüro, Kirchenweg 5, CH 8032 Zürich, Tel.: 01-2515025

Konsulate: siehe Stichwort **Botschaften**, Fluggesellschaften: siehe Stichwort **Flüge**

▶ **Ärzte**

siehe unter Stichwort **Krankheit**

▶ **Angeln**

Mauritius ist ein wahres Anglerparadies und bietet nach Eigenwerbung des staatlichen Fremdenverkehrsvereins "Das beste Hochsee-Angeln der Welt, das ganze Jahr zu den günstigsten Preisen der Welt". Tatsächlich hält die Insel einige Weltrekorde im Fischen (IFGH), u.a. für Mako-Haifische, blaue Haifische, Hundszahn-Thunfische, Wahoos, gelbe und weiße Thunfische sowie blaue Marline. An fast allen Hotels können entsprechende Boote und Angel-Exkursionen gebucht werden; das Zentrum ist aber unbestreitbar an der Südwestküste beim "Centre de Pêche de la Rivière Noire", Tel.: 53-6522. Für Interessierte hält das mauritianische Informationsbüro einen Sonderprospekt bereit. Spezielle Reisen für Hochseeangler bietet an: "Fertig's Angelreisen", Erich-Wolf-Straße 5, D-8751 Hausen, Tel.: 06022-23823

▶ **Ausreise**

siehe unter **Zollbestimmungen** und **Devisenbestimmungen**

▶ **Autofahren**

siehe unter **Straßenverhältnisse** und **Verkehrsregeln**

▶ **Autoverleih**

Etwa 600 Mietwagen unterschiedlicher Kategorie sind bei den zahlreichen Autoverleih-Firmen z.Zt. auf der Insel verfügbar. Die Mietpreise sind relativ hoch, und Sie sollten bedenken, daß es bei Ganztages-Exkursionen billiger sein kann, mit einem Taxifahrer einen Festpreis (unter Rs 1 000,-!) auszuhandeln. Natürlich aber hat man mit einem Mietwagen eine größere individuelle Unabhängigkeit. Als gängige Autotypen werden u.a. Toyota Starlet, Peugeot 205, Mitsubishi Lancer, Austin Mini und Mini Moke verliehen; letzterer ist ein offener Wagen mit Plane, der ungehinderten Fahrgenuß verspricht, bei Schauern aber ziemlich unpraktisch ist. Wegen der schlechten Straßenverhältnisse ist es ratsam, französischen oder japanischen Autos der besseren Kategorie den Vorzug gegenüber den hart gefederten englischen Modellen zu geben. Die Wagen werden oft ohne Seitenspiegel vermietet. Zu den in Prospekten angegebenen Preisen müssen Sie (bei unbegrenzter Kilometerzahl) noch 15 % Steuern und Haftpflichtversicherung (ca. DM 13,- pro Tag) hinzurechnen.

Preisbeispiel der Firma "Avis" aus dem Jahr 1990 (**Preise in DM pro Tag, eingeschlossen sind Zustellung und Abholung, unlimitierte km, Steuern, Vollkasko- und Insassenversicherung**):

Kategorie	3 - 6 Tage	7 Tage und mehr
Mini Moke	130,- DM	118,- DM
Toyota Starlet	153,- DM	137,- DM
Mitsubishi Lancer	170,- DM	154,- DM
Mitsubishi Galant (mit Klimaanlage)	267,- DM	241,- DM

Leihwagen vermitteln Ihnen problemlos Ihre Hotelrezeption oder die örtlichen Reisebüros. Oder Sie wenden sich direkt an eine der folgende Agenturen:
Auto International, Royal Road, Grand Baie, Tel.: 54-3585
Avis, Al-Madina Street, Port Louis, Tel.: 08-1624/08-6031
Beach Car Ltd, Royal Road, Rose Hill, Tel.: 03-8758/03-8329
Dodo Touring & Co Ltd, St.Jean Road, Quatre Bornes, Tel.: 54-6810
Easy Drive, St. Georges Street, Port Louis, Tel.: 2-3388
Europcar, Pailles, Tel.: 08-6054
Hertz, Royal Road, Curepipe, Tel.: 86-1453
Strada Car Hire, 4 Cemetery Road, Phoenix, Tel.: 54-3585

B Banken

Öffnungszeiten: Mo - Fr: 10.00 - 14.00 h, Sa 9.30 - 11.30 h.
Banken befinden sich in allen Städten und größeren Orten, sowie im

International Airport - die drei größten Geldinstitute sind "Mauritius Commercial Bank", "Barclays Bank" und "Banque Nationale de Paris". Daneben kann man auch in den größeren Hotels Geld wechseln.

▶ **Botschaften/Konsulate**

Eine mauritianische Botschaft gibt es in Deutschland ebensowenig wie eine deutsche Botschaft auf Mauritius. Zuständig für die Bundesrepublik, die Schweiz und Österreich ist:
Botschaft von Mauritius/Ambassade de l'Ile Maurice, 68 Rue des Bollandistes, B-1040 Bruxelles/Belgien, Tel.: 7-339988

In Deutschland ist Mauritius konsularisch vertreten:
Generalkosul Dr. Dr. Kneifel, Sendlinger Str. 64/4, 8000 München 2, Tel.: 089-2607240
Konsulat von Mauritius, Jakobistr. 7, 4000 Düsseldorf 1, Tel.: 0211-357036

Vertretungen **auf Mauritius:**
Konsulat der Bundesrepublik Deutschland, 60 Sir Ramgoolam Street, Port Louis, Tel.: 20-666
Konsulat von Österreich, Rogers House, Rue Kennedy, Port Louis, Tel.: 08-6801
Konsulat der Schweiz, 2 Jules Koenig Street, Port Louis, Tel.: 26-819

Die **auch für Mauritius zuständige deutsche Botschaft** befindet sich in Madagaskar:
Botschaft der Bundesrepublik Deutschland, 101, Làlana Pastora Rabeony Hans, Antananarivo, Tel.: 23802/03, 21691

▶ **Briefmarken**

siehe 3.2.6 und unter Stichwort **Souvenirs**

▶ **Busse**

Wer auf Mietwagen oder Taxen wenigstens ab und zu verzichten möchte, findet in den mauritianischen Bussen eine billige und z.T. abenteuerliche Alternative. Das Busnetz ist flächendeckend und funktioniert zwischen 6.00 und 20.00 Uhr, allerdings nach 19.00 Uhr in den Landbezirken nicht mehr. Zwischen Port Louis und Curepipe verkehren Busse über Rose Hill, Quatre Bornes und Vacoas bis 23.00 Uhr. Die über 70 einzelnen Verbindungen werden von den Gesellschaften NTC, RHT, UBS, TBS, MBS und OI bedient. Die Busbahnhöfe in Port Louis sind die größten Umsteigestationen und liegen nahe zum Stadtzentrum, die "North Bus Station" an der Place de l'Immigration (am Markt) für die Verbindungen in den Norden, die "South Bus Station" am Victoria Square (an den Line Barracks) für die Verbindungen in den Süden. Haltepunkte sind unterwegs mit dem Hinweis BUS STOP markiert. Wenn man bedenkt, daß z.B. die Strecke Grand Baie - Port Louis nur Rs 5 (anstatt ca. Rs 350 für das Taxi) kostet, daß man dabei hautnah mit Einheimischen in Kontakt kommen kann und wegen der erhöhten Sitzposition viel von der Landschaft sieht, sollte man wenigstens für Fahrten in die Stadt auf die Busse zurückgreifen - auch wenn einige so aussehen, als ob sie die nächste Meile nicht überstehen würden...

C Camping

Reguläre, gut ausgestattete Campingplätze europäischen Zuschnitts gibt es nicht. Trotzdem ist Camping an den Wochenenden und während der Schulferien bei den Mauritianern sehr beliebt, manche öffentlichen Strände verwandeln sich dann in Zeltlager.

▶ Casinos

Die Spielcasinos bilden einen erheblichen Teil des mauritianischen Angebotes an Amüsements - sowohl für Einheimische als auch für Touristen. Besonders Südafrikaner besuchen den Inselstaat gerne wegen der Spiel-Möglichkeiten. Darauf haben sich folgende große Hotels eingestellt und Casinos mit Roulette, Black Jack und 'Einarmigen Banditen' installiert: **La Pirogue**, Flic-en-Flac, **Trou aux Biches**, Trou aux Biches, **Saint Géran**, Belle Mare, **Méridien Paradis**, Morne Brabant, **Ambre**, Belle Mare.

Außerhalb der Hotels gibt es im Landesinneren das sehr beliebte **Le Casino de Maurice**, Rue Teste de Buch, Curepipe, Tel.: 86-4161, das auch Abendshows veranstaltet.
Stark besucht ist ebenfalls das chinesische Spielhaus **L'Amicale de Port Louis**, 55 Route Royale, Port Louis, Tel.: 23-335, das kein Roulette, dafür aber Spiele wie "Chinesisch-Domino", "Van-Lak" u.a. anbietet. Die Regeln sind einfach und werden in einer Broschüre erklärt.

Eintritte werden für Touristen nicht erhoben, und die Mindesteinsätze sind gering. In den Hotels ab dem frühen Abend, sonst ab 21.00 Uhr können Sie spielen, bis es in den Morgenstunden heißt "Rien ne va plus", weil keine Gäste mehr da sind!

D Devisenbestimmung

Ausländische Währung darf in jeder Form (Bargeld, Reiseschecks usw.) unbeschränkt eingeführt werden. Begrenzt ist die Einfuhr von mauritianischen Rupien (Rs) auf maximal Rs 700,-, ausgeführt werden dürfen maximal Rs 350,-.

E Einkaufen

siehe Stichwort **Geschäfte** und **Souvenirs**

▶ **Einreise**

Für die Einreise benötigen Besucher aus Europa bei einer Aufenthaltsdauer bis zu drei Monaten einen gültigen Reisepaß und den Beweis, daß sie das Land wieder verlassen (Rückflugticket). Siehe auch unter **Devisenbestimmungen** und **Zollbestimmungen**.

▶ **Essen**
siehe Kapitel 3.2.3

F Fahrradfahren

Für etwa Rs 50 - 100 ist es in einigen Hotels möglich, Fahrräder zu mieten und Ausflüge in die nähere Umgebung (z.B. von Grand Baie zum Strand von Trou aux Biches) zu unternehmen.

▶ **Feiertage**

An mehr als 20 Tagen im Jahr steht die Arbeit still, weil ein religiöser oder nationaler Feiertag begangen wird. Viele religiöse Feiertage, wie auch Ostersonntag und Ostermontag, haben kein festgelegtes Datum, sie richten sich u.a. nach dem Mondstand oder nach anderen Kalendern (vgl. auch 3.2.2). Feste Termine sind:

01. Januar: Neujahr	24. Oktober: Tag der Vereinten Nationen
02. Januar: Neujahr	
12. März: Unabhängigkeitstag	01. November: Allerheiligen
01. Mai: Tag der Arbeit	24. Dezember: Weihnachten
15 August: Marie Himmelfahrt	25. Dezember: Weihnachten

▶ **Fernsehen**

Die Mauritius Broadcasting Corporation (MBC) versorgt zwischen Nachmittag und etwa 23.00 Uhr die Insel mit einem Programm, das auf Französisch, Englisch und Hindi ausgestrahlt wird. Daneben empfängt man das französische Programm der Nachbarinsel Réunion. Die großen Hotels haben interne Videoprogramme und Satellitenfernsehen, in seltenen Fällen auch in deutscher Sprache.

▶ **FKK**

Nacktbaden wurde vor einigen Jahren bereits auf der Ile aux Bénitiers genehmigt, nach Protesten der Bevölkerung dann aber wieder verboten.

Gegen "oben ohne" an den Touristenstränden wird i.d.R. kein Einspruch erhoben; man sollte als Gast aber immer da, wo auch Einheimische baden, deren moralische Vorstellungen respektieren.

▶ Flüge

Von Europa aus fliegen z.Zt. folgende Fluggesellschaften Mauritius an:

* **Air Mauritius/Lufthansa**: Seit 1989 fliegen Air Mauritius und Lufthansa im Pool dreimal wöchenlich nonstop Deutschland (Frankfurt, München) - Mauritius (Di, Do, Sa) und zurück (Mo, Mi, Fr). Eingesetzt werden Boeings 747 Sp und Boeings 767, die Flugdauer beträgt ca. 10 Stunden. Die Preise liegen bei etwa DM 2 000,-, bei Buchung mehrerer touristischer Leistungen/Pauschalreisen deutlich darunter. Flugzuschläge sind in der Weihnachtszeit und bei einer Aufenthaltsdauer über 35 Tagen zu zahlen, Ermäßigungen gibt es bei Abflügen zwischen dem 15.04. und 30.04.
* **Air France**: Mit der Air France können Sie via Paris Mo, Mi, Sa und So nach Mauritius fliegen, Rückflüge sind Mo, Di, Do, und So. Eingesetzt werden Boeings 747 Jumbo-Jet (ab/bis Paris), die Flugdauer beträgt ab Deutschland etwa 16 Stunden. In bestimmten Zeiten kommt der Air-France-Sparpreis (ca. DM 350,- unter Normalpreis) zur Anwendung, in der Hochsaison gibt es Zuschläge bis zu DM 425,-.
* **British Airways**: Mit British Airways fliegen Sie via London Di und Sa nach Mauritius und Mi und So zurück. Eingesetzt werden Boeings 747 (ab/bis London), die Flugdauer beträgt etwa 16 Stunden. Es gibt Hochsaisonzuschläge bis DM 465,-.

Vertretungen der Air Mauritius in Deutschland:
Herzog-Rudolf-Str. 3, 8000 **München** 22, Tel.: 089-2318010
Kaiserstr. 8, 6000 **Frankfurt** 1, Tel.: 069-285256

Geschäftsstellen und Generalagenturen auf Mauritius:
Air Mauritius, Rogers House, 5, John Kennedy Street, Port Louis, Tel.:08-7700
Lufthansa, Harel Mallac Ltd, Edith Cavell Street, Port Louis, Tel.: 08-0861
Air France, Rogers Travel Ltd, 5, John Kennedy Street, Port Louis, Tel.:08-6801
British Airways, Ireland Blyth Ltd, Chaussée, Port Louis, Tel.: 08-5411

Die **Flugstrecke zur Nachbarinsel Réunion** ist eine internationale Verbindung und wird von der Air France und der Air Mauritius bedient. Die Air Mauritius fliegt die Strecke mit kleinen Propellermaschinen (Twin Otter, 16 Sitze; ATR 42, 46 Sitze) mehrmals täglich. Daneben gibt es mehrere Flugverbindungen mit den jeweiligen nationalen Gesellschaft nach Indien, Afrika, Australien und Singapore.

▶ **Flughafengebühr**

Bei der Abreise wird eine Gebühr (Airport tax) von Rs 100,- erhoben, die Sie beim Check-in bezahlen müssen. Bei Pauschalreisen ist die Flughafengebühr oft eingeschlossen.

▶ **Fotografieren**

Wegen der tropischen Helligkeit sind grundsätzlich weniger lichtempfindliche Filme (DIN 15 - 19) zu empfehlen, höherempfindliche Filme für die Unterwasserfotografie und Innenaufnahmen. Auch sollten Sie für die Außenaufnahmen einen UV-Filter und ggf. eine Sonnenblende verwenden; Lichtreflexe auf dem Wasser lassen sich durch Polarisationsfilter abschwächen. Die besten "Fotografier-Zeiten" sind immer dann, wenn die Sonne schräg steht und Schatten wirft, also der frühe Morgen und der späte Nachmittag.
Unterwasserfotografie ist bis zu Tiefen von 3 m problemlos möglich; sollten Sie tiefer tauchen wollen, empfiehlt sich ein starkes Blitzlicht. Gleiches gilt auch für Besuche des meist dunklen Basars und für Nachtaufnahmen, etwa beim abendlichen Buffet oder bei der Sega-Show. Respektieren Sie bei Portraits die Menschenwürde der Abgelichteten und fragen Sie um Erlaubnis, bevor Sie "losschießen" - meist haben die Einheimischen nichts dagegen und zeigen stolz ihre schönen und freundlichen Gesichter.
Alle großen Fotofirmen sind auf Mauritius vertreten, so daß Sie Filme, Batterien und Kamerazubehör an Ort und Stelle kaufen können - die Preise liegen etwa 20 % über dem bundesdeutschen Durchschnitt. **Fotomaterial und Schnellentwicklung** gibt es u.a. bei:
Fuji Film, Quick Service Processing Scott & Co.Ltd, Barracks Street, Port Louis, Tel.: 08-5051
Alhambra Photo Centre, 30b Rue Sir William Newton, Port Louis, Tel.: 08-3648
Canon House, 27 Rue Sir William Newton, Port Louis, Tel.: 2-3450
Canon House, Route Royale, Curepipe, Tel.: 6-2193

G Galerien/Künstler

Der Inselstaat hat eine ganze Reihe hervorragender Künstler hervorgebracht, die die multikulturellen Einflüsse ihrer Heimat zu einem jeweils ganz besonderen Stil verarbeitet haben. Einige von ihnen leben heute in den USA und in Frankreich (Henri Le Sinader, Hervé Masson), aber auch mehrere der Daheimgebliebenen sind in internationalen Ausstellungen bekannt gemacht worden. Der bedeutendste dieser Künstler ist z.Zt. wohl Malcolm de Chazal, der die Landschaft, die Tierwelt und die Menschen seiner Heimat in bunten Farben und manchmal neu-wilder Manier darstellt. Auch Christine Bonic ist in diesem Zusammenhang zu nennen. Mehr pointilistisch oder impressionistisch malen Danièle Hitié,

Joymungul Tulsi, Roger Charoux, Monique de La Vallée Poussin, Yves David und Jocelyn Thomasse. Ebenfalls einen ganz großen Namen hat Serge Constantin.
Allen Künstlern gemeinsam ist das wache Auge für die Schönheiten Mauritius' und die Fähigkeit, diese in Komposition und Farbgebung nie langweilig oder konventionell, sondern immer erfrischend auf die Leinwand zu bringen.

Wer sich für die aktuelle mauritianische Malerei interessiert und eventuell als Original, Originalgraphik oder limitierte Reproduktion erwerben möchte, sollte einen Blick in folgende Galerien werfen:
Galerie Hélène de Senneville, Route Royale, Pointe aux Canonniers, Grand Baie, Tel.: 03-7426
Galerie d'Art de Port Louis, Rue Félicien Mallefille/Rue la Poudrière, Port Louis, Tel.: 08-0318

Aber auch die vielen Volkskünstler, die ihre Schnitzereien und Skulpturen - oft nach afrikanischen Vorbildern gestaltet - in Ständen am Strand, in den großen Hotels und einigen Restaurants anbieten, sollen hier nicht vergessen werden.

▶ Geld

Die mauritianische Währung ist die Rupie (Rs), die aus 100 Cents (cs) besteht. Es gibt Münzen im Wert von 1 und 5 Rs sowie 5, 10, 20, 25 und 50 cs. Banknoten existieren im Wert von 5, 10, 50, 100, 200 und 500 Rs.

Ausländische Währung kann in vielen Banken an jedem größeren Ort umgetauscht werden, die Banken im Airport-Gebäude haben nicht den besten Wechselkurs. Empfehlenswert ist die Mitnahme von DM-Reiseschecks. Euroschecks werden nicht akzeptiert. Immer mehr durchgesetzt hat sich das 'Plastikgeld' der großen Kreditkartenfirmen, das z.B. bei der Anmietung eines Leihwagens Vorteile bietet (Fortfäll der hohen Kaution). Alle Umtauschbelege sollten Sie aufbewahren, da sie beim Rückumtausch von Rupien in ausländische Währung verlangt werden können. Wegen der Ein- und Ausfuhrbestimmungen von Devisen (vgl. Stichwort **Devisenbestimmung**) und des schlechten Wechselkurses in Europa sollten Sie Bargeld im Lande selbst eintauschen; der ungefähre Wechselkurs betrug Anfang 1990: DM 1 = Rs 8,5.

▶ Geschäfte

Die Öffnungszeiten der Geschäfte sind nicht einheitlich geregelt, liegen an Werktagen jedoch meistens zwischen 9.00 und 17.00 Uhr. Auch am Samstag- und Sonntagvormittag sind viele Läden geöffnet, in Curepipe und Umgebung am Samstag bis 18.00 h (dafür aber Donnerstagnachmittag geschlossen!).

Die Märkte finden werktags statt, und zwar den ganzen Tag über. Der große Basar in Port Louis öffnet bereits um 6.00 Uhr. In den Souvenirshops der großen Hotels kann man meist bis 21.00 oder 22.00 Uhr einkaufen; der Duty-Free-Laden im International Airport ist vor allen wichtigen Flügen geöffnet.

Für Touristen interessant sind natürlich vor allem solche Geschäfte, in denen man schöne Souvenirs kaufen kann. Die Regierung von Mauritius unterstützt **Kooperativen von einheimischen Kunstwerkern, deren Produkte man u.a. findet in:**
Le Centre National de l'Artisant, Port Louis (La Chaussée), Curepipe (Batiment Mammouth), Plaisance (Airport)

Weitere empfehlenswerte Geschäfte sind:
Gold/Schmuck/Diamanten:
Adamas, Mangalkhan - Floreal, Tel.: 65-246 (Duty free)
Poncini, 2 Rue J. Koenig, Port Louis, Tel.: 2-0818
Bijouchic, La Chaussée, Port Louis, Tel.: 2-2108
Bijouterie Bienvenue, 61 rue Lord Kitchener, Port Louis, Tel.: 2-1891
Briefmarken:
Joseph Barnard Philatelic Boutique, Eureka, Moka, Tel.: 53-4951
Blumen:
Sun Souvenir, Plaisance Airport, Tel.: 2-4546
Evergreen Florist, Route Royale, Grand Baie, Tel.: 03-8133
Textilien:
Cheribinny, 9th Mile, Triolet, Tel.: 03-6980
Local Hero, Route Royale, Grand Baie, Tel.: 03-8122
Melodie, Seaview, Grand Baie, Tel.: 03-8297
Island Style, Trou aux Biches Road, Triolet, Tel.: 03-5176
Floreal Knitwear Ltd, B P 45, Floreal, Tel.: 6-3995
Bongo T-Shirts, 13 Royal Road, Port Louis, Tel.: 08-2757
The Spot, Le Trefle Galerie, Royal Road, Port Louis, Tel.: 08-0556
Historische Schiffsmodelle:
World Marine, Route Royale, 20 Pied Grand Baie, Tel.: 03-8695
Historic Marine Ltd, Z.I. de Saint Antoine, Goodlands, Tel.: 039-304
Comajora, Brasserie Road, Forest Side, Tel.: 6-1644
First Fleet Reproductions, Royal Road, Vieux Grand Port, Tel.: 86-6227

H Hotels

siehe Kapitel 3.2.5

I Impfungen

Bei der Einreise nach Mauritius sind keine Impfungen vorgeschrieben, es sei denn, man kommt aus einem aktuellen Infektionsgebiet für Malaria, Gelbfieber usw. Das internationale Impfungszentrum befindet sich im Roger's House, John Kennedy Street, Port Louis, Tel.: 08-6801.

▶ **Information**

siehe unter Stichwort **Adressen**

▶ **Inlandflüge**

Mit der mauritianischen Insel Rodrigues bestehen regelmäßige Flugverbindungen durch die Air Mauritius. Ein Hin- und Rückflugticket kostet etwa 300 DM; eingesetzt wird eine Propellermaschine (ATR 42, 46 Sitze).
Aber auch Mauritius selbst kann man aus der Luft erleben. Helikopterrundflüge kosten etwa 190 DM pro Helikopter bzw. etwa 45 DM p.P. und sind über die örtlichen Reisebüros zu buchen.

Ein faszinierendes Erlebnis sind auch Flüge mit dem Heißluftballon - Informationen dazu ebenfalls bei den örtlichen Reisebüros oder direkt bei: Indian Ocean Balloon Safaris Ltd, 21 Public Beach Street, Roches Noires, Tel.: 02-7950

▶ **Inselhüpfen**

Bei entsprechend Zeit und Geld kann der Urlaub im Indischen Ozean außer Mauritius auch noch andere Ziele enthalten. Denn durch die Fluggesellschaften Air Mauritius, Air Madagaskar und Air France ist der ganze Raum einschließlich Seychellen, Komoren, Madagaskar, Rodrigues, Réunion und mehrerer kleinerer Inseln gut erschlossen. Deswegen werden Kombinationsreisen angeboten, bei denen Sie zwischen zwei und fünf Zielen variieren können.
Eine vorstellbare und m.E. sehr schöne Kombination ist z.B. die Dreiteilung 1 Woche Seychellen (Badeurlaub), 1 Woche Réunion (Rundfahrt und Wanderungen), 1 Woche Mauritius. Auch auf Studienreisen kann man mehrere Destinationen kennenlernen, z.B. Mauritius, Réunion und Madagaskar.

K **Kartenmaterial**

Folgende empfehlenswerte Landkarten können Sie auf Mauritius oder vor der Abreise kaufen:
Ile Maurice, Carte Touristique, 5.15, Institut Géographique National/France, Maßstab 1:100 000 (bessere Inselkarte)
Ile Maurice, Carte Touristique Illustrée, MAB, Maßstab 1:100 000 (bessere Stadtpläne)

 Beim ILH/GeoCenter, Postfach 800830, 7000 Stuttgart 80, Tel.: 0711/78893-40 ist dieses und anderes gutes Kartenmaterial erhältlich.

▶ **Kinderermäßigung**

Bei Pauschalreisen oder Reisen in eigener Regie bieten Fluggesellschaften und Hotels gestaffelte Kinderermäßigungen an. Sofern nicht anders angegeben betragen diese: Kinder bis zu 2 Jahren 90 %, Kinder zwischen 2 und 12 Jahren 50 % Preisnachlaß.

▶ **Krankheit**

Mauritius birgt keine gesundheitlichen Gefahren wie giftige Schlangen, Malaria o.ä. Die wohl häufigsten Krankheiten, denen sich Touristen ausgesetzt sehen, sind Sonnenbrand oder -stich und Erkältung, beides gleichermaßen lästig wie vermeidbar. Eine Erkältung können Sie sich bereits auf dem Hinflug oder am ersten Tag einfangen, wenn Sie z.B. am Abflugsort frieren, im Flughafen schwitzen, von der Flugzeug-Klimaanlage in die schwüle Hitze von Mauritius kommen, um dann im Hotelzimmer wieder abzukühlen. Das Wechselbad der Temperaturen verkraftet der Körper nur schwer, und wenn Sie dann die Erkältung haben, ist diese am Urlaubsort schwer wieder loszuwerden, in der prallen Sonne am Sandstrand jedenfalls mit Sicherheit nicht. Achten Sie also bereits bei der Anreise auf eine den unterschiedlichen Temperaturen angemessene Kleidung.

Gleiches gilt für das Sonnenbaden, wo man der Haut besonders an den ersten Tagen nicht zuviel zumuten sollte. Die Sonne steht auf Mauritius hoch am nördlichen Himmel, manchmal sogar im Zenit und kann binnen kürzester Zeit zu einem Sonnenbrand führen. Besonders gefährdet ist man an den windigeren Plätzen, wo man die UV-Strahlung nicht rechtzeitig bemerkt, und im Wasser. Wer längere Zeit schnorchelt, sollte deswegen unbedingt ein T-Shirt tragen - und achten Sie bei der Wahl Ihres Strandplatzes darauf, daß Sie auch im Schatten liegen können! Da die Äquatorsonne auch bei bedecktem Himmel oder im Schatten für Sonnenbrand sorgt, ist eine zuverlässige Sonnencreme mit hohem Schutzfaktor unerläßlich.

Im mauritianischen Klima mit seiner hohen Luftfeuchtigkeit ist Schwitzen eine unausweichliche Begleiterscheinung. Begegnen Sie deshalb durch eine ausgewogene Ernährung dem Verlust von Flüssigkeit und Mineralien: Essen Sie möglichst leicht, besonders morgens und mittags; sparen Sie nicht an Salz und Gewürzen; trinken Sie viel!

Zu einer weiteren Beeinträchtigung der Urlaubsfreude können die Mückenstiche werden, die man auf Mauritius nicht häufiger als anderswo, aber eben doch zu erwarten hat. Ein wirksames Insektenschutzmittel sollte deshalb in Ihre Reiseapotheke gehören. Und da Ihnen Geckos bei der Mückenjagd zur Seite stehen, sollten Sie diese nicht aus Ihrem Hotelzimmer vertreiben. (Die Kakerlaken hingegen sehen zwar häßlich aus, sind aber vollkommen harmlos.)

Bei auftretenden Krankheiten dieser oder anderer Art kann Ihnen die Rezeption des Hotels durch die Vermittlung eines Arztes weiterhelfen;

einige Hotels haben auch einen Krankenschwester-Service. Die **wichtigsten Krankenhäuser der Insel** sind:
Jeetoo Hospital, Volcy Pougnet Street, Port Louis, Tel.: 2-3201
Sir Seewoosagur Ramgoolam National Hospital, Pamplemousses, Tel.: 031-661
Princess Margaret Orthopaedic Hospital, Candos, Quatre Bornes, Tel.: 54-3031.
Daneben gibt es fünf größere Privatkliniken, von denen sich in Port Louis die City Clinic, Sir Edgar Laurent Street, Tel.: 2-0486, befindet.
Der **Lufthansa-Vertragsarzt** ist Dr. Paul Domaingue, Medical & Surgical Centre, Curepipe, Tel.: 86-1477
Apotheken gibt es auf der Insel in ausreichender Zahl, ihre Öffnungszeiten sind von Mo - Sa: 8.30/9.00 - 18.00/19.00 Uhr.

▶ **Kunst**

siehe Stichwort **Galerien**

M Mietwagen

siehe Stichwort **Autoverleih**

▶ **Museen**

Falls es einmal verregnet sein sollte... Neben drei kleineren Museen von personengeschichtlichem Interesse sind zwei Adressen wichtig:

Naturkunde - Museum an der Rue Royale in Port Louis. Im Erdgeschoß eines herrlichen Gebäudes von 1880 untergebracht, besitzt es einige sehenswerte Exponate, u.a. eine Rekonstruktion des Dodo und ein Skelett des Solitaire, Mineralien, ausgestopfte Tiere, historische Unterwasserfunde; Ende 1989 renoviert; Bibliothek mit etwa 50 000 Bänden. Sehenswert sind auch der Park und der imposante Banyan-Baum vor dem Museum.

Öffnungszeiten:
Mo, Di, Mi, Fr   9.00 - 16.00 Uhr
Sa   9.00 - 12.00 Uhr
Do, So   geschlossen.

Marine-Museum (Naval Museum) in Mahébourg, in einer Kolonialvilla von 1771 an der Hauptstraße untergebracht. Viele Erinnerungen an die

Seeschlacht von 1810, Kanonen, Waffen, alte Dokumente, aber auch Geschirr, Briefmarken und im ersten Stock die Rekonstruktion eines Zimmers von Mahé de Labourdonnais.

 Öffnungszeiten:

tägl. außer Di, Fr und an Feiertagen von 9.00 - 16.00 Uhr geöffnet

N Nachtleben

Wer sich zur Nachtzeit vergnügen möchte, hat auch auf Mauritius dazu Gelegenheit, wenngleich man hier nicht Verhältnisse wie auf Ibiza oder Mykonos erwarten darf. Außer Restaurants gibt es als Stätten des Amüsements Bars, Nightclubs, Diskotheken und Spielcasinos - in einigen großen Hotels sogar alles unter einem Dach! Beliebte **Discos und Nightclubs** außerhalb der Hotels sind:
Palladium Discotheque, Trianon, Quatre Bornes, Tel.: 54-6168
Mauritius by Night, Kennedy Av., Vacoas, Tel.: 66-615
Arc-en-ciel, Tombeau Bay, Tel.: 37-616
Blue Mauritius, Royal Road, Rose Hill, Tel.: 44-097
Capricorne Disco, Baie du Tombeau, Tel.: 37-533
Club Climax, Sottise Road, Grand Baie, Tel.: 03-8737
Number One, Royal Road, Grand Baie, Tel.: 03-8434

▶ **Notruf**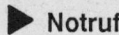

Für Feuerwehr, Polizei und Krankenwagen: 999

P Post

In den meisten Städten und Dörfern gibt es Postämter. Die Hauptpost (General Post Office) befindet sich in Port Louis, Quay Street (am Hafen).

 Öffnungszeiten:

Mo - Fr: 8.00 - 11.00 h   12.00 - 16.00 h
Sa   9.00 - 12.00 h

R Radio

Die Mauritius Broadcasting Corporation (MBC) sendet täglich etwa 16 Rundfunk-Stunden, zumeist in Créole oder in Französisch. Englische Nachrichten kann man täglich um 21.00 Uhr empfangen.

▶ **Reiseveranstalter**

Die Anzahl der deutschen Reiseveranstalter mit Mauritius-Programmen ist groß (z.Zt. etwa 50) und wird weiter steigen - eine Veranstalterliste ist über das Mauritius-Informationsbüro in Frankfurt/Main zu bekommen.

Örtliche Reisebüros mit IATA-Vertretung, über die man Exkursionen im Land, aber auch Flüge nach Réunion und zu anderen Zielen buchen kann, befinden sich fast ausnahmslos in Port Louis. Unter den 16 wichtigen seien hier nur als sehr zuverlässig genannt: **White Sand Tours**, Dr Ferrière Street, Tel.: 2-3712, 2-6092, und **Mauritours Ltd**, S. Venkatesananda Street, Rose Hill, Tel.: 54-1666/67 (weitere Büros in Port Louis und Quatre Bornes).

S Seeverbindungen

Mit genügend Zeit und Geld lassen sich von Mauritius aus verschiedene Ziele mit dem Schiff erreichen. Damit sind nicht die kürzeren Bootsausflüge jenseits der Korallenbänke gemeint, sondern Verbindungen nach Rodrigues, Madagaskar, Südafrika oder sogar Australien. Die mauritianischen Inseln werden monatlich durch die "M.V. Mauritius" angelaufen; Frachtschiffe unterschiedlichster Nationalität nehmen oft Passagiere in komfortablen Kabinen mit, und schließlich ist Mauritius unverzichtbarer Anlaufpunkt für Kreuzfahrten im Indischen Ozean (die oft von Südafrika oder den Seychellen ausgehen). Informationen dazu bei der Touristeninformation, den Reisebüros oder direkt beim Roger's House, Rue John F. Kennedy, Port Louis (Tel.: 08-6801), wo viele Schiffahrtsgesellschaften ihren Sitz haben.

▶ Souvenirs

Ein Inselstaat mit einer solch bunten Bevölkerungszusammensetzung wie Mauritius kann zwangsläufig auch eine bunte Palette an Waren unterschiedlichster Art anbieten, die man gerne mit nach Hause nimmt. In den Läden und Souvenirshops finden Sie z.B. Produkte aus China, Pakistan, Ostafrika, Madagaskar und Indien - von Teegeschirr über holzgeschnitzte Idole bis zu Korbwaren und Gewürzen. Waren, die aus Mauritius direkt stammen, sind ebenfalls reichhaltig im Angebot. Preiswert, informativ und qualitätsvoll sind Briefmarken, die durch die "blaue Mauritius" natürlich eine berühmte Vorgängerin haben (vgl. 3.2.6).
Außerordentlich günstig und gut verarbeitet gibt es **Textilien** auf Märkten, in den Hotelshops, in Spezialläden und ab der Fabrik zu kaufen. Jogging-Anzüge aus Baumwolle, T-Shirts, Bermuda-Shorts, Strand-

kleidung usw. gibt es in modernsten Farben und Schnitten, oft durch den Schriftzug "Mauritius", "Dodo", "Sega" o.ä. verziert. Sie können sich aber auch einen Maßanzug anfertigen lassen oder einen indischen Sari kaufen. Beliebt sind ferner alle möglichen **Schmuckgegenstände**, etwa Ketten aus poliertem Lavagestein oder aus Muscheln, die u.a. am Strand verkauft werden. Dort bietet man Ihnen auch die verschiedensten und phantastischsten Korallen, Schneckengehäuse und Muscheln an, und die Verlockung ist sicher groß, hier zuzugreifen. Bedenken Sie aber bitte, daß einige der seltenen Exemplare in mauritianischen Gewässern durch diesen 'touristischen Ausverkauf' vor dem Aussterben stehen. Man sollte daher nicht bedenkenlos kaufen, was angeboten wird, und den Händlern nicht unbedingt glauben, die behaupten, es handele sich um Importware. Außerdem verweigert der deutsche Zoll die Einfuhr von Tierprodukten, die dem Artenschutzabkommen unterliegen. Davon betroffen sind u.a. Schildpatt-Gegenstände und Panzer der Karett-Schildkröte! Unverfänglicher ist der Kauf von **Gewürzen**, indischen Farben oder bunten Körben, die man sehr preiswert auf dem Markt erstehen kann, ebenso wie den einheimischen Kaffee und Tee sowie verschiedene Kräutergetränke. Ebenfalls billig, gut und berühmt ist der **Rum** ("Green Island", "Old Mill"), der in Supermärkten, Getränkeläden und dem Duty-Free-Shop verkauft wird. Wer das Blumen-Export-Land Mauritius verläßt, kann zudem im Flughafen (Check-in-Halle) sorgsam verpackte Blumenarrangements mit nach Hause nehmen. Nicht ganz so preiswert, aber originell (und original) sind **Graphiken oder Ölgemälde** von einheimischen, z.T. international bekannten Malern, die die guten Galerien in Port Louis und Grand Baie anbieten (vgl. Stichwort **Galerien**). Für den Kauf von hochwertigen **Juwelierprodukten** und geschliffenen Diamanten gelten z.T. besondere Umtausch-Bedingungen, die man umgehen kann, wenn man in einem Duty-Free-Shop mit ausländischer Währung einkauft.

Eine 'Spezialität' der Insel sind schließlich jene Handwerksstätten, die in mühevoller und penibler Kleinarbeit **detailgetreue Nachbildungen berühmter Segelschiffe** herstellen. Von der "Santa Maria" bis zur "Amerigo Vespucci" können Sie hier die gesamte nautische Prominenz erwerben (die Modelle werden Ihnen auch nach Hause zu-

gesandt - was bei Größen bis über 180 cm sicher empfehlenswert ist!), die Preise liegen zwischen 450 und 7 000 DM.
Unter dem Stichwort **Geschäfte** finden Sie eine Auswahl an empfehlenswerten Souvenirläden.

▶ **Sport**

Mauritius bietet alle Voraussetzungen für einen sportlichen Urlaub - sei es als Aktiver, sei es als Zuschauer. Zum Zuschauen bieten sich die **Fußballspiele und die Pferderennen** an, die auch ein 'Bad in der Menge' mit viel Lokalkolorit ermöglichen. Zwischen Mai und November liegt die Rennsaison; Höhepunkte sind die Rennen auf dem Hippodrom (Champ de Mars; meist samstags) in Port Louis - eine nationale Institution und immerhin das zweitälteste Pferderennen der Welt.

Für **Golfer** haben einige Hotels 9-Loch-Plätze, in Vacoas gibt es einen 18-Loch-Course.

Fast alle guten Hotels haben eigene **Tennis-Anlagen**, z.T. mit Flutlicht, sowie Gymnastikräume und Tischtennisplatten. Reiten kann u.U. vermittelt werden.

Der Schwerpunkt des touristischen Sportangebotes liegt natürlich auf dem **Wasser** und beinhaltet u.a. Tiefseetauchen, Schnorcheln, Segeln, Angeln, Wellenreiten, Surfen, Wasserski, Tretboot-, Kajak-, Yacht- und Glasbodenboot-Ausflüge (siehe auch **Angeln, Wandern, Wassersport**).

▶ **Strände**

siehe unter 3.2.4

▶ **Straßenverhältnisse**

In vielen Reiseführern und Prospekten werden Sie vom "ausgezeichneten Zustand der 1 600 km asphaltierten Straßen" lesen. Tatsächlich gibt es gute Abschnitte, insbesondere die autobahnähnliche Verbindung Port Louis - Mahébourg, deren komplette Fertigstellung 1991 bevorsteht. Insgesamt aber sind die Straßenverhältnisse schlecht bis miserabel, wenn man mitteleuropäische Maßstäbe anlegt. Unbefestigte Seitenstreifen, Schlaglöcher, tiefe Querrillen, scharfe Kurven u.ä. machen das Autofahren zu einer nervenaufreibenden Arbeit, vor allem bei oder nach starken Regenfällen und während der Dunkelheit; dazu kommen viele Fußgänger, Tiere, Radfahrer und unbeleuchtete Vehikel aller Art, die äußerste Konzentration erfordern. Die Einheimischen, die die Strecken kennen, huschen z.T. im Slalom an den schlimmsten Löchern vorbei, schneiden gerne die Kurven und benutzen oft die Fahrbahnmitte.

Um der Misere abzuhelfen, wird ständig im Straßenbau gearbeitet, was wiederum zu Behinderungen führt. Dies sollte keinen davon abhalten, sich mit dem Mietwagen auf Landexkursion zu begeben, nur sollte man die geschilderten Bedingungen einkalkulieren. Also: Rechnen Sie mit erheblich mehr Zeit, als Sie nach einem Blick auf die Landkarte oder die Entfernungstabelle zu benötigen glauben. Und geben Sie bei der Wahl Ihres Mietwagens einem gut gefederten Auto den Vorzug, auch wenn es etwas mehr kosten sollte...

▶ **Strom**

Auf Mauritius beträgt die Spannung 220/240 Volt; in den größeren Hotels sind Adapter erhältlich.

T Tankstellen

Normalerweise werktags von 7.00 - 20.30 Uhr geöffnet, an größeren Orten auch sonn- und feiertags. Bleifreies Benzin gibt es nicht. Superbenzin kostete 1990 ca. DM 1,50 pro Liter.

▶ **Taxis**

Taxis sind im Land zahlreich vorhanden und am Flughafen oder in jedem größeren Ort anzutreffen. Da es kaum Taxameter gibt, muß unbedingt der Fahrpreis mit dem Chauffeur ausgehandelt werden! Als Grundlage können etwa 2,50 Rs pro Meile gelten, Anfahrt- und Wartezeiten werden extra berechnet. Vom Flughafen nach Port Louis sollte man mit ca. 300 Rs, nach Grand Baie mit ca. 420 Rs rechnen. Für Ganztagestouren kann ein Taxi billiger sein als ein Mietwagen. Die Taxifahrer sind im allgemeinen zuverlässig, so daß Sie sich zu einem abgelegenen Strand fahren und nach einer vereinbarten Zeit dort wieder abholen lassen können.

▶ **Telefon**

Das Telefonsystem auf der Insel wird z.Zt. ausgebaut, trotzdem erfordern Inlandgespräche mitunter etwas Geduld. Gespräche ins Ausland gehen über Satellit und kosten ab 72 Rs (die ersten drei Minuten) aufwärts. Telegramme, Telex oder Telefax vermitteln die größeren Hotels oder: Overseas Telecommunications Services (OTS), Rodger's House, Port Louis, Tel.: 08-1036, Mo - Fr 8.30 - 17.30 h; oder OTS, Mercury House, Cassis, Tel.: 08 -0221, tägl. 24 Std.

▶ Trinken

vgl. 3.2.3

▶ Trinkgeld

In Hotel- und Restaurantrechnungen sind jeweils 10 % Steuer und Bedienung meist enthalten, bei dem Hinweis "service non compris" gibt man etwa 10 %. Allgemein wird erwartet, daß der Rechnungsbetrag großzügig aufgerundet wird. Für Zimmermädchen, Kofferträger usw. sollte man 5 - 10 Rs bereithalten.

U Übernachtung

Die Mehrzahl der Touristen übernachtet in im Voraus gebuchten Hotels, Pensionen oder Bungalowanlagen. Daneben gibt es auf der Insel auch Ferienhäuschen (i.d.R. Bungalows) zu mieten. Individuell angereiste Besucher können am Flughafen oder bei den Touristeninformationsstellen Unterkunftsmöglichkeiten erfragen. Man kann sich auch gegen Entgelt bei Familien einquartieren ("Chambres d'hôtes"). Am billigsten wohnt man in einfachen Stadthotels in Port Louis oder in Zelten (wildes Campen, keine sanitären Anlagen!); vgl. auch Kapitel 4.2.5.

V Verkehrsregeln

Auf Mauritius fährt man links! Die Höchstgeschwindigkeit beträgt 50 km/h in Ortschaften, außerhalb 80 km/h. Im Kreisverkehr gilt rechts vor links. An Kreuzungen oder Einmündungen wird die Vorfahrt durch weiße Streifen markiert. Ausländische Fahrer müssen mindestens 23 Jahre alt sein und seit mindestens einem Jahr den Führerschein besitzen; vgl. auch Stichwort Straßenverhältnisse.

▶ Videos

Als Vorbereitung auf oder Erinnerung an den Urlaub eignen sich folgende Mauritius-Videos:
"Die weite Welt auf Video: Mauritius", Feria-Reisen, Postfach 400605, 8000 München 40, DM 79,
"Mauritius - nicht nur für Touristen" (95 Min., DM 98),
"Beach-Hotels in Mauritius" (60 Min., DM 75),
"Festivals in Mauritius" (80 Min., DM 98),
"Mauritian Sega" (55 Min., DM 75),
alle bei: Gerd-Kruse-Video, Vörn Brook 15, 2000 Hamburg 61

W Wandern

Mauritius ist ideal zum Wandern und Bergsteigen, wenn auch nicht alle Wege ausgeschildert sind. Nähere Informationen gibt das Département de Bois et Forêt, Rue du Jardin Botanique, Curepipe, Tel.: 86-4966. Hinweise zu lohnenden Wanderungen finden Sie im Kapitel 4.
Für Spaziergänge in der Dunkelheit, ob auf der Landstraße oder am Strand, ist die Mitnahme einer Taschenlampe nützlich.

▶ **Wassersport**

Die Insel bietet alle Wassersportmöglichkeiten; viele Hotels stellen die Ausrüstung für Wasserski, Windsurfen, Schnorcheln, Segeln usw. zur Verfügung und bieten entsprechende Kurse an oder vermitteln diese. Zusätzlich gibt es Exkursionen mit Glasboden- oder Schnellbooten zu den Korallenriffen u.ä.. Über das Tiefseetauchen hält das mauritianische Informationsbüro ein Sonderblatt bereit; vgl. auch Stichwort **Angeln**.

Z Zeit

Im Vergleich zur mitteleuropäischen Zeit (MEZ) gehen in Mauritius die Uhren um 3 Stunden, zur Greenwich-Zeit (GMT) um 4 Stunden vor (12.00 Uhr BRD = 15.00 Uhr Mauritius), während der mitteleuropäischen Sommerzeit um 2 Stunden.

▶ **Zeitungen**

Da die Analphabetenquote des Landes außerordentlich gering ist, haben die mehr als 10 einheimischen Zeitungen ("Le Mauricien", "L`Express", "The Sun" u.a.) genügend Abnehmer. Die internationale Presse wird an wenigen Stellen in Port Louis und Curepipe verkauft, eine bessere Auswahl an englischen, französischen und deutschen Zeitungen/Zeitschriften haben Sie in den Shops der großen Hotels.

▶ **Zollbestimmungen**

Bei der Einfuhr nach Mauritius bedürfen Pflanzen und pflanzliche Stoffe (auch Schnittblumen, Samen, Gemüse usw.) sowie Tiere und tierische Stoffe einer vorherigen Einfuhrgenehmigung des mauritianischen Landwirtschaftsministeriums. Hunde und Katzen müssen 6 Monate, Vögel 3 Monate unter Quarantäne gestellt werden. Das Mitbringen von Betäubungsmitteln, Rohzucker, Waffen und Pornographie ist streng untersagt; auf die Einfuhr von harten Drogen steht die Todesstrafe! Passagiere mit einem Mindestalter von 16 Jahren dürfen 250 Zigaretten oder 50 Zigarren oder 250 g Tabak mitführen, 75 cl Spirituosen, 2 Flaschen Wein oder Bier sowie 25 cl Parfüm.

3.2 MAURITIANISCHES KALEIDOSKOP

3.2.1 KREOLISCHES LEBEN

Im Gegensatz zu Réunion spielen die Kreolen auf Mauritius nach den Indern eine untergeordnete Rolle, aber vieles, was 'kreolisches Leben' ausmacht, gilt für die Mauritianer in ihrer Gesamtheit. Es ist daher oft erlaubt, "kreolisch" mit "mauritianisch" gleichzusetzen, und es gibt Anzeichen dafür, daß nach einem weiteren Zusammenwachsen der ethnischen Gruppen in Zukunft keine indische oder gar chinesische, sondern eben eine kreolische Landes-Kultur entstehen wird. Bestes Beispiel dafür liefert das Créole, das zwar in der offiziellen Lesart hinter Englisch und Französisch zurücksteht, in Wirklichkeit aber die lingua franca des Inselstaates ist. Außerdem werden mehr und mehr kreolische Kulturgüter von allen Gruppen akzeptiert und übernommen, so daß sich etwa die Sega gleichermaßen kreolisch wie mauritianisch gibt.

Kreolisches Leben in diesem Sinn artikuliert sich also in der besonderen Lebensauffassung, dem Essen, der Architektur, der Sprache, kurz: in der Inselkultur.

Nehmen wir zunächst das Verhalten im Alltag: Natürlich geht der mauritianische Bankangestellte ebenso pünktlich zur Arbeit wie der deutsche, natürlich achtet der mauritianische Kellner genauso aufmerksam auf die Wünsche der Gäste wie der europäische. Abseits solcher berufsbedingter Zwänge gibt sich der Insulaner jedoch weitaus sorgloser als wir im Norden. Da reicht es, wenn es zum Leben reicht, und große Gedanken an eine Zukunft, die sowieso niemand vorhersagen kann und die in der Hand Gottes liegt, werden nicht verschwendet. Da geht man morgens zum Markt und kommt vielleicht erst am späten Abend wieder nach Hause, weil man unterwegs zufällig auf gute Freunde zum Schwatz, interessante Fremde für vage Geschäfte und schließlich auf billigen Schnaps für einen legendären Rausch gestoßen ist. Und die Mopedreparatur, die man dem Freund für vorgestern fest versprochen hatte, wird eben auf morgen oder übermorgen verschoben, denn wer bereits eine Woche wartete, kann dies schließlich noch eine zweite tun! Unbestreitbar ist auch der immer freundliche, ja herzliche Zug, der dem kreolischen Leben innewohnt. Der fremde Besucher merkt schnell, daß Lächeln und Lachen dem Mauritianer wesenseigen sind, und daß es Spaß macht, wildfremde Menschen zu grüßen und wieder gegrüßt zu werden.

Wie sich Kreolisches mit anderen Einflüssen mischt, zeigt ein Blick auf die Speisekarte. Die beliebten "Curries" z.B. werden Sie in den meisten Restaurants bekommen, und da spielt es keine Rolle, ob nun ein chinesischer, indischer, kreolischer oder europäischer Koch hinter dem Herd steht (vgl. dazu 3.2.3). Und das Nationalgetränk ist eben kein Wein aus Frankreich, kein chinesischer Reiswein, kein britisches 'Stout', sondern jenes Bier, das nicht umsonst den kreolische Beinamen "Dodo" trägt.

Auch in der Baukunst wird man auf das Attribut "kreolisch" stoßen. Obwohl die sog. kreolischen Villen ausnahmslos aus der Kolonialzeit stammen und - z.T. bis heute - von den weißen Franko-Mauritianern bewohnt werden, weisen sie in Formensprache und Details doch Gemeinsamkeiten mit jenen kleineren Wohnhäusern auf, deren Eigentümer tatsächlich Kreolen sind. Kreolische Architektur ist also in erster Linie Kolonialarchitektur, deren schönste Beispiele in den schloßartigen Villen **Eureka, Villa Labourdonnais, La Réduit** und **Mon Plaisir** zu finden sind, die aber genauso die Baukunst des kleinen Mannes beeinflußte. Charakteristisch für sie ist das Material, nämlich weißgestrichenes Holz (meistens ein tropisches Edelholz), und eine verschwenderische Vielfalt in der ornamentalen Dekoration. So sieht man auf den Dachfirsten verzierte Leisten, filigrane Dachreiter und hölzerne Gitter-

werke, das gleiche unterhalb der Dächer, an Türen und an Fenstern. Die größeren Villen, Wohnstätten der alten 'Zuckerbarone', haben sämtlich eine herrliche, oft zweistöckige Veranda, baldachinverzierte Fenster, Freitreppen mit schmiedeeisernen Brüstungen und sind von einem schönen Park umgeben.

Bei Landausflügen lohnt es sich immer, auf dieses historische Kapitel der kreolischen Kultur zu achten. Wenn auch viele Bauwerke für die Öffentlichkeit nicht zugänglich sind oder andere sich in einem arg verfallenen Zustand befinden - mit ihren Gärten oder architektonischen Details geben sie in jedem Fall ein prächtiges Fotomotiv ab; dabei spielt es keine Rolle, ob sie groß oder klein sind, ob Stadthäuser oder Landvillen, ob sie blitzblank gepflegt sind oder morbiden Charme besitzen.

Über Kreolentum zu reden bedeutet aber vor allem, auf die sprachlichen Wurzeln einzugehen, denn da es keine kreolische Nation gibt, kann der Begriff nur über die Sprache definiert werden. Viele halten das Créole für eine Art primitives Französisch, das in einigen abgelegenen Orten dieser Welt von wenigen Menschen gesprochen und irgendwann einmal aussterben wird. All das ist falsch! Denn Créole ist eine durchaus gebräuchliche Umgangssprache nicht nur auf den Inseln des Indischen Ozeans (Seychellen, Maskarenen), sondern auch auf vielen karibischen Inseln. Insgesamt werden sich mindestens 10 Millionen Menschen auf Créole unterhalten, viele davon als einziger Sprache. Und mit dem Bevölkerungswachstum einerseits und dem Wunsch nach kultureller nationaler Identität andererseits ist diese Sprache weiterhin auf dem Vormarsch - in Mauritius z.B. gibt es Bestrebungen, sie zur offiziellen Hauptsprache zu machen.

Der historische Hintergrund des Créole ist die französische Kolonialzeit, als Sklaven aus allen möglichen Teilen der Welt, besonders aber aus Afrika und Madagaskar, nur eine Möglichkeit hatten, sich mit ihren Herren oder untereinander zu verständigen: das Erlernen eines Grundbestandes an Französisch. Dabei wurde allerdings das Französische im Vokabular, in der Aussprache und in der Grammatik abgeändert. Außerdem kamen im Lauf der Zeit neue Ausdrücke aus anderen Sprachen hinzu, oder das kreolische Wort blieb bestehen, während sich das französische Vorbild veränderte. Beispielsweise hat das mauritianische Créole aus dem Arabischen "baksiss" (= Bakschisch, franz.: prime) übernommen, ebenso "fuluss" (= Geld, franz.: argent); aus dem Indischen stammt "jalsa" (= Fest, franz.: fête), aus dem Englischen "filling" (= Tankstelle, franz.: station-service) usw., während es immer noch wie im älteren Französisch "gazette" (= Zeitung) statt "journal" heißt! Da sich auch Artikel, Pronomen, Pluralformen und Satzstellung vom Französischen erheblich unterscheiden, muß man sagen, daß das Créole eine eigenständige Sprache ist, die ihre lexikalische Basis zwar im Französischen hat, aber viele Vokabeln aus afrikanischen und indischen Sprachen, Arabisch, Madegassisch und Englisch übernahm und außerdem teilweise wie Bantu strukturiert ist. Interessanterweise können sich mauritianische Kreolen etwa mit Kreolen aus Haiti unterhalten, obwohl beide Créole-Arten unabhängig voneinander entstanden sind und unterschiedlichen Einflüssen ausgesetzt waren.

Die Entwicklung einer kreolischen Schriftsprache, entsprechender Wörterbücher und Kulturkontakte zwischen den einzelnen Créole-Ländern werden in Zukunft vielleicht zu einer Angleichung der verschiedenen 'Dialekte' führen.

Wer sich in seinem Urlaub näher damit beschäftigen will, sollte auf Mauritius den hilfreichen Führer "Parlez Créole/Speak Créole. Guide Pratique pour Touristes/A Tourist Guide.", Stanley, Rose Hill 1988 (franz., engl., créole) kaufen.

Die folgende kleine Wörterliste will nur wenige Beispiele dieser Sprache geben:

Deutsch	Französisch	Créole
Guten Morgen/Tag	Bonjour	Bonzour
Guten Nachmittag	Bon après midi	bon apre midi
Wie geht's?	Comment ca va?	Coma ou ete?
Wie heißen Sie?	Comment vous appelez-vous?	Coma ou appélé?
Aus welcher Stadt kommen Sie?	Vous venez de quelle ville?	Qui la ville ou sorti?
Ich heiße Hr./Fr. XY	Je suis Monsieur/Madame XY	Mo appelle Missié/Madame XY
Das ist...	Voici...	Ala...
Mein Mann/Meine Frau	Mon mari/Ma femme	Mo mari/Mo femme
Meine Tochter/Mein Sohn	Ma fille/Mon fils	Mo tifi/Mo garçon
Was sagen Sie?	Que dites-vous?	Qui ou dire?
Ich verstehe nicht.	Je ne comprends pas.	Mo pas comprend.
Ok, ich habe verstanden.	Ca y est. J'ai compris.	Oké. Mo fine comprend.
Prima/Großartig!	C'est formidable/super!	Formidabe!
Tut mir leid...	Je regrette...	Mo régretté...
Wo sind wir?	Où sommes-nous?	I cotte nou ete?
Wo ist der Ausgang?	Par où doit-on sortier?	Cotte capave sortie?
Parken verboten!	Interdiction de se garer!	Pas arrete loto ici!
Ich möchte/brauche...	Je voudrais...	Mo oulé...
Haben Sie...	Avez-vous...	Ou éna...
Gemüse/Obst	Légume/Fruit	Legim/Fri
Salz/Zucker	Sel/Sucre	Disel/Disik
Insel	Ile	Zil
Korallenriff	Recif de corail	Brizan
Markt	Marché	Bazar
Wie spät ist es?	Quelle heure est-il?	Qui lère?
Eins/Zwei/Drei	Une/Deux/Trois	Aine/Dé/Trois

Deutsch	Französisch	Créole
Montag/Donnerstag /Sonntag	Lundi/Jeudi /Dimanche	Lindi/Zédi /Dimanse
Januar/Juni/Juli	Janvier/Juin/Juillet	Zanvié/Zein/Ziyette
September/November /Dezember	Septembre/Novembre /Décembre	Septamme/Novamme /Déssamme

Bekanntermaßen drückt sich der Mensch nicht allein durch Worte, sondern auch durch Gesten, Minenspiel und Tänze aus. So wie Créole als Kommunikationsmittel der Sklaven entstand, so geht auch die Sega wohl auf diesen Ursprung zurück. Im Tanz konnten die Sklaven, besser noch als durch die Sprache, ihre Sehnsüchte, Träume, Freude und ihr Leid nach außen tragen. Die Sega hat sich bis heute weiterentwickelt und wird nicht nur für Touristen, sondern oft auf mauritianischen Gesellschaften, auf der Straße oder am Strand getanzt.

Information zur Sega:

In unseren Vorstellungen vom zwischenmenschlichen Miteinander in den Tropen spielen häufig, wenn oft auch ungerechtfertigt, süßes Nichtstun, Lässigkeit und eine (auch sexuelle) Freizügigkeit eine große Rolle. Verantwortlich für solche Klischees sind Dinge wie der Karneval in Rio, literarische Wunschträume und vieles mehr - sicher aber auch die temperamentvollen Tänze, die etwa als Samba populär wurden oder in neuzeitlichen Variationen ("Lambada") eindeutig südlich-tropisch geprägt sind. In diesem Zusammenhang nimmt es Wunder, daß der kreolische Volkstanz (noch?) nicht zu internationalen Ehren gekommen ist, birgt er doch alles, was ihm zu einer Karriere bei einem vorwiegend jugendlichen Publikum in Europa und den USA verhelfen könnte: Rhythmus, Ausdrucksstärke, Bewegung und eine unzweifelhaft erotische Note.

Die Sega wird normalerweise von Mädchen oder Frauen getanzt, die als Chor den männlichen Vorsänger unterstützen, und dann einzeln nacheinander in den Vordergrund treten, wo sie sich ganz der Musik hingeben. Dazu gehört, daß sich die Tänzerin mit kreisenden Hüftbewegungen im Rhythmus wiegt, sich dann auf die Knie niederläßt und sich rücklings dem Boden nähert, bis ihre Schultern ihn fast berühren. Dabei korre-

spondiert ihr Oberkörper, sich ständig wiegend, mit der Musik, während ein männlicher Tänzer sich über sie beugt und die Bewegungen ihres Körpers nachahmt. Zum Ende hin wird die Sega dann immer schneller und fast bis zur Ekstase fordernd.
Ursprünglich lebt die Sega vom Gesang des Vorsängers und des Chores. Die Instrumente dienen dabei nur zur Vorgabe des Rhythmus, d.h. sie sind Schlaginstrumente oder Rasseln. In jüngerer Zeit sind daneben auch Gitarre, Baßgitarre und Akkordeon getreten, aber oft kommt noch ausschließlich das alte Instrumentarium von Bobre, Ravane, Maravane und Triangel zum Zuge.
Unter **Bobre** versteht man ein Stahlseil, das in einen gebogenen hölzernen Rahmen gespannt ist und das mit Holzstäben geschlagen wird. Der metallische Klang kann dabei durch Resonanzkörper (Kürbis o.ä.) verstärkt werden. Die **Ravane** ist eine Trommel in der Art eines großen Tamburins, deren Ziegenleder-Bespannung vor der Sega über glühenden Kohlen oder heißen Steinen erwärmt wird. Die **Maravane** schließlich besteht aus einem Blechkasten, in dem sich Körner, kleine Steinchen oder Bohnen befinden und der rhythmisch geschüttelt wird. Außerdem können dazu eine kleine Holzbank (Banc) mit einem Holzstab und eine Sichel (Serpent) mit einem Eisenstab im Takt geschlagen werden.

Woher die Sega eigentlich stammt, ist ungewiß, wenn auch Linguisten und Ethnologen verschiedene Erklärungsmöglichkeiten anbieten. Es scheint aber so zu sein, daß Tanz, Rhythmus und Musikinstrumente der Sega zwar afrikanische bzw. madegassische Vorbilder haben, in dieser Form aber zum erstenmal auf Mauritius in Erscheinung treten. Insofern wäre die Sega ein Zeichen der tänzerischen Kommunikation zwischen Sklaven unterschiedlicher Herkunft, mit anderen Worten ein Resultat und ein Symptom der kreolischen Mischkultur.
Es ist klar, daß ein solcher Tanz bei den Kolonialherren nicht gerade beliebt, sondern im Gegenteil wegen seiner 'Unzucht' ständig vom Verbot bedroht war. Er hat sich aber auch im modernen Mauritius durchgesetzt - und zwar unabhängig von der völkischen Zugehörigkeit, so daß er nun auch von Indern und Chinesen gepflegt wird.

Der Tourismus, der ausländischen Besuchern gerne Ursprüngliches vorweist, hat zur vermehrten Popularität im übrigen wesentlich beigetragen. Kaum ein größeres Hotel, das seinen Gästen nicht wenigstens einmal in der Woche eine "Sega Show" anbietet. Diese Vorführungen sind wirklich sehens- und erlebenswert, meistens wird dabei auf moderne 'Zutaten' verzichtet und auf originalen Instrumenten gespielt. Und daß abschließend auch die Zuschauer in den Tanz einbezogen werden, kann ihnen zwar u.U. einen Muskelkater einbringen, vielleicht aber auch ein etwas intimeres Verhältnis zum kreolischen Leben.

3.2.2 RELIGIONEN UND RELIGIÖSE FESTE

Wie schon unter 2.2.5 erwähnt, kann die ethnische Zugehörigkeit eines Mauritianers zwar Rückschlüsse auf seine Religion erlauben, aber nicht in dem Sinn, daß unbedingt jeder Inder Hindu und jeder Kreole Katholik ist. Tatsächlich sind in diesem kleinen Inselstaat mit seinen 1 856 Quadratkilometern alle Weltreligionen vertreten, und wenn das Schlagwort vom "most cosmopolitan island in the sun" gilt, dann auch und gerade auf religiösem Gebiet!

Die Bevölkerung, die ja europäischer, afrikanischer, madegassischer oder asiatischer Herkunft ist, ist gläubig im tiefen und wahren Wortsinn, aber nicht so fanatisch, daß sie ablehnend dem jeweils Andersgläubigen gegenüberstünde oder gar in gewaltsamen Ausbrüchen dessen Religion bekämpfte. Es zeugt von Toleranz und kultureller Reife der Mauritianer, daß das Land zeit seines Bestehens ohne Glaubenskämpfe und Pogrome existieren durfte und daß Einheimische wie Besucher Moscheen neben katholischen Kirchen, chinesische Pagoden neben anglikanischen Gotteshäusern, tamilische Kovile neben hinduistischen Shivalas sehen und besuchen können. Wer an hochgelegenen Punkten in Stadtnähe - etwa auf dem Fort Adelaïde in Port Louis oder dem Vulkankrater Trou aux Cerfs in Curepipe - steht, kann die Vielfalt der Tempel und Gotteshäuser mit einem einzigen Rundblick erfassen. Aber nicht nur die großen Baudenkmäler sind hier gemeint, sondern auch die vielen Gebetshäuser und Votivnischen am Wegesrand, die religiösen Bilder, Statuen, Fahnen usw. in und vor den Häusern, die heiligen Seen und andere natürliche Orte mit religiöser Bedeutung.

Unter den Gläubigen stellen die **Hindus** mit etwa 50 % die absolute Mehrheit, und folglich wird man im Land hinduistischen Tempeln und hinduistischen Festen besonders häufig begegnen können. Der Hinduismus ist weniger von festen Dogmen und Riten geprägt als etwa das Christentum oder der Islam und hat sich stets eine große integrative Kraft bewahrt. Obwohl er so vergleichsweise tolerant auch den anderen Weltreligionen gegenübertritt und versucht, deren Lehren und Gottesvorstellungen zu verstehen und mit der eigenen Auffassung in Einklang zu bringen, kennt er doch bestimmte Grundsätze und Göttergestalten, die unwandelbar sind. Dazu gehört z.B. die Lehre von der Seelenwanderung und mythologische Erzählungen von den Göttern Shiva, Vishnu und vielen anderen. Da der Mensch immer wiedergeboren wird, seine Leistungen und seine moralische Integrität aber darüber entscheidet, wie , d.h. in welcher Kaste er auf die Erde zurückkehrt, ist das Verhältnis von Schuld und Sühne für das religiöse Leben der Hindus von ausschlaggebender Wichtigkeit - für dieses wie für das nachfolgende Leben. Daher die vielen, für europäische Augen manchmal schockierenden Rituale, in denen ein schuldbeladener Gläubiger versucht, mittels physischer Qualen seine Schuld abzutragen. Da gibt es tage- und wochenlange Fastenzeiten, das Laufen über glühende Kohlen, das Besteigen von Leitern, deren Sprossen aus Säbeln bestehen, das Behängen des Körpers mit in die Haut gestochenen Gewichten, das Gehen in vernagelten Sandalen, das Durchstoßen von Wangen und Zunge mit kleinen Spießen und anderes mehr. Auch die rituellen Waschungen in geheiligten Wassern sind charakteristisch für die hinduistische Volksfrömmigkeit und werden in großartigen Prozessionen und Festen zusammen begangen.

Die bedeutendsten Hindu- bzw. Tamilenfeste sind das Divali, Teemeedee, Cavadee und Maha Shivaratree. Hindutempel sieht man überall auf der Insel, die prächtigsten sind vielleicht die Sakralbauten von Triolet (Shivala - Tempel), Port Louis (Tamilen-Tempel Sockalingum Ammen), Goodlands, Grand Baie und Malheureux, aber auch die vielen kleineren und größeren Heiligtümer am Grand Bassin, dem heiligen See im Landesinneren, verdienen Beachtung. Einen Besuch lohnen sowohl die öffentlich begangenen Feste als auch die farbenfrohen Tempel, in denen man sich in Ruhe und unter ortskundiger Leitung in die Mythologie des Hinduismus vertiefen kann.

Die **Christen** stellen mit etwa 31 % der Gläubigen die zweitstärkste religöse Gruppe, wovon die überwiegende Mehrheit römisch-katholischen Bekenntnisses ist. In der französischen Zeit war es selbstverständlich, daß die afrikanischen und madegassischen Sklaven ihren Naturreligionen abschwören und zum Katholizismus übertreten mußten; solchermaßen zwangschristianisiert durften sie aber unter den Engländern ihren (neuen) Glauben behalten und mußten nicht zur anglikanischen Kirche übertreten. Neben Franko-Mauritianern und Kreolen überrascht der hohe Anteil an chinesischen Katholiken. Dieser erklärt sich aus den häufigen chinesisch-kreolischen Mischehen, die aufgrund des Frauenmangels der chinesischen Kaufleute zustande kamen, und ist also durchweg freiwilligen Ursprungs. Die christlichen Feste wie Weihnachten, Ostern usw. werden auf Mauritius mit der dem Land eigenen Inbrunst begangen; besonders hervorzuheben aber ist die Fronleichnamsprozession in Port Louis und die alljährliche Wallfahrt zur Kirche des heiligen Priesters Jacques Désirée Laval in St. Croix (vgl. 4.1.4).

Auch der **Besuch von Papst Johannes Paul II**. im Jahre 1989 wurde auf Mauritius überschwenglich gefeiert und hat dem nationalen Katholizismus enormen Auftrieb gegeben.

Christliche Sakralbauten findet man ebenfalls über die ganze Insel verstreut, sei es als idyllische kleine Gebetshäuser wie in Chamarel, oder sei es als große Gotteshäuser wie in Curepipe oder Mahébourg. Die römisch-katholische Hauptkirche ist die Kathedrale St. Louis in der Hauptstadt.

Nur wenige Mauritianer bekennen sich zum Protestantismus, davon die meisten - historisches Erbe der Engländer - zur anglikanischen Kirche. Ihre Kathedrale St. James befindet sich in Port Louis, nicht weit von der katholischen Bischofskirche entfernt.

Die etwa 16 % **Moslems** des Landes sind überwiegend indischer oder pakistanischer Herkunft, von wo sie ihren Glauben bei der Emigration nach Mauritius mitbrachten. Der monotheistische Islam lebt von der genauen Einhaltung bestimmter Regeln, den fünf Prinzipien (Gottesbekenntnis, Almosengeben, Pilgerfahrt nach Mekka, tägliche Gebete, Fasten) und der Abstinenz von Alkohol, Schweinefleisch und Glücksspielen. Dies ist in Mauritius nicht anders als in jedem islamischen Land, wenn hier auch der Kontakt mit den anderen Religionen die Toleranz der Moslems in größerem Maße gefördert hat. Die moslemischen Feiertage beziehen sich auf den Jahresanfang (Moharram), das Ende des Fastenmonats Ramadan (Eid El Fitr), das Opfer des Abraham (Eid El Adha) und den Geburts- und Todestag Mohammeds (Yaum-Un-Nabi).

Nicht alle, aber doch über 90 % der Moslems sind Sunniten, daneben gibt es etwa gleich viele schiitische Gläubige und Anhänger der Ahmadeyyas-Sekte. Koranschulen und Moscheen (insgesamt etwa 100) befinden sich in jedem Ort, oft allerdings in unscheinbaren Gebäuden oder gar Wellblechhütten untergebracht und nur an Halbmond-Symbolen und den grünen Fähnchen zu erkennen. Demgegenüber ist die Hauptmoschee in Port Louis (Jummah-Moschee) mit verschwenderischer Pracht ausgestattet.

Während viele Chinesen zum römisch-katholischenm Glauben übergetreten sind, haben sich andere doch ihren **buddhistischen Glauben** bewahrt. In dessen pantheistischer Welt wimmelt es von Göttern sowie bösen und guten Geistern. Mit Magie, Beschwörungen und Opfergaben an Buddah versuchen die chinesischen Gläubigen, ihr Leben mit dem Kosmos in Übereinstimmung zu bringen und böse Dämonen abzuwehren. Dies geschieht z.T. in sehr farbenprächtigen und aufwendigen Festen (Chinesisches Neujahrsfest, Laternenfest), die oft über die relativ geringe Zahl der Gläubigen (weniger als 3 %) hinwegtäuschen. Auch die buddhistischen Tempel, die Pagoden, sind dementsprechend weniger präsent - das schönste Beispiel dieser Sakralbauwerke ist in der Thien Thane Pagode in Port Louis zu sehen.

Neben den Stränden, der Landschaft, der Flora und Fauna sowie der ethnischen Vielfalt der Insel können die religiösen Riten, besonders die aufwendig gefeierten Feste als Hauptanziehungspunkt von Mauritius gelten. Für alle Mauritianer haben die Feste ihre Bedeutung und werden gemeinsam begangen - wenn nicht als Gläubige in unmittelbarer Beteiligung, so doch durch die arbeitsfreien Tage, von denen es nicht weniger als 21 gibt! Oft geschieht es dann auch, daß ein an sich wesensfremdes Fest übernommen wird, etwa Weihnachten bei Moslems, Hindus und Buddhisten. Gerade die Hauptfeiertage des Christentums sind auch zu einem festen Programmpunkt der internationalen Hotels geworden, wenngleich Schneedekorationen und "White-Christmas"-Lieder unter tropischer Sonne immer ein wenig deplaziert wirken. Um am religiösen Leben der Mauritianer teilzuhaben, sollte man sich jedoch nicht scheuen, neben Kirchen, Moscheen, Tempeln und Pagoden auch deren Feierlichkeiten zu besuchen, wenn man gerade in der entsprechenden Zeit im Land ist. Natürlich sind das keine Attraktionen im üblichen touristischen Sinn, und Behutsamkeit und Achtung, sowieso eine Grundregel beim Umgang mit fremden Kulturen, ist dabei unerläßlich. Gerade die hinduistischen Büßer-Rituale, so exotisch und farbenfroh sie sein mögen, dürfen nicht als folkloristische Darbietung mißverstanden werden. Trotzdem werden Sie in den seltensten Fällen auf Ablehnung stoßen, wenn Sie - respektvolles Benehmen vorausgesetzt - das Schauspiel auch mit der Kamera festhalten wollen. Die Termine der religiösen Feste können im folgenden nur vage angegeben werden, da z.B. der islamische, hinduistische und chinesische Kalender nicht mit unserem übereinstimmt. Bei Interesse sollten Sie also an der Hotelrezeption oder bei der Touristeninformation das genaue Datum, eine Wegbeschreibung nebst Parkmöglichkeiten und die günstigste Tageszeit erfragen.

Festtagskalender

Januar: Yaum-Un-Nabi
Islamisches Fest zum Gedenken an Mohammeds Todestag. Für eine Dauer von zwölf Tagen wird in den Moscheen rezitiert und gesungen.

Ende Januar/Anfang Februar: Frühlingsfest
Höhepunkt des buddhistischen und konfuzianischen Volksglaubens und feierliches Begehen des chinesischen Jahreswechsels. Dazu gehören opulente Mahlzeiten, Opferspenden in den Pagoden, Ehren der Vorfahren, Umzüge, Feuerwerke und Besuche bei den Verwandten. Eine Woche vor dem eigentlichen Fest wird der Gott des Hauses, dessen Gefährtin und dessen Reittier, mit dem sie über den Himmel fahren, mit Süßspeisen u.ä. beschenkt, gleichzeitig das Haus gereinigt und mit der Glücksfarbe Rot ausgeschmückt. Am Vortag des Neuen Jahres gilt der Ritus den Ahnen, deren Namen auf ein rotes Blatt Papier geschrieben und mit Früchten, Blumen und Kuchen umringt wird. Auf den Straßen, in den Häusern und in Pagoden verströmen nun Räucherstäbchen ihren süßlichen Geruch, und nach dem Kult der Götter und der Vorfahren wird das Neue Jahr mit einem großen Familienessen und anschließendem Feuerwerk begrüßt. Knallkörpersalven vertreiben die bösen Geister, man verteilt Geschenke, besucht Verwandte, und in traditionsbewußten Gemeinden genießt man auch musikalische und tänzerische Darbietungen. Und überall hört man den Neujahrsgruß der Chinesen: "Die allerbesten Wünsche" - "kung tsi fa ts'ai"!

Ende Januar/Anfang Februar: Cavadee
Höhepunkt der hinduistischen (tamilischen) Religiösität und ein spektakuläres Ereignis! Erinnert wird in diesem Fest an die Befreiung einer göttlichen Prinzessin aus den Händen eines Dämons. Da die mythologische Gestalt dabei auf ihren Schultern eine Stange mit zwei Bergspitzen trug, wird von den tamilischen Gläubigen in der Prozession ebenfalls ein bogenartiges Gestell, das sog. "Cavadee", mit Gewichten (zwei Milchschalen) transportiert. Gleichzeitig dient das Fest aber auch der Läuterung und der Buße für alle auf sich geladene Schuld. Auf die furchterregenden Akte, die sich hierbei abspielen, werden die Gläubigen intensiv vorbereitet: 10 Tage des Fastens und der Askese, Schlaf nur auf einer Strohmatte, sexuelle Enthaltsamkeit und Verzicht auf Tabak sowie tägliche Gebete gehören dazu. Dann beginnen am frühen Morgen die Prozessionsvorbereitungen; das schwere Cavadee wird zum Flußufer gebracht, geschmückt und mit Milchschalen behängt. Einzelne

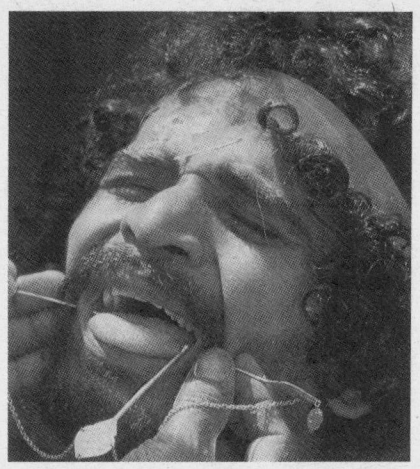

Büßer stechen sich Nadeln ins Fleisch, meistens in Wangen oder Zunge, aber auch in Rükken und Brust. Um einen Karren hinter sich herziehen zu können, lassen sich manche sogar die Hüften durchstechen. Wieder andere gehen in Nagelschuhen oder besteigen Leitern mit Schwerter-Sprossen. Die Prozession, deren Qualen nur in einem Zustand der Trance zu erdulden sind, endet am Tempel, wo der Priester durch Zeichen von Stirn und Armen die Gläubigen segnet, die Milch über das Götterbild gießt und die Marterwerkzeuge entfernt.

Daran schließt sich das heilige Festmahl mit sieben Curries an, bevor man am nächsten Tag zum Fluß zurückgeht, die Cavadees abschmückt und Blumen, Bambusstangen und anderes Zubehör dem Wasser übergibt.

Februar: Laternenfest

Chinesisches Fest, das 14 Tage nach dem Frühlingsfest (s.o.) begangen wird. In einem bunten Aufzug tanzt ein Drache, dargestellt von zwei verkleideten Artisten, durch die Straßen von Port Louis, begleitet von rhythmischem Trommeln. Der Drachentanz will die Freude über die Bekehrung zum Guten symbolisieren und wurde zum ersten Mal 1872 in Mauritius aufgeführt.

Ende Februar/Anfang März: Maha Shivaratree

Das beliebteste Fest der Inder und größter jährlicher Pilgerzug auf der Insel, an dem etwa 300 000 weißgekleidete Hindus teilnehmen. Mit Opfergaben und sog. "Kanwars", kunstvollen Gestellen aus Bambus, Papier und Spiegelschmuck, die den Gott Shiva oder Tempel darstellen, versammeln sich die Gläubigen am heiligen Wasser des Grand Bassin ("Ganga Talao"). Aus dem Kopf Shivas, der dominierenden Figur der hinduistischen Dreiheiligkeit, entspringt der Ganges, und der Kratersee wird mit dem Ganges identifiziert (nach einer lokalen Legende soll es tatsächlich eine unterirdische Verbindung geben; außerdem hat man bei einer der ersten Pilgerfahrten 1898 Gangeswasser in das Grand Bassin gegossen!). Man schöpft Wasser aus dem See, benetzt damit Shiva-Statuen und hinterlegt Opfergaben wie Kokosnüsse u.ä.

März: Holi
Ebenfalls ein hinduistisches Fest, kurze Zeit nach dem Maha Shivaratree und 14 Tage vor dem indischen Neujahrsbeginn gefeiert. Der Hintergrund des Holi ist die mythologische Erzählung vom Feuertod der bösen Holika, die den Prinzen Bhakta Pralad vernichten wollte. Feuer spielt auch insofern eine herausragende Rolle, als Strohpuppen und Bildnisse der Holika in der Festnacht auf Scheiterhaufen geworfen werden. Da der Anlaß aber der Sieg des Guten über das Böse und damit ein freudiger ist, gibt sich das zweitägige Holi durchweg ausgelassen: es wird getrommelt und getanzt, Geschenke und Süßigkeiten werden vergeben, mit Pumpen und Plastiktüten wird farbiges Wasser verspritzt, und es wird viel und übermütig gelacht.

Juli: Eid El Fitr
Islamischer Feiertag als Abschluß des Fastenmonats Ramadan. Schauplatz der Feierlichkeiten sind die Moscheen, und die Stimmung ist durch Ernsthaftigkeit und Gebete, nicht aber durch Ausgelassenheit geprägt.

August/September: Eid El Adha
Ebenfalls islamisches Fest, das an die Geschichte von Abraham und Isaak erinnert. Begangen wird der Feiertag mit Gebeten in der Moschee und im Freundes- und Familienkreis, wo die geopferten Lämmer verspeist werden.

9. September: Pére Laval
Das Grab des 1979 heiliggesprochenen Père Laval in Sainte Croix ist an diesem Tag Ziel von Pilgerzügen, an denen sich Zehntausende beteiligen. Dem "Apostel von Mauritius" (vgl. auch 4.1.3) werden wunderbare Heilkräfte zugeschrieben, und deswegen machen sich am 9. September auch Angehörige anderer Konfessionen auf den Weg, um in Sainte Croix einen Hauch von Lourdes zu verbreiten. Von 16.00 Uhr des Vortages bis 12.00 Uhr des Festtages werden hier stündlich Messen abgehalten, aber auch in anderen katholischen Kirchen auf der Insel begeht man diesen Tag mit besonderer Feierlichkeit.

Oktober: Divali
Daß dieses hinduistische Freudenfest mit Licht zu tun hat, sagt schon der Name: "Divali" bedeutet soviel wie "Lampenreihe". Nach einer rituellen Reinigung des Hauses und des Körpers (Ölung, Bad, Anziehen neuer Kleider) und einem Festmahl werden nicht nur bunte Glühbir-

nen, Kerzen und Öllampen zum Leuchten gebracht, sondern auch Feuerwerke gezündet. Das Licht verkörpert einerseits die Freude über gute Geschäfte, eine gute Ernte u.a., andererseits symbolisiert es den Sieg von Laksmi, Königin des Reichtums, über Bali, den König der Dämonen. Auch mit den mythischen Siegen Rams und Krishnas wird das Divali-Fest in Verbindung gesetzt.

Oktober/November: Ganga Asnan
Dieses hinduistische Fest ist mit dem Maha Shivaratree vergleichbar, findet allerdings nicht am Grand Bassin, sondern am Meeresufer statt. Die religiöse Bedeutung ist die rituelle Reinigung von den Sünden durch das geheiligte Wasser der "Mutter Ganges", und da der Fluß in den Indischen Ozean mündet, kann die Kraft seiner Gnade bis zur Küste von Mauritius strömen. Außer dem Reinigungsbad werden dem Meer Opfergaben übergeben. Auch am Ganga Asnan sind Hunderttausende gläubiger Hindus beteiligt.

Zwischen Oktober und März: Teemeedee
Spektakuläres Fest der tamilischen Hindus, das an unterschiedlichen Orten zu unterschiedlichen, von den Priestern jährlich festgelegten Zeiten stattfindet. Nach einer wochenlangen körperlichen und meditativen Vorbereitung versammeln sich Gläubige und Priester vor den tamilischen Tempeln, wo in einem etwa 7 m langen und 2 m breiten Graben eine 20 cm dicke Schicht von glühenden Kohlen aufgehäuft wurde. Nach dem Segen des Priesters beginnt für die ausgesuchten Männer und Frauen die Zeremonie des "Feuerlaufens" (engl.: "Firewalking"), aus der die Gläubigen unverletzt hervorgehen.

2. November: Fronleichnam
Großartig wird auf Mauritius dieses christliche Fest am Tag nach Allerheiligen begangen: Vornehm gekleidet ziehen die Gläubigen in Scharen zu den Friedhöfen, wo sie mit kunstfertig hergestellten Blumendekorationen, Kränzen u.ä. ihrer Verstorbenen gedenken. Die Friedhöfe der Insel, sonst nicht immer sehr sorfgfältig gepflegt, verwandeln sich an diesem Tag in blühende Gärten von außerordentlicher Farbenpracht. Interessant ist der Einfluß afrikanischer oder madegassischer Traditionen auf das Fest, wenn etwa die Gräber mit Wasser begossen werden, das Lieblingsessen des Toten auf das Grab gestellt wird und eine Zigarette oder eine Flasche Rum den Verstorbenen im Jenseits erfreuen soll.

3.2.3 ESSEN UND TRINKEN

Was die mauritianische Küche an Köstlichkeiten zu bieten hat, ergibt sich aus ihrem kulinarischen Erbe dreier Kontinente und noch mehr

Völkerschaften. Von China bis Frankreich, von England bis Afrika und von Indien bis Madagaskar - das ist der Bogen, der gespannt werden muß, wenn man das Essen der Insel charakterisieren will! Entsprechend der Bevölkerungszusammensetzung kann man **vier Küchen** voneinander unterscheiden: die europäische, die kreolische, die indische und die chinesische, alle mit ihren jeweiligen Spezialitäten und Vorlieben. An-

dererseits beeinflussen sich Geschmack und Traditionen der Herkunftsländer gegenseitig, so daß es durchaus möglich ist, ein französisches Pfeffersteak kreolisch zuzubereiten oder ein scharfes "Curry" mehr dem europäischen Geschmack anzupassen. Die meisten kreolischen, indischen und chinesischen Gerichte greifen auf Reis als Grundnahrungsmittel zurück; seitdem das Land jedoch ausreichend Kartoffeln produziert, werden diese auch immer häufiger (gerne als Folienkartoffeln) als Beilage gereicht.

Ein gutes Beispiel der Vermischung verschiedener Einflüsse sind die **Curry-Gerichte** (Mehrzahl "Curries"; auch "Carri", "Cari" oder "Carry" genannt), wo sich zweifellos indische mit kreolischen Traditionen vermengt haben. Das Wort stammt wahrscheinlich aus dem Tamilischen und bedeutet nichts anderes als "Soße", wobei vorausgesetzt wird, daß die Grundlage aus Reis besteht und die 'Soße' mit Gemüse, Geflügel, Fisch oder Fleisch angemacht ist. Der Geschmack der uns bekannten Curry-Gewürzmischung wird dabei in den seltensten Fällen getroffen, sondern durch Tamarindenfrüchte, süßen Tomaten ("love-apples") u.v.m. verfeinert. Das "Curry" an sich ist relativ mild, seine Schärfe erhält es erst durch eine zusätzliche rote Soße, die "sauce créole" oder "rougaille", deren Hauptbestandteil roter Chili ist, aber auch Knoblauch, Ginger, Pfeffer, Thymian usw. enthalten kann. Zur individuellen Feinabstimmung wird sie in den meisten Restaurants inzwischen separat angeboten - schließlich schwitzt man am Strand schon genug...

Auf den Speisekarten finden Sie Curries in Namensverbindungen wie Curry-poisson (Fisch-Curry), Curry-porc (Schweine-Curry), Curry-poulet (Hühner-Curry), Curry-cerf (Wild-Curry), Curry-cabri (Ziegen-Curry), Curry-boef (Ochsen-Curry) usw. Aber auch reine Gemüse-Curries, manchmal sogar Affen-Curries u.a. sind möglich. Der dazugehörige Reis (ungewürzt) wird extra bestellt und auch extra serviert. Egal ob im Zusammenhang mit einem Curry oder als eigenes Gericht - mit

Fisch oder Meeresfrüchten sind Sie auf Mauritius immer gut beraten, obwohl längst nicht jede dieser Köstlichkeiten fangfrisch ist, sondern durchaus importiert sein kann. Denn nach der Errichtung der 200-Seemeilen-Zone um die Insel muß sich eine effektive Hochseefischerei erst noch richtig etablieren. Auch Schweine- oder Rindfleisch werden i.d.R. ein eingeführtes Produkt sein, während die Wildgerichte in der Saison zumeist aus heimischen Beständen stammen.

Mit das herrlichste der mauritianischen Küche sind die **Gemüse, Salate und Früchte**, die natürlich auf das zurückgreifen, was auf der Insel überreich wächst. Chou-Chou (Christophinen) z.B. schmecken hervorragend, ob im Salat, überbacken oder als Beilage. Ungewöhnlich und wertvoll ist der Palmherzen-Salat der Palmiste-Palme, für den der Baum sein Leben lassen muß und der deshalb als "Millionärssalat" bekannt ist.

Da die meisten Touristen in einem guten Hotel (mit Halbpension) untergebracht sind, werden sie nur sporadisch auf die Auswahl an Insel-Restaurants zurückgreifen. Und dies umso weniger, als die Hotelküche i.d.R. nichts zu wünschen übrigläßt, ja, in den First-Class-Hotels sogar zu euphorischer Begeisterung Anlaß gibt. Oft steht das Abendessen in solchen Unterkünften unter einem bestimmten Motto (etwa: 'kreolischer Abend') und nimmt Bezug auf weitere Abendveranstaltungen (etwa: Sega-Tanzdarbietung). Trotzdem wäre es schade, wenn man nur die reichhaltigen Buffets und Menues der ständigen Urlaubsadresse probieren würde, denn erstens machen die Hotelköche viele Zugeständnisse an den europäischen Geschmack und zweitens können sie die tatsächliche Speisen-Vielfalt der Insel bei aller Phantasie nicht erreichen. Es empfiehlt sich also, wenigstens ab und zu den bequemen Standort zu verlassen und 'authentisch' essen zu gehen. Dies kann man auf Ausflügen ins Landesinnere oder bei einem Besuch von Port Louis, Mahébourg oder Curepipe problemlos tun und hat dann die Auswahl zwischen Stätten der absoluten Spitzengastronomie, kleineren und guten Restaurants oder schäbig aussehenden, aber nicht unbedingt schlechten Gaststätten. Manchmal überraschen gerade Etablissements der letztgenannten Kategorie durch einfache, aber sehr schmackhafte Speisen und bieten als kostenlose 'Zugabe' den Kontakt mit der einheimischen Bevölkerung.
Im Reiseteil sind bei den einzelnen Stationen jeweils Gaststätten genannt, die nach meinen Erfahrungen empfehlenswert sind. Entsprechende Hinweise geben aber auch die Hotelrezeptionen, die Touristeninformation und etliche ausliegende Prospekte, die immer den Vorteil der Aktualität in einer Branche haben, die durch ständige Veränderungen, Besitzer- oder Kochwechsel u.a. geprägt ist.

Falls Sie sich also auf eine kulinarische Expedition begeben wollen, stehen Ihnen die Restaurants dreier Kontinente offen. Speisekarten sind meist in Französisch, z.T. auch in Englisch, so gut wie nie aber auf Deutsch abgefaßt. Im folgenden eine **kleine Liste der Spezialitäten:**

Die kreolische Küche

* **Le rôti de langue de Boef/Roast Ox Tongue:** Eine erst gekochte Ochsenzunge wird mit Gewürzen wie Knoblauch, Ginger, Pfeffer, Zimt und Gewürznelken gefüllt, dann mit Sojasoße und Honig abgeschmeckt, schließlich geröstet. Ähnlich verfährt man mit Schweinefleisch ("Roast Pork") und Geflügel ("Roast Chicken").
* **Les Grains Secs/Dry Grains:** Hülsenfrüchte, die - gekocht oder gedünstet - oft zu Curries gereicht werden: schwarze und rote Linsen, weiße und rote Bohnen, grüne oder gelbe Erbsen u.v.a.

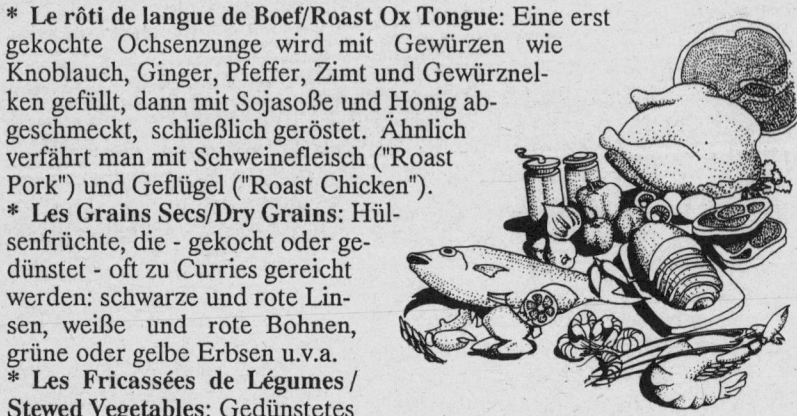

* **Les Fricassées de Légumes / Stewed Vegetables:** Gedünstetes Gemüse, als Beilage oder als eigenes Curry-Gericht - mit Thymian, Knoblauch, Pfeffer, Petersilie, Ginger und Zwiebeln angemachte Auberginen, Chou-Chou, Kürbis, Kohl, Lady's fingers u.v.a., manchmal mit Tomaten, Hackfleisch oder Speck serviert.
* **Les Bouillons de Brèdes/Leaf broths or boiled leaves:** Verschiedene Blätter und Gewürzpflanzen wie z.B. Wasserkresse, indischer Senf, Cou-Chou, Malabar usw., die mit Zwiebeln, Ginger, Knoblauchpulver, Pfeffer und Ajinomoto zu einer Brühe gekocht werden, um ein besonders scharfes Curry oder Rougaille abzugeben. Sie werden auch zusammen mit Fisch, bitterem Kürbis, der Muschel "tec-tec" u.a. serviert und geben Meeresgerichten einen ungewohnt scharfen Beigeschmack.
* **Le Vindaye/ The 'Vindaye':** Sehr würzig-scharfe Soße aus Knoblauch, Ginger, Zwiebeln, Essig und Senföl, in die Fisch- oder Tintenfischstücke getunkt werden. Wird zusammen mit Reis oder Brot serviert.

Die chinesische Küche

* **Les Bouillons/Broths:** Brühen und Suppen, die mit Krabben, Fischbällchen, oder Mee-Foon (Reis, Bambussprossen, chinesischen Pilzen, Eiern und Geflügel) genossen werden.
* **Les oeufs rôtis à la chinoise/Chinese roast eggs:** In einer Mischung von Sojasoße, Öl, Wasser, Rotwein, chinesischem Anis, Heung-Pulver (fünf Gewürze) gebratene Eier, mit einer Knoblauch- und Salatsoße serviert.
* **Le Poisson Aigre-Doux/The bitter-sweet fish preparation:** Verschiedene Fischsorten in einer Sauce aus Gemüse - kleine Karotten, Gurken, Chou-Chous - Ginger, Pfeffer, Zucker und Essig. Das Gericht wird zu-

sammen mit einer kleinen Portion Mee-Foon und/oder grünem Salat und Tomatenscheiben serviert.
* **Poulet aux trois merveilles/The 'Poulet aux trois Merveilles'**: Geflügelgericht mit einer Soße aus Gemüsen (chinesische Pilze, Bambussprossen), Sojasoße, Stärkemehl, Rotwein und Ajinomoto, serviert mit Reis.
* **Mee-Foon**: Gemüsesorten (chinesische Pilze, Bambussprossen), zusammen mit Eiern, Zwiebeln und Geflügel gebraten.
* **Le riz frit ou riz cantonnais/Fried Rice**: Gebratener Reis, mit Rindfleisch, Geflügel oder Fisch und Sojasoße verfeinert.
* **Foo-Yung**: Chinesisches Omelett mit Geflügel, Champignons, Karotten, Erbsen, Zwiebeln, Pfeffer, Ajinomoto, ein wenig Zucker und weißem Rum.
* **Bol Renversé**: Gekochter Reis mit Rindfleisch oder Geflügel, dazu Schweinefleisch, Champignons, Gewürze und ein wenig Rotwein.

Die islamische und die indische Küche

* **Le Briani/The Biryani**: Ein Reisgericht, gewürzt mit Knoblauch, Ginger, Safran, Minze, Zimt o.ä., dazu Fleischstückchen von Ziege, Rind, Wild, Geflügel oder Fisch. Serviert mit Kartoffeln, Gurken und Quark.
* **Moulougtany**: Scharfe Suppe mit Geflügel, Schalentieren, Auberginen u.a.
* **Pilau**: Reisgericht mit Geflügelstückchen, serviert mit Zwiebeln, Knoblauch, Ginger, rotem Chili, Currypulver u.a.
* **Kat-Lesse**: Hackfleisch-Pastete mit Zwiebeln, Eiern u.a., mit Salat serviert.
* **Kaliah**: Sehr scharfe Soße mit Kartoffeln und entweder Ziegen-, Schafs- oder Wildfleisch.
* **Halim**: Suppe aus Ziegenfleisch, Weizenkörnern, Gewürzen und Chili, mit Brot serviert.
* **Le Poulet Vindalloo/The Vindalloo Chicken**: Sehr scharfes Geflügelgericht, zubereitet und serviert mit Senf, schwarzem Pfeffer, Ginger, Zimt, Knoblauch, rotem Chili und Essig.
* **Les Achards de Légumes/Vegetable Pickles**: Gemüse wie Karotten, Kohl, Bohnen usw., einige Zeit getrocknet und dann mit einer Soße aus grünem Chili, Zwiebeln und Essig angemacht.
* **Samoussas und Gateaux piments**: kein eigentliches Restaurant-Gericht, sondern in Fett gebackene Snacks, die man an Straßenständen kauft: dreieckige Teigtaschen oder scharf gewürzte kleine Bällchen.

Gertränke

Was trinkt man nun zum Essen, an der Bar oder am Strand? Um mit dem einfachsten anzufangen: Das **Leitungswasser** in den großen Hotels kann unbedenklich genossen werden. Ansonsten sollte man mit Wasser aufpassen und auf das kohlensäurefreie Mineralwasser zurückgreifen, das es überall zu kaufen gibt.

An **Softdrinks** hat das Land natürlich die großen internationalen Marken anzubieten, die es auch anderswo gibt, in Gaststätten wird eine Cola u.ä. aber ohne die amerikanischen Eismengen verkauft. Origineller sind alkoholfreie oder alkoholische **Cocktails**, die aus den vielen herrlichen Früchten hergestellt sind, die Mauritius' Vulkanerde hergibt: Ananas, Mangos, Papayas, Letchis, Melonen, Bananen, Orangen usw.

Erfrischend und köstlich das Wasser der am Strand angebotenen Kokosnüsse oder ein frischer Ananassaft an der Bar... Besondere Mühe macht man sich in den Restaurants und Bars mit jenen berühmten Cocktails, die als Grundlage auf den **Insel-Rum** zurückgreifen. Kombiniert mit Kokoswasser und Eis, blauem Curacao und Zitrone oder den unterschiedlichsten Fruchtzusammenstellungen, dazu farbenprächtig und originell serviert, sind sie eine Freude für Auge und Gaumen. Der Rum - am bekanntesten "Old Mill" und "Green Island" - kann natürlich auch pur getrunken werden; er ist vielleicht nicht ganz so gut wie seine karibische Konkurrenz, aber immer noch köstlich. Außerdem ist er als einheimisches Produkt billig und eignet sich auch als Mitbringsel.

Trotz der langen französischen Epoche trinkt man zum Essen kaum Wein, sondern **Bier**. Alle drei im Lande gebrauten Marken ("Phoenix", "Blue Marlin" und "Stella") sind schmackhaft und gut - am besten vielleicht "Phoenix"! -, so daß man nicht auf das ebenfalls erhältliche, aber viel teurere Import-Bier zurückgreifen muß.

In den Restaurants wird auch **Wein** französischer, südafrikanischer und australischer Herkunft angeboten. Einheimischen Wein gibt es ("Eureka"), ist aber in internationalen Hotels schwer erhältlich und nicht unbedingt empfehlenswert: "Man wird verrückt davon", wie mir ein Mauritianer ernsthaft versicherte...

Den auf der Insel angebauten **Kaffee** und **Tee** muß man nicht unbedingt auf Mauritius selbst probieren. Als Souvenir mit nach Hause genommen und dort sorgfältig zubereitet, schmeckt er oft besser als in seinem Heimatland, wo man manchmal recht 'lieblos' mit ihm umgeht.

3.2.4 STRÄNDE

Mehr als 160 km weiße Sandstrände mit allen Möglichkeiten des Wasser- und Unterwassersports - das ist es, warum die meisten Besucher hierhin kommen (und nicht selten wiederkommen). Die Strände sind ziemlich gleichmäßig über die Küsten und Inseln verteilt, sie sind selten langgestreckt, meistens in Buchten eingebettet und bieten Platz genug für alle. Natürlich gibt es eine Konzentration der touristischen Aktivitäten an bestimmten Orten (z.B. Grand Baie, Flic en Flac, Trou d'Eau Douce und Trou aux Biches), aber auch dort kann man noch weite Abschnitte ganz für sich haben - erst recht also an den abgelegenen Stränden!

Welcher Gegend sollte man den Vorzug geben? Wenn man ein Hotel der ersten Kategorie gebucht hat, kann man sicher sein, daß es über einen hervorragenden Strand verfügt. Hier eine Hierarchie aufzubauen, wäre dem Gegenstand nicht angemessen. Trotzdem gibt es, je nach Lage, ein bestimmtes charakteristisches Profil, das weiter unten kurz beschrieben wird. Allen Stränden gemeinsam ist das herrliche Zusammenspiel der Farben, das vom Weiß-Gelb des Sandes, dem Hellblau und Türkis der Lagune und dem Tiefblau des offenen Meeres lebt. So breit wie an der französischen Atlantikküste oder der Nordsee ist der Sandstreifen jedoch nicht, es fehlt auch die dort charakteristische Dünenlandschaft. Genauso die Dünung, die durch die riesigen

Mauritius: Strände

Wellenbrecher der Korallenriffe abgehalten wird: so hat man es also stets mit ruhigem und zwischen 22° und 28° C warmen Lagunen-Wasser zu tun. Nur im Südosten zwischen Souillac und Pont Naturel und an einigen Stellen im Westen kommt die Brandung ungehindert bis ans Ufer - hier sind die idealen Stellen für Wellenreiter.

Mit dem Südsee-Klischee von palmenbesäumten Stränden kann Mauritius - im Gegensatz zu den Seychellen - nicht dienen, stattdessen begrenzen Filaos (Kasuarinen) das Ufer. Die Baie de Tombeau im Norden allerdings weist einen herrlichen Bestand an Kokospalmen auf. Das Wasser ist meist kristallklar (Ausnahmen: die Abschnitte in der Nähe von Flußmündungen), so daß man gefährliche Gegenstände oder Tiere (scharfe Muschelstücke, Seeigel usw.) gut erkennen kann. Vorsichtshalber aber ist es immer besser, Badeschuhe zu tragen.

Gesetzlich verankert wurde der offene Zugang zu jedem Strand, allerdings kann es passieren, daß man vor einem großen Hotel von Wächtern aufgefordert wird, seinen Namen bei der Rezeption anzugeben. Diese Wächter achten auch darauf, daß die fliegenden Händler nicht allzu aufdringlich werden, die aber ihrem Wesen nach sowieso immer freundlich bleiben und selten eine Plage sind. In ihrem Angebot führen diese u.a. Textilien, Korbwaren, Schmuck, Muscheln und Früchte - und eine frische Ananas oder Kokosnuß sind ein willkommener Genuß, nebenbei auch billiger als die Cocktails der strandnahen Hotelbars! Die Wächter greifen auch nicht ein, wenn "oben ohne" gebadet wird, was vor den internationalen Hotels üblich geworden ist. FKK allerdings wird offiziell nicht geduldet, und die Genehmigung zum Nackbaden auf der Ile aux Bénitiers ist auf Druck der Bevölkerung inzwischen zurückgenommen worden. Auch so geht die Freizügigkeit der ausländischen Gäste für viele Mauritianer zu weit, so daß sie die Nähe der Touristenhotels meiden und mehr oder weniger unter sich bleiben - etwa am Trou aux Biches, Flic en Flac und Belle Mare.

Im folgenden sollen die wichtigsten Strände kurz benannt und charakterisiert werden, und zwar von Port Louis ausgehend im Uhrzeigersinn um die Insel. Angaben zu Unterkünften beziehen sich auf Hotels, die unter 3.2.6 aufgelistet sind. Meinen persönlichen Lieblingsstrand möchte ich Ihnen nicht verschweigen: die Ile aux Cerf mit der gegenüberliegenden Ile de l'Est, auf denen es in den letzten Jahren zwar etwas voller wurde, die meiner Ansicht nach aber immer noch das ideale Strand-Mauritius bedeuten.

Der Nordwesten und Norden

* **Baie du Tombeau**: Knapp 5 km nördlich von Port Louis gelegen und über die B 29 zu erreichen. Nur einige Durchgänge zwischen den Privathäusern und Grundstücken führen auf den weißen Strand. Schöne

Bewaldung mit Kokospalmen. An Wochenenden viele Picknick-Ausflügler aus Port Louis und im mauritianischen Sommer oft unerträglich schwül. Der Name rührt vom "Grab" des holländischen Admirals Pieter Both her.

Hoteltip
Arc en Ciel, Capri.

* **Trou aux Biches:** Zusammen mit dem südlichen Pointe aux Piments und dem nördlichen Pointe aux Canonniers ein Zentrum des Strandlebens sowohl von Einheimischen als auch ausländischen Urlaubern - nicht ohne Grund! Entlang des weißen Sandstreifens zur Landseite ein schöner Filao-Wald, in dem Mauritianer zelten und Picknicks veranstalten. Es bestehen alle Möglichkeiten des Wassersports. In der Gegend südlich des Aquariums, zwischen den historischen 'Batterie des Grenadiers' und 'Ancien Arsenal français', wird es, je weiter man in den Süden kommt, immer ruhiger, sie ist aber nicht einfach zu erreichen; zum Norden hin (Pointe aux Canonniers) einige neue und ältere Hotels der Luxusklasse; mit schönen Flammenbäumen, dem Aquarium und dem Hindu-Tempel von Triolet kulturell und landschaftlich anregende Umgebung. Entlang der Küstenstraße und im Ort Trou aux Biches einige Restaurants, Bars, Galerien u.ä..

Hoteltip
PLM Azur, Casuarina, Club Méditerranée, Taj, Club Med, Calamar, Canonnier, Jet, Trou aux Biches, Orchidées, Etoile de Mer, Seapoint Beach Bungalows

* **Grand Baie**: Mit ihrem blauen, klaren Wasser ist die tief ins Land reichende Grand Baie eine Freude fürs Auge, und der ehemals verträumte gleichnamige Ort hat sich zu einem Ballungszentrum mit allen Annehmlichkeiten des touristischen Lebens entwickelt. Einigen allerdings ist es hier bereits zu gedrängt. Die Strandabschnitte sind jedoch weniger gut als die Möglichkeiten zum Segeln, Surfen, Tret-, Kajak- und Glasbodenbootfahren; vor den großen Hotels bessere, z.T. künstlich angelegte Strände.

Hoteltip
Royal Palm, Merville, Veranda, Pullman, Isle de France

* **Die Nordspitze**: Die Küste um das Cap Malheureux ist mit Villen, Ferienhäuschen und Bungalowanlagen, weniger mit großen Hotels besiedelt. Die sandigen Buchten sind noch ursprünglich, von steilen Abschnitten eingeengt und oft mit schöner Sicht auf die Insel Coin de Mire. Nach Grand Gaube hin wird der Strand breiter und feinsandiger.

Hoteltip
La Maison, La Grand Gaube, Kuxville Appartements, Freds Appartement

Der Osten und Südosten

* **Roches Noires**: Von Grand Gaube aus über Poudre d'Or zu erreichen. Zwischen Roches Noires und Poste de Flacq führt die Küstenstraße (B 15) direkt am schönen Strand (Poste Lafayette) entlang, der noch weitgehend unberührt ist. Große Hotelanlagen gibt es nicht und werden auch in absehbarer Zukunft nicht gebaut. Fast immer windig.

Hoteltip
Le Kestrel, Sandy Bay

* **Belle Mare**: Wunderschöner weißer Sandstrand mit guten Bedingungen für Surfer (Wind!). Von Pointe de Flacq im Norden zieht sich der Küstenstreifen weit nach Süden, immer in Straßennähe, aber ohne Bungalowbebauung. Neben den exklusiven Hotels Saint Géran und Belle Mare Plage wird diese Region zu einem Zentrum des First-Class-Tourismus ausgebaut; vor allem im Süden, wo der Belle Mare Strand in den Plage de Palmar übergeht, entstehen mit Capricorne, Le Flamboyant und Benichou drei Spitzenhotels mit insgesamt 575 Zimmern. Der Ort Centre de Flacq ist relativ weit entfernt.

Hoteltip
Saint Géran, Belle Mare Plage, Capricorne, Flamboyant, Ambre, Tropical, Benichou, Palm Springs

* **Trou d'Eau Douce:** Schmaler, nicht leicht zugänglicher Sandstrand mit herrlichem, parkähnlichem Hinterland. Schlechte Einkaufsmöglichkeiten. Neuer Hotelbau im Norden der Bucht (Amure, 250 Zimmer), im Süden die phantastische Anlage des Touessrok-Hotels. Zum Baden sind die vorgelagerten Inseln (s.u.) besser geeignet.

Hoteltip
Amure, Touessrok

* **Ile aux Cerfs:** Zusammen mit der Ile de l'Est eine wahrhaft paradiesische Landschaft mit mehreren Sandstränden, Wanderwegen, Mangrovenwald und allen Wassersportmöglichkeiten. Etwa 20 Minuten mit dem Boot von Pointe Maurice entfernt (ständige Verbindungen, für Touessrok-Hotelgäste gratis). Die Ile de l'Est ist durch eine schmale Bucht von der Ile aux Cerfs getrennt, durch die eine starke Strömung geht. Auf der Ile aux Cerfs gibt es Restaurants, eine Bar, Souvenirshops und ein breites Exkursions- und Sportangebot. Besonders an Wochenenden starker Besucherandrang, aber selbst dann findet man noch menschenleere Strandabschnitte. **Keine Übernachtungsmöglichkeit** auf den Inseln.

* **Blue Bay:** Südlich der Stadt Mahébourg und nahe zum Flughafen Plaisance gelegene, geschützte Bucht mit Filaos-Wald, weißem Sandstrand und kristallklarem Wasser. Gute Bedingungen für Segler und Windsurfer, aber auch relativ windstille Plätze. An Wochenenden besonders nördlich der Bucht (Pointe des Deux Cocos) lebhafter Betrieb. Mehrere Bungalow-Anlagen, das luxuriöse Beachcomber-Hotel und First-Class-Neubauprojekt auf der Ile des Deux Cocos (Ile Coco).

Hoteltip
Blue Lagoon, Le Croix de Sud, Beachcomber Le Chaland

Der Süden und Südwesten

* **Südküste:** Auch im Süden gibt es schöne sandige Strandabschnitte, obwohl hier insgesamt die Küste rauher ist und östlich von Souillac auch der Schutz der vorgelagerten Korallenriffe fortfällt. Dafür ist das Hinterland mit den schroff aufsteigenden Montagnes Savanne besonders eindrucksvoll - sicher eine der schönsten Landschaften der Insel! Am angenehmsten sind die Sandstrände westlich von Souillac (Pointe aux Roches), wo es auch vereinzelt Bungalows und ein kleineres Hotel gibt und wo wieder Korallenriffe Badeurlauber schützen. Ein stetiger Wind sorgt für Kühlung und gute Segel-Bedingungen. In der Nähe von Souillac ist die Nobelherberge Oberoi (150 Zimmer) im Bau.

* **Le Morne Brabant:** Im äußersten Südwesten von Mauritius gelegen, stellt der 550 m hohe Morne Brabant eine weithin sichtbare Landmarke

dar und gliedert die nach ihm benannte Halbinsel in einen südlichen und nördlichen Teil. Hier sind die Badebedingungen so gut und die Szenerie so eindrucksvoll, daß der Ausbau des Fremdenverkehrs am Morne Brabant nicht vorbeigehen konnte. Neben den beiden Méridien-Hotels (Le Brabant im Norden, Le Paradis im Süden; Kapazität zusammen 233 Zimmer) werden deshalb die ebenbürtigen Hotels Malaysian Hyatt und Savannah Pullman (jeweils 200 Zimmer) gebaut. Aber Platz ist genügend da, auch an der Küste nach La Gaulette und auf der Ile aux Bénitiers (Bootszubringer) befinden sich herrliche Strände, und das gebirgige Hinterland reizt zu Wandertouren und Exkursionen: ein guter Standort!

Hoteltip
Méridien Le Paradis, Méridien Le Brabant

* **Baie de la Rivière Noire:** Wo sich der große Black River (Grande Rivière Noire) in den Indischen Ozean ergießt, gibt es eine kleine Bucht mit Badegelegenheit. Allerdings ist hier das Wasser nicht so kristallklar wie in den Lagunen und der Strand nur recht bescheiden. Wer sich für Hochseeangeln interessiert und damit einen Teil seines Urlaubs verbringen möchte, hat hier allerdings den geeigneten Standort gefunden, denn im Yacht-Club - nördlich der Salinen - liegt eine ganze ansehnliche Flotte von entsprechend ausgerüsteten Booten. Auch die Hotels (besonders das Centre de Pêche) haben sich auf die Hochseefischerei und deren Gäste eingestellt. Das Hinterland lädt zu Wanderungen ein, z.B. durch den beeindruckenden Canyon des Black River.

Hoteltip
Rivière Noire, Centre de Pêche

* **Baie du Tamarin:** 6 km nördlich der Black-River-Bucht gelegen und von dieser durch den 548 m hohen Tourelle du Tamarin getrennt, bietet die Bucht von Tamarin einen besseren, aber nicht ganz ungefährlichen Strand. Hier nämlich hält kein Korallenriff die Wellen des Indischen Ozeans ab - die Brecher, die für Kinder bedenklich werden können, sind gleichzeitig die Freude und das Ziel der Wellenreiter, die hier die besten Bedingungen auf Mauritius vorfinden.

Hoteltip:
Tamarin

* **Flic en Flac:** Neben dem Nordwesten mit dem Ballungszentren von Trou aux Biches und Grand Baie ist Flic en Flac das bedeutendste Neubaugebiet der Insel. Vom herrlichen Strand und den Möglichkeiten, die der Ort bietet, angelockt, haben sich Investoren entschlossen, zwi-

schen dem bestehenden La Pirogue-Hotel im Norden und der Bucht von Tamarin im Süden vier Großprojekte mit nicht weniger als 850 Zimmern hochzuziehen: Wolmar Sun (250), Royal Taipeh (150), Miramar (150) und Hilton (300). Daneben gibt es eine ganze Reihe von kleineren, guten Strandhotels und Bungalowanlagen. Zu dem internationalen Tourismus kommt der mauritianische, der besonders an Wochenenden und in der Ferienzeit den Filao-Wald in ein Zeltlager umfunktioniert. Trotzdem: auf etwa 6 km Strandlänge wird man sich auch in Zukunft wohl nicht allzusehr in die Quere kommen, und Meer, Sand, und Badebedingungen sind einfach herrlich.

Hoteltip
La Pirogue, Villas Caroline, Pearl Beach

3.2.5 HOTELS

Die überwiegende Zahl der Mauritius-Besucher wird den Urlaub in einem schon am Heimatort pauschal gebuchten Hotel verbringen und nur wenige Wagemutige versuchen, ohne Vorab-Arrangement an Ort und Stelle eine Unterkunft zu finden. Insgesamt gilt, daß die mauritianischen Hotels einen hohen Standard besitzen, sauber sind, über freundlichen Service verfügen und den internationalen Vergleich nicht zu scheuen brauchen. Analog zu den sprunghaft gestiegenen Besucherzahlen hat sich an allen Küsten eine emsige Bautätigkeit entwickelt, die entweder dem Neubau großer Hotelanlagen (fast alle der ersten Kategorie) oder der Erweiterung und Renovierung bereits bestehender Unterkünfte dient. Eine zubetonierte Landschaft mit schrecklichen Touristen-Silos, wie sie an manchen Stellen des Mittelmeeres leider anzutreffen ist, gibt es jedoch nicht! Dagegen hat die mauritianische Regierung strenge Auflagen erlassen, die Größe, Höhe und architektonische Gestaltung der Neubauten regeln. Am ehesten erinnert noch das vierstöckige "Merville" im Norden an die Einfallslosigkeit mediterraner Hotel-Architektur, aber auch hier überragen einige Bäume die Anlage. Daß vor allem Luxushotels neu- oder umgebaut werden, liegt an dem Bestreben, Mauritius als exklusives Urlaubsziel zu bewahren und der

Qualität den Vorrang vor der Quantität zu geben. Die meisten dieser First-Class-Herbergen sind so interessant gebaut, daß man von "Erlebnisarchitektur" sprechen kann; und mit ihren kleinen Einheiten in weitläufigen Anlagen haben sie oft einen intimeren Charakter, als es die Bettenzahl vermuten läßt.

Folgende **Luxus- und First-Class-Hotels mit einer Gesamtmenge von 1 834 Zimmern** waren zum Jahresanfang 1990 in Betrieb:
im Südwesten: La Pirogue, Méridien
im Norden: Trou aux Biches, PLM Mont Choisy, Club Med, Royal Palm, Merville
im Nordosten: Le Grand Gaube (Novotel)
im Osten: Saint Géran, Belle Mare Plage, Touessrok, Beachcomber Club.
Durch Ausbauten, z.B. im Belle Mare Plage, im Merville und im Le Chaland, wurde die Zimmerzahl 1990 um 120 erhöht.

Zur gleichen Zeit aber waren folgende Hotels im Bau, die mit einer **Zimmerzahl von insgesamt 3 718** die vorhandene Kapazität verdreifachen (wohlgemerkt, alles im Rahmen des gehobenen bis luxuriösen Tourismus!):
im Südwesten: Malaysian Hyatt, Savannah Pullmann, Hilton, Miramar, Royal Taipeh, Wolmar Sun,
im Süden: Oberoi
in Port Louis: Sheraton
im Norden: Maritim, Hyatt, Taj, Jet, Pullmann, Le Cannonier
im Osten: Capricorne, Flamboyant, Benichou, Amure, Ile Coco

Aus diesem Angebot eine Auswahl treffen zu wollen, fällt schwer! Insgesamt stimmen die wohlklingenden Formulierungen der Anbieter und die farbigen Abbildungen in den Prospekten mit der Wirklichkeit überein, auch an Service und Essen ist nichts auszusetzen und das Angebot der - meist kostenlosen - Wassersportmöglichkeiten deckt alle diesbezüglichen Bedürfnisse. Unterschiede sind im Grad jenes Luxus, der über komfortable Ansprüche hinausgeht, und in der Lage der Hotels zu finden. Die Frage nach dem 'besten' Hotel wird deshalb unterschiedlich beantwortet. Der Manager des "Royal Palm" hält (natürlich!) seine Nobelunterkunft für die luxuriöseste nicht nur der Insel, sondern im ganzen Indischen Ozean. Dagegen geben andere dem "Saint Géran", dem "Belle Mare Plage Hotel" oder dem "Touessrok" den Vorzug. Einen Sonderfall innerhalb der Luxuskategorie stellt aber auch das "La Maison" dar, das kein Hotel im eigentlichen Sinn ist, sondern ein exklusives Kolonialhaus mit eigener Yacht, Mercedes-Limousine, Chauffeur, Koch, Personal usw.. Dieses Traumhaus wird für ca. DM 3 600 - 6 000 pro Tag an Einzelpersonen oder Gruppen bis zu 10 Personen vermietet.

So ganz für sich alleine hat man da die Hotels der "Sun"- oder "Beachcomber"-Kette nicht, dafür aber etwas billiger und immer noch den höchsten Ansprüchen genügend. Zur "Beachcomber" - Hotelgruppe gehören neben dem schon erwähnten "Royal Palm" auch "Le Brabant", "Le Paradis", "Beachcomber Club Le Chaland" sowie "Trou aux Biches"; die "Sun"-Hotels sind "La Pirogue", "Saint Géran" und "Touessrok". Auf diese Ketten sei deswegen hingewiesen, weil sie bei einem gebuchten längeren Aufenthalt auch das kürzere Ausweichen in ein anderes Hotel ihrer Kette (soweit Zimmer verfügbar sind) anbieten. Auf die Art kann man ohne Mehrkosten verschiedene Inselpartien kennenlernen. Außerdem sind die Benutzung aller Sportanlagen, die Nutzung fast aller Wassersporteinrichtungen (Ausnahme: Tiefseetauchen), das hoteleigene Entertainment, Diskothekeneintritt und z.T. auch Exkursionen und Preisnachlässe bei Mietwagen im Preis eingeschlossen. Die "Sun"-Kette bietet dazu den freien Transfer zwischen ihrem "Touessrok" und "Saint Géran" mit dessen Casino an, dazu freien Transfer zur Badeinsel Ile aux Cerfs und weitere Annehmlichkeiten. Als besonders angenehm habe ich die Atmosphäre, die Strände und die Architektur des "La Piroge" und des "Touessrok" empfunden, wobei die Insellage des "Touessrok" mit der nahen, paradiesischen Ile aux Cerf besondere Erwähnung verdient.

Aber auch das "Merville", der "Club Mediterranée", das "Belle Mare Plage" u.v.a. verfügen über solche Inklusiv-Angebote, die die Kosten von ca. DM 1 100 - 2 000 pro Woche (p.P. im Doppelzimmer mit Halbpension) relativieren. Das 1989-90 renovierte und ausgebaute "Belle Mare Plage" hat z.B. das Angebot an kostenlosen Wassersportmöglichkeiten verdoppelt, einen eigenen Kinder-Club eingerichtet und insgesamt seinen Standard (u.a. durch einen täglichen Wäscheservice) den höchsten Ansprüchen angepaßt.

Die Lage der genannten Unterkünfte nimmt auf das Hauptbedürfnis der Gäste, nämlich Baden und Wassersport, Rücksicht, d.h. sie befinden sich in direkter Nähe zum Wasser. Nur von den Hotels um die Grand Baie und in Flic en Flac kann man gemütlich einen größeren Ort im Spaziergang erreichen, sonst muß man auf Mietwagen, Busse oder Taxen ausweichen. Mit anderen Worten: das Urlaubsleben spielt sich hauptsächlich um das und im Hotel ab. Dort findet man aber alles, was man braucht, einschließlich Restaurants, Bars, Diskotheken, Souvenirshops, Reisebüros usw.; ansonsten hat man seine Ruhe und muß den Strand nicht mit zuvielen Tagesbesuchern teilen. Genau wie an den Stränden patrouillieren auch in den Hotels und der näheren Umgebung Wachen, die den Urlauber vor ungebetenen Kontakten schützen.

Natürlich bestehen die Unterkunftsmöglichkleiten nicht nur aus den Nobelherbergen der beschriebenen Kategorie. Auch was das Land an Bungalowanlagen und Hotels der mittleren und niedrigeren Preisklasse anzubieten hat, kann sich sehen lassen und verspricht in jedem Fall ungetrübte Urlaubsfreuden. Dem Wunsch nach Individualität kommen ei-

nige der Anlagen durch komplett ausgestattete Küchen (und entsprechendem Lebensmittelladen) entgegen, so daß man von der Hotelküche unabhängig ist; trotzdem gibt es natürlich mindestens ein Restaurant in unmittelbarer Nähe. Für wöchentlich etwa DM 300 bis 700 p.P. im Doppelzimmer kann man in solchen Hotels einen Swimmingpool, geräumige Zimmer mit Klimaanlage bzw. Ventilator und manchmal auch Abendveranstaltungen und Exkursionen erwarten. Auch bei der Vermittlung eines gemieteten Autos, Mopeds oder Fahrrads ist man Ihnen hier behilflich. Der Strand ist stets nah, wenn man auch manchmal eine Straße überqueren muß. Empfehlenswerte Häuser der genannten Kategorie sind u.a.
Nordwesten: "Etoile de Mer", "Isle de France", "Casuarina", "Veranda", "Kuxville Appartements", "Seapoint"
Osten: "La Croix du Sud", "Blue Lagoon", "Villas Carolines", "Le Kestrel" "Sandy Bay"
Südwesten: "Centre de Peche", "Pearl Beach", "Rivière Noire"

Wer jedoch auf hohen Komfort verzichten kann, wird - auch in Strandnähe - auf Mauritius etliche Pensionen, Appartements oder kleine Hotels finden, deren Übernachtungspreis bei DM 20 bis 50 p.P. (einschl. Frühstück) liegt. Diese Unterkünfte sind i.d.R. sauber, haben z.T. schöne Gartenanlagen, und die Zimmer verfügen über Ventilator, eigene Dusche und Toilette.

Am billigsten sind die kleinen Stadthotels in Port Louis, Rose Hill, Curepipe und anderswo. Von hier aus kommt man mit Bussen zwar recht einfach zu den Stränden, aber die Wohnsituation ist, besonders in Port Louis, durch Lärm, Hektik und manchmal drückende Schwüle wenig angenehm. Überhaupt werden die Wenigsten nach Mauritius reisen, um ihren Urlaub in der Stadt oder im Landesinneren zu verbringen. Natürlich hat ein Hotel etwa in Curepipe gewisse Standortvorteile, weil man gleich schnell an den Küsten des Westens, Südens und Ostens ist, aber bei den ohnehin geringen Distanzen kann dies kein ernsthaftes Argument sein.

Auf ein Hotel im Landesinneren aber sei ausdrücklich hingewiesen: das "Domaine du Chasseur" (nördlich von Mahébourg) bietet sich mit seinen funktionalen Bungalows, seinem vorzüglichen Restaurant, den Möglichkeiten zur Wildbeobachtung und -jagd, den Wanderwegen und der herrlichen Vegetation für ein 'Ausspannen' vom Strandurlaub an. Wer hierhin für einen oder mehrere Tage ausweicht, wird in familiärer Atmosphäre mit dem anderen Mauritius bekannt gemacht.

Die nachfolgende Auflistung erhebt keinen Anspruch auf Vollständigkeit, sondern will nur die m.E. empfehlenswerten Hotels im Überblick darstellen:

Strandhotels der First-Class und Luxusklasse

Name Adresse	Lage	Tel.- Nr. Zimmer	Bemerkungen
PLM Azur Mont Choisy	Nord- westen	036-336 88	komfortabel, 1986 eröffnet
Club Méditerranée Pointe aux Canonniers	Nord- westen, südl. d. Grand Baie	038-509 175	großzügige Anlage, guter Strand
Royal Palm Hotel Grand Baie	Nord- westen	038-353 94	absolute Luxusklasse, guter Strand
Merville Hotel Grand Baie	Nord- westen	038-621 170	langgestrecktes Gebäude mit 4 Etagen, luxuriös
Hotel Pullman Grand Baie, Route Royale	Nord- westen	037-800 188	1990 eröffneter großer Komplex, kleiner Sandstrand
Le Canonnier Pointe aux Canonniers	Nord- westen	037-112 173	1989 erbaute Anlage inmitten tropischer Gärten
Le Grand Gaube Grand Gaube	Nord- osten	039-350 120	sehr schöne Anlage, guter Strand
St. Géran Belle Mare	Osten	532-825 175	absolute Luxusklasse, Casino, guter Strand
Belle Mare Plage	Osten	532-518 175	erweiterte, großzügige, luxuriöse Anlage unter deutscher Leitung, guter Strand
Hotel Ambre Belle Mare	Osten	40- 701936 246	neues, großes First-Class-Hotel, Casino
Touessrok Trou d'Eau Douce	Osten	592-451 165	Luxusklasse, phantastische Architektur, nahe Badeinsel Ile aux Cerfs
Beachcomber Le Chaland Blue Bay	Süd- osten	87-3511 93	sehr schöne Lage auf Halbinsel, zwei gute Strände
Méridien Le Brabant Le Morne Brabant	Süd- westen	6-1322 86	Luxusklasse, herrliche Lage am Morne Brabant
Méridien Le Paradis Le Morne Brabant	Süd- westen	6-1322 147	Luxusklasse, herrliche Lage am Morne Brabant, Casino
La Pirogue Flic en Flac	Westen	538-441 250	weitläufige Anlage, Casino, guter Strand

Strandhotels/Bungalows der Mittelklasse

Name Adresse	Lage	Tel.- Nr. Zimmer	Bemerkungen
Pearl Beach Flic en Flac	Westen	538-428 42	schönes, kleines Hotel, am Strand von Flic en Flac gelegen
Rivière Noire Black River	Westen	536-547 43	gute Möglichkeiten für Wassersport und Hochseeangeln
Calamar Pointe aux Piments	Nordwesten	036-646 16	schöne, neue Bungalowanlage, komfortabel
Etoile de Mer Trou aux Biches	Nordwesten	036-561 19	familiäre Atmosphäre
Isle de France Grand Baie	Nordwesten	038-544 34	im Ort Grand Baie gelegen, gute Wassersportmöglichkeiten, kein guter Strand
Casuarina Trou aux Biches	Nordwesten	036-552 50	im maurischen Stil errichtet, nahe zum schönen Trou aux Biches-Strand
Veranda Grand Baie	Nordwesten	038-015 47	anheimelnde Bungalowanlage neben dem Royal Palm Hotel, kein guter Strand
Kuxville Appartements Cap Malhereux	Norden	038-836 8	Appartementanlage unter deutscher Leitung, guter Strand
La Croix du Sud Pointe Jerome-Mahébourg	Osten	71-501 40	ideal für Windsurfer, nicht weit von Mahébourg entfernt
Blue Lagoon Blue Bay	Osten	71-529 39	in der Nähe von Mahébourg, schöner Strand
Villas Caroline Flic en Flac	Westen	538-411 39	im Ort Flic en Flac gelegen, schöner Strand
Le Kestrel Poste Lafayette	Nordosten	039-336 34	schöne Anlage mit familiärer Atmosphäre, guter Strand
Centre de Pêche Black River	Westen	536-503 34	schöne Bungalowanlage, Zentrum der Hochseefischerei, kein guter Strand
Sandy Bay Poste de Flacq	Osten	6-2351 61	komfortable Zimmer, schöner Strand

Mauritius: Hotels

Einfache Strandhotels/Bungalows

Name Adresse	Lage	Tel.- Nr. Zimmer	Bemerkungen
Arc en Ciel Baie du Tombeau	Nord- westen	072-616 32	nördlich, aber nicht weit entfernt von Port Louis, guter Strand, ÜF ca. DM 30
Capri Baie du Tombeau	Nord- westen	072-533 14	ähnliche (Preis)lage wie Arc en Ciel
Orchidées Pereybère	Nor- den	038-780 15	nördlich der Grand Baie an der schönen Bucht gelegen, kein guter Strand
Tamarin Tamarin	We- sten	536-581 57	langgestreckte, zweistök-kige Anlage, ideal für Wellenreiter
Seapoint Beach Bungalows Pointe aux Canonniers	Nord- westen	038-604 20	Bungalowanlage in schöner Umgebung
Freds Appartments Pereybère	Nor- den	038-830 8	Appartementanlage unter deutscher Leitung, familiäre Atmosphäre
Villas Pointe aux Roches Chemin Granier/ Point aux Roches	Süden	87-2507 17	kleine Bungalowanlage unter deutscher Leitung, familiäre Atmosphäre

Stadthotels/Hotels im Landesinneren

Name Adresse	Lage	Tel.- Nr. Zimmer	Bemerkungen
Bourbon Tourist Port Louis	zentral	08-4407 16	ÜF ca. DM 25
City Port Louis	zentral	08-5340 22	ÜF ca. DM 40, Klimaanlage
Tandoori Port Louis	zentral	2-0031 17	Ü ca. DM 18, Ventilator
Continental Curepipe	zentral	86-3534 52	gut und großzügig, ÜF ca. DM 50
Shanghai St.Joseph/Curepipe	zentral	6-1965 22	einfach, ÜF ca. DM 15

Stadthotels/Hotels im Landesinneren			
Name Adresse	Lage	Tel.- Nr. Zimmer	Bemerkungen
Gold Crest Quatre Bornes **Domaine du Chasseur** Vieux Grand Port	zentral Süd- osten	54-5945 60 87-4659 6	gutes Stadthotel mit Komfort, ÜF ca. DM 45 besonderes Haus im Busch mit Bungalowanlage, reicher Wildbestand, ÜF ca. DM 100

3.2.6 MAURITIUS: "DIE BLAUE" UND ANDERE

DIE BLAUE MAURITIUS

Erschienen am 21. September 1847 in einer Auflage von damals 500 Exemplaren. Davon sind heute nur noch 12 Stück bekannt – 6 gebrauchte Marken (davon 3 auf Brief) und 6 ungebrauchte Marken. Die Blaue Mauritius ist seit über einhundert Jahren die berühmteste und bekannteste Briefmarke der Welt – der Inbegriff einer philatelistischen Rarität.

Stahlstich, Faksimiledruck, gestochen von Josef Herčík

Vielen wird es wohl so gehen, daß sie - lange bevor sie sich für die Insel oder gar einen Urlaub dort interessierten - den Namen "Mauritius" hauptsächlich mit einer philatelistischen Kostbarkeit verbanden: Die blaue Mauritius, die berühmteste Briefmarke der Welt. Zum Abschluß dieses Kapitels deshalb einige Worte zu ihr, die fast alle kennen, aber fast keiner besitzt.

Nach England (1840), der Schweiz und Brasilien (1843) war Mauritius das vierte Land, das überhaupt Briefmarken drucken ließ. Die 1847 und 1848 edierten Stücke wären also allein durch ihr Alter schon wertvoll genug; da einige aber zudem Fehldrucke waren, wurden diese zu Inbegriffen der philatelistischen Rarität. Die Geschichte der sog. blauen Mauritius ist folgende:

Für einen großen Ball, den der Gouverneur Sir William und Lady Gomm im September des Jahres 1847 in Port Louis gaben, benötigte man für die entsprechenden Einladungen eine große Menge von Briefmarken. In aller Eile wurden orangefarbene

(Zinnober) One-Penny-Marken und blaue (Indigo) Two-Pence-Marken aufgelegt, bevor man den kolossalen Irrtum des Graveurs bemerkte - statt des üblichen "Post Paid" hatte dieser "Post Office" geprägt. Wieviele Einladungen mit den fehlerhaften Marken verschickt worden sind, ist nicht bekannt; die Gesamtauflage mit dem Bild der Königin Victoria jedenfalls betrug jeweils 500 Exemplare.

Von der blauen Two-Pence-Post-Office-Marke existieren heute wahrscheinlich nur noch 12 Stück, davon sechs ungebrauchte und sechs gebrauchte (drei auf Brief). 1968 wurde ein Briefumschlag mit der blauen Mauritius, an einen Empfänger in Bombay adressiert, für nicht weniger als 380 000 US $ verkauft; heute dürfte der Wert noch beträchtlich darüber liegen.

Neben dieser philatelistischen Sensation sollten aber die anderen Raritäten nicht vergessen werden, an denen Mauritius ebenfalls reich ist. Von der orangenen One-Penny-Marke existieren wahrscheinlich auch nicht mehr als 13 Exemplare; weiter gibt es Briefmarken mit dem Aufdruck "pense" statt "pence" oder solche, die das Antlitz Ihrer Majestät unglücklich deformierten, so daß sie der Königin Victoria den wenig schmeichelhaften Beinamen "Hundekopf" einbrachten. Der Marktwert aller dieser Briefmarken ist beträchtlich, aber nur selten gelangen die wenigen Exemplare überhaupt auf Versteigerungen.

Es hat wohl keinen Zweck, auch heute noch auf derartig sensationelle Fehldrucke zu spekulieren, wenn man auf Mauritius zum Postamt geht. Trotzdem lohnt sich der Kauf von Briefmarken, geben sie doch in qualität- und geschmackvoller Weise typisch Mauritianisches wider. Die politischen Persönlichkeiten des unabhängigen Inselstaates, die historischen Ereignisse der über 400jährigen Vergangenheit, die schönsten Beispiele kreolischer oder kolonialer Architektur und immer wieder die farbenprächtige Darstellung von Flora und Fauna - als Souvenirs sind solche Marken allemal geeignet.

 Wer nicht postfrische Marken will, sondern auf der Suche nach historischen Raritäten ist, sei an das alte General Post Office in Port Louis oder an die 'Joseph Barnard Philatelic Boutique', Eureka (Tel.: 534951) verwiesen.

 Schließlich sollte noch erwähnt werden, daß auch Münzsammlern Mauritius ein Begriff sein wird und daß diese auf der Insel u.a. zwei **Geldstücke von besonderem Interesse** kaufen können:

* einmal der **spanische Piaster**, wichtigste Münze unter der französischen Herrschaft,

* und den **Decaen-Piaster**, nach dem letzten französischen Gouverneur benannt und aus den Silberbarren eines 1810 gekaperten portugiesischen Schiffes geprägt...

Als Autor dieses Reisehandbuches hoffe ich, daß es Ihnen bei der Reiseplanung und -durchführung gute Dienste leistet.

Seitdem ich den Archipel der Mascaren bereise, konnte ich immer wieder Neues kennenlernen und z.T. rasante Veränderungen erfahren.

Deshalb weiß ich: Kein Reiseführer kann fehlerfrei sein - gerade im Tourismus ändern sich sehr viele Dinge in sehr kurzer Zeit, so daß was gestern noch galt, morgen schon überholt sein kann.

Vielleicht entdecken Sie etwas besonders Sehenswertes; vielleicht stellen Sie fest, daß Hinweise berichtigt oder ergänzt werden müssen - dann helfen Sie bitte mit, dieses Buch in den weiteren Auflagen mit Ihren persönlichen Erfahrungen zu bereichern. Für jede Anregung werde ich mich bei Ihnen mit einem kleinen Geschenk bedanken.

Viel Freude und einen erlebnisreichen Urlaub in Mauritius und/oder Réunion!

Ulrich Quack

NEUIGKEITEN AUS MAURITIUS UND RÉUNION
- Stand Mai 1992 -

MAURITIUS-NEUIGKEITEN

Politische Stabilität

Auf dem politischen Sektor haben sich keine gravierenden Änderungen ergeben. Die Parlamentswahlen von 1991 bestätigten die Regierungskoalition unter Premierminister Aneerod Jugnauth. Am 12. März 1992 (= Unabhängigkeitstag) wurde Mauritius formell in eine **Republik** umgewandelt. Außenpolitisch hat im Januar 1992 die Regierung durch ein Memorandum nochmals ihren Anspruch auf die Insel Diego Garcia (vgl. **S. 26**) erklärt. Die Beziehungen zu Südafrika sind durch die politischen Veränderungen am Kap besser geworden.

Wirtschaftlicher Erfolg

Die wirtschaftliche Lage (vgl. **S. 46ff.**) ist weiterhin vom Aufschwung geprägt. Bereits im siebten Jahr hintereinander verzeichnet der Inselstaat ein steigendes **Pro-Kopf-Einkommen**, allein 1990 um 16,4%. Allerdings ist auch die **Inflationsrate** weiter nach oben geklettert und lag Anfang 1991 mit 13,5% erheblich über dem Stand von 1989. Für das Pro-Kopf-Einkommen bedeutet das demnach einen **Realzuwachs** von ca. 3%. Das **Brutto-Inlandsprodukt** stieg 1991 nominell um 17% und real um 7,1%. Die **Zuckerrohrernte** (Zucker ist der zweitwichtigste Devisenbringer) war 1991 mit etwa 6 Millionen Tonnen (= 624.000 t Zucker) äußerst erfolgreich.

Ihre Stellung als stärkster Wirtschaftszweig konnte die **Industrie** weiter ausbauen. Um **Investoren aus dem deutschsprachigen Raum** besser über die Freihandelszone EPZ zu informieren und Kontakte zu verbessern, wurde 1992 in Aachen eine Zweigstelle der *'Mauritius Export Development Investment Association'* eingerichtet. Die Adresse:
MEDIA (Herr Harish el Jeetoo), Grüner Weg 13, Postfach 463, D-5100 Aachen, Tel.: 0241-155533, Fax: 0241-155646.

Tourismus im Aufwind

Nach wie vor ist der Fremdenverkehr nach Industrie und Zucker der drittwichtigste Devisenbringer des Landes (vgl. **S. 50f.**). Zwischen 1989 und 1990 stieg die Zahl der Besucher aus aller Welt um 11% auf mehr als 290.000, wobei aus Deutschland über 19.000 Touristen (= +4,6%) einflogen. Trotz der Einbrüche durch den Golfkrieg konnte diese Zahl 1991 weiter gesteigert und erstmals über die 300.000-Marke gehoben werden, was Einnahmen in Höhe von 3,3 Milliarden Rs entsprach. Für 1992 werden 315.000 ausländische Gäste auf Mauritius erwartet.

Stabile Währung

Die Rupie (vgl. S. 63) ist relativ stabil geblieben. Beim **Geldumtausch** erhielt man Ende 1991 für 1 DM etwa 9 Rs und für 1 US$ ca. 15 Rs. Inzwischen gibt es auch Banknoten im Wert von 1.000 Rupien.

Regenwetter im Tropenparadies

Die Angaben zu Klima/Reisezeit (vgl. S. 33ff.) sind langjährige Mittelwerte. Wer sich im Oktober/November 1991 auf sie verließ, erlebte eine böse Überraschung: Temperaturen deutlich unter 15° C, Regen und starker Wind waren eher der Nordsee angemessen als einem Tropenparadies. Da ein solches Ausnahme-Wetter nie ganz auszuschließen ist, sollte man vorsichtigerweise auch einen Pullover und eine Regenjacke im Reisegepäck haben.

Ausbau des Telefonsystems

Der Ausbau des Telefonsystems ist nunmehr (vgl. S. 72f.) abgeschlossen. Eine Begleiterscheinung davon war, daß leider auch die meisten Telefonnummern geändert wurden. In den Hotels und beim OTS (Tel.: 208-1036) informiert man Sie über die neuen Nummern. Nachfolgend die aktuellen Telefonnummern der in diesem Buch genannten Hotels (in alphabetischer Reihenfolge):

Ambre, Palmar	419-2544
Arc en Ciel, Flic en Flac	247-2592
Belle Mare Plage, Belle Mare	413-2515
Blue Lagoon, Blue Bay	631-9045
Blue Sun, Pointe aux Piments	208-4223
Bourbon Tourist, Port Louis	240-4407
Calamar, Pointe aux Piments	261-5187
Capri, Baie du Tombeau	247-2533
Casuarina, Trou aux Biches	261-5653
Centre de Pêche (Hotel Club), Black River	683-6503
City, Port Louis	208-5340
Club Méditerranée, Pointe aux Canonniers	263-8509
Continental, Curepipe	675-3434
Domaine des Grands Bois, Anse Jonchée	631-9261
Étoile de Mer, Trou aux Biches	261-6561
Fred's Apartments, Péreybère	263-8830
Gold Crest, Quatre Bornes	454-5945
Hyatt Regency, Balaclava	261-5821
Kuxville, Cap Malheureux	212-4040
La Croix du Sud, Pointe Jérôme	631-9505
La Pirogue, Flic en Flac	453-8441
Le Canonnier, Pointe aux Canonniers	263-7998
Le Flamboyant, Belle Mare	413-2036
Le Grand Gaube, Grand Gaube	283-9350
Le Kestrel, Poste Lafayette	283-9336
Le Klondike, Flic en Flac	453-8333
Les Orchidées, Grand Baie	263-8780

Le Touessrok, Trou d'Eau Douce	419-2451
Le Tropical, Trou d'Eau Douce	419-2301/3
Maritim, Balaclava	261-5600
Méridien Brabant, Le Morne	683-6775
Méridien Paradis, Le Morne	683-6775
Merville, Grand Baie	263-8621
Pearl Beach, Wolmar	453-8428
PLM Azur, Mont Choisy	261-6070
Pullman, Grand Baie	263-7800
Rivière Noire, Black River	683-6547
Royal Palm, Grand Baie	263-8353
Sandy Bay, Belle Mare	413-2880
Seapoint Beach, Pointe aux Canonniers	263-8604
Shanghai, Curepipe	696-1965
St.Géran, Pointe de Flacq	413-2825
Tamarin, Tamarin Bay	683-6581
Tandoori, Port Louis	212-2131
Veranda, Grand Baie	263-8015
Villa le Guerlande, Pointe d'Esny	631-9225
Villas Caroline, Flic en Flac	453-8539
Villas Pointe aux Roches, Chemin Grenier	626-2507

Bei Telefonaten *nach* Mauritius wählt man den Auslandscode (in Deutschland: '00'), dann den Landescode '230' für Mauritius, dann direkt die Nummer des gewünschten Fernsprechteilnehmers.

Neue Hotels und Luxusunterkünfte

Viel Bewegung ist in die Hotellerie geraten, insbesondere in die der Luxusklasse (vgl. **S. 101ff.**). Ende 1991 gab es insgesamt 76 Hotels mit 4.661 Zimmern (= 9.710 Betten) auf der Insel, die allerdings nur zu rund 52% ausgelastet waren. Deshalb sollen neue Projekte erst dann in Angriff genommen werden, wenn die Schere zwischen Angebot und Nachfrage wieder geschlossener ist. Vollendet wurden inzwischen die großen und mit ihrer markanten Architektur unübersehbaren Häuser *"Ambre"* (245 Zimmer) und *"Capricorne"* (330 Zimmer) an der **Ostküste** sowie *"Pullman"* (188 Zimmer) in der **Grand Baie**. Nahe der Hauptstadt Port Louis wird die **Turtle Bay** (Balaclava) nunmehr von den Nobelherbergen *"Hyatt Regency"* (252 Zimmer) und *"Maritim"* (180 Zimmer) dominiert. Bei der unter deutschem Management stehenden Intermeer-Hotelgruppe gesellte sich zu den renommierten Häusern *"Belle Mare Plage"* und dem *"Tropical"* (Bucht von **Trou d'Eau Douce**) im **Norden** das gemütliche *"Paradise Cove"* hinzu. An der schönen Südostküste bei **Pointe Desny** ist die Bungalowanlage *"Villas Le Guerlande"* (Mittelklasse, 10 Bungalows direkt am Strand, deutsche Leitung) zu empfehlen. Ebenfalls fertiggestellt wurden inzwischen folgende Hotels: *"Blue Sun"* (200 Zimmer, **Pointe aux Piments**), *"Emeraude Beach Hotel"* und *"Sunrock Village Club"* (beide **Belle Mare**), *"Vacances Plus"*, *"Blue Horizon Hotel"* und *"Sand Beach"* (alle **Palmar**), *"Silver Beach Hotel"* in **Trou d'Eau Douce** sowie das *"PMB International Beach Hotel"* in **Grand Rivière Sud-Est**.

Große Veränderungen gab es innerhalb der *Beachcomber*-Hotelgruppe. So wurden die Bungalows des *"Hotel Le Chaland"* an der **Blue Bay** abgerissen und durch das weitaus größere Luxusresort *"Shandrani"* ersetzt, das Ende 1991 eröffnet werden konnte. Es liegt inmitten einer Parklandschaft auf einer 40 ha großen Halbinsel im Südosten von Mauritius (**Plaine Magnien**), von drei feinen Sandstränden umgeben. Das architektonisch anspruchsvolle *"Shandrani"* bietet 175 komfortable Zimmer (jeweils 50 qm plus Balkon oder Terrasse), Tennisplätze mit Flutlicht und alle Wassersportmöglichkeiten. Umfangreiche Erweiterungen und Renovierungsarbeiten erfuhren auch die beiden Beachcomber-Hotels *"Méridien Brabant"* und *"Méridien Paradis"*, beide auf der Halbinsel vor dem Morne Brabant gelegen. Im *"Méridien Paradis"* wurden Lobby, Lounge und Restaurant völlig neu erbaut, die 176 Zimmer auf jeweils 40 qm vergrößert. Die Anlage verfügt nun außerdem über einen Reitstall, einen 18-Loch-Golfplatz und einen Kinderclub.

Erhöhte Eintrittspreise

Wie überall sind auch auf Mauritius einige Eintrittspreise erhöht worden bzw. ist der ehemals freie Eintritt abgeschafft.
Dazu einige Beispiele:
- **Aquarium** von **Trou aux Biches** (vgl. S. 138) = 50 Rs
- **Botanischer Garten** von **Pamplemousses** (vgl. S. 144ff.) = 100 Rs
- **Casela Bird Park** (vgl. S. 167) = 40 Rs

Jummah-Moschee

Der Innenhof der Jummah-Moschee in Port Louis (vgl. S. 120) kann nur vormittags bis 12.00 Uhr besichtigt werden.

Hôtel de Ville in Curepipe

Mit den dringend notwendigen Restaurierungsarbeiten des hölzernen Rathauses von Curepipe (vgl. S. 157) wurde 1991 begonnen.

Domaine du Chasseur

Das ehemalige "Jägerrevier" (vgl. S. 174ff.) in den Bergen von Anse Jonchée (Vieux Grand Port) setzt seinen Jagd-, Hotel- und Restaurantbetrieb unter neuem Namen fort: **Domaine des Grands Bois** (Tel.: 631-9261).

RÉUNION-NEUIGKEITEN

Erhöhte Eintrittspreise

Wie überall sind auch auf Réunion einige Eintrittspreise erhöht worden bzw. ist der ehemals freie Eintritt abgeschafft.
Dazu zwei Beispiele:
- *Musée de Villèlle* in St-Gilles (vgl. **S. 224**) = FF 10,—
- *Musée d'Histoire Naturell* in St-Denis (vgl. **S. 225**) = FF 10,—

Hotellerie – Preise, Neueröffnungen, Standard

Hinsichtlich der Preise, Ausstattung und Klassifizierung hat sich in der Réunioner Hotellerie (vgl. **S. 244ff.**) in den letzten Jahren einiges getan. Die Durchschnittspreise für ein Einzelzimmer (EZ) und ein Doppelzimmer (DZ) waren Anfang 1992:

* (einfacher Standard):	EZ 155-210 FF; DZ 170-350 FF
** (Mittelklasse):	EZ 185-330 FF; DZ 210-398 FF
*** (obere Mittelklasse):	EZ 310-650 FF; DZ 340-820 FF
**** (First Class):	EZ 826-875 FF; DZ 950-952 FF

Neben dem Hotel "*Le Méridien*"**** in St-Denis bekamen folgende neu- oder umgebaute Hotels die begehrte innerfranzösische 4-Sterne-Klassifizierung:
- "*Alliance Creolia*"****, 14 rue du Stade, Montgaillard, **St-Denis**, Tel.: 304343. Ende 1991 eröffnetes Haus mit 108 Zimmern, Restaurant und allen Einrichtungen.
- "*Le Saint-Alexis*"****, 44 route de Boucan-Canot, **St-Gilles**, Tel.: 244204. Ende 1991 eröffnete Unterkunft der Luxusklasse, 39 Zimmer.
- "*Le Swalibo*"****, 18 route du Lagon, **St-Gilles**, Tel.: 246191. 60 Zimmer, Restaurant, Swimmingpool, Sportangebot.
- "*Grand Hotel des Mascareignes*"****, **Boucan-Canot**, Tel.: 243624. Mondäne Herberge mit 156 Zimmern, Swimmingpool, Restaurant und allen Annehmlichkeiten.

Nach Besitzerwechsel und umfangreichen Renovierungsarbeiten wurde das ehemalige "*Hotel du Cap*"*** in **Boucan-Canot** (vgl. **S. 248**) unter dem Namen "*Maharani*"**** Anfang 1992 wiedereröffnet (gleiche Adresse und Telefonnummer).

Vom Fremdenverkehrsamt Maison de la France werden außer den im Buch genannten Hotels empfohlen:
- **In St-Denis:**
  - "*Ascotel*"***, 20 rue Charles-Gounod, Tel.: 418282; 52 Zimmer.
  - "*Hotel Astoria*"**, 16 rue Juliette-Dodu, Tel.: 200558; 17 Zimmer.
  - "*Hotel de l'Ocean*"**, 10 blvd de l'Ocean, Tel.: 414308; 38 Zimmer.
- **In St-Pierre:**
  - "*Hotel les Hibiscus*"***, 56 blvd Hubert-Delisle, Tel.: 351310; 18 Zimmer.

- *"Hotel le Suffren"****, 14 rue Suffren, Tel.: 351910; 18 Zimmer.
- *"Demotel"***, 8 allée des Lataniers, Grand-Bois, Tel.: 311160; 16 Zimmer in Bungalows.
- *"Le Mas Fleuri"**, 43 allée des Aubépines, Terre-Sainte, Tel.: 350000; 10 Zimmer.
- **In St-Gilles-les Bains:**
- *"Archipel"****, Tel.: 240534; 66 Zimmer
- *"Le Cutty Sark"****, Résidence Illot Bleu, Chemin Carosse, Tel.: 240524; 14 Appartements.
- *"Hotel le Coryphenix"****, 46 rue Roland-Garros, Tel.: 244249; 20 Zimmer.
- *"Hotel des Aigrettes"****, Chemin Bottard, Tel.: 245555; 106 Zimmer.
- *"Le Blue Beach"****, Avenue de la Mer, Les Filaos, Tel.: 245025; 34 Zimmer, 22 Suiten.
- *"Hotel Alamanda"***, Chemin Ceinture, Tel.: 245100; 58 Zimmer.
- *"Marianne"***, 5 ruelle Boulot, Tel.: 218080; 24 Zimmer.
- *"Hotel des Palmes"**, rue Général-de-Gaulle, Tel.: 244389; 21 Zimmer.
- **In La Possession:**
- *"Les Lataniers"***, Baie de la Possession, Tel.: 222323; 49 Zimmer.
- **In La Plaine-des Palmistes:**
- *"Les Azalees"***, 80 rue de la République, Tel.: 513424; 36 Zimmer in Bungalows
- **In La Plaine-des-Cafres:**
- *"Hotel la Diligence"***, 28e kilomètre, Tel.: 591010; 25 Zimmer.

Daß die Klassifizierung nicht immer aussagekräftig ist, beweisen die Zuschriften einiger Leser, die sich über den schlechten Service und den heruntergekommenen Zustand des *"Hotel des Plaines"**** in Plaine-des-Palmistes an der N 3 (vgl. **S. 247** und **S. 300**) beklagten.

Neuer Hindu-Tempel

In Le Colosse bei Saint-André (vgl. **S. 270**) wurde 1991 der neue, bunte Hindutempel *"Le Koilou du Colosse"* eingeweiht, der sich schnell als zusätzliche Touristenattraktion erwies. Man erreicht ihn von St-Denis kommend 6 km hinter dem Dorf Champ Borne (dort in der Kurve links abbiegen). Ende August wird in dem Tempel ein farbenfrohes Fest gefeiert.

Stichstraße zum Forêt de Bébour

Die D 55 auf dem Weg zum Forêt de Bébour und zum Plateau de Bélouve (vgl. **S. 300**) wird an Feiertagen und Wochenenden (Freitagmittag bis Montagmorgen) 4,5 km vor dem Centre Forestière durch ein massives Gittertor abgesperrt, was einen ca. einstündigen Fußmarsch notwendig macht.

Route du Volcan asphaltiert

Die Straßenverhältnisse auf der Route du Volcan (vgl. **S. 301f.**) sind besser geworden. Bis auf die letzten 3 km war Ende 1991 die gesamte Strecke asphaltiert.

Broderies de Cilaos

Bei den berühmten *Broderies de Cilaos* (vgl. **S. 227** und **315**) handelt es sich nicht um Spitzenklöppeleien oder Strickereien, sondern um Stickereien (Hohlsaumarbeiten).

Wandertouren

Zu den möglichen Wanderungen auf Réunion (vgl. **S. 233**) gibt das französische Fremdenverkehrsamt in Frankfurt a.M. und das *Maison de la Montagne* in St-Denis (10 place Sarda-Garriga, Tel.: 262/217584) die nützliche Broschüre *"Randonnees Réunion"* heraus (auch in deutscher Sprache erhältlich).

Restaurant und Botanischer Garten in St-Gilles

Als gutes Restaurant in St-Gilles (vgl. **S. 322**) mit französischer und kreolischer Küche wurde empfohlen: *"Le Pompon Rouge"*, St-Gilles Centre, Place Julius Bénard (beim Marché couvert), Tel.: 245144; geöffnet tägl. außer Di.

1 km südlich vom Heliport St-Gilles wurde 1991 der Botanische Garten *Jardin d'Eden* eröffnet. Die sehr sehenswerte Anlage befindet sich an der N 1 und kostet FF 25,— Eintritt.

BERICHTIGUNGEN ZUR ERSTEN AUFLAGE

Seite 147, 1. Abschnitt: Talliot Palme = Talipot Palme
Seite 275, letzter Abschnitt: D 43 = D 48

4 REISEN AUF MAURITIUS

Vorbemerkungen zum Reisekapitel

Wer auf Mauritius reist, wird das in der Regel von einem festen Standort aus tun, denn der Prozentsatz der Touristen, die ungebunden mit dem Mietwagen herumfahren, um sich jeweils ein neues Quartier zu suchen, ist verschwindend gering. Mit anderen Worten: die im folgenden beschriebenen Ausflüge sind als **Tagesexkursionen** konzipiert, die Sie von Ihrem jeweiligen Strandhotel aus unternehmen können. Die geringen Distanzen auf der Insel - die äußersten Punkte liegen nie mehr als 70 km voneinander entfernt - machen es möglich, daß Sie jeden beliebigen Ort mit dem Mietwagen oder dem Taxi erreichen können, wobei natürlich für die dazu benötigte Zeit Ihr Standort eine entscheidende Rolle spielt. Man sollte sich aber hüten, zuviel in ein solches Tagesprogramm hineinzupacken:
* Die am Wege liegenden Sehenswürdigkeiten beanspruchen mehr als nur einige Minuten, und es wäre schade, sie allenfalls en passant 'mitzunehmen'.
* Die Straßenverhältnisse mit viel Verkehr, Ortsdurchfahrten, Bauarbeiten und Schlagloch-Abschnitten ermöglichen keine schnelle Verbindung von A nach B, und es kann vorkommen, daß Sie (oder der Taxi-Chauffeur) für eine Strecke von 10 km eine gute halbe Stunde benötigen.
* Sie müssen bei weit entlegenen Zielen (etwa: Standort Grand Baie; Ausflugsziel Südküste) deshalb eine lange Anfahrtszeit einkalkulieren.
* Schließlich sollten Sie bei Ihrer Planung daran denken, daß Sie zwischendurch auch einmal mehr als nur fahren und besichtigen möchten - z.B. eine kleine Wanderung unternehmen, in Curepipe, Port Louis, Mahébourg oder sonstwo einkaufen gehen, an einem verschwiegenen Strand eine Badepause einlegen usw.

Das bedeutet also:

* Gehen Sie bei Ihren Tagesausflügen generalstabsmäßig vor: Schauen Sie sich die **Landkarte** genau an, überlegen Sie, **welche Ziele** Sie ansteuern wollen, und versuchen Sie, einen **Besichtigungsplan** zu erstellen, der auf den Standort Ihres Hotels abgestimmt ist.
* Nehmen Sie sich von Anfang an **eher weniger als zuviel** vor; eine "Inselrundfahrt" ist kilometermäßig und mit Ausdauer zwar zu schaffen, bringt aber nichts: so lernt man Mauritius nicht kennen!
* Sondieren Sie die **Angebote Ihres Hotels oder der örtlichen Reiseagentur** - oft bieten die Hotels eigene Exkursionen an, z.T. sind sie im Preis inbegriffen. Standardtouren sind z.B. Ausflüge nach Port Louis, Pamplemousses und zu Schiffsmodell-Werkstätten. Wenn Sie an diesen Exkursionen teilnehmen möchten, empfiehlt es sich, dies am Anfang

Ihres Urlaubs zu tun, so haben Sie die Möglichkeit, die Entfernungen einzuschätzen, die wichtigsten Sehenswürdigkeiten unter (mehr oder weniger fachmännischer) Leitung kennenzulernen und dann bei Ihrem individuellen Besichtigungsprogramm bereits Gesehenes auszulassen oder das Schönste nocheinmal zu erleben.

* Falls Sie in einem Hotel der "Sun International"- oder der "Beachcomber"-Gruppe wohnen (das sind die Hotels "Royal Palm", "Trou aux Biches", "Méridien Paradis", "Méridien Brabant", "Le Chaland", "Touessrok", "La Pirogue" und "Saint Géran"), haben Sie bei einem Mindestaufenthalt von 7 Tagen die Möglichkeit, für einige Tage **das Hotel innerhalb der entsprechenden Kette zu wechseln** (Ausnahme: "Royal Palm"). Falls Sie das tun möchten, sollten Sie bereits beim Urlaubsbeginn an der Rezeption die Termine festlegen und können dann Ihre Ausflugsziele darauf abstimmen.

Grundsätzlich ist es möglich, Mauritius in einem durchschnittlich bemessenen Urlaub gut kennenzulernen und trotzdem noch genug Zeit zum Baden, Wassersport usw. zu haben. Wer alle Sehenswürdigkeiten besuchen möchte, sollte dafür 5 Tage einkalkulieren; zusätzliche Tage für die, die darüberhinaus längere Wanderungen unternehmen, zur Jagd gehen oder die Exkursionen mit Badeaufenthalten verbinden wollen.

Zu dem, was man neben den Stränden an natürlichen und kulturellen **Sehenswürdigkeiten** unbedingt erlebt haben sollte, gehört m.E. (in Klammern das jeweilige Kapitel):

* Port Louis und Umgebung (4.1)
* Die Gärten von Pamplemousses (4.2.5)
* Die "Terres de Couleurs" bei Chamarel (4.3.5)
* Die Plaine Champagne (4.3.5)
* Das Grand Bassin (4.3.5)
* Der Vogelpark von Casela (4.3.6)
* Die Insel Ile aux Cerfs (4.4.4)
* Die Domaine du Chasseur (4.4.4)
* Die Gegend um Souillac (4.4.5)
* Die Krokodilfarm "La Vanille" (4.4.5)

Zeiteinteilung und touristische Interessen

Die Kapitel 4.1, 4.2, 4.3 und 4.4 stellen jeweils Gebiete vor, die in Tagesexkursionen mit den oben gemachten Einschränkungen erkundet werden können. Dabei hängt es ganz von Ihrem Hotelstandort ab, ob und inwieweit Sie Tourenabschnitte der einzelnen Kapitel kombinieren. Für die Hauptstadt mit ihren Baudenkmälern und Einkaufsmöglichkeiten sollten Sie sich einen Tag Zeit lassen, evtl. einschließlich eines Abstechers zum Strand von Baie du Tombeau.

Mauritius: Zeiteinteilung und touristische Interessen

Gebiet	Kapitel	Unternehmungen/Ausflugsziele	Tage	touristische Interessen
Port Louis	4.1	Besichtigung städtisches Zentrum, Fort Adélaide, Ste Croix	1	Markt, Sakralbauwerke, Museum, Einkaufen
Der Norden	4.2	Nordwestliche Strände, Grand Baie, Cap Malheureux, Nordöstliche Strände, Pamplemousses	1	Baden, Landschaft, Botanik, Sakralbauten
Der Südwesten	4.3	Curepipe, Plaine Champagne, Morne Brabant, Rivière Noire, Flic en Flac	1 - 2	Landschaft, Vegetation, Wandern, Baden, Einkaufen, Wassersport
Süden, Osten	4.4	Montagnes Bambous, Mahébourg, Küste zwischen Baie du Cap und Poudre d'Or	1 - 2	Landschaft, Wildbeobachtung, Jagd, Wandern, Baden, Wassersport
Inseln vor der Nordküste, entferntere Inseln	4.5	Bootsexkursionen zu den vorgelagerten Inseln, Flugreise nach Rodrigues	1 - 10	Landschaft, Baden, Wassersport, Inselrundfahrten

Mauritius: Zielübersicht

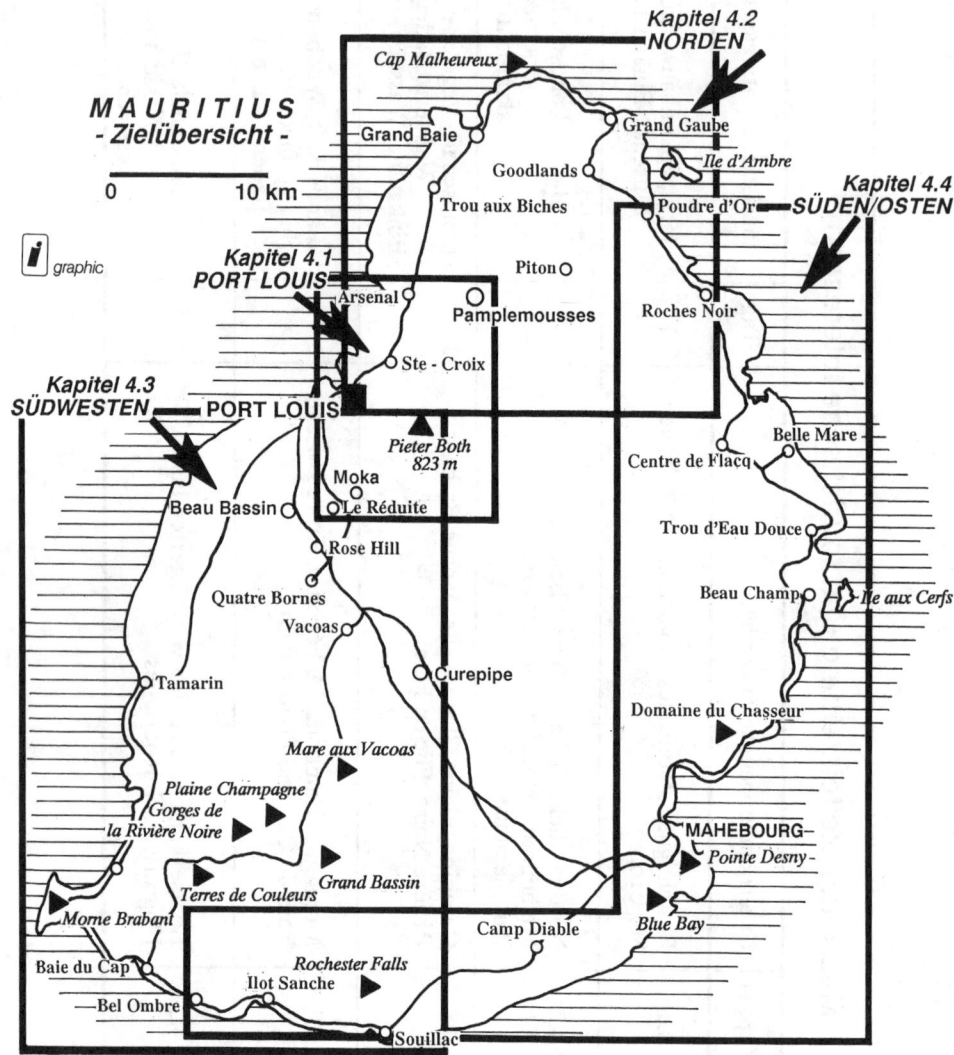

Das Kapitel 4.5 schließlich stellt einige der näheren und weiter entfernten Inseln vor. Dabei sind die vorgelagerten Inseln jeweils auf Bootsausflügen an einem Tag erreichbar, während man für Flugreisen nach Rodrigues oder St. Brandon schon einen "Urlaub im Urlaub", d.h. mehrere Tage, einkalkulieren sollte.

Die nachfolgende Tabelle vermittelt Ihnen einen Überblick über die Zeiteinteilung bzw. touristischen Interessen.

4.1 PORT LOUIS

4.1.1 ÜBERBLICK

Mit etwa 150 000 Einwohnern ist heute Port Louis die bei weitem größte Stadt des Landes und dessen wirtschaftliches, politisches, administratives und kulturelles Zentrum. Einst "Nord-West-Hafen", zwischenzeitlich auch "Port Napoleon" genannt, war der Ort immer schon Schauplatz der wichtigsten historischen Ereignisse und Residenzstadt des jeweiligen französischen oder englischen Gouverneurs, seitdem 1736 Mahé de Labourdonnais (vgl. 2.1.2) sein Hauptquartier von Réunion hierhin verlegte. Dessen rechteckiges Straßennetz bildet noch heute das historische Zentrum mit den wichtigsten Baudenkmälern.

Zum Hinterland wird Port Louis durch eine bis zu 800 m ansteigende Bergkette vor den südöstlichen Passatwinden geschützt; am eindrucksvollsten erhebt sich dabei der "Pieter Both", dessen Spitze, durch die fensterartige Bergöffnung "La Fenêtre" angepeilt, eine Navigationshilfe bei der Einfahrt in den Hafen war. Ihm vorgelagert sind eine Reihe niedrigerer Hügel (Cantin's Peak, Virgin's Peak, Goat Rock), die bis ins Stadtgebiet hineinreichen und phantastische Panoramablicke ermöglichen (Priest's Peak, Signal Hill).

Zum Meer hin öffnet sich Port Louis durch zwei vorspringende Halbinseln, die mit ihren Befestigungsanlagen (Fort George, Fort William) den Hafen schützten. Dieser ist mit einer Kailänge von etwa 700 m, seinen Lagerhallen, Hebekränen etc. der einzig nennenswerte des Inselstaates und für den Warenimport und -export von ausschlaggebender Bedeutung, während sich der Internationale Flughafen auf der anderen (östlichen) Seite der Insel befindet.

Nachdem mehrfach Zyklone und Brände - besonders schlimm 1892/93 - verheerende Zerstörungen anrichteten, ist das Stadtbild heute geprägt von modernen Zweck- und Industriebauten und manchmal etwas verwahrlosten zweistöckigen Wohnhäusern. Trotzdem können die noch verbliebenen und z.T. restaurierten Gebäude aus der kolonialen Anfangszeit etwas vom Charme, Reichtum und von der architektonischen Phantasie des alten Port Louis vermitteln - ihnen gilt neben dem Markt und einigen Sakralbauten das hauptsächliche touristische Interesse.

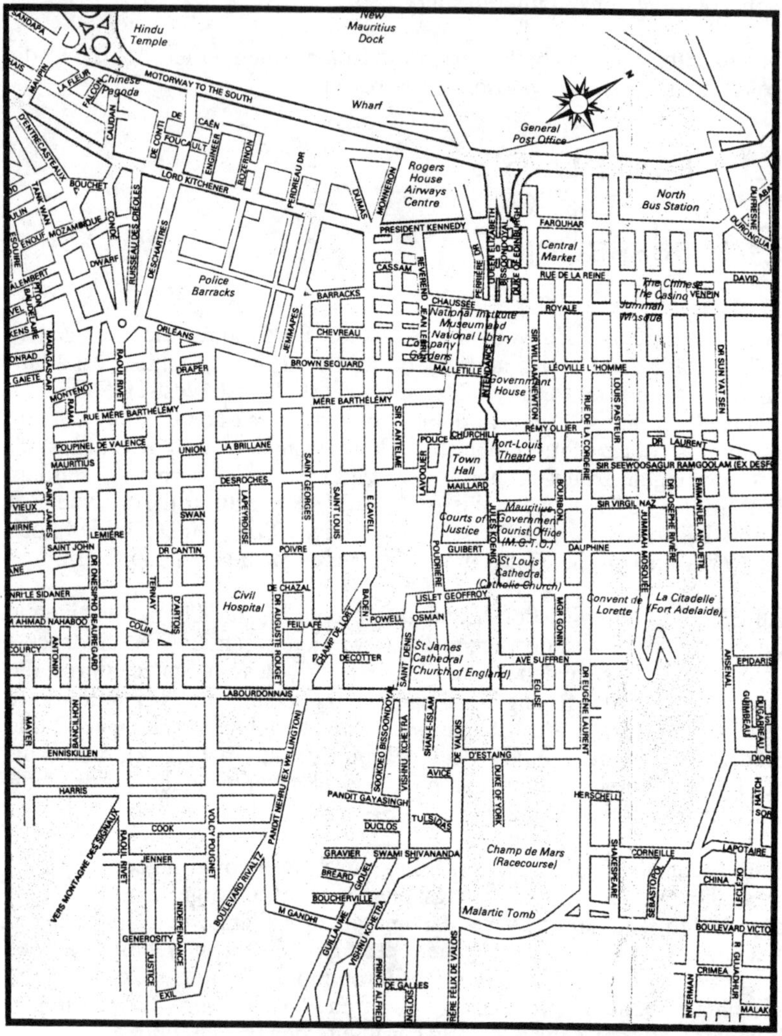

Es empfiehlt sich, die Besichtigung des innerstädtischen Zentrums zu Fuß durchzuführen, da die Sehenswürdigkeiten nahe beieinander liegen und tagsüber hier kaum ein Parkplatz zu bekommen ist. Weiter entfernte Ziele können Sie vom Zentrum aus bequem mit Stadtbussen oder Taxen erreichen; z.B. St. Croix oder La Reduite. Um sich der Parkplatzsorge zu entledigen, ist es sowieso bequemer, wenn Sie von Ihrem Hotel aus per Bus in die Hauptstadt fahren.

Mauritius: Port Louis

 Wer mit dem Wagen anreist, erreicht Port Louis über den nördlichen oder südlichen Motorway, der am Hafen an der Place Labourdonnais (Place du Quai) vorbeiführt; oder über die Straßen:
A 1 aus Rose Hill (ca. 15 km), bzw. Quatre Bornes, Phoenix, Curepipe, Mahébourg,
A 2 aus Pamplemousses (ca. 12 km)
A 3 aus Flic en Flac bzw. Tamarin (ca. 22 km),
A 4 aus Triolet bzw. Grand Baie (ca. 25 km).

Für die Stadtbesichtigung schlage ich einen Rundgang vor, der am Markt beginnt und etwa 1 Stunde Gehzeit in Anspruch nimmt. Die einzelnen Stationen sind unter 4.1.3 angegeben. Falls Sie einen ganzen Tag in Port Louis und Umgebung verbringen möchten, empfehlen sich ein Abstecher nach St. Croix, Spaziergänge auf einen der 'Aussichtsberge' und der Besuch einer chinesischen Pagode, oder aber eine Besichtigung der Kolonialvilla La Reduit bzw. ein Abstecher zum Strand von Baie du Tombeau (vgl. 4.2.3).

Mit viel Zeit ist auch eine landschaftlich sehr reizvolle Rundfahrt um den Pieter Both und die umliegenden Berge durchführbar, für die man sich aber in Port Louis einen Wagen mieten bzw. ein Taxi nehmen müßte.

Bergwanderer schließlich haben die Möglichkeit, vom Marsfeld aus eine ganztägige Tour auf den "Le Pouce" (812 m) zu unternehmen.

Mauritius: Port Louis

4.1.2 TOURISTISCHE HINWEISE

Information/Adressen
Das staatliche Informationsbüro, die meisten der Autoverleihfirmen, Fluggesellschaften, Konsulate, Banken usw. haben ihren Sitz in Port Louis. Die Adressen und Telefonnummern sind unter dem jeweiligen Stichwort bei 3.1. aufgeführt.

Öffnungszeiten:
Banken: Mo - Fr 10.00 - 14.00 Uhr,   Sa 09.30 - 11.30 Uhr
Behörden: Mo - Fr 09.00 - 16.00 Uhr,   Sa 09.00 - 12.00 Uhr
Büros: Mo - Fr 09.00 - 16.30 Uhr,   Sa 09.00 - 12.00 Uhr
Post: Mo - Fr 08.00 - 11.00 Uhr,   Sa 12.00 - 16.00 Uhr

Auf der President John Kennedy Street Nr. 5 sind im mehrstöckigen **Rogers House** (erkennbar am großen 'R') neben administrativen Einrichtungen u.a. auch die Vertretung der Air Mauritius, das Reisebüro Rogers Travel Ltd (Tel.: 08-6801), viele Schiffahrtsunternehmen, die OTS-Zweigstelle und das österreichische Konsulat untergebracht.

Übernachtung
Für Übernachtungen bieten sich viele, meist einfache und billige Stadthotels an (vgl. 3.2.5).

Reisebüros
Falls Sie ein Hotel benötigen, einen Helikopter- oder Heißluftballon-Rundflug unternehmen möchten, ein Flugticket (mit oder ohne Arrangement) nach Réunion, Rodrigues oder sonstwohin brauchen, an Inselrundfahrten oder Bootsexkursionen interessiert sind - folgende Reisebüros helfen Ihnen weiter:
White Sand Tours, Dr. Ferrière Street, Tel.: 2-3712/2-6092
Mauritours Ltd, 10, Sir William Newton Street, Tel.: 08-5241/2
Air International Travel & Tours, 4, Ter St. Georges Street, Tel.: 08-3762
Atlas Travel Services, Sir Seewoosagur Ramgoolam Street, Tel.: 08-1497
Budget Travel, 35, Sir William Newton Street, Tel.: 08-1277
Mauritius Travel & Tourist Bureau, Royal Street, Tel.: 08-2041
Silver Wings Travel Ltd, 21, Louis Pasteur Street, Tel.: 2-6405/2-5020
Stella Travel Agents Ltd, 17, Bourbon Street, Tel.: 08-0259
Sun Travel & Tours Ltd, 2, St Georges Street, Tel.: 2-1639/08-2771

Restaurants
Zum Essen und Trinken gibt es eine Menge einfacher, billiger und guter Restaurants, vor allem im chinesischen Viertel. Wer auf sehr gute Küche, Komfort und zuvorkommende Bedienung Wert legt, sei an folgende Adressen verwiesen, die zu den besten der Insel gehören:
* **Bonne Marmite**, 18, Sir William Newton Street, Tel.: 2-2403. Hauptsächlich kreoliosche Küche, aber auch europäische und indische Gerichte. Sa/So geschlossen.
* **Cari Poulé**, Duke of Edinburgh Avenue, Tel.: 2-1295. Das wohl renommierteste indische Restaurant des Landes. Im Angebot auch kreolische und europäische Speisen. So geschlossen
* **Lai Min**, 56-58, Royal Road, Tel.: 2-0042. **Das** chinesische Restaurant schlechthin, sehr teuer, Küche nicht immer exquisit

* **La Flore Mauricienne**, Intendance Street, Tel.: 2-2200. Beliebter gesellschaftlicher Treffpunkt mit Bar, Restaurant, Self Service-Gaststätte, Straßencafé und Patisserie. Europäische und kreolische Küche. Das Restaurant (à-la-carte) ist nur mittags geöffnet, Self Service 8.30 - 16.00 Uhr, Sa/So geschlossen
* **Taj**, 22, Sir William Newton Street, Tel.: 08-9623. Im 6. und 7. Stock gelegen, schöner Blick auf Port Louis, geschmackvolle indische Küche sowie europäische und kreolische Gerichte, Sa/So geschlossen
* **Tung Fong**, Royal Road, Grande Rivière Nord Ouest, Tel.: 08-6279. Einige Kilometer südlich von Port Louis gelegenes, 1987 eröffnetes Haus, sehr schöne Lage mit kleinem Wasserfall, chinesische Küche.

4.1.3 PORT LOUIS: SEHEN UND ERLEBEN

Auf einem Stadtrundgang, beginnend am nördlichen Busbahnhof bzw. dem zentralen Markt, kann man die wichtigsten Sehenswürdigkeiten rasch und bequem zu Fuß erreichen. Der Rundgang ist etwa 4 km lang und umfaßt die Stationen: **Zentraler Markt - Jummah-Moschee - (Fort Adelaide) - Kathedrale St. Louis - Stadttheater - Government House - Museum - Place d'Armes - Hauptpostamt.**

Der zentrale Markt

In der Nähe des nördlichen Busbahnhofes, einen Häuserblock vom alten Postamt entfernt, liegt die wohl malerischste, hektischste, und exotischste Sehenswürdigkeit der Hauptstadt, der zentrale Markt ("Marché Central", die Mauritianer nennen ihn "Port-Louis-Bazar"). Diese Institution ist bereits älter als die meisten Gebäude der Stadt, nur lag sie

früher an anderer Stelle: 42 Jahre ertrug der Gouverneur das Marktgetümmel direkt vis-a-vis zu seinem Regierungsgebäude, bis der Basar nach einem Brand 1816 in den Park Jardin de la Compagnie verlegt wurde. Nach weiteren 22 Jahren mußte er erneut umziehen, diesmal an den Platz, wo er sich noch heute befindet. Als letztes in einer Reihe von Bränden legte das Feuer von 1981 einen ganzen Flügel nieder, aber seit 1989 ist der rechteckige Komplex mit seinen Hallen, Ständen, Gassen und Straßen wieder komplett. Hier wird gefeilscht und gekauft, geschrieen und gestohlen, hier finden Auktionen statt und, hierher strömen die fliegenden Händler. Täglich zwischen 6.00 und 18.00 Uhr kommen bis zu 40 000 Menschen hierhin, nicht nur um zu (ver)kaufen, sondern auch, um den Basar als ihre Nachrichtenbörse zu benutzen. Obst und Gemüse, Fleisch und Fisch, Brot und Getränke, Parfums, Geschirr, Körbe, Gewürze, Farben, Zeitungen, T-Shirts, Saris, Uhren, Autoersatzteile und Lotterielose - all dies und noch viel mehr ist zu erwerben. Für den ausländischen Besucher sicher der beste Ort, um die Menschentypen und das Warenangebot der Insel komprimiert zu erleben. Stürzen Sie sich also ins Getümmel, nehmen Sie Ihren Fotoapparat und ein Blitzlicht mit - aber geben Sie auf Ihre Sachen acht, denn der Markt lockt nicht nur Händler, Käufer und Schaulustige, sondern ebenso auch Langfinger an!

Chinesisches Viertel

Zwischen dem zentralen Markt und dem Fort Adelaide erstreckt sich das Chinesische Viertel, sozusagen eine Fortsetzung des Basars mit anderen Mitteln. Es lohnt sich, in die kleinen Läden hineinzugehen und im Sammelsurium des Angebotes zu stöbern; auch für die Mittagspause oder einen 'Snack' zwischendurch ist die mauritianische Chinatown eine gute und billige Adresse.

Jummah - Moschee

Wenn Sie vom Markt aus über die Queen Street (Rue de la Reine) oder Royal Road (Route Royale) nach links gehen, stoßen Sie nach zwei Blocks auf das Kleinod der islamischen Inselarchitektur, die Jummah-Moschee.

Seitdem noch unter den Franzosen die Ausübung der moslemischen Religion gestattet worden war (1805) und die kleine islamische Gemeinde ein entsprechendes Grundstück für eine Moschee erworben hatte, begannen die Bauarbeiten erst, als die Einwanderung der Inder neue Gläubige ins Land brachte. Zwischen 1850 und 1885 arbeiteten hier Handwerker und Künstler aus Pakistan und Indien und schufen ein märchenhaftes Bauwerk im Stil der Zeit, das mit seinen edlen Materialien und filigranem Dekor zum Wertvollsten gehört, was jemals auf Mauritius gebaut wurde. Die Moschee beherbergt einen wunderschönen Innenhof mit einem Indischen Mandelbaum und Waschplätzen, eine Medresse (Koranschule), eine Bibliothek und das Mausoleum des lokalen Heiligen Jamah Shah. Frauen und nicht-moslemische Besucher dürfen den Vorhof betreten (aber fragen Sie um Erlaubnis und ziehen Sie die Schuhe aus) und durch die meist geöffneten Türen in die Gebetshalle blicken. Beachtenswert sind auch die schön dekorierten Holzportale und die kleinen Minarette.

 Wegen ihrer geringen Höhe ist die Jummah-Moschee übrigens im Häusergewimmel nicht von weitem auszumachen und wird deshalb oft mit einer anderen Moschee auf der Sir Seewoosagur Ramgoolam Street verwechselt, die zwar ein viel höheres Minarett, sonst aber kaum Sehenswertes besitzt.

Nur wenige Meter entfernt, aber eher für einen späteren Zeitpunkt geeignet, ist auf der Royal Road (Nr. 55) das **chinesische Spielhaus "L'Amicale de Port Louis"** nächtlicher Magnet für einheimische und ausländische Glücksritter.

Sie können nun über die Jummah-Mosque-Street geradewegs durch das Chinesische Viertel auf die Zitadelle zugehen - falls Sie diese nicht besteigen wollen, sollten Sie dann auf die Rue Dauphine nach rechts abbiegen, wo Sie nach drei Blocks die Kathedrale erreichen.
Sie können auch mit dem Wagen dorthin fahren, allerdings ist die Zufahrt nur von der rückwärtigen Seite erlaubt und nicht einfach zu finden. Der Weg zu Fuß ist nicht weit (ca. 500 m) und nicht allzu steil, an schwül-heißen Tagen allerdings sollte man vielleicht doch lieber ein Taxi nehmen.

Die Zitadelle (Fort Adelaide)

Etwa 100 m hoch auf dem Petite Montagne gelegen, bietet die alte Zitadelle einen überwältigenden Rundblick auf die Stadt, den Hafen und die umgebenden Berge. Dies ist auch der Zweck eines möglichen Besuches, während das Fort selbst keine außergewöhnlich interessanten Dinge aufweisen kann.

1834 von den Engländern errichtet (man befürchtete damals französische Rückeroberungsversuche) und schließlich aufgegeben, wurde die Festung als Feilichtbühne für gelegentliche Konzerte, Theaterspiele und Ton - und - Licht - Vorstellungen wiederbelebt. Heute existieren Pläne, das Gebäude zu einem Hotel umzubauen. Gegen ein kleines Trinkgeld ist es meist möglich, das Innere zu besuchen (die beste Aussicht nach allen Seiten hat man nur dort auf den Bastionen).

 Hüten Sie sich aber vor der Begleitung durch selbsternannte Guides, die zwar viel erklären, aber dafür eine sehr große "Belohnung" erwarten.

Auf dem Weg zurück in die Stadt können Sie abkürzen, wenn Sie von der Straße zur Zitadelle links eine Treppe hinabsteigen und dann geradeaus die Avenue Suffren bis zur Rue Jules Koenig entlanggehen. Diese ist die große innerstädtische Achse, die nach rechts zum historischen Zentrum führt, nach links zur Pferderennbahn. Da Sie die Ausdehnung des Hippodroms bereits vom Fort Adelaide bestens gesehen haben, empfehle ich nur den besonders Interessierten einen Abstecher dorthin.

Pferderennbahn (Champs de Mars)

Für Mauritianer hat das Marsfeld eine zweifache Bedeutung:
* Als **Pferdesport-Begeisterte** sind sie an den Rennen (und den damit verbundenen Wetten!) interessiert, die hier zwischen Mai und Dezember stattfinden. Und der Hinweis darf nicht fehlen, daß diese Pferderennen seit 1812 durchgeführt werden und der Platz damit der zweitälteste dieser Art in der Welt ist.
* Zweitens fanden und finden hier große **nationale Ereignisse und Paraden** statt, und hier wurde offiziell mit der kolonialen Vergangenheit gebrochen, als man am 12. März 1968 den britischen "Union Jack" einholte und die neue mauritianische Flagge hißte.

Ursprünglich war der Champs de Mars ein französischer Exerzierplatz und Schauplatz manch blutigen Duells. An seinem südlichen Ende befindet sich die "Malartic Tomb", ein Obelisk über dem Grab des französischen Gouverneurs Graf de Malartic.

Geht man die Rue Jules Koenig stadteinwärts, kommt man an den beiden wichtigsten Kirchen der Insel vorbei. Zuerst linkerhand die anglikanische "**St. James Cathedral**" (Rue de la Proudiére), z.T. über einem französischen Magazin errichtet. Zwei Blocks weiter zur Stadtmitte liegt rechts dann die katholische Bischofskirche.

Die Kathedrale St. Louis

Am Ende des großen Kathedral-Platzes wirkt die katholische Bischofskirche mit ihrem sparsamen Dekor, dem schmutzig-grauen Stein und den beiden helmlosen Westtürmen wenig imponierend. Auch das Innere der dreischiffigen Basilika ist nur von bescheidenem Glanz. Immerhin beherbergt sie im rechten Seitenschiff die sterblichen Überreste der Gattin Mahé de Labourdonnais' und ihrem Sohn. Ein äußerer Rundgang aber zeigt, daß die Kathedrale durchaus großzügig bemessen ist und ermöglicht auch Blicke auf einige der schönsten Gebäude der Stadt. Hinter der Kirche z.B. liegt die

bischöfliche Residenz (Palais Episcopal) aus dem 18. Jahrhundert, mit ihrer Veranda, dem schönen Garten und schmiedeeisernen Gittern von außerordentlicher Harmonie. Auch Bauwerke der Nachbarschaft - sämtlich aus Ebenholz errichtet - sind beachtenswert.

Folgt man nun weiter der Rue Jules Koenig, passiert man nach der nächsten Querstraße wenig anspruchsvolle Büro- und Verwaltungsgebäude. Linkerhand kommt man am Justizpalast vorbei, rechts erhebt sich ein mächtiger Betonklotz (Palais du Tourisme), in dem sich das 'Mauritius Government Tourist Office' und regierungsamtliche Büros befinden, im Hintergrund erhebt sich der zwölfstöckige Komplex der Banque Commerciale (MCB). Die nächste Querstraße nach rechts ist die Sir Seewoosagur Ramgoolam Street mit einer Vielzahl von Geschäften, Restaurants und einer Moschee. Ihr gegenüber liegt links das neue Rathaus. Wo wenige Schritte entfernt die Rue Jules Koenig in die Intendance Street übergeht, öffnet sich die Straßenführung zu einem kleinen Platz mit sehenswerterer Architektur.

Das Stadttheater

1820-22 erbaut und seinen Zenit bereits lange überschritten, kann sich das Stadttheater durch seine neoklassizistische Eleganz trotzdem noch gegenüber den größeren Zweckbauten der Umgebung behaupten. Die

weiße und zart-gelbe Farbe, die sechs dorischen Säulen, die einen Baldachin mit Brüstung tragen, darunter die fünf Portale und als oberer Abschluß ein schöner Dreiecks-Giebel - das läßt an zeitgleiche Bauten in Petersburg oder Helsinki denken. Tatsächlich spielten hier zu Glanzzeiten berühmte europäische Theatergruppen, während heute das Gebäude nur noch für Versammlungen, Folkloreveranstaltungen und lokale Feste gebraucht wird.

Gegenüber, jenseits des mächtigen vierarmigen Straßenleuchters, repräsentiert ein schöner kolonialer Bau mit Veranda die kreolische Architektur; in ihm befindet sich heute das Juwelier- und Andenkengeschäft "Poncini".

Wenn Sie nun der gewundenen Intendance Street folgen, kommen Sie zur politischen Zentrale und zum Verkehrsknotenpunkt der Insel, gleichzeitig aber auch zum städtebaulich beeindruckendsten Ensemble der Hauptstadt.

Das Regierungsgebäude (Government House/l'Hotel du Gouvernement)

Am Ende der breiten und durch einen Grüngürtel unterteilten Allee gelegen, streckt das Regierungsgebäude mit seinen beiden Seitenflügeln sozusagen die Hände zum alten Port Louis aus, das sich zwischen dem Hafen und hier ausbreitete. Bereits der Gouverneur Maupin, mit dem die französische Epoche auf der Insel begann, veranlaßte hier den Bau seiner Residenz, was der große Mahé de Labourdonnais dann weiterführte: von ihm stammen Erdgeschoß und das erste Stockwerk (1736). Unter dem letzten französischen Gouverneur Decaen schließlich wurde das oberste Geschoß errichtet (1807). Damit ist das hölzerne Regierungsgebäude gleichzeitig das älteste Bauwerk der Insel und ein komplettes Dokument der französischen Ära - zusammen mit dem Ehrenhof, den Palmen, Flammenbäumen und den beiden Statuen zudem ein sehr schönes. Die Figuren stellen Gouverneur Sir William Stevenson (1857-63) und, ganz nah am Gitter, Queen Victoria dar, betonen also die britische Vergangenheit des Hauses, das allen Bränden und Zerstörungen trotzen konnte. Im Governement House, das heute lediglich repräsentativ benutzt wird, fanden in der Vergangenheit rauschende Feste statt, in denen sich Militärs, Zuckerbarone und Kolonialbeamte vergnügten und von denen eins zum Fehldruck der "Blauen Mauritius" geführt hatte (vgl. 3.2.6).

Das Innere, mit einem prunkvollen Treppenhaus, Bildergalerien, wertvollen Möbeln und Parkettböden aus Edelhölzern ausgestattet, ist der Öffentlichkeit nur selten zugänglich.

Es lohnt sich nun, über die Prachtstraße hinunter zum Hafen zu blicken und das geschäftige Treiben der Fußgänger (meist Angestellte der benachbarten Banken) und den Autoverkehr zu beobachten. Nirgendwo ist Port Louis "weltstädtischer" als hier! Auf der linken Seite gibt es noch mehrere sehr schöne Beispiele der eleganten Kolonialarchitektur, und hoffentlich bleibt das gesamte Ensemble in dieser Form erhalten. Die große Straße zur Linken, La Chaussée, führt auf das mächtige Viereck der "Line Barracks" zu, das ehemals französisches, dann britisches Militär bewohnte und heute die mauritianische Polizei beherbergt. Dort befindet sich auch der Busbahnhof für die südlichen Busstrecken. Wenn Sie der Chaussée nur einige Meter folgen, kommen Sie zum Naturhistorischen Museum.

Naturhistorisches Museum

(Aufbau, Sammlungen und Öffnungszeiten sind unter dem Stichwort "**Museen**" bei 3.1 genannt worden)
Wenn auch recht provinziell in der Aufmachung und beschränkt in der räumlichen Ausdehnung, ist das Museum doch zweifellos das wichtigste des Landes. In seiner Architektur und Farbgebung erinnert es etwas an

das Stadttheater, und es lohnt sich, einmal um das Gebäude herumzugehen. So sehen Sie auch den mächtigen Banyan-Baum und Flamboyants auf dem Museumsgelände und stoßen auf den schönen Stadtpark, **Jardin de la Compagnie**, mit einer Vielzahl lokalgeschichtlicher Standbilder und herrlicher Vegetation.

Zurück auf der Allee zum Hafen, sollten Sie bis zum Standbild des Gouverneurs Mahé de Labourdonnais schlendern, dem man als dem eigentlichen Begründer der Stadt seine Reverenz erweisen sollte. Ein ähnliches Standbild kann man übrigens in Saint Denis, der Hauptstadt von Réunion, bewundern. Den Franzosen wird es bei seinem Blick aufs Meer kaum stören, daß ihm die britische Königin und Kaiserin von Indien, Victoria, 200 Meter stadteinwärts sozusagen über die Schulter schaut; könnte er sehen, würde ihn der hektische Autoverkehr auf der Place du Quai zu seinen Füßen sicherlich mehr irritieren...

General Post Office

Vom Standbild des Gouverneurs aus ist das Gebäude der alten Hauptpost, das General Post Office, bereits gut auszumachen. Das grau-

braune Steingebäude aus dem Jahre 1811 hat schon bessere Tage gesehen und bedürfte dringend einer Renovierung - immerhin gibt es ja eine berühmte "philatelistische Vergangenheit" der Insel... Jedenfalls können Sie hier Ihren Briefmarkenbedarf decken oder sich nach Raritäten erkundigen, bevor Sie in wenigen Minuten zum nördlichen Busbahnhof bzw. zum zentralen Markt zurückfinden.

4.1.4 DIE NÄHERE UMGEBUNG VON PORT LOUIS

Wer nach einem halben Besichtigungstag, nach Stadtspaziergang und Shopping in Port Louis noch Zeit und Lust hat, kann in der näheren Umgebung einige sehenswerte Ziele aufsuchen.
* Für **architektonisch Interessierten** bieten sich die Kolonialvillen Eureka und Le Réduit an,
* für **Liebhaber von Religion und Sakralbauten** die Pagoden oder die Wallfahrtskirche in Ste. Croix,
* für **Wanderer** die 'Aussichtsberge' im nahen Hinterland.

Fort William / Fort George

Am nächsten und noch im eigentlichen Stadtbereich gelegen, sind die Festungen Fort William und Fort George zu besuchen - auch zu Fuß! Zu beiden führen Autostraßen, wobei man Fort William über den großen Kreisverkehr südlich der Place du Quai erreicht, Fort William hingegen etwa 300 m nördlich des Nordbusbahnhofes. Orientieren Sie sich dabei am Wasser, denn es handelt sich um Festungen, die auf Halbinseln im Hafen liegen und diesen ursprünglich beschützten. Auf dem Weg dorthin können Sie jeweils einem der großen Friedhöfe der Hauptstadt einen Besuch abstatten: Cimitière de l'Ouest am Fort William (nahebei ein neuer Park), Cimitière de l'Est am Fort George.

Wer den südlichen Stadtbereich gewählt hat, kann dabei auf dem Weg auch eine chinesischen Pagode besichtigen oder im Stadtteil Cassis die sehenswerte römisch-katholische Eglise St. Sacrament.

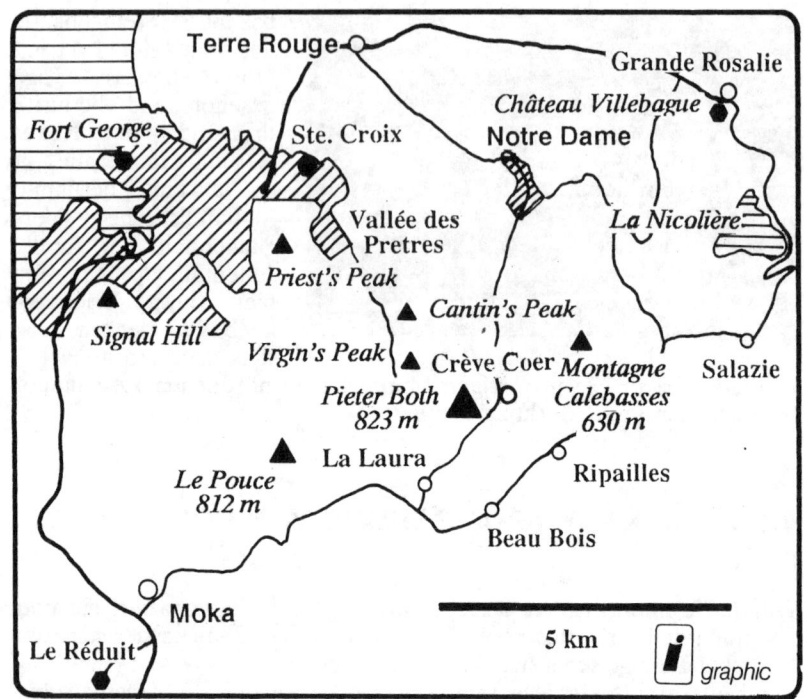

Signal Hill

Ebenfalls im Süden, aber näher zu den Line Barracks gelegen, kann man ein Spaziergang auf den Signal Hill (328 m) unternehmen, von dem man eine prächtige Aussicht auf Stadt und Hafen hat. Daneben sind dort noch Überreste alter Batterien und eine moderne Radarstation zu sehen.

Der Fußweg beginnt am Boulevard Edouard VII., jene große Straße direkt am Fuß des Berges, und dauert etwas mehr als eine Stunde. Am Beginn des Weges, noch unmittelbar am Boulevard, liegt das **Friedensmonument "Marie Reine de la Paix"**, das nach dem Zweiten Weltkrieg errichtet wurde und zu einem beliebten Wallfahrtsort wurde. Bei seinem Besuch im Jahre 1989 hielt hier Papst Johannes Paul II. eine Messe ab. Es ist auch möglich, mit dem Wagen auf den Signal Hill hinaufzufahren. Dazu benutzen Sie die Verlängerung des Boulevards, die Ancienne Route Militaire.

Pagode Thien-Thane

Ganz in der Nähe befindet sich einer der schönsten chinesischen Sakralbauten, die Pagode Thien-Thane, die schon vom Fort Adelaide aus gut zu sehen war. Sie liegt am Fuß der Moka-Berge am südlichen Stadtrand (Justice Street) und ist ab den Line Barracks nach etwa 1 200 m über die Pouce Street zu erreichen.

Priest's Peak

Wenn Sie vom Stadtzentrum aus in den Norden (Richtung Abercrombie) fahren, können Sie eine weitere Wanderung einlegen: Wo sich die Ringstraße Route Militaire mit der Route de Pamplemousses kreuzt, zweigt ein Fußweg zum Priest's Peak (306 m) ab. Dieser führt zunächst auf den rechteckigen Platz einer ehemaligen Batterie ("Dumas Battery") und folgt dann den alten französischen Befestigungslinien. Der Gipfel, den man nach etwa einer Stunde erwandert hat, bietet eine herrliche Aussicht, nicht nur auf Port Louis, sondern vor allem auf die umgebende Bergwelt mit der merkwürdigen Öffnung "La Fenêtre" und dem dahinter liegenden Pieter Both.

Vallée des Pretres

Zurück auf der Route de Pamplemousses geht nach etwa 200 m rechts eine Autostraße (Rue Bernadine de St. Pierre) ins Vallée des Pretres ab. Die knapp 6 km lange Strecke führt durch ein sehr fruchtbares Tal, das durch den Pieter Both (821 m) abgeschlossen wird und von ihm und kleineren Bergen (Cantin's Peak, Virgin's Peak) überragt wird. Eine Besteigung des zweithöchsten Berges der Insel ist für erfahrene Bergsteiger möglich (es gibt Eisenhaken), sollte aber von der anderen Seite (La Laura) durchgeführt werden.

Das Tal selbst lohnt die kleine Rundfahrt; seine historische Bedeutung und seinen Namen erhielt es, weil hierhin die ersten katholischen Priester der Insel kamen. Über die Rue Bernadin de St. Pierre geht es wieder zur Route de Pamplemousses zurück.

Tamilen-Tempel Sockalingum Meenatchee Ammen

Wenn Sie an der Kreuzung nun etwa 300 m weiter in Richtung Abercrombie fahren, dann die erste Abzweigung nach links nehmen, können Sie den prächtigen Tamilen-Tempel Sockalingum Meenatchee Ammen besichtigen. Wie in einer Moschee sollten Sie auch hier die Schuhe ausziehen und vorher um Erlaubnis fragen - dieser Tempel ist einer der schönsten der Insel und lohnt den kleinen Umweg auf alle Fälle.

Ste. Croix

Am Ortseingang von Abercrombie geht rechts eine Straße zum Stadtteil Ste. Croix ab, wo die "Chapelle Ste. Croix" ein weithin bekanntes Wallfahrtsziel darstellt. Jeden Tag beten hier Hunderte von Gläubigen aller

Rassen und Konfessionen am Grab des "Apostels der Schwarzen", Père Laval. Das Mausoleum ist auch das Ziel der jährlich stattfindenden Wallfahrt am 9. September, einer der ganz großen Festtage des Landes (vgl. 3.2.2).

 Von Port Louis aus erreichen Sie Ste. Croix in wenigen Minuten mit den Buslinien 36, 48, 48 A und 70 ab dem nördlichen Busbahnhof.

Informationen zu Jacques Désiré Laval

Der am 18. September 1803 in der Normandie (Evreux) geborene Laval schlug erst recht spät seine geistliche Laufbahn ein. Zunächst führte er das Leben eines ganz gewöhnlichen, aufgeweckten Jugendlichen, studierte und promovierte im Alter von 27 Jahren zum Doktor der Medizin. Als er aber wie durch ein Wunder einen gefährlichen Sturz vom Pferd überlebte, kam er, von seinem Freund, dem Geistlichen Libermann ermutigt, zu einer tiefen Gläubigkeit. Mit 37 Jahren erhielt er schließlich die Priesterwürde. Doch sein Leben wollte er den wirklich Armen und Bedürftigen widmen und ging deshalb 1841 als Missionar nach Mauritius. Hier hatten gerade die Engländer die Sklavenbefreiung durchgesetzt. Für die Schwarzen bedeutete das aber nicht sofort eine Verbesserung ihrer Situation, sondern im Gegenteil Verunsicherung durch ungeklärte Lebensumstände und Armut. Hier half Père Laval, wo er konnte, setzte sich für die Freigelassenen

Père Laval Mauritius

> ein, versuchte, ihnen eine neue Lebensgrundlage zu schaffen und sie vor den Zuckerbaronen zu schützen.
> Auch den Leprakranken und anderen Kranken stand er bei, so daß er von der Bevölkerung bald glühend verehrt wurde.
> Nach seinem Tod am 9. September 1864 wuchs die Verehrung noch, nachdem sich an seinem Grab in Ste. Croix wundersame Heilungen ereignet haben sollen - auch unter Angehörigen anderer Religionsgemeinschaften. Der "Apostel von Mauritius" oder "Apostel der Schwarzen" wurde am 29. April 1979 in Rom heiliggesprochen. Der gläserne Sarkophag mit seinem mumifizierten Leichnam, heute in der modernen Wallfahrtskirche untergebracht, ist nach wie vor Kristallisationspunkt des katholischen Mauritius', gleichzeitig aber auch nationales Symbol aller Mauritianer.

Neben den oben genannten Zielen liegen die Kolonialvillen Le Réduit und Eureka auch noch im Einzugsbereich der Hauptstadt und können über den südlichen Motorway recht schnell erreicht werden, sind aber doch ca. 13 Kilometer von Port Louis entfernt.

Le Réduit

Für den Besuch von Le Réduit verlassen Sie die Autobahn nach etwa 10 km (direkt bei der Abzweigung zur Universität) und sind nach wenigen Fahrminuten dort.

Der Name des herrschaftlichen Hauses (in der Übersetzung: "Versteck", "kleine Wohnung", "Loch") trifft das Anwesen natürlich nicht - immerhin ist es die Residenz des Staatspräsidenten!

Garten von Reduit.

Le Réduit geht auf den Gouverneur David zurück, der 1748 aus klimatischen und Sicherheitsgründen das damals hölzerne Palais außerhalb des militärisch gefährdeten Port Louis erbauen ließ. Im Lauf der Zeit richteten Zyklone und Holzwürmer jedoch großen Schaden an, so daß nach und nach das Holz durch Stein ersetzt wurde. Das Innere des "mauritianischen Versailles" ist der Öffentlichkeit nicht zugänglich - es wird für Staatsempfänge, Bankette u.ä. benutzt. Die herrlichen Gartenanlagen jedoch können Sie bewundern und an Pavillons, künstlichen Teichen, Blumenbeeten und gepflegten Rasenflächen vorbei bis oberhalb des Zusammenflusses der beiden Bäche Cascade und Profonde spazieren. Dabei haben Sie auch einen Blick auf die schloßartige Architektur, in der sich europäische und kreolische Elemente vermischen.

Eureka

Nicht weit von Le Réduit entfernt liegt die Kolonialvilla Eureka (genau wie jenes mehrfach Domizil des englischen Königshauses), bei der Sie auch das Innere besichtigen können. 1830 im typisch kreolischen Stil erbaut, wurde das Anwesen 1986 in ein Museum umgewandelt, das die alte Möblierung, Fotografien und Bilder sowie Wechselausstellungen darbietet. Modelle informieren über die kreolische Bauweise auf Mauritius. Das Ungewöhnliche dieses Hauses ist die umlaufende Veranda ohne zweiten Stock - im Erdgeschoß gibt die Veranda mit ihren dünnen Holzsäulen der Architektur einen leichten, spielerischen Charakter, direkt darüber wirkt das durch Gaupen aufgelockerte Dach bodenständiger und schwer. Zur Villa gehören Nebengebäude, in denen man u.a. Gewürze und Briefmarken-Raritäten erwerben kann, und Treibhäuser mit einem Blumengarten. Schön ist auch hier die umgebende Natur mit den Hängen der Montagne Ory und einem kleinen Wasserfall. Sie erreichen das Museum, wenn Sie vom Motorway in Richtung Moka abfahren.

 Das Haus ist tägl. von 9.30 bis 17.00 Uhr geöffnet, es verfügt über einen Schnellimbiß und ein Restaurant.

Den Abstecher nach Le Réduit und Eureka können Sie auch innerhalb eines Ausfluges in den Südwesten (vgl. 4.3.3) unternehmen.

Rundfahrt um den Pieter Both

Zur näheren Umgebung der Hauptstadt zählt natürlich auch der 823 m hohe Pieter Both. Zusammen mit dem Le Pouce (812 m), dem Montagne Calebasses (630 m) und anderen Gipfeln ist er auf einer landschaftlich sehr schönen Rundfahrt, für die man knapp einen halben Tag einkalkulieren sollte, zu umfahren. Diese Fahrt beschreibt einen großen Bogen um das Hinterland der Hauptstadt und könnte verbunden werden mit einem Besuch der Kolonialhäuser Le Réduit und Château de Villebague, einer Wanderung am Gebiet des Pieter Both oder einem Besuch der Gärten von Pamplemousses (vgl. 4.2.5).

Stichpunktartig seien die einzelnen Stationen aufgezählt:

Auf dem Motorway von Port Louis in südlicher Richtung bis zur Ausfahrt Moka. Dann parallel zum kleinen Moka-Fluß immer am Fuß der hoch aufragenden Berge entlang bis La Laura. Ab hier
* entweder **über den Paß** (enge, schlechte Straße) mit phantastischer Aussicht nach Crève Coer, dann 4 km bis Notre Dame, von dort 6 km bis Terre Rouge und schließlich nach 5 km zurück nach Port Louis. Diese erste Alternative über Crève Coer ist etwa 10 km kürzer, aber schwierig zu fahren.
* Oder ab La Laura 6 km **über die Ripailles-Nicolière Road** (B 49) nach Beau Bois, Ripailles und zur Salazie, hier nach rechts abbiegen in Richtung Bon Accueil, nach ca. 2 km nach links in Richtung Grande Rosalie fahren, weiter über die Montagne de la Nicolière und am See La Nicolière vorbei bis zur A 2, hier etwa 1 km nach links zum Chateau de Villebague, ab da entweder der A 2 nach Pamplemousses/Port Louis oder der B 20 direkt nach Port Louis folgen. Diese Alternative ist ab/bis Port Louis etwa 30 km lang und verlangt wegen der schlechten Straßenverhältnisse ca. 2 Stunden reine Fahrzeit.

Der Vorteil beider Routen liegt darin, daß man den Pieter Both und die umliegenden Berge einmal umrundet und also aus allen Perspektiven genießen kann.

Der 812 m hohe **Le Pouce** kann von Port Louis, aber auch von der Ortschaft Moka (s.o.) in etwa 7 Stunden bestiegen werden. Ab Port Louis fährt oder geht man durch den Stadtteil Tranquebar (südöstlich des Hippodroms) in das Vallée du Pouce. Von dem Fahrweg zweigt rechts ein Pfad ab (Hinweisschild), der automatisch zum Massiv des "Daumen" führt. Vor dem kleinen Bach vereinigen sich die beiden Wanderwege aus Port Louis und Moka und gehen in einen sehr unebenen, aber nicht allzu schwierigen Pfad über.

Nach einem letzten, etwas steileren Abschnitt hat man bei klarem Wetter vom Gipfel aus eine herrliche Rundsicht auf Port Louis und Mauritius!

4.2 DER NORDEN

4.2.1 ÜBERBLICK

Der Norden von Mauritius ist ein flaches Gebiet, das sich nördlich des zentralen Plateaus erstreckt, in etwa ein Dreieck mit den Spitzpunkten Port Louis, Cap Malheureux und Roches Noires. Der Norden bedeutet aber auch schier endlose Zuckerrohrfelder, Alleen mit Flammenbäumen, herrliche Strände, vorgelagerte Inseln, tiefe Buchten, Hindu-Tempel, Moscheen und Kirchen, die Gärten von Pamplemousses, lebhafte Orte, kreolische Villen, kleine Pensionen und Luxushotels...

Sehr viele Besucher werden dieses Gebiet oder wenigstens Teile davon gut kennenlernen - befinden sich doch um Trou aux Biches, Grand Baie und Grand Gaube drei der größten touristischen Ballungszentren. Für sie ist es einfach, mit Bussen, Taxen, Mietwagen oder Mopeds bzw. Fahrrädern Ausflüge in die nähere Umgebung zu unternehmen und so den komfortablen Rahmen ihres Hotels zeitweilig zu verlassen. Für diejenigen, die weiter im Süden wohnen, wird es ebenfalls interessant sein, diese Landschaft zu erleben, wenn sie auch einen längeren Anfahrtsweg überbrücken müssen.
Dieses Kapitel beschreibt eine Rundfahrt, die Port Louis als Start- und Zielpunkt hat und etwa 95 km lang, also an einem Tag gut zu schaffen

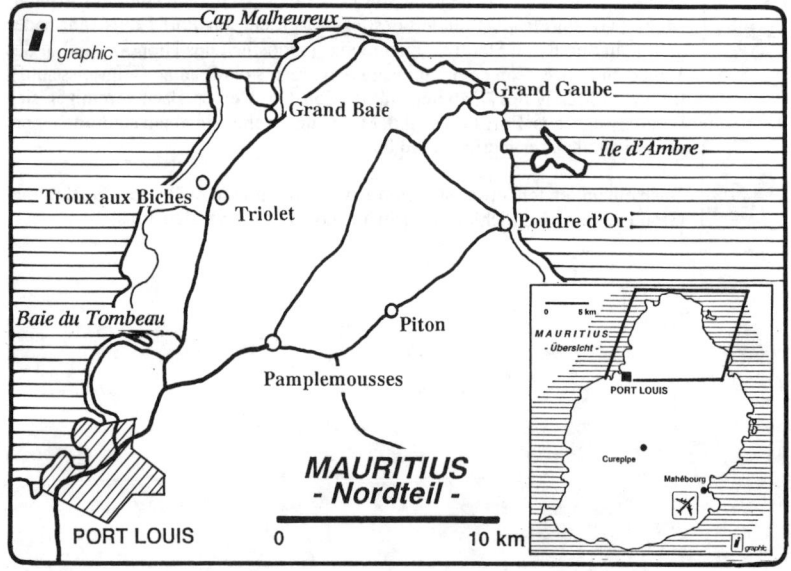

ist. Wer im Norden logiert, wird natürlich, je nach Standort, die Reihenfolge der Stationen anders setzen und auch Port Louis auslassen (stattdessen von Pamplemousses direkt nach Trou aux Biches bzw. Poudre d'Or fahren). Wer im Südwesten oder Süden wohnt, sollte zunächst nach Port Louis fahren und dafür maximal 2 Stunden einkalkulieren. Gleiches gilt für die, die im Südosten wohnen und über die A 10 bzw. die neue Autobahn von Mahébourg nach Port Louis eine schnellere Verbindung haben. Ab Trou d'Eau Douce ist es aber sinnvoller, die Ostküstenroute bis nach Poudre d'Or zu nehmen und dann die vorgeschlagene Rundfahrt in umgekehrter Reihenfolge abzufahren; am Schluß ergibt sich dann die Möglichkeit, ab Pamplemousses über Bon Accueil oder über Rivière du Rempart zurückzugelangen.

Ein ausgefüllter Tag könnte folgendes Programm haben:

Start in Port Louis - Fahrt um die Baie du Tombeau - Besichtigung des Hindu-Tempels in Triolet - Besichtigung des Aquariums in Trou aux Biches - Mittagspause in Grand Baie - Fahrt ums Cap Malheureux - Baden und Kaffepause in Grand Gaube oder Poudre d'Or - Fahrt nach Pamplemousses und Besichtigung der Gärten.

Dabei sollte man spätestens um 16.30 Uhr in Pamplemousses sein, weil der Garten um 18.00 Uhr seine Tore schließt und weil die Rückfahrt in der Dunkelheit länger dauert als am Tage!

4.2.2 TOURISTISCHE HINWEISE

Hinweise zu Informationsstellen, Autoverleihfirmen, Reisebüros etc. sind unter dem entsprechenden Stichwort im Kapitel 3.1 zu finden; Hinweise zu den Stränden finden Sie unter 3.2.4, zu den Hotels unter 3.2.5. Die vorgelagerten nördlichen Inseln sind unter 4.5.3 beschrieben, touristische Hinweise dazu unter 4.5.2.

Wassersport

Wer den Ausflug in den Norden mit Wassersport verknüpfen will, kann in allen größeren Hotels entsprechende Ausrüstungen bekommen. Segel- und andere Boote verleihen in Grand Baie außerdem:
Yacht Charters Ltd, Grand Baie, Tel.: 03-8395
Humming Bird, Grand Baie, Tel.: 03-8452
Sinhue, Grand Baie, Tel.: 03-7037
Unterwasserausrüstungen und Flaschenfüllungen fürs Tiefseetauchen bekommen Sie außer in den großen Hotels bei:
Paradise Diving, Grand Baie, Tel.: 03-8543
Sindbad Ltd, Cap Malheureux, Tel.: 03-8836

Restaurants

An guten Restaurants ist im Norden kein Mangel. Zum Mittag- oder Abendessen, aber auch zum nachmittäglichen Kaffee können Sie die verschiedenen Restaurants und Strandbars der Luxus- und First-Class-Hotels aufsuchen, also "Trou aux Biches", "Pullman", "Club Méditerranée", "Royal Palm", "Grand Gaube", "Merville" usw., aber auch in den kleineren Strandhotels und Bungalowanlagen empfängt man gerne externe Gäste, und das Essen ist dort ebenfalls sehr gut. Das Hotelrestaurant im "Royal Palm" gehört zu den kulinarischen Höhepunkten der ganzen Insel - zum Abendessen ist dort eine vorherige Reservierung sinnvoll.
Weitere empfehlenswerte Restaurants sind:

Tombeau Bay:
* Arc-en-Ciel Hotel, Tel.: 07-2616/17. Chinesisches, kreolisches und europäisches Essen. Abends oft Sega-Shows

Pointe aux Piments:
* Calamar Hotel, Route Royale, Tel.: 03-6646/03-5187. Gutes Buffet, Sa kreolischer Tanzabend

Trou aux Biches:
* Le Corsaire, Coastal Road, Tel.: 03-6337. Restaurant am Strand mit Seafoodgerichten, So und Mo mittags geschlossen
* Lagoona, Coastal Road, Tel.: 03-6582. Europäische und Seafoodgerichte

Pointe aux Canonniers:
* Palais Orient, Tel.: 03-8051. Chinesische Küche und Seafood, Mo geschlossen
* Le Bateau Ivre, Tel.: 03-8766. Europäische und kreolische Küche, So mittags geschlossen

Grand Baie:
* Sakura, Tel.: 03-8092. Japanisches Essen
* La Pagode, Tel.: 03-8733. Chinesisches und kreolisches Essen
* Le Grillon, Tel.: 03-9540. Europäische und kreolische Küche, gute Fisch- und Wildgerichte
* La Perle Noire, Tel.: 03-8543. Europäische und kreolische Küche
* La Jonque, Tel.: 03-8729. Chinesische und kreolische Spezialitäten

Diese und andere Restaurants sind alle an der Uferstraße in Grand Baie (Route Royal) plaziert.

Pereybere:
* La Sapinière, Tel.: 03-8034. Europäische, kreolische und chinesische Küche.

Sega-Shows

Sega-Shows finden u.a. in folgenden Hotels (meist verbunden mit Abendessen, Preise Rs 150-400) statt:
Le Grand Gaube (Di), Merville (Fr), Veranda (Mo), Club Med, PLM Azur (Sa), Trou aux Biches (Di), Calamar (Sa).

4.2.3 VON PORT LOUIS ZUR GRAND BAIE

Unsere Rundfahrt beginnt am Hafen in Port Louis, wo sich der nördliche und der südliche Motorway an der Place du Quai vereinigen. Hier fahren Sie, am alten General Post Office vorbei, in nördlicher Richtung, folgen dann aber nicht der Route Militaire/Rue Royale nach Abercrombie/Terre Rouge, sondern halten sich links, am Friedhof Cimitière de l'Est vorbei zum Stadtteil Roche Bois. Wenn Sie linkerhand den

Leuchtturm sehen, sind Sie bereits auf der ca. 10 km langen Straße, die um die gesamte Halbinsel an der **Baie du Tombeau** herumführt. Die Gegend ist mit wenigen Hotels, vielen Bungalows, Wohnhäusern und Vorgärten bebaut. Es lohnt sich, anzuhalten und an einem der Durchgänge zum Strand vorzudringen, den man von der Straße nicht oft sehen kann. Hier können Sie das Landschaftsbild von Kokospalmen am weißen Sandstrand bewundern, das sonst auf Mauritius sehr selten ist, und vielleicht am 'Hausstrand' von Port Louis eine kleine Badepause einlegen. Der Name (= "Grabesbucht") rührt übrigens von den vielen unglücklichen Seeleuten her, die in den gefährlichen Gewässern mit ihren Korallenriffen ums Leben kamen; einer von ihnen war im Jahre 1615 jener Admiral Pieter Both, dessen Namen der zweithöchste Gipfel der Insel trägt.

Nach einer weiten Kurve überqueren Sie in der Ortschaft Arsenal dann den Rivière du Tombeau und folgen der gutausgebauten A 4 bis zur langgestreckten Ortschaft **Triolet**. Am Ortsende zweigen Sie nach links auf die Shivalah Road ab und erreichen nach wenigen Metern den Hindu-Tempel Shivalah, der zu den prächtigsten Sakralbauten der Insel gehört.

Hindu - Tempel Shivalah

Die Anlage besteht aus drei größeren Gebäuden, die alle in leuchtenden Farben bemalt und verschwenderisch dekoriert sind. Vishnu, Shivala, Krishna, Ganesha und viele andere Götterstatuen befinden sich an und in den Tempeln, daneben mythologische Tiger und Elefanten. Eine Besichtigung ist möglich; fragen Sie aber vorher um Erlaubnis und ziehen Sie beim Betreten des Inneren die Schuhe aus. Meist bieten Jungen gegen ein kleines Trinkgeld ihre Dienste als Führer an und erklären auf Englisch die wichtigsten Göttergestalten. Der Tempelbezirk ist aber auch - besonders in den Wintermonaten - wegen seiner natürlichen Umgebung sehenswert: ein mächtiger Banyan-Baum steht sofort am Eingang, und auf der Straße blühen dann die Flamboyants.

Trou aux Biches

Wenn Sie nun der gleichen Richtung folgen, kommen Sie nach etwa 1 km zur Ortschaft und zum Strand von Trou aux Biches. Die etwa 10 km lange Küstenstraße, die nach links (südlich) bis zum Pointe aux Piments und nach rechts bis zum Pointe aux Canonniers reicht, verläuft fast immer in Sichtweite zum Meer, und Sie haben oft Gelegenheit, in den Filao - Hain abzubiegen, dort zu parken und sich den langgestreckten Sandstrand anzuschauen oder zu baden. An Wochenenden breiten sich hier die mauritianischen Familien aus und genießen mit Picknick, Bier, Karten- und Ballspielen und viel Palaver den freien Tag.

Aquarium

Aquarium Centre Ltd, Coastal Road, Trou aux Biches, Tel.: 03-6187;
Öffnungszeiten:
tägl. 9.30 - 17.00 Uhr
Eintritt Rs 40,-.

Von Triolet kommend, sollten Sie zunächst etwa 1 km nach links fahren und einen Abstecher zum Aquarium machen. Es ist die beste Gelegenheit, die Unterwasserflora und -fauna von Mauritius trockenen Fußes zu erleben, wenn auch die Wasserbecken nicht besonders groß sind.

Aber die schönsten Fische, Korallen, Meeresschildkröten und auch Haie können in aller Ruhe beobachtet werden, und Fotografen können hier ihre "Unterwasserbilder" schießen. Das Aquarium verfügt auch über einen großen Andenkenladen, der von Postkarten, Dias und Literatur, über Textilien und Muscheln bis zu Sega-Musikkassetten alles anbietet.

Direkt vor dem Aquarium ist eine kleine Sandbucht und häufig dümpeln Fischerboote und Yachten im Wasser. In der direkten Nachbarschaft gibt es einige nette Restaurants und Cafés, die zu einer Pause einladen.

 Etwa 100 m weiter südlich bietet das Geschäft **"L'Argonaut"** (Tel.: 03-176) die angeblich größte Muschelsammlung der Welt, außerdem qualitätsvollen Goldschmuck und kunsthandwerkliche Produkte an.

Fahren Sie nun auf der Küstenstraße wieder in Richtung Grand Baie zurück, immer zur Linken den schönen Trou-aux-Biches-Strand, ab und zu auch Bungalowanlagen und große Hotels. Am Kreisverkehr können Sie dann über Mont Choisy (schöne Allee mit Flamboyants) nach Grand Baie gelangen oder - empfehlenswerter! - noch an der Küste über Pointe aux Canonniers weiterfahren.

Auf dem Weg lohnt sich für alle, die an der neueren mauritianischen Malerei interessiert sind, der Besuch der Kunstgalerie "Hélène de Senneville" (Route Royale, Tel.: 03-7426).
Öffnungszeiten: Di - Sa 9.00 - 12.30 Uhr   14.30 - 18.00 Uhr
Sofort daneben befindet sich ein exquisites Schmuckgeschäft.

Am Pointe aux Canonniers gibt es nochmals schöne Sandstrände mit Filao-Hainen, und deshalb haben sich hier auch einige große Hotels (u.a. Club Méditerranée) angesiedelt. Solche Strände finden Sie an der sich nun weit ins Land hineinreichenden Grand Baie/Grand Bay nicht.

Grand Baie

Der Ort Grand Baie ist ein quirliges Zentrum des Fremdenverkehrs mit Textilgeschäften, Cafés, einer Menge Restaurants, Tankstelle, Supermarkt, Diskotheken u.v.m.. Was die einen abschreckt, die anderen aber anzieht, heißt in der touristischen Werbung "die Côte d'Azur von Mauritius" und ist tatsächlich ein sehr schönes Fleckchen Erde. Die Bucht hat ihren besonderen Reiz tagsüber, wenn unzählige Segler, Surfer und Bootsfahrer das türkisfarbene Wasser bevölkern, und in der Dunkelheit, wenn die bunten Lichter der Hotels und Restaurants die Szenerie bestimmen.

Wer in Grand Baie ist, sollte nicht versäumen, bis zum Ortsende weiterzufahren, wo rechts der Straße ein sehr schöner Hindutempel steht. Seine weiße und zartrosa Farbe vor dem blauen Himmel, die beiden aufgemalten Elefanten über dem Mittelportal, davor die Statue einer Kuh und im Inneren kunstvolle Götterbilder - das alles legt einen Besuch nahe.

Auf der anderen Seite der Straße erhebt sich das große, neugebaute Pullman-Hotel, etwas weiter führt nach links eine Stichstraße zum Veranda-Hotel, dem Yacht-Club und der Nobelherberge Royal Palm ab. Der Hauptstraße (B 13) vom Ortsende aus folgend, kommen Sie zum Cap Malheureux (s.u.).

4.2.4 VON GRAND BAIE ÜBER POUDRE D'OR NACH PAMPLEMOUSSES

Die nördliche Inselspitze umfährt man ab Grand Baie auf der Küstenstraße B 13, die am Ortsausgang (am Hindutempel) beginnt. Auf den ersten 7 km bis Cap Malheureux fahren Sie dabei parallel zum schönen Strand von **Pereybere**, den man allerdings wegen der hier dichten Bebauung mit Villen, Ferienhäuschen und Hotelanlagen nicht sieht. Kurz vor dem Kap liegt rechterhand nochmals ein schöner Hindutempel,

gleichzeitig beginnt links der Straße der etwas ungepflegte Friedhof, der mit seinen z.T. umgestürzten Grabmälern und vom Wind zerzausten Gebüsch einen herb - pittoresken Charme hat.

An der Kapelle sollten Sie anhalten und bis zur Uferböschung gehen. Das **Cap Malheureux** selbst ist wenig spektakulär, die Aussicht auf die vorgelagerten Inseln jedoch phantastisch!

Am nächsten (etwa 3 km) zur Küste liegt die unbewohnte **Coin de Mire** (Gunner's Quoin), die mit ihrem 163 m hohen westlichen Steilabfall aussieht wie ein untergehendes Schiff. Weitere 5 km dahinter taucht die flachere **Ile Plate** (Flat Island) mit ihrem kleinen 'Ableger' Ilot Gabriel (Round Island) auf. Bei ruhiger See ist es möglich, die Inseln auf einem Bootstrip zu erkunden (vgl. 4.5.3). Der Uferabschnitt am Kap ist noch relativ unberührt und lädt zu einem kleinen Strandspaziergang ein. Seine historische Bedeutung hat er durch den 2. November 1810, als hier die britische Invasionsarmee an Land ging.

Nach der Nordspitze verläßt die Straße die Küste und macht einen leichten Bogen durchs Landesinnere, bis Sie nach ca. 8 km das Dorf **Grand Gaube** erreichen. Hier können Sie in der weitläufigen und sehr schönen "Novotel Grand Gaube" - Anlage eine Kaffee- und/oder Badepause einlegen, bevor Sie an der Ostküste weiterfahren.

Mauritius: Von Grand Baie nach Pamplemousses

Die Straße direkt am Meer ist eng und in einem sehr schlechten Zustand, einfacher ist es, nach **Goodlands** (ca. 4 km) und von da aus auf der A 5 nach Poudre d'Or (ca. 6 km) zu fahren. Dabei hätten Sie Gelegenheit, einen der Hindutempel von Goodlands zu besuchen.

Wieder an der Küste angelangt, haben Sie einen Blick auf die flache, Filao-bewachsene **Ile d'Ambre**. Es ist möglich, mit Fischerbooten dorthin zu gelangen. In den nördlichen Gewässern zwischen Festland und Insel werden übrigens Austern gezüchtet. Aber auch für Schatzsucher hat diese Gegend einen wohlklingenden Namen. In **Belmont**, nahe bei Poudre d'Or, fand noch in den 50er Jahren ein Bauer einen Koffer voller Goldstücke. Schließlich vermuten einige, daß hier, im Bassin Vale, auch der Schatz des berühmten Piraten La Buse vergraben sei, und es fehlt nicht an Versuchen, ihn wiederzufinden. Das Wissen um den genauen Standort hat der "Bussard" jedoch in sein Grab auf Réunion (vgl. 7.6.4) genommen...

In **Poudre d'Or** erinnert ein kleines Denkmal an den Schiffbruch der "St. Géran", der sich 1744 an der Korallenriffen bei der Ile d'Ambre ereignete. Nur neun Personen haben die Katastrophe, die damals die Gemüter der Mauritianer sehr bewegte, überlebt.

---

i *Information zu "Paul und Virginie"*

Der Untergang der "St. Géran" war auch der Hintergrund für die berühmte Liebesgeschichte, die der französische Dichter Bernadin de Saint Pierre in seiner "Voyage à l'Ile de France par un Officier du Roi" erzählt. Sie handelt von zwei mauritianischen Nachbarskindern, deren gegenseitige Liebe auch nicht vergeht, als Virginie nach Paris aufbrechen muß. Auf Mauritius wartet Paul sehnsüchtig auf ihre Heimkehr, und endlich ist es soweit: Mit der "St. Géran" soll Virginie aus Frankreich zurückkehren. Schon in Sichtweite ihrer Heimat aber geschieht die Katastrophe - das Schiff läuft auf ein Korallenriff auf, und die Passagiere sind dem Tod geweiht; es sei denn, sie versuchten, die Strecke schwimmend zurückzulegen. Die tugendhafte Virginie aber weigert sich, sich vor anderen Menschen auszuziehen und muß ertrinken. Ihr Tod wiederum führt dazu, daß auch Paul an seinem gebrochenen Herzen stirbt.

Bernadins Erzählung geht zwar auf den tatsächlichen Schiffbruch der "St. Géran" zurück, aber wahrscheinlich nicht auf ein tatsächliches Schicksal. Es befand sich kein Mädchen gleichen Namens auf dem Schiff, und auch Versuche, die Frauengestalt mit anderen Passagieren oder weiblichen Bekannten des Dichters zu identifizieren, sind wenig überzeugend.

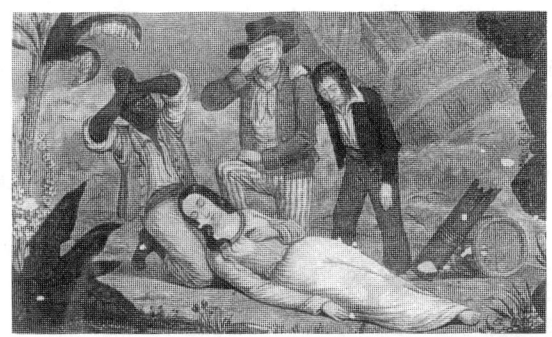

Die tragisch-naive Geschichte, die noch heute auf der Insel sehr populär ist, fand schon beim zeitgenössischen sentimentalen Publikum in aller Welt Anklang. Über 30 Mal wurde sie übersetzt oder als Vorlage für Theaterstücke, Gemälde, Skulpturen usw. genutzt. Das berühmteste Bild ist vielleicht das des Joseph Verenet, das sich in der Leningrader Ermitage befindet. Auf Mauritius selbst erinnern verschiedene Denkmäler, Straßennamen, Produkt- und Restaurantbezeichnungen sowie Briefmarkenmotive an "Paul und Virginie"...

Ab Poudre d'Or können Sie nun auf der B 15 zu den herrlichen Stränden von Poste Lafayette, Belle Mare oder Trou d'Eau Douce weiterfahren (vgl. 4.4.3).

Unser Tagesprogramm aber führt über die B 16 nach **Piton** (ca. 7 km), von da aus über die A 6 weiter nach **Pamplemousses** (ca. 7 km). Wer vorher noch schöne Beispiele der kreolischen Villen-Architektur bewundern möchte, sollte etwa 4 km hinter dem Ortsausgang (im Dorf Hamlet) nach rechts und nach weiteren 3 km nach links zur **Villa Labourdonnais** abzweigen. Dieses Kolonialhaus ist in Privatbesitz, man hat aber von der Straße aus einen Blick auf die weiße Villa. Ein anderes schönes Gebäude ist das **Chateau de Villbague**, das Sie erreichen, wenn Sie knapp 4 km hinter Piton auf der A 6 nach links - Richtung Grande Rosalie - abbiegen. Auch dieser herrliche Landsitz geht auf die reiche Bautätigkeit des Gouverneurs Mahé de Labourdonnais zurück.

4.2.5 PAMPLEMOUSSES

Der Ort Pamplemousses hat einiges zu bieten und ist auf vielfältige Weise auch mit dem historischen und modernen Mauritius verknüpft. Hier befindet sich das große Krankenhaus "Sir Seewoosagur Ramgoolam Hospital", und hier gibt es große, leistungsfähige Zuckerfabriken und Kleinindustrien. Die Geschichte des Landes wird durch Anlagen wie der ältesten Kirche, der ersten Zuckerfabrik, dem Friedhof und dem Botanischen Garten repräsentiert, aber auch durch Daten wie

1810, als sich hier zum letztenmal französische und britische Soldaten gegenüberstanden, oder 1985, als hier der Leichnam des Nationalhelden Sir Seewoosagur Ramgoolam eingeäschert wurde (vgl. 2.1.4).
Am bekanntesten jedoch wurde Pamplemousses durch die Botanischen Gärten (ehemals: Royal Botanic Gardens), seit 1988 "Sir Seewoosagur Ramgoolam Botanic Garden" genannt.

Bevor Sie in den Garten hineingehen, lohnt sich ein Blick in die gegenüber dem Hauptportal liegende **katholische Kirche St. Francois**, die die älteste des Landes ist. Das schlichte Gotteshaus mit seinem markanten Westturm wurde 1756 gebaut und besitzt ein sehenswertes Inneres. Die einschiffige Halle samt Querschiff hat noch den alten offenen Dachstuhl, der mit einem filigranen Gitterwerk aus tropischen Hölzern abgestützt wird. Interessant sind auch die beiden Kristalleuchter.
Daneben enthält der **Friedhof** die Grabstätten vieler bedeutender Kolonialpolitiker und Zuckerbarone und steht deshalb z.T. unter Denkmalschutz. Der gesamte Kirchenbereich erinnert auch an die Zeit, als sich viele Adelige - getreu der absolutistischen Auffassung - um das Landhaus des Gouverneurs ansiedelten und hier, unter den Augen des Bischofs, der große Sklavenmarkt abgehalten wurde.

Sir Seewoosagur Ramgoolam Botanic Garden

Öffnungszeiten:

tägl. von 7.00 - 18.00 Uhr
Eintritt frei

Der Botanische Garten ist tatsächlich eine Sehenswürdigkeit von Weltruf, die nicht nur Botanikern ein Begriff ist, sondern ein unbedingtes 'Muß' für alle Mauritius-Urlauber. Bereits 1893 schrieb der reisende Franzose Leclercq: *"Sicher ist die Insel Mauritius das Paradies der Südhalbkugel, aber man kann auch sagen, daß der Garten von Pamplemousses das Paradies der Insel Mauritius ist!"*.

Die Geschichte des solchermaßen gelobten Parks geht (wie sollte es anders sein!) auf den berühmten Gouverneur Mahé de Labourdonnais zurück, der sich hier 1735 ein Landhaus ("Mon Plaisir") anlegen ließ und dazu einen Gemüsegarten, der bald schon den Bedarf von Port Louis deckte. In unmittelbarer Nähe standen damals die Hütten der Sklaven, die die Felder bewirtschafteten. Nachdem kurze Zeit später die französische Ostindien-Kompanie das Gelände übernommen hatte, war es dem Intendanten Pierre Poivre vorbehalten, ab 1770 aus dem Gemüsegarten eine weltberühmte Parkanlage zu schaffen. Dieser Mann mit seinen weitreichenden Verbindungen bis nach China, Java, Indien und den Seychellen ließ aus fast allen tropischen Gebieten der Erde Pflanzen nach Pamplemousses bringen, wo sie hervorragend gediehen. Er tat dies nicht nur wegen seiner botanischen Leidenschaft, sondern auch aus handfesten wirtschaftlichen Interessen - galt es doch, das damalige Gewürzmonopol der Holländer zu brechen und zusätzlich durch den Export von Zierpflanzen nach Europa Geschäfte zu machen.

Der heutige Botanische Garten ist mit dem Erbe Poivres pfleglich umgegangen und gehört zu den umfangreichsten tropischen Anlagen überhaupt.

Die Artenvielfalt ist so groß, daß unmöglich auch nur die wichtigsten genannt werden können; für Interessierte empfiehlt sich daher der Kauf eines Führers mit Planskizze, der auch die lateinischen Bezeichnungen enthält.

Zunächst wird Ihnen das herrliche weiße Eisenportal auffallen, das tatsächlich bei der Weltausstellung im Londoner Kristallpalast 1862 mit einem ersten Preis ausgezeichnet wurde.

Rundgang

Falls Sie sich nicht einen ganzen Tag im Park aufhalten möchten (was ohne weiteres möglich wäre), empfehle ich Ihnen folgenden Rundgang, der das Wichtigste enthält:
Gehen Sie nach dem Eingang zunächst halbrechts die "Poivre Avenue" mit ihren majestätischen Königspalmen entlang. An ihrem Ende zweigt rechts der Weg "Octave Wiehe" ab, der den idyllischen Zitronenfluß mit der "Pont des Soupirs" überbrückt. Hier sind Letchis, Mahagonybäume, Riesenfarne u.v.m. zu sehen. Nach einem kleinen Rundgang auf dem jenseitigen Ufer kommen Sie über die Pont de Soupirs zurück und bie-

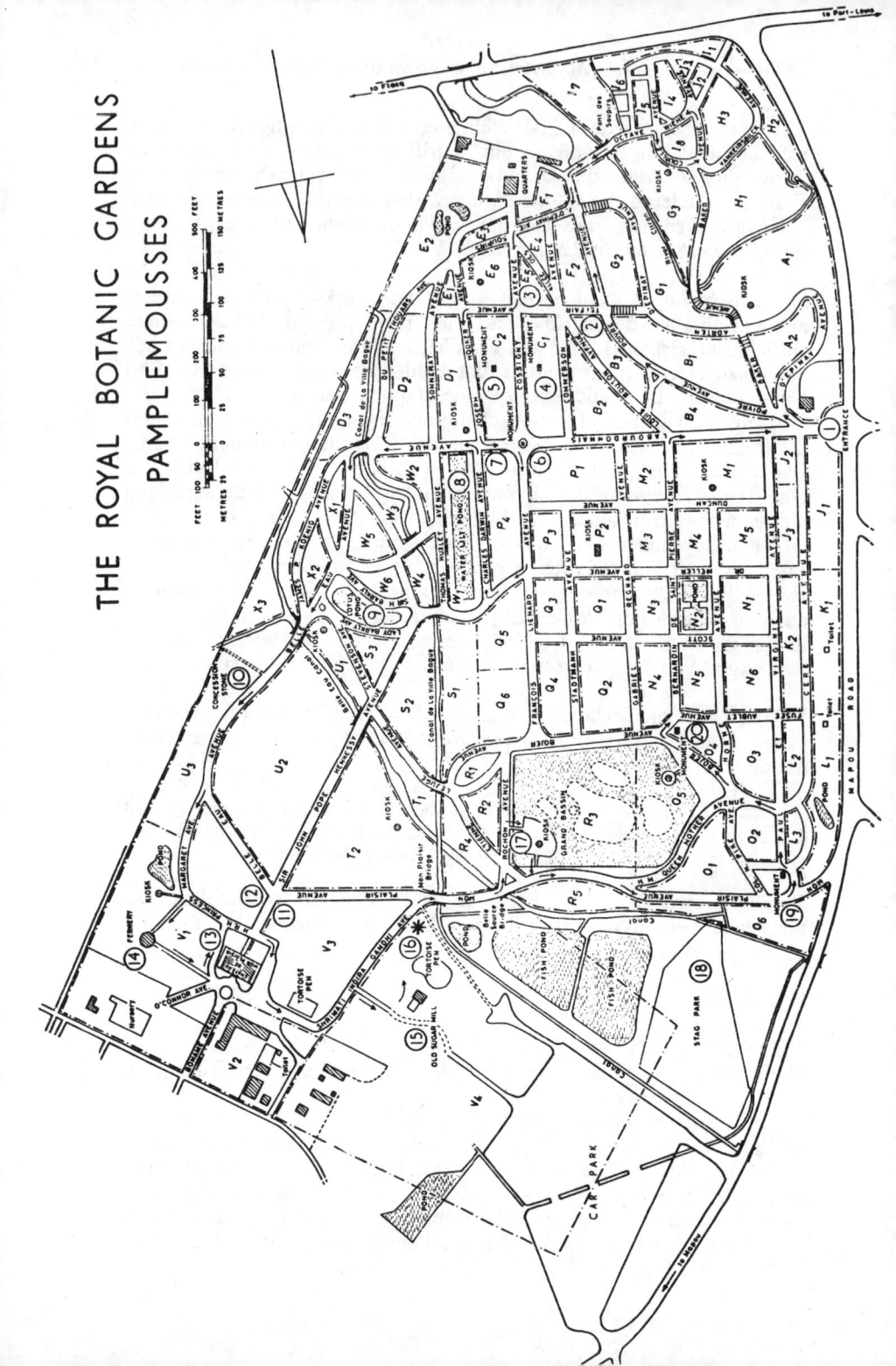

gen nach 50 m rechts in die "Adrien d'Epinay Avenue" ein, die Sie nach einigen Schritten nach links auf der "Cossigny Avenue" verlassen. An der Kreuzung stehen verschiedene Bambusarten. Der Weg wird flankiert von mehreren Palmensorten, darunter die merkwürdige Talliot-Palme, die nur einmal, im Alter von 40 - 60 Jahren, eine lange Dolde mit Millionen von Blüten trägt, bevor sie stirbt. Aber auch die brasilianische Königinnenpalme, die Palmyrapalme, die Flaschenpalme, der Baum des Reisenden u.a. sind zu sehen. Auf der Kreuzung mit der "Labourdonnais Avenue" stoßen Sie auf einen Marmor-Obelisken, der nach seinem Donator Liénard benannt ist. Gehen Sie hier nach rechts und biegen Sie nach zwanzig Metern in die "Charles Darwin Avenue" ein, dann sehen Sie rechterhand eine der größten Attraktionen, den rechteckigen **Pool voller Riesenseerosen** (victoria amazonica) mit ihren wagenradgroßen schwimmenden Blättern.

Am Ende des Teiches überqueren Sie einen Kanal und kommen dann zu einem See mit herrlichen Lotus-Blüten. An dessen Ende biegen Sie nach links auf die "Belle Eau Avenue" ein, überqueren einen weiteren Kanal (Ficus-Bäume und die mächtige Coco-de-mer-Palme von den Seychellen), passieren den 'Concession Stone' mit einem 30 m hohen Riesen-Bambus, und erreichen schließlich das Kolonialhaus "Château de mon Plaisir".

Château de mon Plaisir

Dieses zweistöckige 'Schloß' ist nicht mit dem ursprünglichen Gebäude des Mahé de Labourdonnais identisch, das dieser in der Nähe des Haupteingangs hatte erbauen lassen. Nachdem der Gouverneur David

Mauritius: Pamplemousses

"Mon Plaisir" verkommen ließ und sich auf sein "Le Réduit" (vgl. 4.1.4) zurückzog, wurde das Landhaus abgerissen und an der heutigen Stelle 1777 in neuer Form erbaut. Immerhin: auch dieses Château ist alt, eindrucksvoll und ein gutes Beispiel kreolischer Architektur; es beherbergt nun die Gartenverwaltung und dient repräsentativen Empfängen.

Besonders schön ist vom Mon Plaisir aus der weite Blick bis zu den Moka-Bergen und dem Gipfel des Pieter Both.

Sie können nun vom Schloß aus einen Abstecher nach rechts zu Riesenfarnen u.a. machen oder aber direkt über die "Shrimati Indira Gandhi Avenue" zu weiteren Sehenswürdigkeiten gehen. Diese sind zunächst ein **Gehege mit Riesenschildkröten**, dann ein weiteres Gehege dieser Tiere, die bereits 1875 von der Insel Aldabra (Seychellen) importiert wurden. Gegenüber des zweiten "Tortoise Pen" ist eine stark restaurierte **Zuckermühle** zu besichtigen, die natürlich noch ohne Motor auskommen mußte, stattdessen von Ochsen oder Sklaven bedient wurde. Man sieht noch gut das Drehrad, mittels dessen aus dem Zuckerrohr der Saft gepreßt wurde, der anschließend in den Schalen des zweiten Gebäudes zu Karamel 'aufgekocht' wurde.
Folgen Sie nun der "Mon Plaisir Avenue", vorbei an Fischteichen und dem "Grand Bassin" mit Papyrusbewuchs und reichem Fisch- und Vogelleben. Nach einer Weile erreichen Sie rechterhand ein Gehege mit Java-Hirschen, die auf Mauritius noch zu Tausenden in freier Wildbahn anzutreffen sind. Der Weg endet an einem Monument für "Paul und Virginie", den Titelgestalten der berühmten Geschichte des Bernardin de St. Pierre (vgl. 4.2.4). Die "Paul et Virginie Avenue" führt Sie nun, vorbei an Filaos, Mahagony- und Ebenholzbäumen, zum Haupteingang zurück.

Hinweise:
* Für diesen Rundgang sollten Sie sich etwa 1 ½ Stunden Zeit nehmen.
* Toilettenanlagen befinden sich hinter dem Château de mon Plaisir.
* Außer an Sonn- und Feiertagen ist es auch möglich, die größeren Wege mit dem Auto zu befahren, was aber das natürlich wenig sinnvoll ist.

Buchtip:

A.W. **Owadally**: "Sir Seewoosagur Ramgoolam Botanic Garden", Pamplemousses, 2. Aufl. 1988 (Rs 60,-)

4.3 DER SÜDWESTEN

4.3.1 ÜBERBLICK

Der Südwesten von Mauritius ist sicher einer der eindrucksvollsten Landesteile und ein Gebiet voller Gegensätze - mit hohen Bergen, Wasserfällen, tiefen Schluchten und großen Seen, mit landschaftlichen Merkwürdigkeiten wie den Vulkankratern "Trou aux Cerfs" und "Grand Bassin", den farbenprächtigen "Terres de couleurs" oder dem eindrucksvollen Morne de Brabant, aber auch mit schönen Stränden, idyllischen Wanderwegen und reichem Tier- und Pflanzenleben. Daneben hat der Südwesten seine kulturellen Akzente - seien es die Kirchen und Tempel von Quatre Bornes und Rose Hill, sei es die "heimliche Hauptstadt" Curepipe oder sei es die heilige Hindu-Stätte am Grand Bassin.

Wer den Südwesten auf einer Tagesexkursion erleben möchte, sollte viel Zeit mitbringen! Immer wieder lohnen längere und kürzere Aufenthalte an den verschiedensten Sehenswürdigkeiten sowie kleine Wanderungen und Badegelegenheiten.

 Die Straßen sind - besonders auf der Plaine Champagne - nicht nur weit schlechter als im Norden, sondern überbrücken auch z.T. erhebliche Höhenunterschiede. Zudem ist die Strecke - gerechnet ab und bis Port Louis - länger als die Nord-Route, nämlich etwa 130 km!

Man sollte also auswählen und auf einiges verzichten bzw. an einem anderen Tag unternehmen. Wer z.B. eine längere Bergwanderung einplant oder für Stadtbesichtigung und Shopping in Curepipe oder ein Bad im Indischen Ozean (am Morne Brabant oder Flic en Flac) einige Stunden veranschlagt, kann die Exkursion nicht an einem Tag durchführen.

Ob man überhaupt die unter 4.3.3 - 4.3.6 vorgeschlagene Route in dieser Form nachvollzieht, hängt wieder einmal vom Hotelstandort ab:

* Sie ist geeignet für alle, die im **Norden** wohnen und am günstigsten sowieso über Port Louis fahren; dabei sollte man möglichst früh starten und evtl. in Curepipe ein 'zweites Frühstück' zur Stärkung einnehmen!
* Wer sein Hotel im **Süden** oder **Südwesten**, d.h. an der Küste zwischen Baie du Cap und Flic en Flac hat, kann sich mehr Zeit lassen: die Strecke Port Louis - Curepipe könnte man hier streichen und hätte außerdem keinen Zeitverlust durch die Anfahrt zur Rundstrecke.
* Wessen Hotelstandort an der **mittleren Ostküste** liegt, sollte allerdings eine ganz andere Routenführung wählen: Von Trou d'Eau Douce und Umgebung aus über Quartier Militaire nach Curepipe, dann weiter bis Chamarel und von dort aus direkt zur Westküste mit evtl. einem Abstecher zum Morne Brabant, dann über Tamarin (Flic en Flac) und Cu-

repipe auf dem gleichen Weg zurück. An einem zweiten Tag an der Ostküste entlang über Mahébourg (vgl. 4.4.3-4), dann über Rose Belle, Bois Chéri und Grand Bassin zur Plaine Champagne, von Chamarel schließlich zum Baie du Cap und über Souillac und Mahébourg wieder zurück.

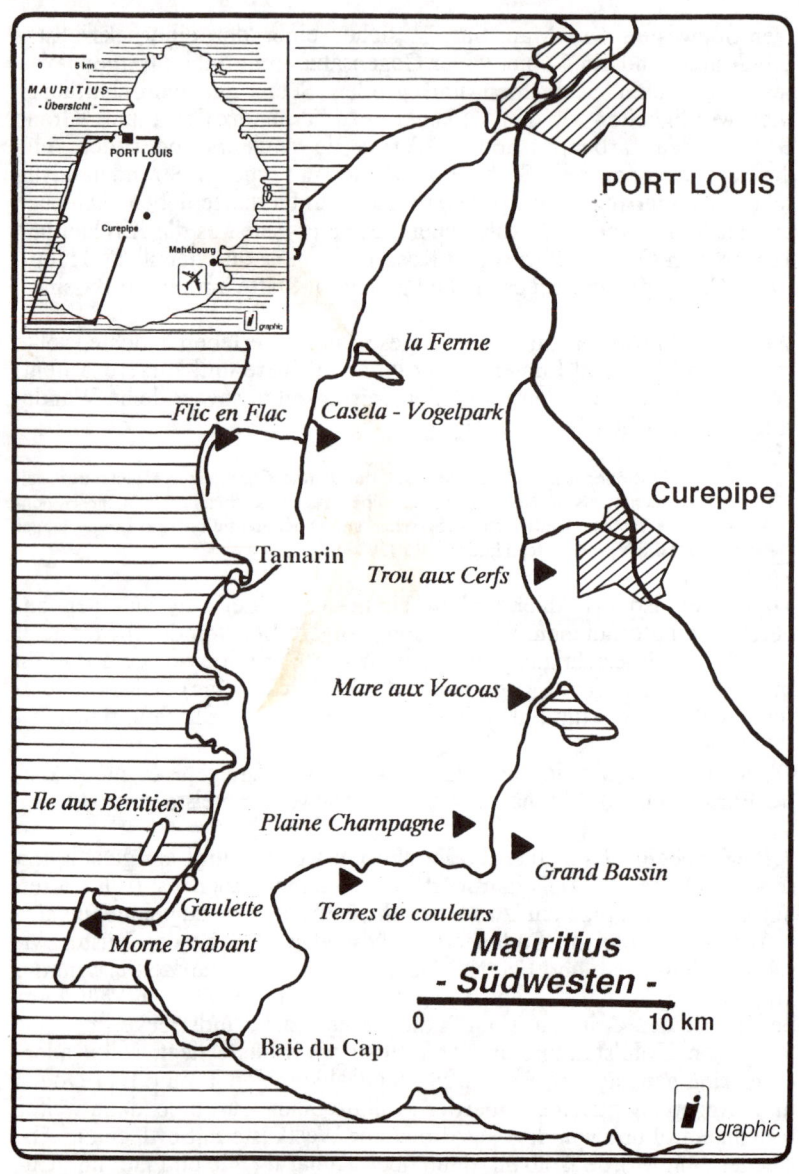

Der Südwesten von Mauritius

* Auch wenn man in **Mahébourg und Umgebung** logiert, wäre eine Kombination mit der Rundfahrt 4.4 sinnvoller - etwa nach folgendem Programm: Erster Tag bis Baie du Cap (4.4.5), dann über Chamarel und die Plaine Champagne nach Curepipe (4.3.5 in umgekehrter Reihenfolge) und auf der A 10 zurück; zweiter Tag über Rose Belle, Bois Chéri und Grand Bassin nach Chamarel, von hier aus zur Westküste und hoch bis nach Tamarin (4.3.6), dann quer durch die Insel (Vacoas - Quartier Militaire - Centre de Flacq) zur Ostküste und hier auf der Küstenstraße zurück (4.4.4).

Wenn man die in diesem Kapitel beschriebene Rundfahrt durchführt, könnten an einem Tag folgende Programmpunkte 'geschafft' werden:

Fahrt nach Curepipe (kurze Stadtbesichtigung, Vulkankrater Trou aux Cerfs, zweites Frühstück/vorgezogenes Mittagessen) - Mare aux Vacoas - Grand Bassin (Besichtigung) - Plaine Champagne (zwei kurze Spaziergänge) - Terres de couleurs (Aufenthalt) - Baie du Cap - Morne Brabant (Kaffeepause, evtl. Baden) - Tamarin - Casela-Vogelpark (Besichtigung) - Flic en Flac (evtl. Baden, Sonnenuntergang) - Port Louis.

Ob Sie nun dieser oder einer anderen Route folgen - sinnvoll ist es immer, wenn Sie sich etwas zu Essen mitnehmen! Denn auf der Plaine Champagne gibt es weder Restaurants noch Imbißbuden, dafür aber sehr schöne, für ein Picknick geeignete Stellen...

4.3.2 TOURISTISCHE HINWEISE

Hinweise zu Hotels, Stränden, Informationsstellen etc. entnehmen Sie bitte unter dem entsprechenden Stichwort dem Kapitel 3.1.

Reisebüros:

"Mauritours", 5, Venkatasananda Street, Rose Hill, Tel.: 54-1666
"Mauritours", St. Jean Road, Quatre Bornes, Tel.: 4-7034/5

Kunstgewerbe:

"Mikado", Arcades Salaffa, Curepipe
"Bricolage Mauricien", Rue Labourdonnais, Quatre Bornes
"S.P.E.S.", Royal Road, Curepipe
"Ma Cabane", Royal Road, Rose Hill

Spielcasinos:

"Casino de Maurice", Boulevard Victoria, Tel.: 6-3012 und die Méridien-Hotels am Morne Brabant

Mauritius: Von Port Louis nach Curepipe

Restaurants:
Auch der Südwesten hat seine kulinarischen Adressen (allen voran das Au Gourmet), die sich allerdings in den Städten zwischen Port Louis und Curepipe sowie an den Touristenstränden konzentrieren. Das landschaftlich reizvolle Binnenland (Plaines Wilhelms, Plaine Champagne, Savanne) hat demgegenüber kaum Ortschaften und erst recht keine guten Eßlokale. Für externe Gäste stehen auch die Bars und Restaurants der Strandhotels offen, besonders gut sind hier die Méridien-Hotels am Morne Brabant und das abendliche Buffet im La Pirogue-Hotel bei Wolmar. Daneben sind folgende Restaurants empfehlenswert:

Rose Hill:
* **Café de Chine**, Royal Road, Tel.: 4-2740. Chinesische, europäische und kreolische Küche, Do und So mittag geschlossen
* **Blue Mauritius**, Commercial Centre, Tel.: 4-4097. Großes Haus mit Diskothekenbetrieb, Essen aller vier Landesküchen, Mo, Di und Do geschlossen

Quatre Bornes:
* **Dragon Vert**, La Louise, Tel.: 4-4564. Chinesische, kreolische und europäische Küche, Di geschlossen
* **Rolly's**, St. Jean Road, Tel.: 4-8267. Europäische und kreolische Küche, sehr gute Steaks und Seafood-Gerichte

Curepipe:
* **Au Gourmet**, Avenue Bernardin de St. Pierre, Tel.: 6-1871/6-2118. Eine der ganz großen Adressen (manche sagen: die beste!) auf Mauritius, in der schönen Kolonialvilla La Sablonière inmitten eines großzügigen Parks untergebracht, nahe zum Botanischen Garten, von innen und außen ein Erlebnis! Europäische und kreolische Küche, vorherige Platzreservierung empfehlenswert, So geschlossen
* **La Nouvelle Potinière**, Sir Winston Churchill Street (Hillcrest Building), Tel.: 6-2648. Sehr gute europäische und kreolische Küche, renommiertes Haus mit Nouvelle cuisine, So geschlossen
* **Mandarin Hotel**, Floreal, Tel.: 6-5031. Vor Curepipe im Stadtteil Floreal gelegen, burgähnliches, herrschaftliches Hotel, gute chinesische Küche

Westküste:
* **Le Domino**, Le Morne Brabant, Tel.: 53-6675. Hochgelegenes Restaurant mit phantastischer Aussicht, chinesische, kreolische und europäische Küche
* **La Bonne Chute**, La Preneuse (Black River), Tel.: 53-6552. Europäische und kreolische Küche, Spezialität Wildgerichte, So geschlossen
* **Villas Caroline**, Flic en Flac, Tel.: 53-8411. Schmackhafte kreolische Küche in der strandnahen Hotelanlage
* **Sea Breeze**, Flic en Flac, Tel.: 53-8413. Europäische, kreolische und chinesische Küche, gutes Seafood, So mittags geschlossen.

4.3.3 VON PORT LOUIS NACH CUREPIPE

Die etwa 20 km zwischen Port Louis und Curepipe können auf dem Motorway rasch zurückgelegt werden, so daß die Exkursion in den Südwesten in Curepipe ohne großen Zeitverlust beginnen kann. Andererseits ist es auch möglich, über die Autobahn oder die alte Landstraße A 1 auf dem Weg noch das ein oder andere Ziel anzusteuern (evtl. an einem separaten Tag) - interessant besonders für die, die auch am **modernen Mauritius** interessiert sind. Denn zwischen den beiden Orten liegt - wie Perlen an der Kette - das größte städtische Ballungsgebiet der Insel, in dem die Ortsgrenzen ineinander übergehen. Es handelt sich dabei um Städte und Stadtteile wie Beau Bassin, Moka, Rose Hill, Quatre Bornes, Phoenix, Vacoas und Floréal, die z.T. in einer Gemeindereform 1986 zusammengelegt worden sind und überwiegend neuzeitliches Gepräge haben.

Wer ab Port Louis den Motorway benutzt, hat nach etwa 8 km die Möglichkeit, am Fuß der Montagne Ory einen Abstecher nach **Moka** und zu den Kolonialvillen **La Réduit** bzw. **Eureka** zu unternehmen. Auch für die **Rundfahrt um den Pieter Both** benutzt man diese Abfahrt, die gleichzeitig zur **Universität von Mauritius** und zum "Institut Mahatma Gandhi", einem Zentrum indischer Kultur, führt (vgl. 4.1.4). Daneben liegt ein weithin bekanntes Forschungsinstitut, das sich mit Zuckeranbau und -veredlung beschäftigt. Der Name "Moka" stammt übrigens, wie die Ortsbezeichnung "Yemen", aus der Zeit, als hier versucht wurde, im großen Stil Kaffee anzubauen.

Von Moka aus können Sie an Le Réduit vorbei nach Rose Hill fahren und von dort durchs städtische Zentrum wieder auf die Autobahn nach Quatre Bornes/Curepipe gelangen.

 Achten Sie in Moka aber auf die Hinweisschilder, so daß Sie am Kreisverkehr **nicht** auf die gut ausgebaute Landstraße nach Quartier Militaire (A 7) abbiegen!

Beau Bassin

Wenn Sie ab Port Louis der Landstraße A 1 folgen, erreichen Sie nach etwa 9 km Beau Bassin, das seinen Namen nach einem Wasserreservoir trägt. Die heute 43 000 Einwohner zählende Stadt liegt zwischen zwei Höhenzügen und erstreckt sich in Nord-Süd-Richtung, im Süden geht sie nahtlos in die Schwesterstadt Rose Hill (45 000 Einwohner) über, mit der sie eine Verwaltungseinheit bildet.

Sehenswert in Beau Bassin sind die **östlichen Stadtteile** (dritte Straße nach dem Ortsanfang links), wo sich ein schöner **Wasserfall** und die Parkanlage "**Jardin Balfour**" mit vielen tropischen Pflanzen befindet. Ganz in der Nähe kann das **Thabor-Kloster** besichtigt werden. Neben funktionalen Betonbauten hat sich in Beau Bassin aber auch noch ältere Bausubstanz erhalten, z.B. die kleine '**arabische Stadt**' (Arab town) mit Verkaufsbuden und Imbißgaststätten im traditionellen Stil. Für das moderne Mauritius hat Beau Bassin durch mehrere Lehranstalten eine große Bedeutung.

Rose Hill

Wenn Sie auf der Hauptstraße nach Rose Hill weiterfahren, kommen Sie über die Route Royale automatisch zum Stadtzentrum, das auf der "Plaza" Institutionen wie Rathaus, Bürgermeisterei, Stadtbibliothek, Theater, Gemeindeverwaltung und eine Galerie konzentriert. Interessanter sind die ganz nah gelegenen **römisch-katholischen Kirchen Montmartre** und **Notre Dame de Lourdes**, im moderneren bzw. neogotischen Stil erbaut. Daneben besitzt Rose Hill eine Einkaufszone mit großen Geschäftskomplexen, aber auch noch kleine Verkaufsstände in der Art eines Basars sowie einen Botanischen Garten. Wenn Sie auf den langgezogenen Querstraßen in westlicher Richtung (nach rechts) fahren, kommen Sie bis zum Fuß des 'Hausberges', dem Corps de Garde (719 m). Zurück auf der Hauptstraße erreichen Sie bald den Verkehrskreisel, wo diese auf die Autobahn nach Phoenix stößt. Hier liegt auch die letzte große Kirche von Rose Hill, die römisch-katholische **St. Jean**.

Quatre Bornes

Am Kreisel können Sie nun direkt nach Phoenix weiterfahren, oder aber der Route St. Jean ins Stadtzentrum von Quatre Bornes folgen. Die drittgrößte Stadt des Landes (ca. 60 000 Einwohner) macht einen großzügigen, aufgeräumten Eindruck und hat, bis auf die Avenue Victoria, kaum Straßenzüge mit alter Bausubstanz. Das moderne Rathaus, die Kaufhäuser, Hotels und das Handelsviertel sind funktional, aber nicht häßlich. Vom wirtschaftlichen Boom der letzten Jahre profitierte Quatre Bornes ganz besonders, so daß sie den Beinamen "Millionärsstadt" trägt. Mit ihren vielen gepflegten Grünflächen und Gärten am Fuße des Corps de Garde wird sie daneben auch als "Blumenstadt" bezeichnet. Wer in der entsprechenden Zeit da ist, hat Gelegenheit, hier das tamilische "Feuerlaufen" oder das hinduistische Cavadee-Fest zu beobachten. Lokalkolorit bietet auch der Markt, der jeden Samstag stattfindet.

Vacoas / Phoenix

Durch den Candos-Hügel wird Quatre Bornes von der Doppelstadt Vacoas und Phoenix (zusammen ca. 60 000 Einwohner) getrennt. Wenn

Sie Quatre Bornes über die Hauptstraße verlassen und auf der B 2 weiterfahren, erreichen Sie nach etwa 6 km Vacoas, das seinen Namen von der typischen Palme mit ihren Stelzwurzeln erhielt. Wer über den Motorway ankommt, durchfährt zunächst den Stadtteil Phoenix, dessen Brauerei die drei beliebten mauritianischen Biersorten herstellt. Es ist nicht ganz einfach, sich im Straßengewirr der Doppelstadt zu orientieren, aber wer einmal kreuz und quer auf Entdeckungstour gehen will, wird automatisch auf sehenswerte Sakralbauten aller Religionen stoßen. Das Christentum ist mit vier Kirchen und einem Karmeliter-Kloster vertreten, der Hinduismus durch die Tempel Mahant Kabir (in Vacoas) und Rama Krishna, der Islam durch zwei Moscheen.

Rundfahrten von Vacoas aus

Von Vacoas aus sind übrigens landschaftlich sehr schöne Rundfahrten oder auch Abkürzungen zur vorliegenden Route möglich! Dazu fahren Sie am Ortsende nach rechts (Quinze Cantons) in Richtung Tamarin an der Westküste (vgl. 4.3.6). Die Straße verläuft zwischen den etwa 600 m hohen Bergrücken der Montagnes Vacoas (im Süden) und den Trois Mamelles (im Norden), dahinter taucht der eindrucksvolle Montagne du Rempart (777 m), das "mauritianische Matterhorn", auf. Knapp 5 km hinter Quinze Cantons biegen Sie nach links ab und erreichen nach weiteren 6 km, vorbei am Simonet (632 m), den See "Tamarind Falls Reservoir". Hier geht es einige Hundert Meter nach links, wo die sieben Wasserfälle der "Tamarind Falls" (die höchsten des Landes), ein eindrucksvolles Bild abgeben. Dann geht es wieder nach links in Richtung Henrietta.

Nach gut 1 km können Sie auf einer engen und schlechten Stichstraße auf die Montagnes Vacoas bis zum Aussichtspunkt Mirador fahren: herrliche Panoramablicke auf die nordwestlichen Berge und die große Ebene mit Vacoas, Floréal und Curepipe sind der Lohn der Mühe.

Ab Henrietta sind Sie nach 6 km in Curepipe; die Rundfahrt ist insgesamt etwa 15 km lang und kann in gut einer Stunde durchgeführt werden. Wer Curepipe schon kennt oder nicht bzw. zu einem anderen Zeitpunkt besichtigen will, kann ab Henrietta übrigens zum Mare aux Vacoas weiterfahren. Er ist damit bereits auf der Route, die unter 4.3.5 beschrieben wird.

Floréal

Von Vacoas oder Phoenix gibt es viele Wege, die nach Curepipe führen. Zunächst erreicht man dabei den Stadtteil Floréal, an dessen Hauptstraße das mächtige Hotel "Mandarin" wie eine maurische Zwingburg aussieht. Der Ort gilt übrigens als mondäner Teil der Stadt Curepipe, in dem sich auch verschiedene Botschaften niedergelassen haben.

Für Liebhaber von Diamanten ergibt sich einige Meter von der Hauptstraße entfernt (Mangalkhan, Tel.: 86-5783, geöffnet Mo - Fr 8.30 - 16.00 Uhr) die Möglichkeit, preiswert (Duty free) geschliffene Edelsteine zu erwerben.

Eine weitere günstige Einkaufsmöglichkeit ist in der Nähe die Floréal Boutique gegenüber der Floréal Knitwear-Fabrik mit Textilwaren.

4.3.4 CUREPIPE

Mit gut 60 000 Einwohnern ist Curepipe (wenn man Beau Bassin und Rose Hill nicht zusammenzählt) die zweitgrößte Stadt des Landes nach Port Louis und vor Quatre Bornes. Vom Charakter her stellt sie dabei den genauen Gegenpol zum quirligen und stickigen Port Louis dar, was sowohl an der Höhenlage (mehr als 500 m ü.d.M.) liegt als auch an der Einwohnerschaft, die immer noch durch eine starke weiße Schicht geprägt ist. So wie Port Louis die mauritianische Gesellschaft mit all ihren Facetten repräsentiert, so stellt Curepipe die koloniale Vergangenheit und eine europäische Minderheit dar. Im Stadtbild dominieren moderne Zweckbauten, die Geschäfte und Boutiquen der gehobeneren Preisklasse, aber auch wunderschöne Beispiele der kreolischen Architektur und weitläufige Grünanlagen. Curepipe ist als höchstgelegene Stadt der Insel der einzige Ort, der im Winter (Juli, August) wirklich kühle Temperaturen aufweisen kann - demgegenüber ist es hier im Sommer i.d.R. erfrischender und angenehmer als in der schwül-heißen Hauptstadt, allerdings auch regenreicher: die Niederschlagsmengen sind dreimal so hoch wie dort.
Woher der Name "Curepipe" stammt, ist nicht ganz klar. Möglicherweise brachten ihn Einwanderer aus dem gleichnamigen Dorf an der französischen Gironde mit, oder aber er bezieht sich auf pfeiferauchende Gäste der Kutschen, die hier früher eine Rast einlegten.

Für eine Stadtbesichtigung braucht man nicht soviel Zeit wie in Port Louis, da die Sehenswürdigkeiten recht nah beieinander liegen (mit Ausnahme des Vulkankraters) und weil das Merkwürdige dieses Ortes - nämlich das europäische Flair - für Europäer eben nicht so sensationell ist. Curepipe eignet sich für einen kleinen Spaziergang mit Einkaufsgelegenheit, der über die Hauptachsen Route Royale und Victoria Avenue führt, und zu einem erholsamen Aufenthalt im Botanischen Garten. Die Auffahrt zum Trou aux Cerfs sollte sich ebenfalls keiner entgehen lassen.

Rundgang

Wenn Sie mit dem Wagen hierhin gekommen sind, sollten Sie sich im Zentrum (etwa auf der Sir Winston Churchill Street oder vor der markanten Kirche St. Therese) einen Parkplatz suchen und die Route Royale entlangschlendern. Dabei beginnen Sie am besten im Norden, wo man linkerhand das **Royal College** hinter einem großen offenen Platz bemerkt. Daß diese beste Schule der Insel ein Erbe der Engländer ist, sieht man ihr sofort an, wenn auch der Beiname "Buckingham Palace" weit übertreibt! Vor der Fassade erinnert ein Denkmal an die Toten des Ersten Weltkrieges.

Der Route Royale folgend, passieren Sie bald darauf linkerhand eine Einkaufspassage ("Currimjee Arcades", darüber das Continental Hotel) und stehen dann vor dem hochaufragenden Turm der römisch-katholischen Kirche **St. Therese**. Mit ihren drei Schiffen, dem zentralen Westturm und den zwei westlichen Eckturmchen ist sie ein gutes Beispiel der Neogotik mit einem neo-barocken Eingangsbereich. Auch das Innere und die umgebenden Grünanlagen machen einen gepflegten Eindruck.

Überqueren Sie nun die Straße und gehen Sie durch den barocken Garten auf zwei schöne Gebäude zu:
* zuerst rechts die **"Carnegie Public Library"**, die eine berühmte Sammlung von Dokumenten zur Geschichte Madagaskars besitzt.
* Sofort daneben steht das alte hölzerne **Rathaus**, das mit seinen vier Eckturmen, der säulentragenden Veranda, den Freitreppen und Eisengittern eines der schönsten Beispiele kreolischer Architektur ist. Es bedürfte allerdings dringend einer umfassenden Restaurierung, andernfalls droht der völlige Zerfall des historischen Hôtel-de-Ville!

Wenn Sie nun den Garten hinter dem Rathaus durchqueren, stoßen Sie auf einige Statuen, darunter eine Kopie von "Paul und Virginie" (vgl. 4.2.4). Sie erreichen nun die Victoria Avenue - ein Block weiter rechts steht das berühmte Spielcasino von Curepipe - und gehen nach links, wo hintereinander der zentrale **Markt** mit seinem modernen Turm (Marktbetrieb mittwochs und samstags), der Busbahnhof, das **Postamt** und das **Einkaufszentrum "Salaffa Arcades"** liegen. Nach der nächsten Querstraße links sind Sie dann wieder auf der Route Royale, am Startpunkt des Rundganges.

Eine weitere Kirche, die Basilika **St. Hélène**, können Sie über die nördliche Verlängerung der Route Royale (Richtung Phoenix) besuchen, sie liegt etwa 600 m vom Royal College entfernt. Wie die St. Therese besitzt sie einen markanten Westturm, allerdings ohne Helm, und wird ansonsten von neo-romanischen Formen geprägt. Schön ist die Fensterrose über dem westlichen Hauptportal.

 Wenn Sie über die Sir Winston Churchill Street am Royal College vorbei fahren (oder gehen), liegt linkerhand (gegenüber der Polizeistation) das Hillcrest Building, das nicht weiter erwähnenswert wäre, würde es nicht das sehr gute Restaurant **"La nouvelle potinière"** beherbergen, wo Sie z.B. einen köstlichen Palmherzen-Salat bekommen können.

Am Ende der Straße geht es halblinks auf die Route du Jardin Botanique.

 Nach etwa 150 m sollten Sie dann rechts auf die Saint Clement Street abbiegen, die Sie zum Nobelrestaurant **"Au Gourmet"** bringt. Auch ohne hier einkehren zu wollen, sollten Sie sich das "Gourmet" nicht entgehen lassen, handelt es sich doch um eine vorzüglich restaurierte Villa im kreolischen Stil, die mit dem herrlich gepflegten Park ein gutes Bild(motiv) abgibt.

Sofort am Eingang des Parks steht übrigens rechterhand ein weißes Modell des Eiffelturms, das 1989 zum 200jährigen Jubiläum der französischen Revolution aufgestellt wurde.

Zurück auf der Route du Jardin Botanique kommen Sie nach wenigen Metern zum **Botanischen Garten**, der zwar nicht die Ausdehnung und Artenvielfalt der Gärten von Pamplemousses erreicht, aber immerhin die 'zweitbeste' Adresse für botanisch Interessierte ist. Die Anlage ist auch mit dem Wagen zu durchfahren (kein Eintritt) und lohnt vor allem zur Zeit der Azaleenblüte einen Besuch.

Wenn Sie den Botanischen Garten durch den nördlichen Eingang (Koenig Street) verlassen, stoßen Sie nach 150 m auf die Sir John Pope Hennessy Street, in die Sie rechts abbiegen, kurze Zeit später dann über die Hughes Street nach links verlassen. Die Straße führt jetzt geradewegs auf den Vulkankrater **Trou aux Cerfs**, der sich etwa 650 m ü.d.M. erhebt. Auf seinem oberen Rand verläuft der Fahrweg, so daß Sie den Krater bequem umrunden können - aber versäumen Sie natürlich nicht, auszusteigen und die Aussicht zu genießen! Der Besuch des Trou aux Cerfs ist aus zwei Gründen sinnvoll:

* An keiner Stelle wird die **vulkanische Vergangenheit** von Mauritius sichtbarer als hier. Der Krater ist ca. 85 m tief und mißt etwa 300 m im Umfang, sein Boden wird von einem See bedeckt. Wer nicht die Gelegenheit hat, Réunion mit seiner aktiven Vulkantätigkeit zu besuchen, ahnt hier etwas von den Urkräften der Natur, denen Mauritius seine Entstehung verdankt.

* Man hat kaum anderswo einen solch **weiten Blick auf die Insel** Mauritius mit ihren Bergen, Zuckerrohrfeldern und Städten. Da Curepipe ziemlich zentral liegt, können bei klarer Sicht der Pieter Both, die Moka-Berge und der Rempart erkannt werden, manchmal in weiter Ferne sogar die Bergspitzen der Nachbarinsel Réunion. Es heißt, daß man 1977 sogar den Feuerschein des Vulkanausbruchs auf Réunion beobachten konnte!

Der Trou aux Cerfs wird von Touristen und Einheimischen gleichermaßen gern besucht, an Wochenenden auch zum Picknick und privaten Festen. Zum gepflegten Eindruck der parkähnlichen Anlage gehören die umliegenden Gärten genauso wie aufgestellte Bänke und Pavillons, und romantische Naturen genießen von hier aus den Sonnenuntergang...

4.3.5 VON CUREPIPE NACH BAIE DU CAP

Von Curepipe zur Baie du Cap - das ist eine Fahrt voller landschaftlicher Höhepunkte und schönen Ausblicken! Es ist aber auch eine Fahrt auf Wegen, die manchmal nur eine Höchstgeschwindigkeit von 30 km/h erlauben und auf denen man für jede Pause dankbar ist. In Curepipe können Sie noch die guten Straßenverhältnisse genießen, wenn Sie auf der Route Royale in Richtung Süden fahren. Im Stadtteil Forest Side, wo sich die bekannte Schiffsmodell-Werkstätte "Comajora" (Route de la Brasserie) befindet, biegen Sie rechts in Richtung Mare aux Vacoas ab. Wenn Sie linkerhand den Sendemast der Radiostation des MBC sehen, sind Sie auf dem richtigen Weg. 4 km hinter Forest Side erreichen Sie dann La Marie, wo unsere Route einer Linkskurve (Hinweisschild: Mare aux Vacoas) folgt.

Alternative Route

Ab hier ist eine alternative Route vorstellbar, die einen Umweg von etwa 10 km bedeutet und (besonders während oder nach Regenfällen) sehr schwierig werden kann, aber landschaftlich überaus reizvoll ist: Fahren Sie von La Marie geradeaus nach Henrietta (2 km), wo Sie einen Abstecher auf die Montagnes Vacoas zum **Aussichtspunkt Mirador** unternehmen können (hin und zurück zusätzlich 8 km). Ansonsten biegen Sie links ab und erreichen nach gut 1 km die **Wasserfälle von**

Tamarind (vgl. auch 4.3.2). An den Fällen halten Sie sich rechts, fahren am Ufer des gleichnamigen Sees entlang und folgen dieser Straße im weiten Bogen, immer am Fuß der über 600 m hohen Bergkette. Nach etwa 8 km können Sie eine Stichstraße nach rechts zum **Aussichtspunkt auf die Schlucht des Black River** nehmen. Schließlich stoßen Sie automatisch auf die unten beschriebene Route, genau da, wo der Weg zum Grand Bassin abzweigt. Diese Strecke führt durch ein Naturschutzgebiet und ist deshalb nicht immer befahrbar.

Mare aux Vacoas

Wer die alternative Route nicht nimmt, kommt nach gut 2 km hinter La Marie auf der B 3 zum größten Binnensee von Mauritius, dem Mare aux Vacoas. Wie fast alle Seen der Insel wird auch dieses "Meer" als Trinkwasserreservoir und als 'Rohstoff' für ein Wasserkraftwerk genutzt. Von der Straße aus ist die Oberfläche zunächst nicht zu erkennen, weil ein hoher Damm die Sicht versperrt; hier lohnt es, anzuhalten und die Treppenstufen zur Dammkrone hochzugehen. Zumal bei schlechtem Wetter glaubt man kaum, in den Tropen zu sein; die hügelige, bewaldete Landschaft, die deutlich kühlere Temperatur (der See ist ca. 600 m ü.d.M.!) und evtl. Regenschauer lassen eher an die deutschen Mittelgebirge denken. Dieses Landschaftsbild ändert sich auch auf den nächsten 7 km nicht, wo dichter Wald bis an die (schlechte!) Straße heranreicht und ab und zu Wanderwege und Lichtungen zum Anhalten reizen.

Grand Bassin

An der nächsten Kreuzung geht eine Straße links (Wegweiser: Shivaratree) zum heiligen See der Hindus, dem Grand Bassin ab. Die schnurgerade, 2 km lange Verbindung bereitet auf den Besuch insofern vor, als man am Wegrand kleine Altäre und Schreine entdecken kann und auch die Bepflanzung geradezu feierlich arrangiert ist. Zunächst aber, kurz vor dem großen Pilgerparkplatz, erst noch ein profanes Bauwerk: eine **Windkraftanlage** beweist augenfällig, daß man sich hier auf 700 m Höhe befindet, wo der südöstliche Passat, an den Hängen der Montagnes Savanne entlangstreichend, eine stetige und beträchtliche Energiequelle sein kann.

Die 'Attraktion' des Grand Bassin ist freilich eine andere. Wer zur rechten Zeit (Februar/März) da ist, kann es erleben: **das größte Hindufest außerhalb Indiens.** Und auch hier findet es an heiligen Wassern statt, nämlich am Ganges, der nach der lokalen Tradition mit dem Grand Bassin in Verbindung steht. Hunderttausende weißgekleideter Gläubige, zu Fuß, mit Mopeds, Bussen, oder Karren hierhin gepilgert, singen, beten und tanzen, steigen zum See hinab und übergeben Blumenopfer (vgl. auch 3.2.2). Wenn der Platz während des **Maha Shiva-**

ratree-Festes vor Menschen überquillt, so ist er in der übrigen Zeit nicht ganz verwaist: auch dann kommen Gläubige und Touristen, gehen die Stufen hinunter zum See, bewundern die ringsum anzutreffenden Schreine mit Götterstatuen und wandern am Kraterrand entlang bis zum hochgelegenen kleinen Tempelpavillon (prächtige Aussicht).

Wie der Trou aux Cerfs in Curepipe ist auch das Grand Bassin ein erloschener Vulkanschlot, der sich - den Maaren der Eifel vergleichbar - mit Wasser gefüllt hat. Nur ist hier der Kratersee nicht so kreisrund und sind die Wände nicht so steil wie in Curepipe, der See selbst ist größer als dort und hat sogar ein kleines Inselchen, und die idyllische Landschaft mit den bewaldeten Hängen unterstreicht den sakralen Charakter dieses heiligen Ortes. Nur manchmal ist es hier oben ungemütlich, wenn nämlich dichter Nebel die verschiedenen Tempel, Versammlungshallen, Waschräume und Schreine verhüllt oder einen ein kalter Regenschauer auf den großen Parkplatz zurücktreibt.

Plaine Champagne

Vom Grand Bassin kann man über Bois Chéri auch nach Souillac, Mahébourg oder Nouvelle France gelangen; wir aber setzen unsere Rundfahrt fort, indem wir zunächst die 2 km auf der gleichen Straße zurück- und an der Kreuzung nach links zur Plaine Champagne fahren. Hier ist man gewissermaßen "auf dem Dach von Mauritius", einer Hochfläche 700 m ü.d.M., die manchmal wirklich abweisend und karg, jedenfalls nicht 'tropisch' wirkt.

 Mit Ausnahme der Domaine du Chasseur (vgl. 4.4.5) sind auf dieser Strecke die Chancen am größten, wildlebende Java-Hirsche oder die von den Portugiesen importierten Schweine und Affen zu Gesicht zu bekommen.

Oft weisen auch Hinweisschilder zu Aussichtspunkten (view point), die man nach kleinen Stichstraßen und kurzem Fußweg erreicht und die sich sämtlich lohnen.

 Insbesondere ein Abstecher nach links (ca. 5 km hinter der Kreuzung) lohnt. Hier gelangt man vom Parkplatz aus über einen Bach auf ein Plateau, das einen weiten Blick bis zur Südküste bei Surinam ermöglicht. Den Wasserfall kann man allerdings nur bei einem waghalsigen Klettermanöver an der Brü-

stung durch die dichte Vegetation ausmachen. Falls Sie aber Zeit haben, nutzen Sie diese zu kleinen Wanderungen entlang des Baches - es lohnt sich!

Gorges de la Rivière Noire

Etwa 8 km hinter der Kreuzung weist direkt an der Straße ein Schild auf den Panoramablick in die Schlucht des Black River (Rivière Noire) hin. Ein nur 200 m langer Fußweg führt Sie bis zu einer Absperrung, hinter der Sie der vielleicht schönste Landschaftseindruck des Inselinneren erwartet: der Canyon (Gorges de la Rivière Noire), eingezwängt vom höchsten Berg Black River Peak (Piton de la Petite Rivière Noire; 828 m) auf der linken, von dem Montagne Brise Fer auf der rechten Seite, hohe Wasserfälle, am Horizont der Indische Ozean, überquellende Vegetation, vielleicht sogar in der Luft Turmfalken und aus dem Urwald Affengeschrei - eine wahrhaft mauritianische Ideallandschaft! Und nebenbei ein guter Platz für eine Picknick-Pause...

Wem ein kurzer Fußweg nicht genügt, hat kurze Zeit später Gelegenheit, auf einer etwa dreistündigen Wanderung bis zum Gipfel des Black River Peak vorzudringen. An der Autostraße gibt es einen Wegweiser, der Pfad ist ab hier nicht mehr zu verfehlen und nicht allzu schwierig. Nur auf den letzten hundert Metern muß wirklich geklettert werden.

Es ist klar, daß man vom höchsten Berg der Insel bei schönem Wetter auch die beste und weiteste Sicht hat.

Auf der gewohnt schlechten Straße geht es nun von Schlagloch zu Schlagloch, bis man nach etwa 5 km in einigen Haarnadelkurven wieder an Höhe verliert.

Kurz vor **Chamarel** hat man einen wunderbaren Blick auf das Dorf, die Zuckerrohr- und vor allem Kaffeefelder und den dahinterliegenden Piton Canot (526 m).

Am Ortseingang liegt rechterhand die kleine Wallfahrtskirche St. Anne, zu der Mitte August die Gläubigen pilgern. Wenn Sie nicht direkt zur Westküste weiterfahren möchten (in dem Fall folgen Sie der bisherigen Richtung), müssen Sie nun den Weg der Kirche gegenüber einschlagen, am kleinen Lebensmittelladen vorbei und nach 300 m links abbiegen. Ab hier sind die Terres de couleurs bereits ausgeschildert.

Terres de Couleurs

2 km hinter der Abzweigung führt eine Piste, die inzwischen Rs 10,- 'Eintritt' kostet, zu den ungewöhnlichen Terres de Couleurs (Coloured Earths). Der schwierig zu befahrende Feldweg, bei dem man auch einmal durch ein niedriges Wasser geführt wird, geht mitten durch Zuckerrohrfelder und passiert linkerhand zunächst einen hohen **Wasserfall (Cascade Chamarel)**, der sich knapp 100 m tief in ein dichtbewachsenes Bassin stürzt. Den besten Blick hat man von der hohen Böschung rechts der Straße; bei zu vielen Schaulustigen sollten Sie jedoch erst einmal weiterfahren, da Sie an dieser Stelle auf dem Rückweg nochmals vorbeikommen. Es ist auch möglich, zum Bassin der Cascade Chamarel hinabzusteigen und dort ein erfrischendes Bad zu nehmen (Fußweg hin und zurück etwa 50 Minuten)!

Nach 2 km über tiefe Furchen und Schlaglöcher haben Sie dann das Naturphänomen der "**Farbigen Erde**" erreicht, das besonders bei schrägstehender Sonne vor dem grünen Hintergrund der Berge und dem Blau des Himmels phantastisch wirkt. Es handelt sich dabei (wie bei ähnlichen Erscheinungen auf Island) um eine gewellte Bodenformation vulkanischen Ursprungs, die verschiedenfarbig geädert ist. Der Untergrund ist leicht körnig und kann gefahrlos begangen werden. Das oxidierte Lavagestein, bei dem man bis zu acht Farben voneinander unterscheiden kann, hat als Grundton ein rostiges Rot. Besucher nehmen gerne eine kleine 'Bodenprobe' als Souvenir mit nach Hause.

Mauritius: Von Baie du Cap nach Tamarin (Port Louis)

 Von dem Gelände geht ein noch schlechterer Weg (nicht immer befahrbar!) knapp 3 km weiter bis zu einem Aussichtspunkt, von dem man einen schönen Blick auf den Morne Brabant und die Ile aux Bénitiers hat.

Aber auch die folgende Strecke ist nicht gerade arm an herrlichen Panoramen. Zunächst fahren Sie wieder, vorbei an der Cascade Chamarel, zum Wärterhäuschen am Eingang des Feldweges zurück, dann auf der Asphaltstraße in vielen Kurven stetig bergab. Links und rechts erheben sich niedrige Berge, und überall leuchtet das Grün der Zuckerrohrplantagen und verschiedener Palmenarten, auch der Baum des Reisenden ist hier oft vertreten. Nach 9 km haben Sie schließlich an der **Baie du Cap** die Küste erreicht. Hier gibt es kleine Lebensmittelläden, aber kein Restaurant. Von Baie du Cap können Sie nun über Bel Ombre auf der B 9 in Richtung Mahébourg fahren oder in nordwestlicher Richtung zum Morne Brabant und Tamarin.

4.3.6 VON BAIE DU CAP NACH TAMARIN (PORT LOUIS)

Die Strecke von Baie du Cap nach Tamarin setzt an der Küste die schönen Landschaftseindrücke des Inlandes fort mit hochaufragenden Bergen zur Rechten und dem tiefblauen Indischen Ozean zur Linken. Etwa 20 km sind es bis nach Tamarin, etwa 50 km zurück bis zur Hauptstadt Port Louis.

Mauritius: Von Baie du Cap nach Tamarin (Port Louis)

Auf den ersten 9 km umrundet man das Kap, hat einen schönen Blick auf die kleine Insel Ilot Fourneau und fährt nun in nördlicher Richtung weiter. Bald steigt die Straße wieder an, um den Paß zwischen der Halbinsel Morne Brabant und dem Piton du Fouge (596 m) zu erreichen, von dem sich eine herrliche Aussicht auf die Küste und ihre vorgelagerten Inseln bietet.

Machen Sie nach dem Paß den 4 km langen Abstecher auf die markante Halbinsel des **Morne Brabant**.

Zweifellos ist dieses Gebiet eins der attraktivsten der Insel, hat es doch neben dem mächtigen Bergklotz, der Lagune und der nahen Badeinsel Ile aux Bénitiers (Bootsverbindung) auch zwei herrliche Sandstrände mit schönen Filao-Hainen aufzuweisen.

Kein Wunder also, daß neben den beiden bestehenden Méridien-Hotels noch zwei weitere First-Class-Herbergen gebaut werden. Hier haben Sie also Gelegenheit, eine Bade- bzw. Kaffeepause einzulegen und in aller Ruhe die schöne Natur zu genießen.

Leicht vergißt man dabei, daß der 556 m hohe Berg mit einer tragischen Geschichte verknüpft ist: In der französischen Zeit diente er als letzte Zufluchtsstätte für geflohene Sklaven, die sich hier - fernab der damaligen Zivilisation - relativ sicher fühlen konnten. Als die Engländer nun die Sklaverei abschafften, sandten sie Polizisten aus, die die Botschaft den Flüchtlingen überbringen sollten. Die Sklaven aber fühlten sich entdeckt, und einige stürzten sich verzweifelt vom Morne Brabant in den Tod. Heute erinnert ein Kreuz an die Tragödie.

Erfahrene Bergsteiger können es den beiden britischen Soldaten Whitehead und Prescott nachmachen, die 1910 auf den Gipfel vordrangen. Dieses Unternehmen ist jedoch nicht einfach und sollte nur in einer Seilschaft durchgeführt werden!

Nach der Pause (die Sie u.a. in den Strandrestaurants der Hotels oder im hochgelegenen "Le Domino" mit weiter Aussicht genießen konnten) fahren Sie zurück und biegen links auf die B 9 ab. Auf den nächsten 5 km passieren Sie das Dorf **La Gaulette**, das seinen Namen von einer großen zweischaligen Muschel hat (schöner Blick auf die Ile aux Bénitiers), und kommen nach **Case Noyale**, wo eine Asphaltstraße ins Bergland nach Chamarel und der Plaine Champagne abzweigt. Sie folgen weiterhin der Küstenstraße und erreichen die Bucht des **Petite Rivière**

Noire mit einer kleinen Kapelle. In der Nähe wird in Salinen Salz gewonnen, und im waldreichen Hinterland leben etliche Java-Hirsche in freier Wildbahn. Nun verläßt die B 9 die Küste und durchquert eine Halbinsel, an deren Ende Sie einen Abstecher nach links zum **Martello-Turm** unternehmen können, der malerisch die Bucht des Grand Rivière Noire bewacht. Auch hier gibt es große Salinenanlagen.

Grande Rivière Noire

Am Ende der Bucht liegt die Ortschaft Grande Rivière Noire, deren Hafen eine ansehnliche Flotte gut ausgerüsteter Hochsee-Angelboote beherbergt. Wer nicht ein Schiff chartern, sich an einem Angeltrip beteiligen oder als Wellenreiter Wassersport treiben will, kann immerhin im Hotelrestaurant des "Centre de Pêche" Meeresfrüchte oder frische Fisch-Gerichte probieren. Auch für längere Wanderungen ist der Ort am Black River ein guter Standort: dem Fluß folgend (die Straße ist nur bedingt für Autos geeignet), kommt man durch den wilden Canyon am Fuß des höchsten Inselberges. Die Vegetation und Tierwelt sind hier so ursprünglich wie an kaum einer zweiten Stelle - u.a. gibt es noch viele Exemplare der Ebenholz-Bäume - und wer Zeit und Kondition hat, kann sogar den Aufstieg zur Plaine Champagne bzw. zum Piton du la Petite Rivière Noire in Angriff nehmen (vgl. 4.3.5).

Die B 9 verläuft nun wieder direkt an der Küste und umgeht im großen Bogen den Tourelle du Tamarin (548 m) auf der rechten Seite.

 Im kleinen Weiler **La Preneuse** bietet das Restaurant "Bonne Chut" u.a. Wildgerichte an.

Tamarin

Nach 6 km hat man dann schließlich die Bucht von Tamarin erreicht, vor der das bekannteste und beste Surf-Gebiet von Mauritius liegt. Denn hier läßt eine 'Lücke' im Band der Korallenriffe die hohe Brandung bis unmittelbar ans Ufer. Am schönen Sandstrand ist auch Strandsegeln möglich, und einige Hotels sorgen für die notwendige touristische Infrastruktur.
Südlich des Ortes befindet sich nochmals eine Salinenanlage. Die Salzgärten, die den mauritianischen Bedarf decken, konzentrieren sich übrigens an diesem Küstenabschnitt, weil über die Bergkämme kaum Regenschauer hierhin vordringen können; tatsächlich ist das Gebiet das trockenste der ganzen Insel. In den Lagunen hat das Wasser zudem einen Salzgehalt von mehr als 35 %!

Ab Tamarin wird das Landschaftsbild nicht mehr durch nahe Berge geprägt, nur das "mauritianische Matterhorn", der **Rempart** (777 m) erhebt sich majestätisch in einiger Entfernung. Im Nachmittags-Sonnenlicht ist seine Erscheinung besonders eindrucksvoll und reizt mehrmals zu Fotostops. Auch die dahinter liegenden **Trois Mamelles**, die nur entfernt an "drei Busen" erinnern, leuchten um diese Zeit in herrlichen Farben.

Casela Bird Park

 Der "Casela Bird Park/Casela Jardin d'Oiseau" verfügt über eine Cafeteria, Sanitäranlagen und einen Shop.
Öffnungszeiten:
9.00 - 18.00 Uhr (Eintritt).

Etwa 6 km nach Tamarin (3 km hinter dem Kreisel; schmaler Weg nach rechts, Hinweisschild) lohnt sich, falls Sie jetzt noch Zeit haben, unbedingt der Abstecher zum Casela Bird Park. In einem weitläufigen, 8 ha großen Gelände, inmitten einer wunderschönen, immergrünen Vegetation, zudem mit weiter Sicht auf die oben genannten Berge, ist der "Vogelpark" eine der größten Sehenswürdigkeiten der Insel! Aber nicht nur die ca. 2 500 Vögel, die ca. 140 verschiedene Arten aller Kontinente repräsentieren (darunter die rosa Mauritiustaube, einer der seltensten Vögel der Welt!), machen den Reiz des Parks aus, sondern auch andere Vertreter der Tierwelt wie die goldfarbenen Fliegenden Hunde (Flying foxes), Elephantenschildkröten, Affen, Panther, Tiger, Fische u.a. bevölkern die geräumigen Gehege und Bassins. Zahlreiche Orchideen und andere Blumen, Baumarten und Sträucher sowie kleine Wasserfälle komplettieren das Gesamtbild.

Zurück auf der Landstraße (die jetzt die Bezeichnung A 3 trägt), können Sie entweder direkt nach Port Louis zurückfahren oder nach etwa 2 km rechts nach Quatre Bornes/Curepipe abbiegen. Diese Straße bringt Sie auch bequem auf den Motorway in Richtung Mahébourg.

Vorstellbar und empfehlenswert ist aber auch noch ein Abstecher an die Westküste, zu einem der schönsten Strände der Insel. Dazu fahren Sie von der A 3 nach links in Richtung Wolmar ab, wo Sie schon bald die Gebäude der älteren und neuen Luxushotels sehen. Auf ca. 3 km Länge folgt die Straße der Küstenlinie, bis sie in der Ortschaft **Flic en Flac** wieder in Richtung Landstraße führt. Hier gibt es Pensionen, Hotels, Restaurants, Bungalowanlagen und Läden, und mehr als die Hälfte der 'Bevölkerung' besteht aus Touristen. Trotzdem lohnt sich ein Halt. Genießen Sie den feinsandigen Strand oder ein typisches Abendessen - besonders Fischgerichte werden hier gut zubereitet. Das Hotel "La Pirogue" könnte mit seinem Restaurant und dem Casino ein guter Abschluß dieser Rundfahrt sein...

Wenn Sie von Flic en Flac aus wieder die A 3 erreicht haben, sind es noch 23 km bis nach Port Louis.

4.4 DER SÜDEN UND OSTEN

4.4.1 ÜBERBLICK UND TOURISTISCHE HINWEISE

Die in diesem Kapitel beschriebene Strecke führt durch die Küstenregion des Ostens und östlichen Südens, die meist vor großen, landwirtschaftlich genutzten Ebenen liegt. Nur manchmal, wie zwischen Grand Rivière Sud-Est und Mahébourg und zwischen Surinam und Baie du Cap, reichen Bergrücken bis ans Meer und setzen landschaftliche Akzente. Das soll nicht heißen, daß der Osten über weite Strecken langweilig wäre! Immer wieder lockern idyllische Flußläufe, an denen Inderinnen ihre Wäsche waschen, oder prächtige Alleen, kleine Orte und die großen Hügel der zusammengetragenen Steinbrocken die Eintönigkeit der Zuckerrohrplantagen auf, und außerdem gibt es hier ja die Strände und die vorgelagerten Inseln, die an sich schon natürliche Höhepunkte der Fahrt darstellen. Daneben gibt es genügend Ausflugsmöglichkeiten in die Bergwelt der Montagnes Bambous oder zu Städten wie Mahébourg, die zusätzliche Sehenswürdigkeiten bereithalten.

Das Kapitel will diesmal keine Rundfahrt beschreiben, sondern einen insgesamt gut 130 km langen Streckenabschnitt, der an einem oder an zwei Tagen abgefahren werden kann. Entscheidend dabei ist, wieviel Zeit Sie sich zum Wandern oder Baden nehmen wollen. Es lohnt sich nicht, nur für zwei, drei Stunden zur Ile aux Cerfs überzusetzen, nur weil man sich in ein enggespanntes zeitliches Korsett gezwängt hat. Für die Zeiteinteilung spielen zwei weitere Faktoren eine wichtige Rolle:

* Die **relativ ebene Fahrtstrecke bedeutet keineswegs bessere Straßenverhältnisse** als im Hochland! Im Gegenteil: Einige Etappen an dieser Küste gehören zum Schlechtesten, was ich auf Mauritius erlebt habe.

* **Viel hängt wieder einmal von Ihrem Hotelstandort ab:** Wessen Unterkunft ohnehin an einem Punkt dieser Route liegt, wird wohl kaum an der Küste hin- und herfahren wollen. Hier ist es allemal günstiger, die entsprechenden Abschnitte zur Anfahrt für die Ausflüge, die unter 4.1-3 beschrieben sind, zu nutzen. Liegt das Hotel in Mahébourg und Umgebung, hieße das: Die Strecke bis nach Baie du Cap als Anfahrt zum Südwesten, die Strecke bis Poudre d'Or als Anfahrt zum Norden erleben. Ein ähnliches Verfahren gilt für die Hotelstandorte Belle Mare oder Trou d'Eau Douce (vgl. auch 4.2.1, 4.3.1). Wer im Südwesten, z.B. in Flic en Flac und wer im Norden, z.B. an der Grand Baie wohnt, kann über den Motorway Port Louis - Mahébourg auf der Hälfte der Route abbrechen. Eine weitere Möglichkeit für Abkürzungen ist Souillac, von wo Sie über Nouvelle France ebenfalls den Motorway erreichen. Das fehlende Stück zwischen Souillac und Baie du Cap ist zwar landschaft-

lich sehr reizvoll, aber kein 'Muß', wenn man die anderen Teile des Südens kennengelernt hat oder kennenlernen wird.

Wer der vorgeschlagenen Route folgt, kann - mit den gemachten Einschränkungen - folgendes Tagesprogramm realisieren:
Anfahrt nach Poudre d'Or oder Trou d'Eau Douce (Badepause) - Grande Rivière Sud-Est - Pointe du Diable (Fotostop) - Vieux Grand Port (Aufenthalt) - Domaine du Chasseur (Mittagessen, evtl. Wanderung) - Mahébourg (kurze Stadtbesichtigung) - Souillac (Besuch der Krokodilfarm; evtl. Rochester Falls) - Heimfahrt (direkt oder über Baie du Cap)

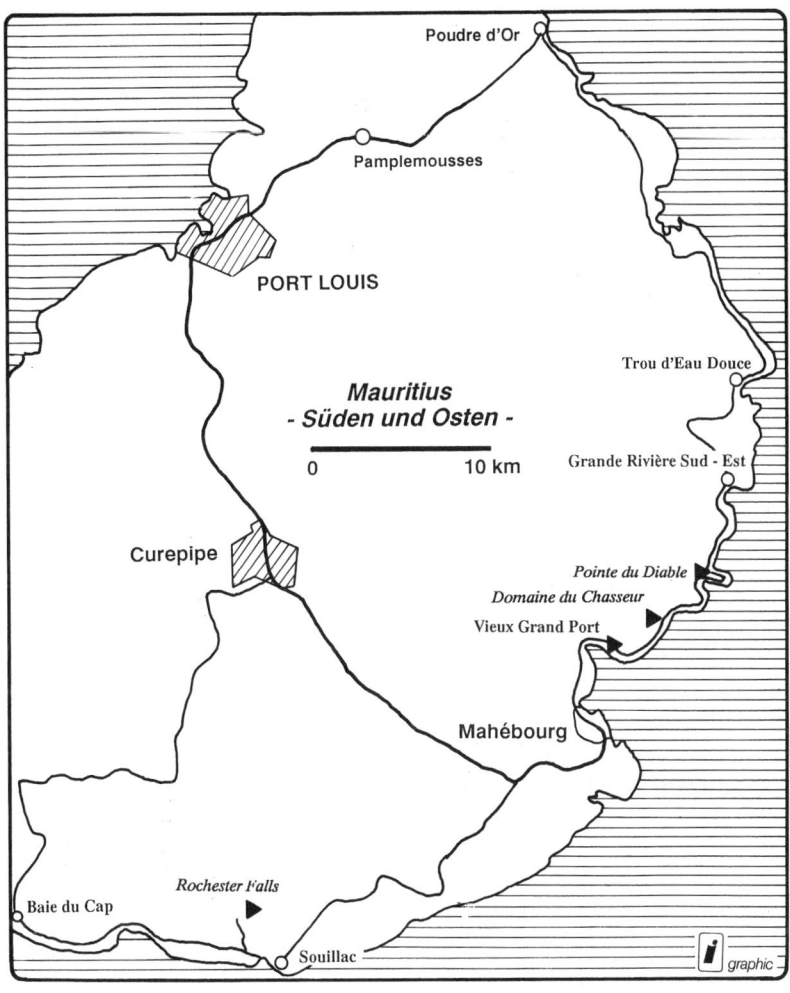

Mauritius: Zwischen Poudre d'Or und Mahébourg

 Empfehlenswerte **Restaurants** sind in den kleinen Orten an der Ostküste rar. Natürlich empfangen die großen Hotels in **Belle Mare** und **Trou d'Eau Douce** gerne externe Gäste zum Kaffee oder zum Mittag- bzw. Abendessen. Wer zur **Ile aux Cerfs** übersetzt, hat dort sogar die Auswahl zwischen zwei exquisiten Gaststätten. Und auf der **Domaine du Chasseur** (vgl. 4.4.7) befindet sich m.E. eines der besten Restaurants der Insel überhaupt. In **Mahébourg** schließlich gibt es einige Lokale mit recht einfachen Gerichten. Dagegen ist an Plätzen kein Mangel, wo man in paradiesischer Umgebung ein Picknick einnehmen kann.

4.4.2 ZWISCHEN POUDRE D'OR UND MAHÉBOURG

Der Weg von Poudre d'Or nach Süden ist zunächst wenig spektakulär, er verläuft in einiger Entfernung zum Meer ohne schöne Ausblicke. Bei Roches Noires aber führt die B 15 wieder nah an das Ufer heran, und es lohnt sich, auszusteigen und sich die Strände von Roches Noires und Poste Lafayette anzuschauen. Im Gegensatz zum nördlicheren Grand Gaube oder dem südlicheren Belle Mare hat hier der Fremdenverkehr noch keine sichtbaren Spuren hinterlassen, und außer dem Hotel "Kestrel" gibt es kaum touristische Einrichtungen. So liegen die 10 km Sandstrand in unberührter Schönheit da, und der schmale Wasserstreifen zwischen Ufer und Korallenriff lädt zu einem erfrischenden Bad ein.

Poste de Flacq

Nachdem man die weit ins Land reichende Bucht (Mare aux Lubines) umfahren und die Ortschaft Poste de Flacq passiert hat, lohnt sich ein Abstecher auf der Stichstraße nach links, wo man nahe an einen hinduistischen Tempel kommt.

Mauritius: Zwischen Poudre d'Or und Mahébourg

 Malerisch auf einer Insel plaziert und sich mit seiner weißen Kuppel gegen den blauen Himmel absetzend, gibt er ein prächtiges Motiv ab, besonders wenn gerade ein Einheimischer durch das flache Wasser dorthin watet. Die umgebende Vegetation mit einigen Mangroven und der weite Blick bis zur anderen Seite der Bucht, wo das Hotel "St. Géran" durch die Bäume schimmert, verstärken den schönen Eindruck.

Centre de Flacq

Von Poste de Flacq kann man auf der Hauptstraße zur Provinzstadt Centre de Flacq fahren, die gut 3 km landeinwärts liegt und u.a. mit einem farbenprächtigen Markt aufwartet. Der Name "Flacq" stammt übrigens noch aus der Zeit der Holländer (Vlak = flaches Land) und unterstreicht die ehemals große Bedeutung des Gebietes für die Kolonialherren. Hier hatten diese ihre ersten Zuckerrohr- und Reisfelder angelegt, und auch unter den Franzosen war die wirtschaftliche Rolle der Ostküste überragend. Noch heute befindet sich die größte Zuckerfabrik der Insel (FUEL) bei Centre de Flacq, aber die historische Entwicklung brachte ansonsten eine Verlagerung der Produktivität und auch der Populationszentren in das Gebiet zwischen Port Louis und Curepipe mit sich.

Landschaftlich schöner als der Weg über Centre de Flacq ist die Küstenstraße, die Sie bald wieder in Ufernähe bringt. Nach ca. 4 km können Sie auf der Stichstraße nach links abbiegen und dem Hotel "St. Géran", einem der renommiertesten der Insel mit einem weithin bekannten Casino und Golfplatz, einen Besuch abstatten. Ganz in der Nähe befindet sich die Hotelanlage "Belle Mare Plage"; beiden Unterkünften gemeinsam ist der herrlich feinsandige Strand und jeweils ein sehr gutes Restaurant. Gegenüber dem "Belle Mare Plage" - Hotel liegt an der gewundenen Straße ein Freigehege, in dem man oft etliche Java-Hirsche und Rehe zu sehen bekommt.

Belle Mare

Sie sind nun bereits am langgestreckten Strand Belle Mare, der nach Passieren der gleichnamigen Ortschaft in den Palmar-Strand übergeht. An dessen Ende befindet sich der östlichste Punkt von Mauritius (wenn man die vorgelagerten Inseln und natürlich auch Rodrigues nicht mitzählt), die **Pointe Quatre Cocos**.

Trou d'Eau Douce

Nach dem Kap wendet sich die Straße wieder ein Stück gen Westen, vorbei an der Bucht von Trou d'Eau Douce, in der Austern gezüchtet werden. Im gleichnamigen Ort halten Sie sich nach der Rechtskurve links und erreichen nach wenigen Metern eine Abzweigung, die Sie links zum Hotel "Touessrok" und zum Abfahrtspunkt der Boote zur Ile aux Cerfs bringt. Im Gegensatz zur bisherigen Straße ist der private Zufahrtsweg zum Hotel in gutem Zustand und führt durch ein riesiges parkähnliches Gelände mit wunderschöner Vegetation. Wer zur Badeinsel übersetzen möchte, sollte sich nach etwa 500 m rechts halten (Hinweisschild "Ile aux Cerfs") und den Wagen an der Pointe Maurice parken - ab hier gibt es im 30-Minuten-Takt regelmäßige Bootsverbindungen, die am Wochende allerdings stark frequentiert sein können. Aber auch der Abstecher zum Hotel lohnt sich, weil dessen Architektur die vielleicht schönste des Landes ist und sich eindeutig an Venedig orientiert (um diesen Anspruch deutlich zu machen, liegt sogar eine Gondel dort vertäut!). Auf dem Weg zum "Touessrok" (= "alles Steine") werden Sie am Wärterhäuschen angehalten, wo Sie klarzulegen haben, daß Sie 'Visitor' sind. Eine ähnliche Prozedur erwartet Sie übrigens bei fast allen Luxushotels.

Ile aux Cerfs

Der Ausflug zur Ile aux Cerfs lohnt sich immer - je mehr Zeit man mitbringt, desto besser. Wenn Sie die Insel nach etwa 15 Minuten erreicht haben, lassen Sie sich nicht vom geballten touristischen Angebot erschrecken: nur wenige hundert Meter weiter können Sie ganz für sich allein sein.
Die **Ile de l'Est** ist nur einen Steinwurf weit entfernt und kann schwimmend erreicht werden; unterschätzen Sie aber die hier enorm starke Strömung nicht! Da das Wasser vom Ozean durch den engen Sund in die Bucht gepreßt wird, kann man hier auch wunderbar schnorcheln - ohne sich selbst zu bewegen, wird man über die Unterwasserwelt ge-

trieben und geht anschließend am Strand wieder zurück. Wer Wassersport treiben oder an Bootsexkursionen teilnehmen möchte, findet alle Arten an Angeboten und Ausrüstungen vor, und wer hungrig oder durstig ist, kann diese Bedürfnisse in den Restaurants oder der Strandbar befriedigen (vgl. auch 3.2.4).

Beau Champ

Zurück an der Landstraße fahren Sie nach links und erreichen nach 4 km Bel Air, wo Sie wieder nach links auf die B 28 abbiegen. Durch eine schöne Allee führt die holprige Strecke bis zur Ortschaft Beau Champ, wo sich eine der ältesten Zuckerraffinerien des Landes befindet. Am Ende der hier tief ins Land reichenden Bucht überqueren Sie den mit 50 km längsten Fluß von Mauritius, den **Grande Rivière Sud-Est**, und kommen anschließend zur gleichnamigen Ortschaft.

Der nun folgende 20 km lange Streckenabschnitt ist der wohl eindrucksvollste dieser Route, weil die Ausläufer der Montagnes Bambous bis zur Küste reichen und man die weitgeschwungenen Buchten und Halbinseln immer mit dem blauen Meer zur Linken und den grünbewaldeten oder kargen Hängen zur Rechten entlangfährt. Die Ortschaften, die so wohlklingende Namen wie "Quatre Soeurs" (Vier Schwestern), "Bambous Virieux" (Bambusrohr), "Bois des Amourettes" (Liebeswäldchen) und "Anse Jonchée" (Blumenbucht) tragen, unterbrechen ab und zu den reinen Naturgenuß, bieten aber ebenfalls viele pittoreske und interessante Szenen: ob man die Fischer beobachtet, die in der Lagune ihre Netze auswerfen, oder einem gläubigen Moslem begegnet, der aus einer weißgekälkten Moschee herauskommt, ob man indische Arbeiter(innen) trifft, die riesige Zuckerrohrbüschel auf Kopf und Schultern transportieren, oder spielende Kinder, die durch das Mangrovendickicht waten - es gibt genug zu sehen und viele Anlässe, einen Stop einzulegen.

Gut 9 km hinter Grande Rivière Sud-Est durchfahren Sie unvermittelt einige Festungsgebäude aus der Franzosenzeit; an der Spitze der Landzunge sollten Sie dann am Parkplatz auf der linken Seite anhalten und die noch vorhandenen Kanonen und die schöne Aussicht aufs Meer betrachten. Zur Idylle des Platzes will der Name nicht recht passen: "Point du

Diable" (Teufelsspitze) heißt das Kap!

Domaine du Chasseur

Weiter geht die Fahrt, an Austernzuchten vorbei, bis in der Bucht Anse Jonchée ein Hinweisschild nach rechts zur Domaine du Chasseur weist.

Der Weg geht einige Kilometer durch Zuckerrohrfelder ins Landesinnere und steigt dabei stetig an; manchmal werden Sie ob der tiefen Furchen und Schlaglöcher verzweifeln und sich fragen, ob Ihr Wagen die 'Belastungsprobe' aushält! Bei vorsichtiger Fahrweise ist er aber selbst für einen "Austin Mini" zu schaffen, und daß sich die Mühe lohnte, werden Sie im "Jägerrevier" selbst feststellen.

* Da ist zunächst einmal das **Restaurant/Hotel**, das sich harmonisch an den bewaldeten Hang schmiegt und mit seinen strohbedeckten Pavillons, dem Pool und den Bungalows an sich schon sehenswert ist.

 Falls Sie hier einkehren, sollten Sie Hirsch- oder Wildschweinbraten oder gegrillten Hummer bzw. frischen Fisch probieren. Die Bar hält einen besonders alten und guten Mauritius-Rum bereit...

* Außerdem ist da die **Domaine** selbst, in der auf etwa 500 ha privatem Land etwa 1 500 wild lebende Java-Hirsche (Cervus timorensis rusa), etliche Wildschweine, Affen und seltene Vögel beheimatet sind. Insbesondere leben hier einige Paare des mauritianischen Falken (Kestrel), eins der seltensten Tiere der Welt.
* Ebenso verdient die **Vegetation** mit vielen endemischen Pflanzen, mit Ebenholz- und Zimtbäumen, mit Flaschenpalmen und 'Bäumen des Reisenden' und vielen anderen Arten besondere Beachtung.

All das kann 'besichtigt' werden, natürlich nur mit äußerster Sorgfalt und in Begleitung eines (ausgebildeten und gut Englisch sprechenden) Führers.

 Sie können auch an einem Trip mit Jeeps in die höher liegenden Regionen teilnehmen, wo die Guides den Kestrel mit Mäusen locken und Sie Fotos machen können, die nirgendwo sonst möglich sind.

 Schließlich hat die "Domaine du Chasseur" einen guten Ruf als bestes Revier der Insel, in dem Sie - auch außerhalb der offiziellen Jagdzeiten - Kleintiere und kapitale Hirsche schießen können (Rs 3 000 - 11 000). Die gesamte Jagdausrüstung wird zur Verfügung gestellt; die geschossenen Tiere bleiben Eigentum der Domaine, während Sie sich die Trophäen präparieren und nach Hause schicken lassen können (ca. Rs 4 500). Selbstverständlich eignet sich das Gelände genauso gut zur Wildbeobachtung!

Auf der Domaine wird darauf geachtet, daß der Tierbestand im ökologischen Gleichgewicht bleibt und sich die Hirsche nicht soweit vermehren, daß sie Schaden anrichten.

Die Domaine du Chasseur ist also der ideale Platz zum "Urlaub vom Urlaub", an dem man den Strand vergißt und die anderen Schönheiten der Insel sieht. Wer diesen Ort richtig erleben will, sollte sich hier vielleicht für ein, zwei Nächte einquartieren.

Mauritius: Zwischen Poudre d'Or und Mahébourg

 "Domaine du Chasseur", Anse Jonchée, Vieux Grand Port, Tel.: 87-4659
Übernachtung in zweckmäßig eingerichteten Bungalows und amerikanisches Frühstück: ca. DM 100; buchbar auch ab Deutschland oder über die örtlichen Reisebüros, wer zum Essen hierhinkommen möchte, sollte evtl. einen Platz reservieren lassen.

Montagne du Lion

Zurück auf der Küstenstraße, umfahren Sie den Montagne du Lion (480 m) und haben am **"Pavillon du Grand Port"** eine schöne Sicht auf den Ozean mit der vorgelagerten Inselgruppe "Ile aux Fouquets", erkennbar an ihrem weißen Leuchtturm. Der "Löwenberg", der von Süden aus gesehen tatsächlich an einen liegenden Löwen erinnert, kann auf einer nicht allzu schwierigen Bergwanderung in etwa drei Stunden bezwungen werden. Dazu verlassen Sie an der Kirche die Küstenstraße, gehen vor der Polizeistation nach links und dann den ersten Weg nach rechts (Montagne Lion Road).

Vieux Grand Port

Am Pavillon befinden Sie sich bereits auf geschichtsträchtigem Boden, der alle Kolonialmächte hier versammelte. Der Ortsname Vieux Grand Port weist ja schon daraufhin, daß an dieser Stelle der alte Haupthafen von Mauritius lag, der durch den sog. South Entrance im Korallenriff erreichbar war. Nirgendwo sonst gibt es noch soviele Relikte aus der Zeit der Holländer, die die ersten waren, die hier an Land gingen (1598), den Ankerplatz nach ihrem Admiral "Warwijck's Haven" benannten und begannen, Gebäude zu errichten. Noch heute kann man in Vieux Grand Port einen Turm, Mauerreste und Fundamente dieser Periode besichtigen. An diese erste dauerhafte europäische Besiedlung erinnert schließlich am Ortsende ein Monument, das 1948 aufgestellt wurde.
Auch für Franzosen und Engländer war Vieux Grand Port noch wichtig, trotz des Ausbaus von Port Louis als neuem Haupthafen. Es ist daher kein Zufall, daß sich um den Ort entlang der Küste mehrere Verteidigungsanlagen befinden und auch französische Häuser erhalten sind. Der alte Friedhof mit Gräbern aus dem 18. und 19. Jahrhundert (am Ortseingang rechts der Straße gelegen) stammt aus dieser Epoche und steht unter Denkmalschutz. Außerdem fand ja in der Bucht die letzte große Seeschlacht zwischen den Kolonialmächten statt (1810), die die Franzosen für sich entscheiden konnten, bevor sie kurze Zeit später den britischen Invasionstruppen im Norden erliegen mußten (vgl. 2.1.3). Auf diese Weise also geriet der heute so idyllisch daliegende Ort in das martialische Umfeld des Arc de Triomphe in Paris!

Auf der Weiterfahrt passieren Sie am Ortsausgang die Abzweigung zur ehemaligen Zuckerfabrik von **Ferney** (der zweitältesten des Landes), dann linkerhand das **Holländer-Monument**, überqueren nun den Rivière Champagne, und erreichen nach 5 km auf schnurgerader Straße das Stadtgebiet von Mahébourg (ca. 20 000 Einwohner).

Mahébourg

Zunächst durchfahren Sie den nördlichen Vorort Ville Noire, in dem früher magische Riten der Sklaven ausgeübt wurden. Den breiten Mündungsarm des Rivière la Chaux überqueren Sie dann auf der vielleicht schönsten Brücke von Mauritius, bevor Sie die ehemalige Hauptstadt besichtigen. Zum Zentrum kommen Sie, wenn Sie von der Hauptstraße nach links abbiegen (Rue du Souffleur).

Hier erwartet Sie die **Kathedrale Notre Dame**, ein großes, helles Gebäude mit Querschiff, von dessen Turm man einen herrlichen Panoramablick hat; fragen Sie im Pfarramt oder den Kirchendiener, ob Sie den Aufstieg unternehmen dürfen.

Nicht weit entfernt reizt in einer großen Halle der lebhafte **Früchte- und Gemüsemarkt** zum Besuch. Wenn Sie von hier aus zum Hafen fahren (oder gehen), können Sie dem **Friedhof** mit seinen französischen Gräbern einen Besuch abstatten. An der Pointe de Régates schließlich erinnert ein Denkmal an die Gefallenen der Seeschlacht von 1810 und am Point Canon ein weiteres an die Aufhebung der Sklaverei.

Um die historischen Eindrücke zu vertiefen, sollten Sie nach einem kleinen Stadtbummel, vorbei an vielen und manchmal recht verfallenen Beispielen kreolischer Architektur, noch die größte Sehenswürdigkeit der Stadt besuchen, nämlich das **Marine-Museum** (Musée Naval). Neben vielen Erinnerungsstücken an die Seeschlacht von 1810 und den Untergang der "St. Géran" 1744, neben Dokumenten, Waffen, Kostümen und alten Möbeln, ist das Gebäude selbst ein Ziel des Interesses.

Es stammt aus den 1770er Jahren, knapp 40 Jahre vor der Stadtgründung von Mahébourg, und ist mit seinem Interieur aus Ebenholz, seiner Freitreppe, seiner blockhaften, geschlossenen Architektur und dem schönen Garten eins der edelsten Kolonialhäuser dieser Epoche.

Sie erreichen das Musée Naval am Ortsausgang auf der Hauptstraße Route Roayle (A 10 Richtung Airport), hinter einem weißen Gitter rechts der Straße. Es ist täglich außer Di, Fr und Feiertagen von 9.00 - 16.00 Uhr geöffnet.

4.4.3 ZWISCHEN MAHÉBOURG UND BAIE DU CAP

Pointe Desny

Noch in Mahébourg, die letzte Straße vor dem Marine-Museum nach links bzw. vom Denkmal der Gefallenen am Pointe de Régates aus, geht eine kleine, knapp 7 km lange Straße direkt an der Küste entlang zum Pointe Jérome und Pointe Desny, wo man nicht nur einen schönen Blick auf die Ile aux Aigrettes (Naturschutzgebiet) hat, sondern an einem der schönsten Strände von Mauritius baden kann. Ein vor langer Zeit gestrandetes Schiff beweist als Wrack augenfällig die Gefährlichkeit der hiesigen Gewässer, deren Fische Sie vielleicht in den Hotel-Restaurants des "La Croix du Sud" und "Blue Lagoon" probieren können.

Blue Bay

Am südlichen Ende des Strandes beginnt bereits die Blue Bay, bekannt für ihre ausgezeichneten Surf-Bedingungen. Auch die Privatinsel Ile des Deux Cocos, auf der gegenwärtig ein First-Class-Hotel gebaut wird, und der gegenüberliegende Strand am "Beachcomber Le Chaland"-Hotel sind von dieser Stelle gut zu sehen.

Es ist allerdings unmöglich, direkt an der Bucht entlangzufahren, sondern man muß bis kurz vor Mahébourg zurückkehren, um dann auf der A 10 über **Beau Vallon** den Internationalen Flughafen von **Plaisance** zu passieren. Hier könnten Sie nochmals über die knapp 8 km lange Stichstraße zur Blue Bay zurückkehren.

Wenn Sie aber die Hotelanlage des "Chaland" und deren Strand nicht sonderlich interessieren, sollten Sie in **Plaine Magnien** auf der B 8 in Richtung **Souillac** weiterfahren, da es keine Straßenverbindung direkt an der Küste gibt.

Etwa 20 km legen Sie nun auf diesem Weg in einiger Entfernung zum Meer zurück, das ohne schützendes Korallenriff meist einen wilderen Charakter hat als an den anderen mauritianischen Küsten.

Wer dieses sonst seltene Schauspiel erleben möchte, sollte bei windigem Wetter in **Camp Poule**, ca. 4 km hinter Plaine Magnien, die Abzweigung links nach **Souffleur** nehmen, wo sich die Brandung besonders eindrucksvoll gegen die schwarzen Lavaklippen wälzt und in hohen Fontänen aufschäumt.

Die Fahrt über die B 8 wird begleitet von weiten Zuckerrohrplantagen, von einzelnen monumentalen Schloten, die zu alten Zuckerfabriken gehören, und von den künstlichen Hügeln zusammengetragener Steinbrocken. Ab und zu blinkt das Weiß einer kreolischen Villa, die einem Zuckerbaron gehörte, durch die Felder. Wenige Kilometer nach dem Ort Savannah macht die Straße eine scharfe Linkskurve, dann folgt in der Nähe einer schloßartigen Schule ein Kreisel, an dem eine Stichstraße zum Ort Benares abzweigt, Sie aber in Richtung **Rivière des Anguilles** weiterfahren.

Krokodilfarm La Vanille

La Vanille Crocodile Park
Öffnungszeiten:
tägl. außer Mo von 9.30 - 17.00 Uhr
Eintritt einschl. Führung Rs 25

Nach einer kurzen Weile führt linkerhand ein Weg zur Krokodilfarm "**La Vanille**" ab. Der Besuch dort lohnt sich unbedingt, auch wenn man natürlich seine Bedenken solchen Zuchtfarmen gegenüber haben kann (dem halten manche entgegen, daß die Aufzucht von seltenen Tieren zum Zweck der Schlachtung trotzdem einige Arten vor dem Aussterben gerettet hat!). In "La Vanille" jedenfalls werden madegassische Krokodile in verschiedenen Terrarien und Wasserbecken aufgezogen, bis sie ihr 'ideales' Alter von 7 Jahren erreicht haben.

Aber die Krokodile sind nicht die alleinige Attraktion, denn die Farm, die übrigens einem Australier gehört, besitzt auch Exemplare anderer, für Mauritius typischerer Tiere, z.B. Zwerg- und Wildschweine, Jacot - dansé - Affen, Java - Hirsche, Hasen, Chamäleons, Echsen u.v.m. Außerdem lernt man auf einem Rundgang, der von netten und gut englischsprechenden Guides geleitet wird, auch einen Teil der hier noch ursprünglichen Dschungel-Vegetation kennen, bekommt Fragen zu Flora und Fauna beantwortet und sieht eine alte Dampflok, die früher auf den Plantagen den Transport des geernteten Zuckerrohrs besorgte. Eine kleine Cafeteria befindet sich neben dem Eingang.

Souillac

In Rivière des Anguilles stößt unser Weg auf die A 9, die in nördlicher Richtung nach Nouvelle France und zum Motorway nach Curepipe/Port Louis geht. Fall Sie noch Zeit haben, sollten Sie der Landstraße jedoch nach Souillac (ca. 6 km) folgen, das seinen Namen einem der französischen Gouverneure der Insel verdankt.

Wer dort am Meer nach links abbiegt, kann die hübsche, etwa 1 km lange Uferpromenade bis nach **Gris Gris** zurücklegen, wo einen herrliche Ausblicke erwarten: auf die Bucht Trou Desny und auf den Indischen Ozean, der hier, ohne von Korallenbänken gehindert zu sein, wild und majestätisch anrollt.

In Souillac selbst ist der schöne Uferpark (Jardin Telfair) sehenswert, ebenso das personengeschichtlich interessante "**Musée Lanef**", an der Uferpromenade nach Gris Gris gelegen. Es handelt sich um ein Haus, das an den mauritianischen Poeten Robert Edward Hart erinnert und in dem er seine letzten Lebensjahre verbrachte.

Musée Lanef
Öffnungszeiten:
täglich außer Di, Fr und Feiertagen von 9.00 - 16.00 Uhr
Eintritt frei

Ein anderer Dichter, der Franzose Paul Jean Toulet, hat ebenfalls eine Zeitlang in Souillac gelebt und die herbe Landschaft hier so geliebt, daß er sie in einigen Gedichten verewigte. Sein Grab finden Sie auf dem auch sonst beachtenswerten **Marine-Friedhof**.

Rochester Falls

Wenn Sie nun ca. 200 m weiter in Richtung Surinam fahren, sehen Sie schon bald, vor der Brücke, ein Hinweisschild zu den Rochester Falls. Der später unasphaltierte Weg ist ausgeschildert, aber trotzdem nicht einfach zu finden (halten Sie sich zunächst rechts, fahren dann an einer Diamatenschleiferei vorbei, dann nach links und vor dem Tal des Rivière Savanne wieder nach rechts); außerdem lassen dicke Steine, tiefe Schlaglöcher und Querrinnen ein Weiterfahren manchmal unmöglich erscheinen. Trotzdem lohnt sich der Weg, u.a. weil man sich zwischen den übermannshohen Zuckerrohren wie in einer anderen Welt fühlt. Je weiter man kommt, desto besser wird die Aussicht auf das Flußtal, den Ozean und verstreut liegende Ortschaften mit den markanten Schornsteinen der Zuckerfabriken.

Wenn der Weg wirklich unpassierbar wird, gehen Sie die letzten Hundert Meter zu Fuß - zu diesem Zeitpunkt müßten die Wasserfälle bereits linkerhand zu sehen sein! Diese selbst sind mit ihrer geringen Höhe von nur 15 m weniger attraktiv als die Basaltsäulen, die nicht nur an Orgelpfeifen erinnern mögen, sondern durch das Wasser tatsächlich zum 'Klingen' gebracht werden...

 Zurück auf der Landstraße, sollten Sie sich **in der Ortschaft Surinam**, die sofort hinter der Brücke beginnt, **unbedingt links halten**, damit Sie nicht die langweilige B 10 anstelle der wunderschönen Küstenstraße B 9 erwischen!

Riambel

Das erste Dorf auf dieser Route, Riambel, hat seinen Namen vom madegassischen "Ariambal" (was soviel heißt wie "Lachender und lebhafter Ort") und besitzt einen schönen palmengesäumten Strand.

Pointe aux Roches

Weiter geht es - an Filaos und Indischen Mandelbäumen, an verstreut liegenden Villen und kleinen Wochenendhäuschen, am herrlichen (aber nicht ganz ungefährlichen) Pomponette-Strand vorbei - bis zum Pointe aux Roches mit seinem schönen Strand und der gleichnamigen Bungalowanlage. Als ob das Panorama mit dem mächtig heranrollenden Ozean, dem weißen Sand und eindrucksvollen Lavaklippen noch nicht genug des Guten sei, hat man in der Nähe einen Betonturm mit Aussichtsplattformen aufgestellt, um das Schauspiel aus der Vogelperspektive bewundern zu können.

Ilot Sanche

In der nächsten Bucht (Baie du Jacotet) liegt nahe am Ufer das Inselchen Ilot Sanche, zu dem man bei Ebbe hinüberwaten kann. Ein aus den Korallen herausragender Anker erinnert an die Zeit der Segelschiffe, der Korsaren und der Piraten. Tatsächlich vermuten lokale Historiker und passionierte Schatzsucher, daß sich auf der Ilot Sanche, an irgendeiner noch nicht gefundenen Stelle vergrabene Reichtümer jener Zeit aus der Erde holen lassen - vielleicht werden Sie ja hier fündig...

Bel Ombre

Von der Baie du Jacotet sind es auf einer Palmenallee noch gut 9 km bis Baie du Cap. Die Landschaft zur Rechten wird nun wieder gebirgiger: die Montagnes Savanne und das dahinterliegende Hochland der Plaine Champagne kündigen sich an! Bel Ombre heißt der nächste größere Ort, der außer Lebensmittelläden und einer Zuckerfabrik vor allem eine wunderschöne Kolonialvilla, das sog. 'Schloß' aufzuweisen hat. Mit etwas Glück finden Sie hinter einer Art Strandpark am Ufer zwischen Muscheln, Kieseln und Steinen hübsche Korallenstücke, die das Meer dort abgelagert hat. Am Ortsausgang, neben dem kleinen Friedhof, erinnert ein Gedenkstein an den Untergang der "Trevessa" im Jahre 1923, die auf der Passage von Australien nach Mauritius Schiffbruch erlitt und deren Überlebende, nach 2 560 Kilometern und wochenlanger Irrfahrt, mit ihrem Rettungsboot hier strandeten.

Nach einer kurzen Strecke erreichen Sie dann **Baie du Cap**, von wo Sie über die Küstenstraße weiter nach Tamarin/Curepipe/Port Louis fahren (vgl. 4.3.6) oder nach rechts in Richtung Chamarel/Plaine Champagne/Curepipe (vgl. 4.3.5) abzweigen können.

4.5 DIE INSELN DER INSEL

4.5.1 ÜBERBLICK

Der Inselstaat Mauritius besteht nicht nur aus der Hauptinsel und einem ganzen Kranz vorgelagerter Inselchen, sondern hat auch die Oberhoheit über Landesteile, die z.T. in beträchtlicher Entfernung vom Mutter"land" in der Weite des Indischen Ozeans plaziert sind.

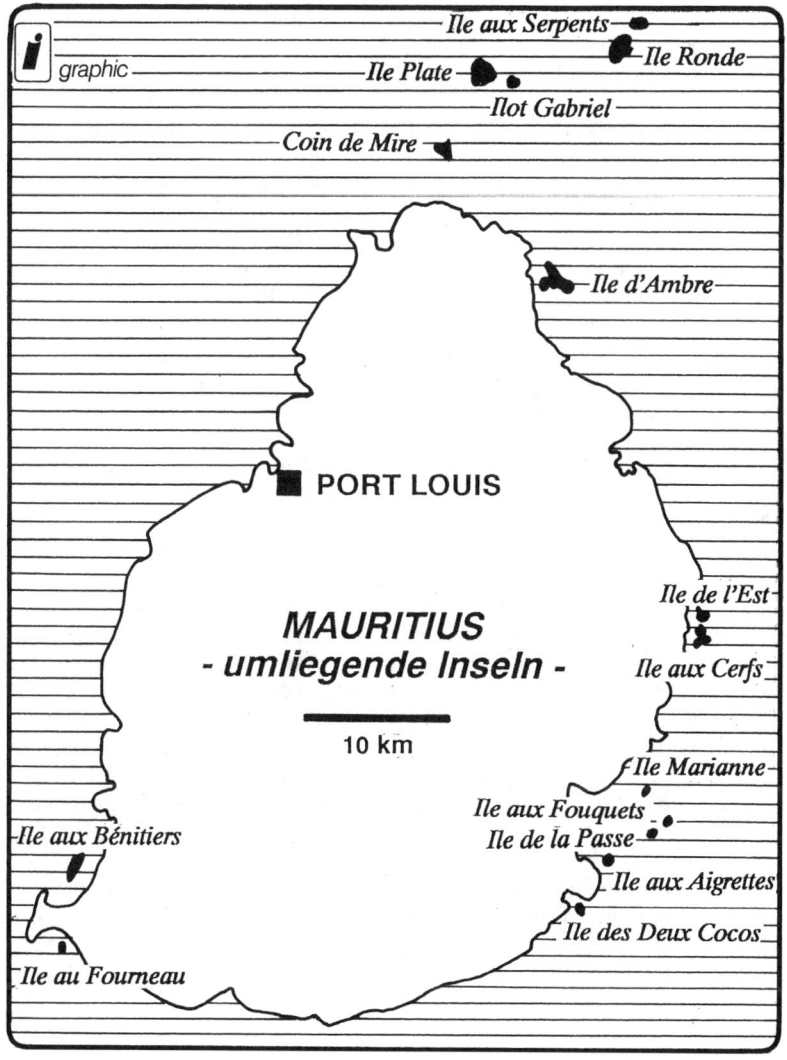

Die Population dieser Anhängsel fällt innerhalb der Gesamtbevölkerung kaum ins Gewicht (höchstens 2 %), hat aber im Fall von Rodrigues, Cargados und Diego Garcia aus historischen oder aktuellen Gründen eine andere Geschichte, Zusammensetzung oder andere Probleme.

Der Tourist, der die "Inseln der Insel" besuchen möchte, kann dies in vielen Fällen problemlos tun, sofern es die nahen Ziele betrifft. Mit Fischerbooten oder von Hotels und Reisebüros arrangierten Bootstrips sind einige der schönsten Ausflugsziele vor der nördlichen, östlichen oder südwestlichen Küste schnell zu erreichen - manchmal kann man sogar dorthin schwimmen oder durch die Lagune waten. Die populärsten dieser 'Badeinseln' sind:

* die **Ile aux Cerfs, Ile de l'Est** und die **Ile d'Ambre** vor der Ostküste,
* die **Coin de Mire, Ile Plate** und **Ile au Gabriel** im Norden
* sowie die **Ile aux Bénitiers** und **Ile au Fourneau** im Südwesten.

Von den entfernteren Inseln ist bislang nur **Rodrigues**, ca. 600 km östlich von Mauritius, ansatzweise touristisch erschlossen. Das meint regelmäßige Flugverbindungen, Unterkunftsmöglichkeiten und 'Paketangebote', die Sie in Deutschland oder vor Ort buchen können. Das meint aber auch unasphaltierte Straßen, Einsamkeit und eine Atmosphäre der Ursprünglichkeit, die mit dem bisweilen lebhaften Bade-Tourismus auf Mauritius nichts gemein hat. Wer immer noch vom Robinson-Leben träumt und auf Komfort, internationalen Hotelstandard und eine funktionierende moderne Infrastruktur verzichten kann, sollte Rodrigues besuchen - sei es als Urlaub an sich, sei es als Kombination mit anderen Zielen im Indischen Ozean oder sei es als "Urlaub vom Urlaub" auf einem drei/viertägigen Trip ab und bis Mauritius!

Demgegenüber wird man auf Schwierigkeiten stoßen, will man den **Cargados-Archipel, Agalea** oder gar die **Chagos-Inselgruppe** ansteuern. Teilweise näher an den Seychellen als zu Mauritius gelegen, sind diese Inseln bislang noch nicht in das regelmäßige Flugnetz der Air Mauritius integriert, obwohl es auch dort lange Sandstrände und eine herrliche Tier- und Pflanzenwelt gibt. Sie sind die Destinationen der Zukunft und Planungsziel des Tourismus-Ministeriums in Port Louis. Ab und zu gibt es Gelegenheit, nach St. Brandon auf den Cargados zu fliegen; wenn Sie das interessiert, sollten Sie sofort nach Ankunft auf Mauritius bei den örtlichen Reisebüros vorsprechen. Die ebenfalls sporadisch angebotenen Schiffspassagen zu den entfernteren Inseln verbieten sich wohl aus zeitlichen Gründen für die meisten Urlauber von selbst! Ein Besuch auf Diego Garcia schließlich ist aus politischen Gründen überhaupt nicht möglich (s. 4.5.5).

4.5.2 TOURISTISCHE HINWEISE

Minikreuzfahrten im Indischen Ozean, oft verbunden mit dem Besuch der einen oder anderen Insel, können an vielen Stellen auf Mauritius gebucht werden. Fast jedes größere Hotel bietet die Teilnahme an einer solchen Tour an, Mittagessen inklusive. Manchmal ist bei pauschal gebuchten Aufenthaltsreisen (etwa bei "Meier's Weltreisen") von vornherein eine ganztägige Segelkreuzfahrt im Preis eingeschlossen. Daneben werden Sie auf den beliebteren Touristenstränden von Einheimischen auf Teilnahmemöglichkeiten an Inseltrips - sei es mit Fischerbooten, sei es mit Glasbodenbooten o.ä. - hingewiesen, so z.b. auf der Ile aux Cerfs, wo man Ihnen eine ganze Palette an Ausflügen ans Herz legt. Die Badeinseln selbst sind von den Hotels mit eigenen Bootsverbindungen oder nahebei liegenden Transferstellen zu erreichen:

* die Ile aux Cerfs vom "Touessrok",
* die Ile aux Aigrettes vom "Le Chaland",
* die Ile aux Bénitiers vom "Méridien" aus.

Daneben bieten ebenfalls die örtlichen Reiseagenturen (vgl. u.a. 4.1.2) ausgegklügelte und umfangreiche Segel- oder Motorbootfahrten an, oft auch im Zusammenhang mit Tiefseeangeln oder -tauchen, Strandbarbecues oder anderer Verpflegung. Auf drei zuverlässige Unternehmen sei noch hingewiesen:

Croisières Turquoises Ltd, Riche en Eau S.E., Mahébourg, Tel.: 87-4835. Ganztagsexkursion auf einem 11-Meter-Katamaran zur Ile aux Cerfs; Startpunkt Pointe d'Esny (Poste de Flacq)
Sport Fisher, Paille en Queue, Grand Baie, Tel.: 03-8358. Tiefseeangeltrips mit voll ausgerüsteten Motor-Yachten und Picknicks auf verschiedenen Inseln.
Yacht Charters Ltd, Route Royale, Grand Baie, Tel.: 03-8395/6. Motor- und Segelbootkreuzfahrten, sonntags Ganztagesexkursion auf einem Katamaran zur Ile Plate

4.5.3 DIE NAHEN INSELN

Die Möglichkeiten, die nahen Inseln zu besuchen, sind oben bereits geschildert worden. Man kann sie also auf Bootsausflügen, sozusagen im Vorbeifahren, genießen oder sie zum Ziel eines Tagesaufenthaltes machen. Beachten Sie dabei, daß die Inseln **keine Übernachtungsmöglichkeiten** bieten (mit Ausnahme der Ile des Deux Cocos, wo gegenwärtig ein First-Class-Hotel gebaut wird).

Die Bootsverbindungen werden nicht bis in den späten Abend aufrechterhalten. Gegen 17.00 Uhr ist meist die letzte Rückfahrt. Falls Sie von einem Fischer auf eine Insel gebracht worden sind, ist es notwendig, den Rückfahrttermin und den Abfahrtsort genau auszumachen und sich selbstverständlich an die Abmachung zu halten.

Im folgenden werden die wichtigsten der nahen Inmseln stichpunktartig beschrieben, und zwar **im Uhrzeigersinn ab der Grand Baie.**

Inseln im Norden

* Coin de Mire

Die merkwürdige Silhouette von Coin de Mire ist vom Cap Malheureux und der gesamten Nordspitze aus gut auszumachen. Die Insel besteht aus einem Sandsteinklotz, der von Osten nach Westen bis auf 163 m ansteigt und dort steil ins Meer abfällt. Coin de Mire ist - mit Ausnahme der Hasen, die hier keine natürlichen Feinde haben - unbewohnt. Der englische Name "Gunners's Quoin" erinnert an die Zeit, als dort Schießübungen abgehalten wurden. Zum Baden ist Coin de Mire nicht geeignet, wohl aber zum Schnorcheln und Kraxeln auf dem Bergrücken.

* Ile Plate

Der Name der Ile Plate (Flat Island) sagt schon genug über die Landschaftsstruktur dieser Insel aus: bis auf einen Hügel von etwa 90 m Höhe ist sie vollkommen flach. Dafür besitzt sie einen herrlichen weißen Sandstrand und ist im Innern dicht mit Filaos bewaldet. Für Badefreunde und Schnorchler finden sich hier ideale Bedingungen.

* Ilot Gabriel

Direkt daneben liegt der kleine "Ableger" der Ilot Gabriel, der bei Ebbe zu Fuß erreichbar ist.

 Badegäste und Taucher, die zu dem Inselchen von der Ile Plate aus schwimmen wollen, müssen auf die extrem starke Strömung achtgeben!

Auch die Ilot Gabriel hat einen Sandstrand und als einzige Bewohner Hasen. Sehenswert sind einige Stümpfe an der östlichen und nördlichen Küste, die versteinerten Palmen ähnlich sehen.

* Ile Ronde

Die beiden Nachbarinseln, 22 km von Mauritius entfernt, verdanken ihren Namen einer gegenseitigen Verwechslung: Die Ile Ronde (Round Island) ist nicht rund, sondern hat auf der östlichen Seite eine mondsichelartige Bucht. Vom botanischen und zoologischen Standpunkt ist die Ile Ronde sicherlich die interessanteste aller vorgelagerten Inseln: sie beherbergt die sonst auf Mauritius nicht mehr existierenden Schlangen (eine ungiftige, kleine Boa-Art), die es nur hier gibt. Da auch Eidechsen, Geckos, verschiedene Land- und Seevögel, sowie endemische Pflanzen (Flaschenpalmen und andere, seltene Palmenarten) hier heimisch sind, hat man die Insel unter Naturschutz gestellt und versucht, die Schäden, die durch die von den Engländern ausgesetzten Ziegen und Hasen verursacht werden, zu begrenzen. Das hügelige Landschaftsprofil der Ile Ronde wird durch die höchste Erhebung von 276 m

markiert, und an den Küsten finden sich merkwürdige, durch Wind und Wellen ausgewaschene Gesteinsformationen, die mit etwas Phantasie an urweltliche Tiere oder Märchenfiguren erinnern.
Die Insel ist weniger zum Baden als zum Schnorcheln und zu Naturbeobachtungen geeignet.

* Ile aux Serpents
Ganz nah zur Ile Ronde liegt die Ile aux Serpents (= Schlangeninsel), die eher rund ist als jene, dafür aber keine Schlangen hat. Die Ile aux Serpents verfügt über keinerlei Vegetation, ist also völlig kahl und hat außerdem kaum Niederschläge. Als ein Paradies für Seevögel ist das 162 m hohe Eiland über und über mit Guano bedeckt.
Zum Baden nicht geeignet, dafür aber zum Schnorcheln und zur Naturbetrachtung.

Ostküste:

* Ile d'Ambre
Die völlig flache, von Korallenbänken fast vollständig umgebene Ile d'Ambre ist zusammen mit ihrer kleinen Nachbarin **Bernache** zu einem Ferienparadies vor der Küste geworden, das man von Grande Gaube und Poudre d'Or mit Booten leicht erreicht. Die schönen, langen Sandstrände reizen Einheimische oft, in Zelten auf der Insel zu campieren. Daneben gibt es Filao-Haine, Mangroven und Palmen. Ihre traurige Berühmtheit verdankt die Ile d'Ambre dem Schiffbruch der "St. Géran" im Jahre 1744 (vgl. 4.4.2).

* Ile aux Cerfs
Über die Ile aux Cerfs ist bereits an anderer Stelle (vgl. 3.2.4 und 4.4.2) genug gesagt worden. Ihren Namen (= Hirschinsel) trägt sie heute nicht mehr zu Recht, dafür sind andere Attraktionen an deren Stelle getreten: herrliche Sandstrände, gute Bade- und Schnorchelmöglichkeiten, dichte Filaowälder, ein breites Sport- und Ausflugsprogramm sowie eine Bar und zwei Restaurants: mit einem Wort also eine paradiesische Oase der Erholung!

* Ile de l'Est
Nur einen Steinwurf von der Ile aux Cerfs entfernt und von dieser schwimmend oder mit Kajaks gut zu erreichen, liegt die Ile de l'Est (Ile Mangerie), zur Landseite hin mit Mangrovendickicht, zum Indischen Ozean mit wunderschönen Sandstränden abgegrenzt. Ohne touristische Einrichtungen gibt sie einem das Gefühl unberührter Ursprünglichkeit.

* Ile Marianne
Direkt auf dem Korallenriff, den Brandungswellen des Indischen Ozeans ausgesetzt und für Touristen nur selten erreichbar, liegt die Ile Marianne vor der Bucht des alten Haupthafens, dem geschichtsträchti-

gen Vieux Grand Port (vgl. 4.4.2). Sie wurde nach dem Schiff "Marie-Anne" benannt und ist die größere Schwester des nahen Eilands Ile aux Fous (= Insel der Verrückten).

* **Ile aux Fouquets**
Etwas südlicher auf dem gleichen Korallenriff, direkt vor dem Schiffsdurchgang "South Entrance", befinden sich drei Inseln, von denen die nördlichste Ile aux Fouquets heißt. Sie ist von der Küste wegen ihres Leuchtturms am besten zu erkennen, aber genauso selten erreichbar wie die anderen Inselchen hier draußen.

Hier fand der erste Besiedlungsversuch der Insel Rodrigues sein vorläufiges Ende: Nachdem 1691 zehn auswanderungswillige Hugenotten im Alter von 12 bis 30 Jahren nach einer abenteuerlichen Reise Rodrigues angesteuert und dort vier Jahre gelebt hatten, vertrieb sie schließlich der Frauenmangel; mit einem selbstgebauten Boot ruderten sie nach Mauritius - geradewegs in die Hände der Holländer. Wegen eines angeblichen Diebstahls setzten diese sie fest und verbannten sie auf die Ile aux Fouquets, in der Annahme, die Franzosen würden dort bald verhungern. Diese aber ernährten sich während ihrer dreijährigen Gefangenschaft von den Eiern der Fouquets und anderer Seevögel, bis die Holländer sie schließlich nach Java deportierten und von da aus nach Frankreich abschoben.

 Bekannt wurde die abenteuerliche Geschichte durch den Beteiligten François Leguat de la Fougère, der die entbehrungsreiche Odyssee aufschrieb; sein Buch ist in mehrere Sprachen übersetzt worden (vgl. 8).

* **Ile de la Passe**
Zusammen mit der Ile aux Fouquets und der dazwischenliegenden Ile Vacoas bewacht die Ile de la Passe die schmale Fahrrinne durch das Riff zum alten Hafen.

Unter den Holländern trug sie nach einem ihrer Admiräle den Namen "Fortuyn" und wurde später bedeutsam durch die Seeschlacht von 1810, die sich genau vor ihr abspielte (vgl. 2.1.3). Die französischen Befestigungen erfüllten noch unter den Engländern im Zweiten Weltkrieg ihre Funktion, sind heute aber überwuchert und aus der Ferne kaum mehr auszumachen.

* **Ile aux Aigrettes**
Im Gegensatz zu den bisher genannten Inseln ist die Ile aux Aigrettes bewohnt, allerdings auch nicht größer als etwa die Ilot Gabriel im Norden. Direkt vor den Toren der Stadt Mahébourg gelegen, ist sie vom 'Festland' aus leicht zu erreichen und allemal einen Besuch wert, da sie noch die ursprüngliche Vegetation aufweisen kann. Als Naturschutzgebiet unterliegt sie allerdings gewissen Besuchsbeschränkungen.

* Ile des Deux Cocos

Vor der nächsten Bucht, der Blue Bay, liegt malerisch die kleine Ile des Deux Cocos. Sie ist im Privatbesitz, hat einen schönen Sandstrand und jedenfalls mehr Grün als nur die "zwei Kokospalmen" ihres Namens. Vom "Le Chaland"-Hotel oder dem Pointe Corps de Garde aus kann man mit Booten leicht zu ihr hinkommen; Schwimmer seien jedoch vor der hier starken Strömung gewarnt. Nach den kleinen Muscheln, die am Fels sitzen und abgepflückt Bestandteil einer hervorragenden Fischsuppe sind, trägt sie auch den Beinamen "Ile aux Bigorneaux".

Südwestküste

* Ile au Fourneau

Die kleine Ile au Fourneau befindet sich südlich des Morne Brabant und ist von Gästen der dortigen Hotels mit Booten einfach zu besuchen. Ihren Reiz erhält sie nicht wegen guter Badegelegenheiten, sondern wegen der phantastischen Aussicht auf das südwestliche Hochland, das Kap "Pointe Corail de la Prairie" und die eindrucksvolle Halbinsel im Norden. Die nur leicht hügelige Insel ist ein Eldorado für Schnorchler und Angler, da der Artenreichtum der Unterwasserflora und -fauna hier besonders groß ist.

* Ile aux Bénitiers

Nördlich des Morne Brabant sieht man in der Lagune die langgestreckte Ile aux Bénitiers, die (wie die Ile aux Cerfs) zu einem Touristenparadies ausgebaut wurde. Im Gegensatz zu jener ist die Insel aber seit alters her von Gemüsebauern bewohnt, die früher Hauptlieferanten für Kokosnüsse und Kokosprodukte (Besen und Bürsten) waren.
Im Zuge des Fremdenverkehrs, dem die feinsandigen Strände in Küstennähe natürlich nicht entgehen konnten, gab es Experimente mit FKK und Hotelbaupläne, beides aber ist inzwischen ad acta gelegt worden. Immerhin verfügt die Ile aux Bénitiers über einen Golfplatz und Anlegeplätze für Besucherboote, selbst ein Tonstudio für Schallplattenaufnahmen hat man hier installiert.

Man erreicht die Badeinsel am besten von den Méridien-Hotels am Morne Brabant (Bootszubringer) oder mit Fischerbooten von Grand Case Noyale aus.

4.5.4 RODRIGUES

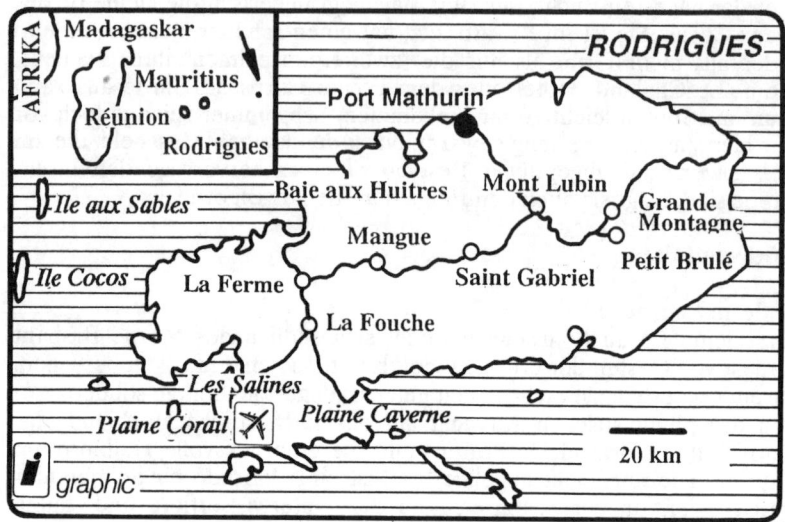

Touristische Hinweise

Rodrigues ist per Flugzeug täglich mit Air Mauritius (eingesetzte Maschine: ATR 42, 46 Sitze) zu erreichen.

Mindestens einmal im Monat (u.a. durch "Rogers & Co Ltd") wird Rodrigues per Schiff regelmäßig angelaufen.

Die aktuellen Fahrpläne erfahren Sie am besten im Rogers House in Port Louis, wo die Zentrale der Air Mauritius und verschiedene Schiffahrtsgesellschaften ihren Sitz haben. Auskunft geben auch die örtlichen Reisebüros, die Ihnen Package-Reisen mit Unterkunft in Kolonialhäusern auf Rodrigues anbieten.

Inzwischen gibt es vom Hauptort Port Mathurin sporadische Busverbindungen zu anderen Orten, während man vom Flughafen Plaine Corail mit Jeeps befördert wird. Das lokale Reisebüro (Henry Meunier, Port Mathurin) organisiert Bootsausflüge zu den Koralleninseln Ile de Sable und Coco Island sowie Sightseeing-Touren mit dem Jeep.

Ein kleines Hotel ("Pointe Venues") und Pensionen ("Les Filaos", "Ciel d'Eté") nehmen Gäste auf, wegen der geringen Kapazität ist hier allerdings eine rechtzeitige Vorausbuchung notwendig.

Schon ab Deutschland buchbar ist der Aufenthalt auf Rodrigues einschließlich Transfer von/bis zu Ihrem Hotel auf Mauritius. Ein Vier-Tage-Trip kostet mit Transfers, Flug, Besichtigungsprogramm, Übernachtung und Halbpension etwa DM 800 (vgl. 3.1, Stichwort **Reiseveranstalter**).

Die knapp 110 qkm große Insel ist der östlichste Verteter der Maskarenen und genau wie Mauritius und Réunion vulkanischen Ursprungs. Aufgrund einer andersartigen eruptiven Tätigkeit (langsamerer Lavaausfluß) fehlen ihr allerdings die hochaufragenden Krater; ihr Landschaftsprofil ist deshalb von einem rund 300 m hohen Bergrücken geprägt, dessen höchster Punkt bei 392 m ü.d.M. (Mont Lion) liegt. Die Küste ist mit vielen Buchten reich gegliedert und wird von einem mächtigen Korallenriff umgeben, das im Norden und Osten relativ nah, im Süden und Westen etwas weiter vom Ufer entfernt ist. Vor der schmaleren Lagune des Ostens breiten sich lange, unberührte Strände aus, während im Südwesten Tropfsteinhöhlen riesigen Ausmaßes die landschaftlichen Höhepunkte darstellen.

Nachdem in den vergangenen Jahrhunderten die üppige Vegetation mit ihren tropischen Edelhölzern einem ununterbrochenen Kahlschlag ausgesetzt war, findet man heute Überrerste des Regenwaldes nur noch in einigen tiefgelegenen Tälern, während sich der Bergrücken nackt und ausgewaschen erhebt und Erinnerungen an die Kykladen wachwerden läßt. Durch das Abholzen wurde auch das Klima manipuliert, so daß einige Gebiete unter zu starker Trockenheit leiden und ehemalige Wasserläufe versiegt sind. Es ist zu hoffen, daß das Wiederaufforstungsprogramm durchgeführt wird und der Schaden begrenzt werden kann.

Die Bevölkerung (knapp 40 000) wird im Gegensatz zu Mauritius fast ausschließlich durch Kreolen gebildet, Inder und Chinesen trifft man dagegen kaum an. Das bedeutet auch, daß nur Créole bzw. Französisch gesprochen wird. Etwa 7 000 "Rodriguais" leben in der 'Hauptstadt' Port Mathurin an der Nordküste, die anderen in Dörfern wie Port Sud-Est, La Ferme, La Fouche, Petit Gabriel, Rivière Cocos und Saint Gabriel oder in einzelstehenden Gehöften. Ihr Erwerbsleben ist in erster Linie die Landwirtschaft, wobei bevorzugt Gemüse (Mais) angebaut wird, während das für Mauritius so typische Zuckerrohr hier gänzlich fehlt. Auch Viehzucht (Ziegen und Schweine) und Fischerei wird betrieben, wogegen Tourismus (noch) keine ernstzunehmende Rolle spielt.

Die Geschichte des Eilandes geht im Großen und Ganzen mit derjenigen von Mauritius konform. Wahrscheinlich war Rodrigues die Dina Noraze (= Ostinsel) der Araber, bevor sie die Portugiesen 'richtig' entdeckten. Nach der Landung eines gewissen Rodrigues im Jahre 1528 erhielt die Insel schließlich ihren Namen.

Auch die Holländer waren da, aber der erste Besiedlungsversuch wurde im Jahre 1693 durch jene 10 hugenottischen Franzosen durchgeführt, die später das Land wegen Frauenmangels verließen und von den Holländern auf dem mauritianischen Inselchen Ile aux Fouquets festgesetzt wurden. Ihrem Anführer François Leguat de la Fougère verdanken wir

die erste Beschreibung der Landesnatur, auch nennt er zum erstenmal den heute ausgestorbenen, dem Dodo verwandten Laufvogel "Solitaire", den es nur auf Rodrigues gegeben hat (vgl. 2.2.3).

Nach mehreren weiteren Anläufen glückte den Franzosen eine dauerhafte Kolonialisierung erst ab den 1750er Jahren. Aus der Vermischung von weißen Herren und afrikanischen bzw. madegassischen Sklaven entstand jene Schicht von Kreolen, deren Nachfahren heute die alleinige Bevölkerung stellen. Zwar übernahmen 1815 die Engländer Rodrigues genauso wie Mauritius und die Seychellen (1810 hatte sich die britische Flotte vor der Einnahme der Maskarenen bei Rodrigues gesammelt!), mischten sich aber in die Inselangelegenheiten noch weniger ein als auf Mauritius. Als östlicher Vorposten im Ozean aber wurde in der Geschichte Rodrigues oft genug vergessen, allenfalls wahrgenommen, nie aber besonders rücksichtsvoll behandelt. Das "mauritianische Aschenputtel" hat deshalb bis heute unter unterentwickelter Infrastruktur und fehlenden Investitionen zu leiden.

Neben Stränden und Lagunen, neben Flora und Fauna macht gerade die unkomplizierte und grundehrliche Bevölkerung den Besuch auf Rodrigues interessant. Ihre Kultur und Tradition unterscheidet sich z.T. von der des übrigen Landes; so hat die Sega z.B. einen schnelleren Rhythmus als auf Mauritius und ist hier selbstverständlich kein Tanz zur Unterhaltung von Touristen; andere Gesänge und Tänze, dort längst vergessen, haben sich hier noch erhalten; und die Korbflechterei führt zu anderen Formen und Farben als im 'Mutterland'. Selbst das Créole ist in Vokabular und Sprachsystem nicht mit dem mauritianischen identisch. Was bei dieser recht homogenen Bevölkerung fehlt, ist natürlich die Vielfalt der Religionen und der religiösen Feste: die Rodriguais sind fast sämtlich (97 %) katholisch!

Für den Besucher ist die Insel eine Destination, die nach Selbständigkeit (sofern man sich nicht einer organisierten Tour angeschlossen hat) und niedrig angesetzten Komfortansprüchen verlangt. Mietwagen sind bislang nicht zu bekommen, und man muß versuchen, Einheimische als Fahrer zu gewinnen. Mit Ausnahme vom Hauptort Port Mathurin gibt es keine asphaltierten Straßen, was auch insofern von Bedeutung ist, als die wunderschönen Sandstrände am anderen Ende der Insel liegen und also beschwerliche Fahrtstrecken vor einem liegen. Trotzdem: wer gerne wandert, schnorchelt und puren Naturgenuß liebt, wer auf kulturhistorische Sehenswürdigkeiten, gute Hotels, Restaurants und Diskotheken keinen Wert legt, wer touristischen Rummel in jeder Form scheut - für den ist Rodrigues das richtige Ziel.

Erwähnt werden muß schließlich noch, daß auch Rodrigues, genau wie Mauritius, seine insularen "Ableger" hat - kleine vorgelagerte Koralleninselchen mit Namen wie "Ile aux Sables", "Ile Cocos", "Ile Frégat" usw. Hier finden Sie kilometerlange, weiße Sandstrände, Filao-Haine, Palmen und unzählige Seevögel - fernab jeder Zivilisation, ein purer Naturgenuß. Für die, die von Deutschland oder Mauritius aus ein "Rodrigues-Paket" gebucht haben, ist der Besuch solcher Inseln auf einem Bootsausflug meist im Preis inbegriffen - ansonsten muß man an Ort und Stelle versuchen, sich von Fischern übersetzen zu lassen. Und ein Besuch auf Rodrigues wäre unvollständig, wenn Sie sich nicht auch die großen Höhlen in der Nähe des Flughafens angeschaut und evtl. durchwandert hätten (nur bei guten Wetterbedingungen möglich, da nach Regenfällen die Höhlen manchmal unter Wasser stehen!).

4.5.5 DIE CARGADOS UND ANDERE ENTFERNTERE INSELN

Archipel der Cargados-Inseln

Näher zum Äquator, rund 400 km nordöstlich von Mauritius, liegt der Archipel der Cargados-Inseln, der etwa 20 Eilande umfaßt, manche nicht größer als 1 qkm. Einige von ihnen ragen kaum über die Oberfläche des Indischen Ozeans hinaus und sind bei Flut vollständig von Wasser bedeckt, andere haben hinter breiten Sandstränden Platz für Hügel, Kokospalmen, Filaos und sogar Häuser. Dabei kann man nicht von einer "Bevölkerung" der Cargados sprechen, denn die Fischer und Arbeiter, die in den hiesigen Gewässern auf Fang gehen und die Fische am Strand noch salzen und dann als Stockfisch trocknen, kommen meist saisonal aus Mauritius. Es mögen ca. 200 Menschen sein, die wirklich das ganze Jahr über hier leben. Auf der **Ile Raphael** gibt es immerhin einen Hafen und administrative Gebäude, und **St. Brandon** verfügt sogar über ein kleines Hospital und eine meteorologische Station, die u.a. die vorbeiziehenden Zyklone beobachtet. Zusammen mit der **Ile Cocos** (der größten des Archipels) wird für die letztgenannten Inseln neben der Fischerei in Zukunft wohl auch der Tourismus eine Rolle spielen, denn sie haben alles, was ein Inselparadies ausmacht:

durch Korallenbänke geschützte Lagunen, türkisblaues und kristallklares Wasser, Filaos und Kokospalmen...

Für Ornithologen in aller Welt sind die Cargados ohnehin ein Begriff, haben diese doch eine Artenvielfalt aufzuweisen, wie es sie kaum anderswo in diesen Breiten gibt. Die auf dem Boden oder in den Palmen nistenden Seevögel wie Eisvögel, Fregattvögel, Wasserhühner u.v.m. haben hier erstens ideale klimatische und Futterbedingungen und zweitens keine Feinde; zu Abertausenden bevölkern sie den Archipel und erfüllen die Luft mit ihrem typischen Gekrächze. Schon aus diesem Grunde ist zu hoffen, daß die absehbare touristische Erschließung dieses Paradieses behutsam vonstatten geht und die einmalige Vogelwelt durch große Schutz- und Sperrgebiete bewahrt bleibt.

Agalega

Mehr als doppelt so weit nördlich wie die Cargados liegt Agalega von Mauritius entfernt. Auch hierbei handelt es sich eigentlich um eine Inselgruppe, bestehend aus der Nord- und der Südinsel, die ein knapp 2 km breiter Sund voneinander trennt. Der Ursprung des Namens kann unterschiedlich gedeutet werden - ihr Entdecker Juan de Nova, der im Jahre 1501 auf Agalea stieß, war Galizier und nannte sie vielleicht nach seiner Heimat. Aber auch ein Schiff "Agalea" ist überliefert und könnte Namenspatronin gewesen sein. Schließlich ist denkbar, daß die Portugiesen die Doppelinsel als Verbannungsort, also als Gefängnis ("Galère") benutzt haben.

Wie dem auch sei, das Agalea von heute erinnert nicht mehr an die Portugiesen und am allerwenigsten an ein Gefängnis! Dicht bewachsen mit majestätischen Kokospalmen (auf ca. 2 000 ha Fläche) und gesegnet mit reichen Fischgründen, kann es seine kleine Bevölkerung ernähren: etwa 300 Menschen leben hier, die Hälfte davon sind Kinder. Zu ihnen gesellen sich Saison-Arbeiter aus Mauritius, die bei der Kokosernte helfen und die aufgesammelten Nüsse zu Öl bzw. Copra verarbeiten. Der Boden ist Eigentum des Staates Mauritius, nicht etwa der Insulaner. Aber das weit entfernte Mutterland investiert auch in die zukünftige Entwicklung seiner Dependance: seit 1988 gibt es eine Telefonverbindung nach St. Rita, dem Verwaltungszentrum auf der Südinsel. Auf der Nordinsel wurde sogar eine Schule gebaut, und es existieren Pläne, ein ozeanographisches und meteorologisches Forschungsinstitut einzurichten. Kein Wunder, daß auch an den Bau eines Hotels gedacht wird! Sollte es dazu kommen, könnten einige Touristen an den natürlichen

Schätzen der Insel teilhaben. Zwar hat Agalea keine so schönen Strände wie einige Cargados - Inseln. Dafür aber ebenfalls ein unglaublich reiches Vogelleben, dazu als Reptilien u.a. seltene Eidechsen und als Säugetiere wild lebende Hunde; die Vegetation besteht außer aus Kokospalmen aus mächtigen Filaos, endemischen Riesenfarnen und einem üppig leuchtenden Blumenmeer...

Chagos-Inseln / Diego Garcia

 Der Besuch auf Diego Garcia ist streng untersagt!

Nahe den Seychellen liegt ein weiterer Archipel, der eigentlich zu Mauritius gehört: die Chagos-Inseln. Dieser Gruppe, der neben Salomon und Peros Banhos vor allem Diego Garcia angehört, hat ihre eigene, komplizierte und merkwürdige Geschichte.

Kurz gesagt geht es darum, daß die Mauritianer den Briten den Archipel zur Installierung einer Nachrichtenübertragungsstation zur Verfügung gestellt hatten. Die Engländer aber waren wohl schon vorher mit den Amerikanern übereingekommen, ihnen Diego Garcia als militärische Operationsbasis zu überlassen. Als dies publik wurde, forderte

Mauritius die Inselgruppe sowohl von den USA als auch von Großbritannien zurück, allerdings ohne Erfolg. Stattdessen ging der Ausbau von Diego Garcia zum wichtigsten amerikanischen Stützpunkt im Indischen Ozean weiter. Zeitweilig waren über 35 Kriegsschiffe dort stationiert (u.a. die "Nimiz"), und es wird vermutet, daß auch Abschußmöglichkeiten für Atomraketen vorhanden sind. Daß dies den Interessen von Mauritius zuwiderlaufen mußte, liegt auf der Hand. Denn der Inselstaat ist einer der Wortführer, wenn es darum geht, den Indischen Ozean zu entmilitarisieren und zu einer "Friedenszone" zu erklären.

Besonders schlimm wurde die Sache dadurch, daß Diego Garcia keine menschenleere Insel war. In ihrer hemdsärmeligen Art ließen die amerikanischen Militärs die etwa 1 000 Einwohner einfach zwangsevakuieren. Sie wurden zwar teilweise entschädigt, haben aber selbstredend ihre Schwierigkeiten, sich auf Mauritius zu integrieren. Geradezu sarkastisch mußte es da die Mauritianer anmuten, wenn die Amerikaner ihre militärische Barackensiedlung "Downtown" als 'Hauptstadt' von Diego Garcia bezeichneten und das Korallenatoll, das die Form eines Hufeisens hat, "Footprint of Freedom" (= Fußabdruck der Freiheit) tauften!

Die außenpolitischen Beziehungen von Mauritius, den Seychellen und anderer Anrainerstaaten des Indischen Ozeans zu den USA werden auch in Zukunft durch "Diego Garcia, den Flugzeugträger im Indischen Ozean" negativ belastet. Es bleibt zu hoffen, daß durch die veränderte weltpolitische Lage auch diese mauritianische Insel sich zu dem entwickelt, was sie eigentlich ist: ein kleines, friedliches Korallenatoll mit einem der schönsten Strände des Indischen Ozeans. Vielleicht werden also in Zukunft Besuche auf Diego Garcia, die bisher streng verboten waren, wieder möglich sein...

Réunion

5 RÉUNION: LAND UND LEUTE

RÉUNION AUF EINEN BLICK

Fläche:	2 512 qkm
Einwohner:	550 000 Einwohner
Bevölkerungsdichte:	219 Menschen pro qkm
Bevölkerung:	165 000 Kreolen, 130 000 Tamilen (Inder), 80 000 Madegassen, 70 000 Schwarzafrikaner, 85 000 Mischlinge, 27 000 Moslems (indisch - pakistanischer Abstammung), 20 000 Chinesen
Sprache:	Neben dem offiziellen Französisch wird von der Mehrheit der Bevölkerung Créole gesprochen
Städte:	St-Denis 115 000 EW, St-Pierre 50 000 EW, St-Joseph 25 000 EW, St-Gilles-les-Bains 7 000 EW
Administrativer Status:	seit 1946 Übersee - Département (Département d'outre mer) innerhalb der französischen Republik; oberster Verwaltungsbeamter ist der aus Paris entsandte Präfekt; eingeschränkte Selbstverwaltung (wie jedes Département) durch den direkt gewählten Generalrat (Conseil Général) und das Regionalparlament (Conseil Régional). In Paris wird Réunion durch 5 Abgeordnete und 2 Senatoren repräsentiert
Religion:	Christentum (röm.-kath.), Hinduismus, Islam, Buddhismus
Arbeitslosenquote:	ca. 30 %
Problematik:	Niedrigere Löhne (fast 20 %) und höhere Preise (ca. 10 %) als im Mutterland; hohe Arbeitslosigkeit; schlechter Ausbildungsstand, deswegen 'Import' von Facharbeitern aus Frankreich

5.1 GESCHICHTLICHER ÜBERBLICK

Über weite Strecken verlief die Geschichte der Inseln Mauritius und Réunion parallel, weswegen an dieser Stelle der historische Überblick knapp gehalten werden kann.

 Über die ersten Entdeckungen, den Beginn der Kolonisation und die Zeit der Franzosen können Sie etwas detailliertere Informationen bei den Kapiteln 2.1.2 und 2.1.3 nachschlagen.

Die ersten Nationen, die ihren Fuß für kurze Zeit auf die Insel setzten, haben kaum bleibende Spuren hinterlassen. Im historischen Rückblick spielen sie deshalb eine Rolle nur insofern, als sie es waren, die die Réunioner Flora und Fauna manipulierten, einige Tierarten ausrotteten und das Land auf ihren Karten verzeichneten. Bis auf das britische Intermezzo 1810 - 1814 waren es also allein französische Einflüsse, die Réunion zu dem gemacht haben, was es heute ist (vgl. auch 6.2). Daß dabei die Entwicklung der Insel nicht immer gradlinig verlief, dürfte klar sein: Perioden wirtschaftlicher Blüte (z.B. durch Kaffee- oder Zuckerrohr-Anbau) lösten sich mit Perioden extremer Krisen ab; eine ausgebeutete Kolonie wurde zu einem Stützpfeiler merkantilistischer Handelsinteressen, um bald darauf wieder in die Bedeutungslosigkeit zurückzufallen; der stetige Zuzug von Sklaven und Einwanderern wurde jäh unterbrochen, so daß die Bevölkerung erst nach 55 Jahren wieder den ehemaligen Stand erreichen konnte. Und selbst nach der Etablierung des Übersee-Départements 1946 gab es gute und schlechte Zeiten, so wie auch in der Natur der paradiesische Inselzustand immer wieder durch Zyklone und Vulkanausbrüche unterbrochen wurde.

Die dunkelste Zeit in der Geschichte Réunions war sicher jene, als einer kleinen, im Luxus lebenden Schicht weißer Zuckerbarone eine viel größere Anzahl verarmter kreolischer Bauern und eine überwältigende Mehrheit von rechtlosen Sklaven gegenüberstand. Diese Zeit, die andererseits für die gesamtwirtschaftliche Bedeutung der Insel wichtig war und aus der die schönsten Beispiele kolonialer oder kreolischer Architektur und Kunst stammen, war jene, in der immer mehr als 50 % der Bevölkerung wie Vieh gehalten und wie bewegliche Ge-

genstände behandelt wurden. Es war die Zeit, in der sich der Unmut der verarmten Weißen in grausamen Massakern gegen die noch ärmeren Sklaven richtete, in der man arbeitsunfähige Sklaven einfach verhungern ließ, in der tausendfach schwarze Mädchen mißbraucht wurden und das Eigentum an Menschen durch Brandzeichen dokumentiert werden konnte. Selbst für die abgebrühten Kolonialbeamten der Ostindien-Kompanie nahmen die Grausamkeiten so überhand, daß sie Ludwig XV. um ein Gesetzbuch baten, das den schlimmsten Mißständen abhelfen sollte. Daß dieser "Code Noir", der übrigens auch für Mauritius galt, der Situation der Betroffenen zwar einen rechtmäßigen Rahmen gab, sie aber nicht wesentlich verbesserte, zeigt u.a. der Artikel 33, der die Fluchtversuche von Sklaven folgendermaßen bestrafte: beim erstenmal wurde ein Ohr abgeschnitten, beim zweitenmal wurden die Kniekehlen durchgetrennt, beim dritten Mal wurde der Sklave umgebracht...

Seit 1848 ist dieses dunkle Kapitel abgeschlossen. Es darf aber nicht verschwiegen werden, daß auch nachher soziale Ungerechtigkeiten an der Tagesordnung waren und daß bis heute die Einkommen nicht annähernd gleich verteilt sind. Lange Zeit hindurch war Réunion nichts anderes als eine kleine, unbedeutende Kolonie am Rande des französischen Horizonts, die nichts abwarf und in die man nichts investierte. Es ist kein Zufall, daß viele der Réunioner, die als Soldaten am Ersten Weltkrieg teilnahmen, Anzeichen von Unterernährung hatten! Dies hat sich erst in den letzten 50 Jahren wirklich verbessert, und einen Teil hat dazu sicher auch der Tourismus beigetragen.

Als ein erfreuliches Resultat der historischen Entwicklung darf gewertet werden, daß trotz der vergangenen Sklavenhalterei, trotz der blutigen Konkurrenz zwischen armen Weißen und freigelassenen Sklaven, trotz des Zuzugs ethnisch so verschiedener Gruppen wie Europäer, Madegassen, Chinesen, Tamilen, Inder, Schwarzafrikaner usw. es keine brutalen Zusammenstöße oder gar Pogrome gegeben hat. Stattdessen konnte sich eine multikulturelle Gesellschaft etablieren, in der jeder akzeptiert wird und die von Rassismus vollkommen frei ist - so frei sogar, daß heute z.B. Algerier, die in Paris auf immer größere Ressentiments stoßen, hierhin auswandern und sich eine neue Existenz aufbauen.

Die wichtigsten Daten der oft leidvollen und manchmal turbulenten Geschichte Réunions will die folgende Zeittafel zusammenfassen. In Ergänzung zum Kapitel 2.1 zeichnet sie die Ereignisse nach, die das heutige politische, kulturelle oder geologische Aussehen der Insel mitbestimmten.

ZEITTAFEL

10. - 13. Jh.	Vermutete Entdeckung durch die Araber.
1500 - 1510	Die Portugiesen Da Chuna und Pedro Mascarenhas entdecken die Insel.
1520	Die "Islas Mascarenhas" sind auf portugiesischen Seekarten verzeichnet.
1613	Der englische Seeräuber Blackwell sucht auf Réunion Schutz und nennt die Insel "England Forest".
ab 1619:	Die Holländer stoßen auf Réunion, ohne allerdings eine dauerhafte Besiedlung zu versuchen. Bei ihren sporadischen Besuchen zur Proviantierung rotten sie die heimischen Laufvögel ("Dodos") und Elephantenschildkröten aus.
1649	Flacour, der französische Gouverneur von Madagaskar, annektiert die Insel und tauft sie "Ile Bourbon".
1664	Die von Colbert gegründete französische Ostindien-Kompanie erhält das Seefahrts- und Handelsmonopol für die Ile Bourbon.
1665	Drei Schiffe der Ostindien - Kompanie bringen die ersten Siedler. Der Hafenort St-Paul wird gegründet, Sklaven werden aus Madagaskar eingeführt.
1685	Piraten errichten auf der Ile Bourbon ihren Stützpunkt; von den Franzosen zunächst geduldet, erhalten sie sogar 1701 das volle Bürgerrecht. Danach wird die Piraterie unter erheblichem Aufwand auch von Frankreich bekämpft.
1696	Die ersten heiratswilligen Frauen treffen aus Frankreich ein. Ab jetzt nimmt die Bevölkerung sprunghaft zu.
1713	Auf Réunion leben dauerhaft 1 170 Menschen.
1715	Kaffeepflanzen können aus dem Jemen eingeschmuggelt und angebaut werden; Réunion wird zur französischen "Kaffeekolonie".
1724	Unter Ludwig XV. tritt für die Ile Bourbon das Gesetzbuch "Code Noir" in Kraft; es regelt den Umgang mit Sklaven, die Tieren und Möbeln gleichgestellt sind.
1730	Der berühmte Pirat "La Buse" kann gefangengenommen und gehängt werden.

1735-38	Der Gouverneur Mahé de Labourdonnais hat sein Hauptquartier auf der Ile Bourbon und läßt St-Denis mit repräsentativen und fortifikatorischen Einrichtungen zur neuen Hauptstadt ausbauen; schließlich verlegt er seine Residenz auf die Ile de France (= Mauritius).
1742	Im Indischen Ozean bricht der 21jährige Handelskrieg zwischen Briten und Franzosen aus, der die Ile Bourbon wirtschaftlich schwer trifft.
1763	Die französische Regierung kauft die Insel für 7 625 348 Pfund der Ostindien-Kompanie ab.
1768	Auf der Hochebene vor dem Vulkan Piton de la Fournaise entsteht der Krater "Formica Léo".
ab 1780	Nach dem Ende des Handelskrieges kommt es zu einer Einwanderungswelle.
1788	Auf Réunion leben inzwischen 46 000 Menschen, 80 % davon sind Sklaven.
1789	Die ca. 7 000 weißen Siedler erfahren vom Sturm auf die Bastille und bilden einen 'Kolonialrat'.
1791	Auf dem Piton de la Fournaise bricht ein weiterer Krater (Cratère Dolomieu) aus.
1793	Der Kolonialrat benennt die Ile Bourbon aus Solidarität mit den Pariser Revolutionären in "Ile de la Réunion" (= Insel des Zusammenschlusses) um.
1796	Zwei französische Gesandte verkünden die Abschaffung der Sklaverei, müssen aber vor den empörten weißen Siedlern zurückfliehen. In einem Protestschreiben an Paris formulieren die Sklavenhalter ihre Argumente für die Beibehaltung der Sklaverei.
1802	Napoleon Bonaparte erläßt das Gesetz zur Wiedereinführung der Sklaverei. Der Kolonialrat von Réunion beschließt die Umbenennung der Insel in "Ile Bonaparte".
1805	Nach der Niederlage bei Trafalgar verlegt sich die französische Kriegsmarine auf den Freibeuter-Krieg. Korsaren wie Robert Surcouf bringen den Briten im Indischen Ozean starke Verluste an Waren, Schiffen und Menschen bei.
1806/ 1807	Zwei verheerende Zyklone suchen die Ile Bonaparte heim und fordern etliche Todesopfer. Fast alle Kaffeepflanzen werden vernichtet.
1810	In den napoelonischen Kriegen können die Briten die Insel einnehmen.
1814	Im Frieden von Paris erhält Frankreich Réunion zurück und nennt es wieder "Ile Bourbon".
1815	Nach dem Verlust der 'Zuckerinsel' Mauritius und der Zerstörung der Kaffeeplantagen durch Zyklone verlegen sich die Franzosen auf den Anbau von Zuckerrohr.

1830	Der Zucker und inzwischen fast 200 Zuckerfabriken bringen der Ile Bourbon eine neue wirtschaftliche Blüte auf der Basis der Sklaverei. Die Oberschicht der 'Zuckerbarone' entsteht, daneben aber auch eine breite Schicht verarmter weißer Bauern.
1841	Dem Sklaven Edmond Albius gelingt die künstliche Befruchtung der Vanille. 1848 können die ersten 50 kg nach Frankreich exportiert werden.
1841	Der 20jährige Dichter Baudelaire besucht Mauritius und Réunion, wo u.a. das Gedicht "A une Malabraise" entsteht.
1848	Unter Gouverneur Sarda Garriga macht die Abschaffung der Sklaverei etwa 60 000 Personen (mehr als 60 % der Bevölkerung) zu freien Menschen. Da die expandierende Zuckerindustrie Arbeitskräftemangel hat, kommt es zu keinen Übergriffen der Weißen.
1848	Im Zeichen der französischen bürgerlichen Revolution erhält die Insel ihren Namen "Ile de la Réunion" zurück.
1860	Mit 75 000 t Zucker erlebt Réunion einen wirtschaftlichen Höhepunkt. Der trotz der eingegliederten ehemaligen Sklaven enorme Bedarf an Arbeitskräften holt indische Vertragsarbeiter ins Land.
1860	Mit dem konjunkturellen Aufschwung werden auch Verbesserungen der Infrastruktur durchgeführt. Für Straßen- und Brückenarbeiten holt man aus der chinesischen Provinz Kanton bis zum Ausgang des Jahrhunderts etliche Vertragsarbeiter.
1865	Durch etwa 74 000 Immigranten allein in diesem Jahr übersteigt die Population erstmalig 200 000 Einwohner.
1869	Aufgrund der Eröffnung des Suezkanals bekommen die Maskarenen eine ungünstige Randlage. Durch die europäische Rübenzuckerproduktion und die karibische Konkurrenz fällt die Wirtschaft des Landes in eine tiefe Depression.
1880-90	Trotz der Einwanderung einer größeren Zahl indischer Moslems ("Z'arabes") nimmt die Bevölkerung infolge des wirtschaftlichen Niedergangs ab. Durch die Rekolonisation Madagaskars (ab 1885) ist ein neues Einwanderungsland geschaffen worden.
1897	Die Population ist auf 173 000 zurückgegangen.
um 1900	Die Produktion von Geranium beginnt. Mit 200 t erreicht der Vanille-Export eine Rekordmarke.
1914	Nach Ausbruch des Ersten Weltkrieges ziehen auch über 14 000 Réunioner auf die französischen Schlachtfelder.
1920	Trotz anhaltender wirtschaftlicher Misere steigt die Bevölkerungszahl wieder an und erreicht den Stand von 1865.

1939	Der Ausbruch des Zweiten Weltkrieges tangiert Réunion nicht militärisch; durch die Seeblockade muß es aber weitere wirtschaftliche Einbußen hinnehmen.
1946	Mit den anderen Kolonien Guadeloupe, Französisch-Guayana und Martinique wird Réunion als Übersee-Département von Frankreich integriert. Die Insel hat nun 241 000 Einwohner.
1948	Ein heftiger Zyklon verwüstet die Insel und fordert 178 Todesopfer.
1959	Staatschef General de Gaulle besucht Réunion und setzt sich für eine Anhebung des dortigen Lebensstandards ein.
1963	Zum erstenmal wird die Insel durch einen Abgeordneten in der Pariser Nationalversammlung vertreten.
1976	Der überaus teure Bau der Autobahn zwischen St-Denis und le Port wird in Angriff genommen; er ist Ausdruck des Bestrebens, in die Infrastruktur und Wirtschaft des Übersee-Départements zu investieren.
1980	Der Zyklon "Hyacinthe" richtet drei Wochen lang schwere Verwüstungen an und fordert Tote und Verletzte.
1982	Réunion hat 516 000 Einwohner.
1985	Die ständig wachsende Bedeutung des Fremdenverkehrs belegt die Zahl von 80 000 Besuchern aus Frankreich und dem Ausland.
1986	Nach 1967 und 1977 wird der Südosten wieder von größeren Lavaausflüssen betroffen, die am Pointe de la Table eine neue Küste formen.
1987	Der Zyklon "Clotilda" verheert die Insel, spült Strände fort, macht die Autobahn unpassierbar und fordert 7 Todesopfer.
1989	Papst Johannes Paul II. besucht unter großer Anteilnahme der Bevölkerung Réunion

5.2 LANDSCHAFTLICHER ÜBERBLICK

5.2.1 LANDSCHAFTEN

Wie Mauritius ist Réunion eine Insel vulkanischen Ursprungs, in ihrer Entstehung allerdings jünger und deshalb noch steiler aufragend und ohne die großen Erosionsebenen. Bis über 3 000 m ü.d.M. ansteigend, prägen zwei **vulkanische Gebirgsstöcke** die elliptische Insel mit ihrer Ausdehnung von 2 512 qkm.

* Im **Nordwesten** erhebt sich das alte Bergmassiv mit dem erloschenen Vulkan **Piton des Neiges** (3 070 m), mit tiefen Canyons und vor allem mit den drei Cirques. Dabei handelt es sich um über 1 000 m hoch gelegene Talkessel, die vielleicht durch Wassererosion entstanden, wahrscheinlicher aber wohl eingestürzte ehemalige Vulkanschlote sind (Calderas). Mit etwa 110 qkm Fläche ist dabei der Cirque de Salazie der größte der Talkessel, ihm folgen der Cirque de Cilaos (etwa 100 qkm) und der Cirque de Mafate (etwa 70 qkm).

* Im **Südosten** steigt der noch tätige Vulkan **Piton de la Fournaise** mit seinen drei Kratern auf über 2 630 m an.

Zwischen den beiden Massiven erstrecken sich **ausgedehnte Hochebenen**, die Plaine des Palmistes (1 100 m) und die Plaine des Cafres (1 600 m), die von den Cirques im Westen und dem Vulkan im Osten durch etwa 2 000 m hohe Bergwände getrennt werden. Gebirgsmassive und Hochebenen werden von 350 meist kleineren Flüssen und Bächen eingeschnitten, wovon der **Bras de Cilaos** mit 35 km der längste Wasserlauf des Landes ist. Ihre z.T. sehr tiefen Schluchten und beeindruckenden Wasserfälle prägen das Landschaftsbild in gleichem Maße wie die gezackten Felsen.

Durch die enormen Höhenlagen wird die Insel außerdem in eine wind- (und damit regen-) zugewandte und abgewandte Seite unterteilt, was starke Auswirkungen auf Niederschläge und Mikroklimata hat ("côte au vent" und "côte sous le vent"). 40 % der Oberfläche werden von Wäldern bedeckt, die als tropische Regenwälder in den tieferen Lagen und Flußtälern oder als Laubwälder in den höheren Lagen Réunion ein immergrünes Kleid geben.

Hinter der Küste von 207 km Umfang erstrecken sich nicht wie auf Mauritius breite sedimentäre Ebenen. Besonders im Südosten steigen die Vulkanflanken direkt aus dem Meer empor. Im Westen liegt ein vorgelagertes Korallenriff, das die Küstengewässer in eine Lagune verwandelt. Hier befinden sich auch die wenigen Sandstrände, die insgesamt eine Länge von etwa 30 km haben und durch felsige Abschnitte voneinander getrennt sind. Im Norden begrenzt ein steiniger oder Kieselstrand Réunion. Ansonsten steigt das Land direkt aus dem Meer empor, z.T. mit beeindruckenden Basaltsäulen, Klippen oder jüngst geschaffenen Lavaplateaus.

Zu Réunion gehören auch noch 500 bis 800 km entfernt liegende Inselchen, die als Naturschutzgebiete dem Tourismus nicht oder nur begrenzt offenstehen. Östlich von Madagaskar ist das Tromelin, zwischen Madagaskar und Moçambique der Archipel der Iles Glorieuses und die Inseln Juan de Nova, Europa und Bassas da India.

5.2.2 KLIMA/REISEZEIT

Als tropische Insel zwischen Äquator und südlichem Wendekreis hat Réunion ein feucht-warmes Klima, das aber durch den Indischen Ozean und vor allem durch die gebirgige Landesstruktur in seiner Wirkung abgewandelt wird. Während an den Küsten des Westens (auf der windabgewandten Seite) die Tagestemperaturen im Sommer (= dem europäischen Winter) auf durchschnittlich 30° Celsius klettern, sind sie im Einfluß des Passats deutlich geringer, abgesehen vom Niederschlag, der vor allem im Osten niedergeht. Allgemein muß man die kühlere und trockenere Jahreszeit (Mai bis November) von der wärmeren und feuchten (Regen-)Zeit (Dezember bis Februar) unterscheiden. Die berüchtigten Zyklone suchen Réunion fast ausschließlich in letztgenannter Periode heim.

Für das Wetter eines einzelnen Ortes aber ist neben diesen jahreszeitlichen Bedingungen genauso die Stellung zu den Passatwinden und besonders die jeweilige Höhenlage bestimmend. Während an der Westküste z.B. in St-Gilles-les-Bains tagsüber oft die Sonne scheint, es im Februar durchschnittlich 28° C und im August 22° C warm ist, und die Niederschlagsmengen mit jährlich 720 mm unter bundesdeutschem Durchschnitt liegen, ist auf der Ostflanke der Berge der Himmel meist wolkenverhangen oder neblig, sind in 1 300 m Höhe die Temperaturen etwa 8 Grad niedriger und fällt mit 8 000 mm deutlich mehr Regen als dort. Einige Gebiete der Insel zählen zu den regenreichsten der Welt! Im südlichen Winter können auf den Bergen nachts die Temperaturen oft unter den Gefrierpunkt fallen, die Frostgrenze liegt dann bei etwa 1 500 m ü.d.M. Es kann auch Schnee fallen, der aber tagsüber regelmäßig wieder abschmilzt.

Was bedeutet die skizzierte Wetterlage für den Touristen? Wer den Regen scheut und auch ohne tropische Hitze auskommen kann, ist gut beraten, den milden Winter als Reisezeit zu wählen, also die Zeit zwischen Mai und November. Zwar muß man auch dann in den Bergen mit Nebel und Schauern rechnen, hat aber durchschnittlich größere Chancen, auch noch um die Mittagszeit die Gipfel ohne Wolkenumhüllung zu erleben. An der Küste ist es in dieser Zeit warm, aber nicht unangenehm heiß!

 Sie sollten aber beachten, daß der August die Hauptreisezeit der französischen Besucher ist und dann die Ferienquartiere total ausgebucht sein können.

Auch der Beginn des Sommers, von November bis Mitte Dezember, ist sehr schön, besonders auch wegen der Blüte der Flamboyants. Der Höhepunkt der Niederschläge erfolgt erst ab Anfang Januar und dauert bis zum März. Trotz dieser etwas ungünstigen Prognosen gehört die Zeit von Mitte Dezember bis Mitte Januar zur Hochsaison (Weihnachtsferien!). Wer dem Trubel entgehen will, sollte also die Festtage genauso meiden wie den August.

Während sich Temperaturen und Niederschlagsmengen im Inland von denen auf Mauritius unterscheiden, **gelten für die südliche und westliche Küste in etwa die gleichen Daten. Die Klimatabelle unter 2.2.2** gilt in diesem Fall also auch für Réunion. Für die windzugewandte Küste **(Norden und Osten) sowie für die bergigen Regionen gelten die Durchschnittswerte der nachfolgenden Klimatabelle:**

Städte	durchschn. Temperatur Februar in °C	durchschn. Temperatur August in °C	durchschn. Niederschlagsmenge in mm
St-Denis	26,8	22,1	1072
St-Philippe	25,0	20,3	4473
Cilaos	19,1	12,2	2664
Plaine-des-Palmistes	20,1	14,5	4683
Plaine-des-Cafres	17,1	10,1	2467
Takamaka	22,3	14,1	8133

5.2.3 TIER- UND PFLANZENWELT

Schon durch die Ankunft der ersten Portugiesen und Holländer wurde der ursprünglichen Flora und Fauna Réunions großer Schaden zugefügt. Die Schweine, Schafe und Ziegen, die man als lebenden Proviant zurückließ, um sie bei späteren Besuchen wieder einzufangen, verwilderten, dezimierten durch Viehverbiß die jungen Pflanzentriebe und räuberten die Nester der Laufvögel aus. Ähnliches geschah durch Ratten und Hunde, die mit den Seefahrern auf die Insel kamen. Schließlich mußte die einheimische Tierwelt selbst als leichte Beute herhalten, um die Kochtöpfe der Holländer bei der Weiterfahrt zu füllen - betroffen waren davon vor allem die flugunfähigen Vögel ("Dodos"), die gänzlich ausgerottet wurden, die Papageien und die Elephantenschildkröten.

Da die Landesstruktur Réunions aber auf engstem Raum völlig unterschiedliche topographische und klimatische Zonen vereinigt, war ohnehin der Tier- und Artenreichtum auf der Insel nie besonders groß gewesen. An Land fehlten einfach die Reviere, die für den Fortbestand einer Art notwendig sind und eine gewisse Größe besitzen müssen (demgegenüber zeichnet sich die Unterwasserwelt durch einen enormen Reichtum an Fischen, Krebsen, Korallen usw. aus).

Die Tierwelt wird heute dominiert von **Vögeln und Insekten**, unter denen einige Arten endemisch, d.h. nur für Réunion typisch sind; z.B. der "**Tec-tec**", ein spatzenähnlicher, rot-weiß-schwarz gefärbter Vogel, dessen Geräusch ihm seinen lautmalerischen Namen gegeben hat. Von ähnlicher Größe ist der "**Cardinal**", der sich durch sein leuchtend rotes Federkleid auszeichnet und aus Madagaskar stammt. Die Insel ist auch Winterstandort unzähliger Flugvögel, die aus den südpolaren Gegenden hierhin kommen. An der Küste lebt der **große Albatros** und der **Sturmvogel** ("Paille-en-queue").

Unter den **Kleintieren** ist die etwa 10 - 15 cm große **Seidenspinne** (nephila inaurata) am auffälligsten, die auch auf den Seychellen und anderswo vorkommt und ihre riesigen Netze spinnt. Obwohl sie bei Wanderungen manchen erschrecken mag, ist sie doch vollkommen harmlos.

Die **Reptilien** werden durch zwei seltene (und ungefährliche) Schlangenarten, durch ebenfalls seltene Eidechsen, durch Geckos und Chamäleons repräsentiert. Letztgenannte besitzen ein außerordentlich farbenprächtiges Aussehen und werden wegen ihrer regungslosen Haltung auf Créole "endormi" (= "Eingeschlafene") genannt. Meeresschildkröten, deren Bestand um Réunion völlig eliminiert war, werden in der einzigen Aufzuchtfarm der Welt bei St-Leu gehalten und kommerziell genutzt (vgl. 7.6.2).

Die faszinierende **Unterwasserwelt** mit ihren etlichen Tierarten kann von Schnorchlern und Tauchern erlebt werden (vgl. 6.3). Neben den Schalentieren, Korallen und Kleinfischen wird das Meer auch von mehreren Großfischen und Tümmlern ("Marsouins") bevölkert, darunter Blaue und Schwarze Marline, Thunfische, sowie Hammer-, Tiger- und Weiße Haie (Unfälle mit Haien sind bisher nicht eingetreten!).

Weitaus artenreicher als die Fauna ist die **Réunioner Flora**, die gleichzeitig das Ziel vieler botanisch interessierter Besucher ist. Ein weit größerer Anteil der Bodenfläche als auf Mauritius wird hier noch von wiederaufgeforsteten oder ursprünglichen Regenwäldern bedeckt (ca. 40 %). In den tieferen und feuchten Lagen dominieren tropische Edelhölzer, Palmen, Büsche und Stauden sowie etliche Baumfarne (u.a. "Fanjan"), die eine ähnliche Höhe erreichen können wie auf Neuseeland.

In den höheren Lagen sind farbenprächtige Laubbäume und ausgedehnte Tamarindenwälder vorherrschend. Dort wächst auch eine nur hier heimische 6 m hohe Bambusart ("calumets"), die nur einmal in

hundert Jahren (dann aber umso herrlicher!) blüht. In der Küstenregion gibt es prächtige Palmenalleen (allein fünf Palmenarten, darunter die Palmiste, sind einheimische Arten), Filao-Bäume, den "Ravenal" (= Baum des Reisenden) und die rotglühenden Flammenbäume (Flamboyants). Wie auf Mauritius sind hier daneben auch Jackbäume, Bougainvillleas, Agaven, mehrere Bambusarten, Gummibäume und Banyans zu Hause.

Der landwirtschaftliche Anbau wird immer noch von Zuckerrohrplantagen bestimmt, die allein 38 000 der insgesamt 64 000 ha des kultivierten Bodens einnehmen. Mit einer durchschnittlichen Jahresproduktion von 250 000 t Rohzucker liegt Réunion dabei weit hinter Mauritius zurück und trägt mit noch nicht einmal 1 % zur Weltproduktion bei, hat aber damit seinen größten und wichtigsten Exportartikel, der knapp 35 000 feste oder saisonale Arbeiter direkt beschäftigt. Eine alte und in ihrer Bedeutung steigende Produktion ist die von Vanille (vgl. 7.2.2) und von Geranium sowie anderer Ingredienzien von Rohparfüm (hier ist Réunion führend in der Welt!). Angebaut werden weiter Orchideen und andere Zierpflanzen, Gewürze, Tabak, Tee, Kaffee, Früchte und Gemüse.

5.2.4 BEVÖLKERUNG

Der Vielgestaltigkeit der Natur entspricht auf Réunion eine Bevölkerung, die sich aus unterschiedlichen Nationalitäten und deren jeweiligen Mischungen zusammensetzt. Es ist schon ein Erlebnis besonderer Art, etwa auf den Wochenmärkten von St-Denis und St-Pierre die Menschen zu beobachten, deren Hautfarbe zwischen weiß, schwarz und gelb alle Zwischentöne aufweisen kann, deren Herkunft bei manchen noch klar als europäisch, schwarzafrikanisch, madegassisch, indisch oder chinesisch erkennbar ist, bei manchen aber nur Vermutungen zuläßt. Seitdem alle Réunioner Franzosen sind, kümmert man sich kaum noch um eine statistische Erfassung der einzelnen Bevölkerungsgruppen, und in dem Maße, in dem die Population ansteigt, führt auch die rassische Vermischung zu einem immer bunteren Bild. Eines muß, jenseits aller ethnischen Untersuchungen, gesagt werden: die Bevölkerung der Insel ist immer freundlich, und bei vielen Menschen hier strahlt ein Lächeln über ein außerordentlich schönes Gesicht!

Die immer größer werdende Zahl der Mischlinge kann als "Mestizen" oder "Kreolen" bezeichnet werden, obwohl kreolisch inzwischen alle meint, die die Sprache Créole beherrschen - und das ist die überwiegende Mehrheit. Insofern kann das Wort 'Kreole' auch gleichbedeutend sein mit "Réunioner" oder "Franzose, der im Département Réunion lebt". Will man die auf der Insel lebenden 'reinrassigen' Bevölkerungsanteile charakterisieren oder ihrer Geschichte machspüren, ergibt sich folgendes Bild:

Die Weißen

Die mit Abstand kleinste Gruppe des Landes, die aber wirtschaftlich und politisch überproportional viel Macht besitzt, sind die Nachfahren der Zuckerbarone. Noch immer bewohnen einige dieser Leute, die man die "Großen Weißen" ("les gros blancs") nennt, die prächtigen Kolonialvillen in der Nähe der Zuckerplantagen, noch immer besitzen sie einen Großteil des Bodens und beherrschen den lokalen Zuckermarkt. Damit geht eine erstarrt-konservative Haltung einher, wie sie in anderen Schichten kaum mehr vorkommt: man hält sich für 'etwas Besseres', bleibt im engen Kreis der eigenen Gruppe, und undenkbar wäre es, daß einer der 'gros blancs' etwa einen 'Kaffer' heiraten würde! Ihren Namen haben die "Großen Weißen" von den ehemaligen Sklaven erhalten - übrigens nicht nur wegen ihrer Machtstellung, sondern auch wegen ihrer Statur, die den durchschnittlichen Sklaven wirklich überragte.

Demgegenüber sind die "Kleinen Weißen der Höhe" ("les petits blancs des hauts") die Nachfahren jener verarmter Bauern, die mit den Zuckerbaronen und deren riesigen Anzahl von Sklaven nicht konkurrieren konnten. Als Einwanderer, die im 17. und 18. Jahrhundert meistens aus der Bretagne nach Réunion gekommen waren, waren sie selbst zwar frei und besaßen vielleicht einige schwarze Arbeiter, befanden sich aber immer in wirtschaftlicher Abhängigkeit von den Großgrundbesitzern. Ihren Unmut über die Misere ließen sie in brutalen Grausamkeiten an den Sklaven aus. Nach der Abschaffung der Sklaverei, als sie auf dem Arbeitsmarkt mit den viel billigeren Freigelassenen und Vertragsarbeitern aus Indien und China konfrontiert wurden, hatten sie überhaupt keine Chance mehr und zogen sich in das unwegsame Inselinnere zurück, wo sie "auf der Höhe" - also in den Cirques und auf dem Hochplateau - als Anbauer von Gemüse und Geranium ein bescheidenes Auskommen fanden.

Heute macht diese immer noch einkommensschwache Schicht der 'kleinen Weißen' etwa 100 000 Menschen aus. Auch sie haben ihren Namen u.a. nach ihrer Statur, die sich wohl durch Inzucht und karge Lebensbedingungen über Generationen hinweg gebildet hat. In den Cirques, vor allem im Cirque de Mafate, leben sie bis heute unvermischt in kleinen Gemeinden.

Neben einer recht breiten Schicht des weißen Mittelstandes gibt es auch etwa 10 000 Franzosen, die als Facharbeiter, Verwaltungsbeamte und Spezialisten direkt aus Frankreich (Paris) hierhingekommen sind und oft nur für eine begrenzte Zeit bleiben. Auf Créole nennt man diese Franzosen "die Ohren" ("Z'oreils"), vielleicht, weil man sie nach Ankunft in Réunion an den Sonnebränden auf ihren Ohren schnell als Zugereiste erkennen konnte.

Die Inder

Genau wie auf Mauritius ist der Zuzug indischer Gastarbeiter durch den Arbeitskräftemangel nach der Sklavenbefreiung zu erklären. Allerdings machen deren Nachfahren auf Réunion nur knapp 30 % der Bevölkerung aus, während Mauritius durch eine starke absolute indische Mehrheit politisch, wirtschaftlich und kulturell geprägt wird. Aus unterschiedlichen Gebieten in Indien (vor allem Madras und Calcutta) eingewandert und zunächst nicht viel besser als Sklaven behandelt, blieben einige von ihnen ihrer tamilischen bzw. hinduistischen Religion treu, andere konvertierten zum römisch-katholischen Glauben.

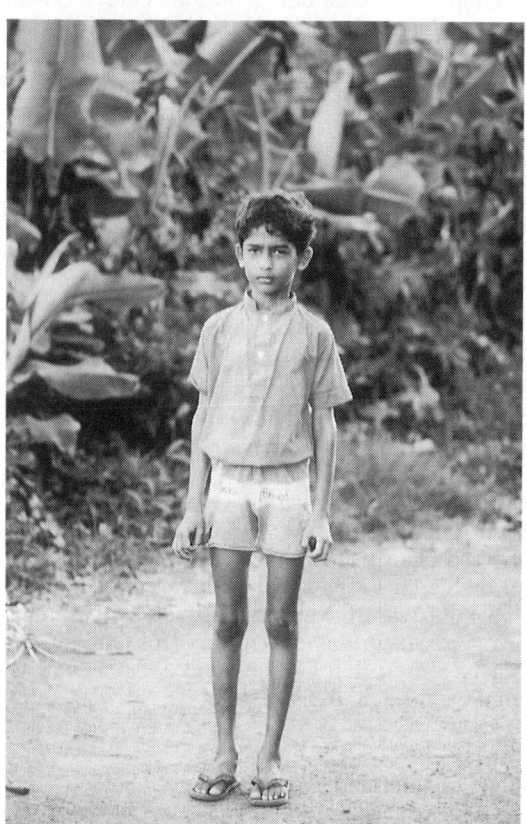

Sie werden auf Créole als "Tamoul" oder "Malabar" bezeichnet und leben vorwiegend noch als Arbeiter auf den Zuckerrohrplantagen und in den großen Küstenstädten. Eine weitere Gruppe westindischer Abstammung bilden jene moslemischen Inder, die als "Z'arabes" in die Städte zogen und sich dort als geschickte Händler niederließen. Vor allem St-Denis und St-Pierre, erkennbar auch an den großen Moscheen, sind ihre Hochburgen, und ihr Lebensstandard liegt deutlich höher als der der anderen Inder oder der 'kleinen Weißen'.

Die Afrikaner

Die afrikanische Bevölkerungsgruppe ist die mit der leidvollen Vergangenheit der Sklaverei. In ihren Heimatländern gejagd und gefangengenommen, unter brutalen sanitären Bedingungen wie Stapelware transportiert, auf Sklavenmärkten verkauft und auf Zuckerrohrplantagen schuftend, bis sie 'unbrauchbar' wurden - das ist der historische background der Schwarzen.

Ihre Herkunft sind zwei völlig verschiedene Teile des afrikanischen Kontinents: Madagaskar und Moçambique im Südosten und der Senegal im Westen. Die Madegassen, kreolisch "Malgaches" genannt, stellen die ältere und mit etwa 85 000 Menschen größere Gruppe ehemaliger Sklaven dar. Wie auch die Flora und Fauna Madagaskars innerhalb Afrikas eine Sonderrolle einnimmt, so kann man auch die Madegassen eigentlich nicht als 'Afrikaner' bezeichnen, da seit Beginn des zweiten Jahrtausends n.Chr. das große Inselland von wagemutigen südostasiatischen Seefahrern erreicht und besiedelt wurde. Malayische oder indonesische Elemente haben sich dabei mit afrikanischen vermischt und bestimmen das edle und schöne Aussehen der Madegassen auch auf Réunion.
Demgegenüber heben sich die ehemaligen Sklaven u.a. aus Moçambique, Senegal und Somalia, kreolisch als "Kaffern" ("Cafres") bezeichnet, deutlich als Schwarzafrikaner ab. Mit mehr als 70 000 Menschen stellen sie einen relativ kleinen Teil der Gesamtpopulation, der aber

kulturell insofern von Bedeutung ist, als auf ihn wahrscheinlich volkstümliche Eigenheiten wie die Sega u.a. zurückgehen. Die "Malgaches" und die "Cafres" leben sowohl in den Städten als auch auf dem Land; sie arbeiten wie die indischen "Malabars" hauptsächlich in der Landwirtschaft (Zuckerrohranbau), als Kleinbauern oder in den landwirtschaftlichen und industriellen Fabriken.

Die Chinesen

Die knapp 20 000 Chinesen stellen nach den 'großen Weißen' die zweitkleinste Bevölkerungsgruppe. Sie sind meist kantonesischer Herkunft und kamen wie die Inder in der zweiten Hälfte des 19. Jahrhunderts als Vertragsarbeiter nach Réunion, wo sie bei der Erschließung der Insel durch Straßen, Brücken und Tunnels Enormes leisteten.

Heute sind sie meist selbständige Kleinunternehmer, denen der überwiegende Teil der Läden, Supermärkte und Lebensmittelgeschäfte sowie etliche Restaurants gehört. Sie leben hauptsächlich in den größeren Orten und sind wirtschaftlich sehr erfolgreich.

6 Réunion als Reiseland

6.1 PRAKTISCHE REISETIPS VON A - Z

A Adressen

Informationsbüros auf Réunion:
Comité Departemental de Tourisme, 10 place Sarda Garriga, F-97400 St- Denis, Tel.: 262-418441
A.R.T.L. (Agence Regionale du Tourisme et des Loisirs), 2, avenue de la Victoire, F-97400 St-Denis, Tel.: 262-415177
Syndicat d'Initiative, 3, rue Rontaunay, F-97400 St-Denis, Tel.: 262-212453
In den einzelnen Regionen der Insel gibt es weitere lokale Auskunftsbüros, die jeweils im Reiseteil aufgeführt sind.

in **Deutschland**: Französisches Fremdenverkehrsamt, Westendstr. 47, D 6000 Frankfurt/M 1, Tel.: 069-756083-0
in **Österreich**: Französisches Fremdenverkehrsamt, Landstrasser Hauptstr. 2a, A 1030 Wien, Tel.: 0222-757062
in der **Schweiz**: Französisches Verkehrsbüro, Bahnhofstr. 16, CH 8022 Zürich, Tel.: 01-2113085
Weitere Adressen siehe unter den Stichworten "**Flüge**", "**Botschaften**", "**Reiseveranstalter**" u.a.

▶ **Ärzte**

siehe Stichwort **Krankheit**

▶ **Ausreise**

siehe **Zollbestimmungen**

▶ **Autofahren**

siehe **Straßenverhältnisse** und **Verkehrsregeln**

▶ **Autostop**

Die billigste Art des Reisens ist bei jungen Leuten auf Réunion weit verbreitet und auch relativ problemlos und ungefährlich. Für Wanderer ergibt sich hier die Möglichkeit, die Anreise zum oder Abreise vom Zielgebiet schnell zu überbrücken.

▶ **Autoverleih**

Der ideale Weg, Réunion kennenzulernen, ist sicherlich der mit dem Mietwagen. Alle internationalen Verleihfirmen sind hier (z.B. auch am

Flughafen Gillot) vertreten, d.h. daß Sie Ihren Mietwagen bereits ab Deutschland vorbestellen können. Eine Vorausbuchung ist ratsam, insbesondere für die Weihnachtsferien und französischen Sommerferien. Beachten Sie, daß bei der Buchung mehrerer touristischer Leistungen auch der Flugpreis deutlich gesenkt werden kann und daß einige Reiseveranstalter Pauschalangebote für Flug, Unterkunft und Mietwagen bereithalten. Dies gilt auch für einen Kurzbesuch von der Insel Mauritius aus.
Je nach Firma wird ein Mindestalter von 21 - 25 Jahren und der Führerscheinbesitz seit mindestens 1 - 2 Jahren vorausgesetzt. Bei der Anmietung verlangt man eine Kaution von ca. FF 4 000 (nicht bei Bezahlung mit Kreditkarten). Zusätzlich zu den in Prospekten ausgeschriebenen Preisen müssen noch Versicherungen, z.T. Steuern (14 %) und - je nach Arrangement - ein bestimmter Betrag pro gefahrenem Kilometer bezahlt werden. Der Preis reduziert sich nach 3, 7 oder 14 Tagen Mietdauer. Als Faustregel sollten Sie von mindestens DM 100 pro Tag für einen Mittelklassewagen ausgehen.
Die angebotenen Mietwagen sind in die Kategorien A - H, vom Kleinwagen bis zum Minibus bzw. Luxusauto, unterteilt. Die gängigsten Typen sind:
Economique, (z.B. VW Polo, Opel Corsa, Fiat Unio, Peugeot 205)
Moyenne, = Mittelklasse (z.B. VW Jetta, Peugeot 309 Gl, Renault 11, Honda Civic, Fiat Tipo)
Grande", (z.B. Peugeot 405 GR, Renault 11 GTL, Renault 21)
Luxe", (z.B. Honda 2 l, Audi 90, Mercedes 200).
Die Anzahl der Mietwagenfirmen ist fast schon unüberschaubar. Zu den großen internationalen Firmen kommen etliche lokale Anbieter, für die in Prospekten, Tageszeitungen und den "gelben Seiten" geworben wird. Einige Adressen:

Avis	Aerogare de Gillot, Tel.: 283041
	Place de la Gare, St-Denis, Tel.: 213420
	17, Bld du Chaudron, St-Denis, Tel.: 488421
Creolia Cars	10, Boulevard de l'Océan, St-Denis, Tel.: 414308
Escape Réunion	128, rue du Général de Gaulle, St-Gilles-les Bains, Tel.: 240225
	Aerogare de Gillot, Tel.: 488188
Europcar	1, rue Doret, St-Denis, Tel.: 218101
	Aerogare de Gillot, Tel.: 282758
Eurorent	24, Bld Lancastel, St-Denis, Tel.: 282758
	92, rue M-&-A-Leblond, St-Pierre, Tel.: 244540
	Aerogare de Gillot, Tel.: 254540
	4, rue Charles de Gaulle, St-Gilles, Tel.: 213234/202785
Hertz	100, rue de la République, St-Denis, Tel.: 210614
	Aerogare de Gillot, Tel.: 280593
Locacycl'/ERL	128, rue du Général de Gaulle, St-Gilles-les-Bains, Tel.: 240225
Zorro	2, rue neuve/ 9, rue Jules Auber, St-Denis, Tel.: 214350

Offene Wagen oder Wagen mit **Vierradantrieb** (z.B. Mini-Moke, Panda 4x4, Golf Cabrio) verleiht u.a. Escape Réunion (s.o.).

Mit **Wohnmobilen** zu reisen, hat sich angesichts der Distanzen auf der Insel noch nicht durchgesetzt. Wer trotzdem auf diese individuelle Art der Landeserkundung nicht verzichten will, findet ein beschränktes Angebot bei: **Tropical Loisirs**, 51, rue Pasteur, St-Denis, Tel.: 212448

B Banken

Auf Réunion gibt es folgende Banken: "Banque de La Réunion", "Banque Nationale de Paris", "Banque Nationale Populaire Intercontinentale", "Banque Francaise Commerciale" und "Caisse Régionale de Crédit Agricole". Diese Banken haben zahlreiche Zweigstellen in fast jedem größeren Ort.

Die **Öffnungszeiten** sind allgemein:
Mo - Fr 8.00 - 15.00 Uhr
im Badeort St-Gilles-les-Bains sind die Banken z.T. auch Sa 8.30 - 16.00 Uhr geöffnet.

▶ **Botschaften/Konsulate**

Als Département Frankreichs hat Réunion keine diplomatischen Vertretungen auf höchster Ebene, alle zuständigen Botschaften sind natürlich in Paris. Die BRD und die Schweiz sind durch einen **Honorarkonsul** vertreten.
Bundesrepublik Deutschland: Robert de Nas de Tourris, Etablissement Lionel de Tourris, 18, rue Papangue, F-97490 Ste-Clotilde (St. Denis), Tel.: 281302
Schweiz: Consul Honoraire, 65, rue Jules Auber, F-97400 Saint-Denis, Tel.: 413903 oder 211832

Für Réunion zuständig sind die **französischen Botschaften:**
Deutschland: Rheinstraße 52, D 5300 Bonn 2, Tel.: 0228-362031
Österreich: Technikerstraße 2, A 1040 Wien, Tel.: 0222-654747
Schweiz: Schlosshaldenstraße 46, Ch 3000 Bern 32, Tel.: 031-432424

▶ **Briefmarken**

Briefmarken bekommt man auf den Postämtern (vgl. Stichwort **Post**). Das Porto entspricht den aktuellen französischen Sätzen; 1990 betrug es FF 2,50 für eine Luftpostkarte, FF 3,50 für einen Luftpostbrief.

▶ **Buchläden**

Die besten Bücher, Bildbände, Postkarten und Inselkarten über Réunion findet man in der Hauptstadt St-Denis, wo allein auf der Rue Juliette Dodu drei gutsortierte Buchhandlungen zur Verfügung stehen.

Eine gute Möglichkeit, sich vor Ort literarisch über die Insel zu informieren, bietet auch das Syndicat d'Initiative.

 Wer zufällig vor dem Urlaub in Paris ist, findet im dortigen "La Maison de l'Ile Réunion" (1, rue Vignon, F-75008 Paris) eine gute Buchauswahl, touristische Informationen, Wechselausstellungen und ein sehr gutes kreolisches Restaurant.

▶ Busse

Das Busnetz auf Réunion ist weitgespannt und erreicht fast alle touristisch interessanten Punkte. Insofern ist es nicht nur billiger, sondern auch problemlos (und außerdem kontaktfördernd), wenn man anstelle des Mietwagens auf die privaten Busfirmen zurückgreift. Am häufigsten verkehren Busse entlang der Küste auf der N 1 bzw. N 2, aber von Le Port, St-Paul, St-Louis, St-Pierre, St-Joseph, St-Benoit und St-André führen jeweils mehrere Linien ins Inselinnere. Die genannten Orte besitzen einen zentralen Busbahnhof, wo das Umsteigen eine recht einfache Sache ist. Die Schaltstelle des gesamten Bussystems befindet sich im ehemaligen Bahnhof in St-Denis, direkt an der Uferstraße, hier befindet sich auch die Auskunftstelle der einzelnen Firmen und hier hängen Fahrpläne aus: Gare routière, Boulevard Joffre, Tel.: 200186
In St-Gilles-les-Bains verbindet im Pendelverkehr ein Minibus ("Navette") den Ort, die Hotels und die schönsten Strände.

C Camper
s. Stichwort **Autoverleih**

▶ Camping

Im Gegensatz zu Mauritius gibt es auf Réunion einige voll ausgerüstete Campingplätze europäischen Standards, vor allem in den touristischen Ballungszentren (St-Gilles-les-Bains). Neben den z.Zt. acht kommunalen Zeltplätzen (camping municipal; zwei in St-Gilles-les-Bains, jeweils einer in St-Leu, Etang-Salé, Cilaos, Colorado, Grand-Anse und Bois Court) haben einige Privatleute auf ihren Grundstücken Möglichkeiten zum Zelten geschaffen (camping à la ferme); beide haben das gleiche Erkennungszeichen. Die Übernachtungspreise liegen bei FF 20 - 25 pro Zelt. Wildes Camping ist nicht gestattet.

▶ Casinos

Spielcasinos mit Roulette und Black Jack gibt es auf Réunion an drei Orten:
Casino de St-Denis, Hotel le Méridien, Rue Doret, Saint-Denis, Tel.: 413333, außer Mo tägl. geöffnet 21.00 - 3.00 Uhr, So 16.00 - 21.00 Uhr
Casino de St-Gilles, neben dem Hotel Alamanda, Les Filaos, Saint-Gilles-les-Bains, Tel.: 244700, außer Mi tägl. geöffnet 21.00 - 3.00 Uhr, So 15.00 - 24.00 Uhr

Casino du Sud, Boulevard Hubert-Delisle, **Saint-Pierre**, Tel.: 252696, geöffnet tägl. 21.00 - 3.00 Uhr, So 15.00 - 24.00 Uhr

D Devisenbestimmungen

Reisedevisen dürfen unbeschränkt eingeführt werden. Die Ausfuhr von Francs ist auf maximal FF 5 000 begrenzt.

E Einkauf

siehe **Geschäfte** und **Souvenirs**

▶ Einreise

Für die Einreise nach Réunion gelten die Bestimmungen der EG. Bundesbürger benötigen also nur einen gültigen Personalausweis, für einen evtl. Abstecher nach Mauritius oder anderen Zielen ist aber die Mitnahme eines gültigen Reisepasses sinnvoll.
Z.Zt. benötigen österreichische Staatsbürger noch ein Visum, das die Botschaft in Wien ausstellt.
Manchmal wird bei der Ankunft im Flughafen das gültige Rückflugticket kontrolliert. Impfungen sind für Reisende aus Europa nicht erforderlich, es sei denn, sie waren vorher in einem Gelbfieber- oder Choleragebiet.

▶ Essen

Die Küche der vielrassigen Bevölkerung von Réunion hat, wie auch in Mauritius, ein breit gefächertes Angebot an Gerichten französischer, kreolischer, indischer, arabischer und chinesischer Herkunft. Analog zur Bevölkerungsmehrheit dominiert die kreolische Küche (vgl. auch 3.2.3). Auch hier ist das "Carri" - eine Art Fleisch-, Fisch- oder Geflügel-Ragout auf Reis-Grundlage - nicht mehr wegzudenken. Die äußerst scharfe Soße "Rougail" wird separat zum Essen angeboten. An guten Restaurants ist auf der Insel kein Mangel; dem allgemeinen Preisniveau entsprechend sind sie allerdings nicht billig. Hinweise auf gute und typische Gaststätten finden Sie im Reiseteil im entsprechenden Kapitel.
Es ist üblich, daß die Restaurants zur Mittagszeit (12.00 - 14.00 Uhr) und abends ab 19.00 Uhr warme Gerichte anbieten.

F Fahrradfahren

Das gut ausgebaute Straßennetz legt für passionierte Fahrradfahrer ein Erkunden der Insel oder auch einzelne Abstecher auf dem Drahtesel nahe. Man täusche sich aber nicht: wer auch das Landesinnere erleben möchte, muß auf den Strecken in die Cirques oder auf den Vulkan kräftig in die Pedale treten und enorme Höhenunterschiede bewältigen.

Auch die Küstenstraße ist längst nicht immer flach und außerdem durch sehr viel Verkehr zum unbeschwerten Radeln nicht geeignet. Kurz: Réunion kann ein Paradies für Fahrradfahrer sein, wenn diese trainiert sind und sich auf die abgelegenen Straßen des Inselinneren konzentrieren.

Fahrräder, Mountain-Bikes, Tandems, aber auch Mofas, Mopeds und Motorräder verleiht **Locacycl'**, 101, rue du Général de Gaulle, F-97434 St-Gilles-les-Bains, Tel.: 244967; geöffnet Mo - Sa 8.00 - 19.00 Uhr. Der Preis für ein Mountain-Bike beträgt etwa FF 80 pro Tag, FF 440 für die Woche und FF 800 für 14 Tage.

Außerdem kann man bei einigen Hotels Fahrräder mieten, manchmal auch bei den Mofa- und Motorradverleihfirmen:

Moto 2000, rue Maréchal Leclerc, St-Denis, Tel.: 211564
L'Ile en Moto, Forum de St-Gilles, St-Gilles-les-Bains, Tel.: 240563

▶ **Feiertage**

Auf Réunion gelten die üblichen französischen Feiertage, also Neujahr, Ostermontag, Pfingstmontag, erster Mai, Nationalfeiertag (14. Juli), Allerheiligen (1. November), Tag des Waffenstillstandes von 1918 (11. November) und Weihnachten. Zusätzlich wird der Tag der Sklavenbefreiung von 1848 am 20. Dezember als arbeitsfreier Festtag gefeiert. Darüberhinaus gibt es eine Menge lokaler Feste und religiöser Feiertage, die z.T. farbenprächtig begangen werden. Die religiöse Majorität der Katholiken veranstaltet in ihren jeweiligen Gemeinden aufwendige Wallfahrten oder Prozessionen, meist zu Ehren des lokalen Schutzpatrons. Wer z.B. am 19. September in Ste-Marie ist oder dorthin kommen kann, sollte sich das dortige Schauspiel nicht entgehen lassen. Aber auch die hinduistischen Feste der indischen bzw. tamilischen Minorität wie das "Cavadee" und das sog. "Feuerlaufen" (vgl. 3.2.2) sind hier sehenswert. Erkundigen Sie sich vor Ort, z.B. in Ihrem Hotel oder bei der Touristenauskunft, ob in der Zeit Ihres Besuches ein lokales Fest anliegt - ein Besuch lohnt sich in jedem Fall.

▶ **Fernsehen**

Das halbstaatliche Fernsehen RFO bedient die Insel mit zwei Programmen, die aus wenigen lokalen Sendungen und Nachrichten und zum größten Teil aus filmischen Importen aus dem Mutterland bestehen. Der private Sender Télé Freedom zeigt eigene Videos und ebenfalls Filmkonserven aus Frankreich. Das Fernsehprogramm der Nachbarinsel Mauritius kann empfangen werden.

▶ **FKK**

Nacktbaden ist auf Réunion nicht üblich, gegen "oben ohne" hat an den Stränden um St-Gilles dagegen niemand etwas einzuwenden.

▶ Flüge

Der Flughafen Gillot (9 km von St-Denis entfernt) ist von Deutschland aus ab Frankfurt täglich mit Air France via Paris zu erreichen. Ab/bis Paris kommt dabei eine Boeing 747/Jumbo Jet zum Einsatz, die Flugdauer beträgt etwa 16 Stunden. In der Hochsaison fliegt die Air France elfmal, sonst sechsmal wöchentlich, wobei ein Flug via Lyon und einer via Marseille geht. Stop-over-Möglichkeiten ergeben sich mit den Seychellen und Mauritius.

Außer Frankreich verbindet die Air France Réunion auch mit Djibouti, Dschiddah (Saudi-Arabien), die Seychellen, Antananarivo (Madagaskar) und Mauritius. Die Insel wird auch angeflogen von der Air Mauritius, der South African Airways, der UTA und der Air Madagaskar.

Die lokale Réunion Air Service verbindet Réunion drei- bis viermal wöchentlich mit der ebenfalls französischen Insel Mayotte (Dzaoudzi; Komoren).

Der französische Reiseveranstalter "Le Point" fliegt einmal in der Woche die Verbindung Basel/Mühlhausen - Réunion.

Die Flüge mit der Air France oder kombinierte Flüge über Mauritius bzw. andere Destinationen sind zu buchen über die Reisebüros. Besonders günstig sind dabei Paketangebote, die Flug, Unterkunft und evtl. auch Mietwagen beinhalten. Linienflüge kosten für Hin- und Rückflug ab etwa DM 2 000, wobei in der Hochsaison (Weihnachten) ein Zuschlag hinzukommt.

Außer im Flughafen Gillot haben folgende Fluggesellschaften eine Vertretung in St- Denis:
Air France, Air Mauritius, UTA, rue du Mat-de-Pavillon, Tel.: 215212
Air Madagaskar, rue Juliette-Dodu, Tel.: 210590
Air Réunion, 4, rue de Nice, Tel.: 202020
Die Telefonnummern des internationalen Flughafens und der dortigen Air France-Vertretung (Verspätungen, Flughinweise, Flug-Rückbestätigung) sind: 488014/488068/488085
Vgl. auch Stichwort **Inlandsflüge**

▶ Fotografieren
vgl. Stichwort **Fotografieren** unter 3.1

G   Geld

Auf Réunion gilt der französische Franc (FF). Der Wechselkurs war Anfang 1990: FF 1 = DM 0,33.
Empfehlenswert ist die Mitnahme von Franc-Reiseschecks, auch hinsichtlich eines Besuches von Mauritius. Alle größeren Kreditkarten werden akzeptiert und sind z.B. bei der Anmietung von Leihwagen hilfreich (keine Kaution!). Euroschecks werden längst nicht so flächendeckend akzeptiert wie in Deutschland oder in Frankreich!

▶ Geschäfte

Die Geschäfte sind normalerweise Di - Sa 8.30 - 11.30 Uhr und 14.30 - 19.00 Uhr geöffnet, ebenfalls am Sonntagvormittag und Montagnachmittag. Mit anderen Worten: In der Mittagszeit ist allgemeine Ruhezeit, und am Montag werden Sie es schwer haben, außerhalb von St-Denis vormittags ein offenes Geschäft zu finden! In der Hauptstadt sind die wichtigsten Geschäftsstraßen: rue Maréchal-Leclerc, rue Jean-Chatel und rue Juliette-Dodu.
In St-Denis und den größeren Orten gibt es Geschäfte europäischen Zuschnitts, d.h. das internationale Einerlei der Supermärkte. Interessant wird es immer da, wo auf lokalen Märkten oder in kleinen Läden Ortstypisches angeboten wird - solche Ladenstraßen sind z.B. in St-Pierre häufiger anzutreffen und schöner als in St-Denis. Keiner sollte sich jedoch in der Hauptstadt den Markt entgehen lassen, der auf engem Raum all das versammelt, was die Insel an Früchten und Obst, an Farben und Gerüchen aufzuweisen hat.
vgl. auch Stichwort **Souvenirs**

H Hotels

vgl. Kapitel 6.4 und Stichwort **Übernachtung**

I Information

Eine stets aktuelle Informationsquelle ist das monatlich in französischer Sprache erscheinende Heft "Run", herausgegeben vom Comité du Tourisme de la Réunion. Es listet die anstehenden Ereignisse, die Hotels, Restaurants, Mietwagenfirmen u.a. auf und bietet Artikel über verschiedene Themen. "Run" (die Bezeichnung entspricht dem internationalen Drei-Buchstaben-Kürzel für die Destination Réunion) kann über die Touristeninformation und Buchläden kostenlos bezogen werden.
Sonstige Informationen siehe **Adressen**

▶ Inlandsflüge

Wegen der geringen Distanzen können Inlandflüge nicht den Zweck haben, eine beliebige Strecke von A nach B zurückzulegen, sondern dienen ausschließlich dem Ziel, das Inselland aus einer anderen Perspektive zu bewundern. Diese Art der Bekanntschaft mit der Urlaubsdestination aber ist - auf Réunion mehr als anderswo - interessant, faszinierend und atemberaubend. Die "Air Réunion" führt von den 'Heliports' in Gillot (neben dem internationalen Flughafen) und in St-Gilles verschiedene Rundflüge mit Helikoptern durch, die einzelne Ziele (z.B. Salazie, Cilaos u.a.) oder die gesamte Insel abdecken. Je nach Flugdauer (25 bis 60 Minuten) variieren die Preise zwischen FF 650 und FF 1 400. Empfehlenswert ist der Rundflug "Decouverte de

l'Ile" zu den drei Cirques und dem Vulkangebiet; er kostet ca. FF 1 050,- pro Person ab St-Denis oder St-Gilles.
Wer sich für einen solchen Rundflug interessiert, sollte folgendes beachten:
* Erfahrungsgemäß werden nach dem klaren Morgen schon bald die Sichtverhältnisse durch Wolken und Nebel beeinträchtigt. Es ist daher ratsam, den **Flug so früh wie möglich** zu starten; am besten bereits um 7.00 Uhr. Lassen Sie sich also für diese Zeit einen Platz reservieren.
* Auch morgens kann die Sicht schlecht sein. Obwohl eine frühzeitige Reservierung, besonders in der Hochsaison, wichtig ist, sollten Sie die **Wettervorhersagen beachten** und gegebenenfalls die Reservierung zurückziehen. Ein Rundflug im Nebel ist verlorenes Geld und verlorene Zeit...
* Besonders populär sind **Helikopterflüge zu Zeiten vulkanischer Tätigkeit**. Beachten Sie auch hier die besonderen "Vulkan-Vorhersagen" (siehe Stichwort **Wettervorhersage**) und sichern Sie sich rechtzeitig einen Platz für dieses beeindruckende Spektakel.
* Offen bleibt die Frage, ob der Rundflug zu Beginn des Urlaubs oder an dessen Ende stattfinden soll. M.E. ist es schöner, die schon gesammelten Eindrücke zusammenfassend und als 'krönenden Abschluß' am Ende der Reise aus der Vogelperspektive wiederaufleben zu lassen. Hier ist natürlich das Risiko größer, daß ausgerechnet am letzten Tag der Himmel mit Wolken bedeckt ist...

Ihren Rundflug können Sie buchen über die örtlichen Reisebüros, Ihre Hotel-Rezeption oder direkt bei:
Air Réunion, 4, rue de Nice, **St-Denis**, Tel.: 202020
Air Réunion, Heliport **Gillot**, Tel.: 282260
Air Réunion, Heliport **St-Gilles**, Tel.: 240000

Weitere Gesellschaften, die Transfer- oder Rundflüge anbieten, sind:
Lorient Transport Aeriens, Aérodrome de **St-Pierre**, Tel.: 351900
Sud Aero-Service Réunion, Aérodrome de **St-Pierre**, Tel.: 257800

Diese und die Air Réunion vermitteln auf Anfrage auch Rundflüge mit Kleinflugzeugen, Helikopter-Transfers und Helikopter- oder Kleinflugzeug-Charter.

▶ **Inselhüpfen**

Genau wie Mauritius ist auch Réunion ein mögliches Ziel auf einer etwas weitergespannten Route innerhalb der Inselwelt des Indischen Ozeans. Durch Air France, Air Madagaskar und Air Mauritius sind bei genügend Zeit und Geld die unterschiedlichsten Kombinationen denkbar, deren einzelne Destinationen aus den Seychellen, den Komoren, Madagaskar, Mauritius, Rodrigues und Réunion fast beliebig zusammenzustellen sind. Einige Veranstalter für individuelle oder Studienreisen haben dementsprechend mehrere Inseln im Programm (vgl. auch unter 3.1, Stichwort **Inselhüpfen**).

J Jugendherbergen

Eine Jugendherberge (Auberge de jeunesse) mit einer Kapazität von maximal 29 Personen befindet sich in Hell-Bourg (Cirque de Salazie). Übernachtungspreis mit internationalem Jugendherbergsausweis ist FF 40, ohne die Karte FF 50. In der Hochsaison ist eine Reservierung ratsam: Maison Morange, Rue de la Cayenne, F-97433 Hell-Bourg, Tel.: 475265

K Kartenmaterial

Die beste Landkarte von Réunion ist die vom Pariser Institut Géographique National herausgegebene im Maßstab 1:100 000. Sie wird in Buchläden, bei Reisebüros und im Flughafengebäude Gillot verkauft. IGN Nr. 512, "La Réunion", 6. Aufl. 1987.
Diese und andere gute Karten sind auch erhältlich beim **ILH/Geo Center**, Postfach 800830, 7000 Stuttgart 80, Tel.: 0711 / 78893-40, Fax 0711 / 7889354.

▶ **Kinderermäßigung**

Bei Flügen gibt es normalerweise für Kinder von 2 bis 11 Jahren einen 50 %igen Preisnachlaß bei der Air Réunion und der Air Mauritius, bei der Air France eine Ermäßigung von DM 891; für Kinder bis zu 2 Jahren wird bei der Air France eine Pauschale von DM 250 (ohne Sitzplatzanspruch) gezahlt.

▶ **Krankheit**

Réunion hat mit seinem dichten Netz von Apotheken und nicht weniger als 19 Krankenhäusern eine bessere medizinische Infrastruktur als manches europäische Land oder Teile des übrigen Frankreich. Da es weder Seuchenherde noch giftige Tiere gibt und das Trinkwasser gut ist, sind die gesundheitlichen Risiken nicht höher als bei einem Urlaub am europäischen Mittelmeer. Impfungen sind nicht erforderlich. Die größten Gefahren gehen von Erkältungskrankheiten (verursacht durch Klimaanlagen und Klimawechsel) und Sonnenbrand bzw. -stich aus (vgl. auch 3.1 Stichwort **Krankheit**).

Die modernsten Groß-Kliniken sind die in St-Denis und St-Pierre:
Saint-Denis: Lamarque, 8, rue de Paris, Tel.: 211596
　　　　　　　Sainte-Clotilde, Route Bois de Nèfles, Tel.: 292828
Saint-Pierre: Saint-Pierre-Durieux, 125, rue M. et A. Leblond, Tel.: 250516

In den gelben Telefonbuchseiten finden Sie die Adressen und Rufnummern weiterer Kliniken und Krankenhäuser (Cliniques, Ambulances, Hôpitaux), Unfallhilfen (Services des urgences), Ärzte (Médicins), Zahnärzte (Médicins Dentistes) und Apotheken (Pharmaciens).

▶ **Kunst/Galerien**

Die insulare Kunst- und Kleinkunstszene ist außerordentlich agil und produktiv; sie wird zum Teil von französischen 'Aussteigern' getragen, die auf Réunion ihr Paradies gefunden zu haben glauben. Wer sich also für impressionistische bis avantgardistische Malerei und Bildhauerei oder für Kabarett, Theater und junge Musik interessiert, hat auf der Insel viel zu sehen und zu hören. Hinweise zu aktuellen Wechselausstellungen und besonderen Ereignissen in einer von häufigem Wechsel geprägten Kulturlandschaft können Sie dem Magazin "Run" oder Hinweisen der örtlichen Touristenbüros entnehmen. An dieser Stelle sei nur auf folgende (gute) Galerien hingwiesen:
Commissariat à l'Artisanat, 53, rue de Paris, Saint-Denis, Tel.: 412460
Galerie Monparnass, 65, rue Labourdonnais, Saint-Denis, Tel.: 413191
Boutique artisanale de l'association Lacaze, Place Sarda-Garriga, Saint-Denis, Tel.: 215547
Au cadre noir, 77, rue Labourdonnais, Saint-Denis, Tel.: 214488

M Mietwagen

siehe **Autoverleih**

▶ **Motorradverleih**

siehe **Fahrradfahren**

▶ **Museen**

Es gibt eine Vielzahl kleinerer Museen mit lokalhistorischen oder kunstgewerblichen Sammlungen, außerdem können einige Galerien mit ihrem festen Bestand fast auch schon als Kunstmuseen bezeichnet werden. Als besonders sehenswert seien an dieser Stelle nur drei Häuser genannt:
* **Musée de villèle**, Village de Saint-Gilles-les-Hauts, Tel.: 227334; außer Di tägl. geöffnet 10.00 - 12.00 Uhr und 14.00 - 17.00 Uhr. Der Eintritt ist frei.
Das Musée de villèle gibt den vielleicht besten Eindruck der alten kolonialen Ile Bourbon, als die kleine Schicht der Zuckerbarone und Sklavenhalter in verschwenderischem Luxus lebte. In den 1780er Jahren erbaut, hat die kompakte, schneeweiße Villa noch viel des ursprünglichen Interieurs und der Gebäudeaufteilung bewahren können. Sehenswert sind die Möbel der Ostindischen Kompanie aus schwarzem Palisander,

das Schlafzimmer, die Küche, die Sklavenunterkünfte, kantonesisches Porzellan u.v.m. Die Familie, der u.a. auch ein Minister des Bürgerkönigs Louis Philippe angehörte, war eine der reichsten der Insel und 'besaß' einmal mehr als 300 Sklaven...
1976 in ein Museum umgewandelt, ist die Villa ein Prunkstück des Hinterlandes von St-Gilles-les-Baines.
* **Musée Léon-Dierx**, Rue de Paris, St-Denis, Tel.: 202482; außer Di tägl. geöffnet 10.00 - 12.00 Uhr und 15.00 - 18.00 Uhr. Der Eintritt ist frei.
Das Musée Léon-Dierx in Saint-Denis besitzt eine kleine, aber qualitätsvolle Sammlung der europäischen klassischen Moderne (u.a. Cézanne, Matisse, Gaugin und Toulouse-Lautrec).
* **Musée d'Histoire Naturelle**, Jardin de l'Etat, St-Denis, Tel.: 200219; außer Sa, So und an Feiertagen tägl. geöffnet von 10.00 - 16.00 Uhr. Der Eintritt ist frei.
Das Musée d'Histoire Naturelle hat zwar nur eine bescheidene Sammlung, gibt aber vor Ort den besten Überblick über Geomorphologie, Vulkanismus sowie Flora und Fauna von Réunion.

N Nachtleben

Anders als auf Mauritius kann das Nachtleben von Réunion mehr bieten als nur Kino-, Casino- oder Restaurantbesuche. Es gibt eine Unmenge Nachtklubs, Kabaretts, freie Theater und Pubs, die z.T. bis 6.00 morgens geöffnet haben. Es fällt schwer, aus den mehr als 20 Diskotheken und Nightclubs und mehr als 10 Kabaretts einige herauszzugreifen, da der Beliebtheitsgrad ständig wechselt. Aktuelle Öffnungszeiten und Programme sind u.a. dem Magazin "Run" und den Tageszeitungen zu entnehmen. Die meisten Tanzlokale haben die jeweils neueste Musik, aufwendige Lasershows, kosten zwischen FF 15 - 65 Eintritt (Frauen brauchen z.T. nichts zu bezahlen), sind vorzugsweise an Wochenenden und in den Ferien geöffnet und können brechend voll sein.

▶ Notruf

für **medizinische Soforthilfe** (SAMU):   St-Denis: Tel.: 201010; 202033
                                           St-Pierre: Tel.: 251616
Polizei: Normalruf Tel.: 212221; Notruf Tel.: 210017

P Post

Postämter gibt es in jedem größeren Ort; die Hauptpost ist in St-Denis, 60, rue Maréchal Leclerc, Tel.: 211599.

Öffnungszeiten
Mo - Fr   8.00 - 12.00 Uhr   und   14.00 - 18.00 Uhr
Sa   8.00 - 12.00 Uhr.

Für Briefe und Postkarten nach Europa muß man mit einer Laufzeit von mindestens einer Woche rechnen, da der gesamte Postverkehr über Paris abgewickelt wird.
Die Postleitzahl von Réunion ist 974.

R Radio

Wessen Mietwagen oder Hotelzimmer mit einem Radio ausgestattet ist, kann sich von der Vielzahl der meist privaten Sender von Réunion überzeugen. Geboten wird leichte Kost, also hauptsächlich flotte Musik und Werbung.

▶ **Reiseveranstalter**

Da Réunion immer noch in erster Linie ein Reiseziel für französische Touristen ist, haben längst nicht soviele deutsche Reiseveranstalter die Insel im Programm wie Mauritius.

Es gibt eine Vielzahl **lokaler Reiseveranstalter**, die Sightseeing-Touren auf der Insel, Mietwagen und Unterkünfte aller Art, spezielle Besichtigungs- und Begegnungsprogramme, Wanderungen, Flüge nach Mauritius, Afrika und Europa u.a.m. vermitteln. Stets seriös und zuverlässig sind u.a.:

* **Bourbon Voyages**, 14, rue Rontaunay, Saint-Denis, Tel.: 216818
* **Comète Voyages**, Rue Jules Auber/rue Moulin-à-Vent, Saint-Denis, Tel.: 213100
* **Évasion Réunion**, Rue Maréchal-Leclerc, Saint-Denis, Tel.: 203300
* **Lorion Voyages**, 22 rés. Bénédicte, St-Gilles-les-Bains, Tel.: 240880

Réunion: Praktische Reisetips von A - Z

* Mascareignes Évasions, 74, rue Labourdonnais, Saint-Denis, Tel.: 411795
* Riss Voyages, 131, rue Jules-Auber, Saint-Denis, Tel.: 212083
* Tropic Voyages, Avenue de la Victoire, Saint-Denis, Tel.: 210354
* Voyages Mutualistes, Front de mer, Saint-Paul, Tel.: 454408

S Seeverbindungen

Es gibt keine regelmäßig verkehrenden Fähren nach Mauritius oder andere nahe Inseln. Dagegen ist Réunion fester Programmpunkt der jährlich anlaufenden Kreuzfahrtschiffe, die meist in den Seychellen oder in Südafrika starten. Ab und zu gibt es für wenige Passagiere die Gelegenheit, mit den Frachtschiffen der "Compagnie Général Maritime" von Frankreich (Marseille) nach Réunion zu kommen. Die Überfahrt dauert etwa einen Monat.

Informationen und Reservierungen bei:
Sotramat, 12, rue Godot-Mauroy, F-75440 Paris, Tel.: 42666019.

Ein- oder mehrtägige **Segel-Kreuzfahrten** können auf Réunion gebucht werden bei:

Plaisance Océan Indien, 27 chemin Ceinture, St-Gilles-les-Bains, Tel.: 240693.
Ylang-Ylang, 48, rue Général de Gaulle, St-Gilles-les-Bains, Tel.: 244118

▶ Souvenirs

Die schönsten Souvenirs aus Réunion sind die dort gewonnenen Eindrücke. Mitbringsel, die authentisch, hübsch und originell sind, findet man im Gegensatz zu Mauritius nicht so häufig. Am lohnenswertesten ist hier immer das Stöbern in kleinen arabischen (St-Pierre) oder chinesischen Läden (St-Denis). Die kreolische Volkskunst ist noch am ehesten in den Bergregionen lebendig, wo qualitätsvolle und schöne Korbwaren hergestellt werden. Die Einwohner von Cilaos sind wegen ihrer Spitzenklöppeleien bekannt; auf entsprechende Geschäfte oder Ausstellungen stoßen Sie dort allenthalben.

Bei einem Besuch in Bras-Panon oder in einem anderen Vanille-Anbaugebiet können Sie echte Vanille, auch als kunstreiche Komposition, erwerben. Das 'Zucker-Abfallprodukt' Rum ist genauso gut und beliebt wie auf Mauritius, allerdings auch deutlich teurer. Farbstoffe, Textilien, Gewürze und Früchte (besonders Letchis) sind günstig auf dem Markt zu bekommen, während die Parfümessenzen direkt in den Export zu den großen Herstellern in Paris und anderswo gehen. Das oft angebotene "Fanjan" ist eine aus Farnwurzeln geschnitzte Vase oder ein Topf, in dem sich die Feuchtigkeit sehr lange halten kann. Ideal ist es als Behälter für Orchideen, die ebenfalls ein Exportartikel der Insel sind.

Schön sehen auch Schmuckgegenstände aus poliertem Lavagestein aus. Weiter werden Sie auf ein reichhaltiges Angebot an Postkarten, Bildbänden, künstlerischen Produkten wie Aquarelle usw. stoßen, die als geschmackvolle Souvenirs geeignet sind. Interessant sind die Reproduktionen alter Stiche oder Zeichnungen aus jener Zeit, als auf der "Ile Bourbon" noch Sklaven schufteten, die Sega noch ursprünglich war und die schönsten kreolischen Villen gebaut wurden.

Nachhaltig gewarnt sei vor Mitbringseln, die den bedrohten Tierbestand weiter dezimieren können. Es ist unverständlich, wie noch heute in französischen Prospekten "Schildpattgegenstände, oder gar ein ganzer Schildkrötenpanzer" als "besonders originelle Andenken" angepriesen werden. Verantwortungsvolle Touristen sollten hier äußerste Zurückhaltung üben, abgesehen davon, daß der deutsche, österreichische oder schweizerische Zoll die Einfuhr von solchen Tierprodukten, die dem Washingtoner Artenschutzabkommen unterliegen, nicht durchgehen läßt!

▶ **Sport**

Für sportlich Interessierte ist Réunion ein wahres Eldorado. Hier kommen Wanderer, Bergsteiger, Angler, Golfer, Wellenreiter, Surfer, Radfahrer usw. garantiert auf ihre Kosten. Die touristische Infrastruktur hat sich diesen Bedürfnissen angepaßt, so daß Sie für Ihren Sport die Ausrüstung zu Hause lassen können.
Nachstehend einige ausgewählte Adressen für besondere Sportarten:
* **Pferdesport**
Ligue Equestre, Distillerie Chatel, Le Chaudron, Tel.: 280190
Club Hippique de l'Est, Chemin de la Rivière-du-Mat, Bras-Panon, Tel.: 515049
Centre Equestre de l'Hermitage, M. Chatel, St-Gilles-les-Bains, Tel.: 244773
Société Hippique Rurale, Chemin de Bérive, Le Tampon, Tel.: 270307
* **Golf**
A.S. Club du Colorado, M. Maisonneuve, Club House, Colorado, Tel.: 237950
Golf Club de Bourbon, M. Sauger, B.P. 11, Etang-Salé-les-Hauts, Tel.: 263339
* **Paragliding**
Club Vertige Réunion, Relais du Pavillon, Cilaos, Tel.: 391952
Para Club de Bourbon, Le Tampon, Tel.: 273309
(Siehe auch unter 6.3 und den Stichworten **Wandern**, **Wassersport**)

▶ **Strände**

Mit einer Gesamtlänge von nur 30 km sind die Strände von Réunion gegenüber Mauritius klar im Hintertreffen - es kommt schließlich nicht von ungefähr, daß die Mehrzahl der Mauritius-Urlauber Einwohner von Réunion sind, die auf der Nachbarinsel mal richtig tropisches Badeleben genießen wollen! Trotzdem hat auch der südlichste Landesteil

Frankreichs seine feinsandigen Strände, die sämtlich an der westlichen und südwestlichen Küste liegen. Es sind dies im einzelnen (von St-Denis aus im entgegengesetzten Uhrzeigersinn):
* **Plage de Boucan Canot:** Nördlichster Sandstrand, etwa 5 km vor dem Ortseingang von St-Gilles-les-Bains gelegen und über die N 1 zu erreichen. Gut zum Wellenreiten. An Wochenenden und in den Ferien ziemlich voll, im nördlichen Abschnitt etwas leerer. Schöner Blick auf den Felsklotz des Cap Boucan Canot.
* **Plage des Roches Noires:** Beliebter und belebter Hausstrand des ohnehin schon quirligen Fremdenverkehrszentrums St-Gilles-les-Bains. Die sich an den Hängen hinaufziehende Bebauung mit Hotel- und Appartementanlagen läßt Erinnerungen an mediterrane Touristenorte wachwerden.
* **Plage de St-Gilles-les-Bains:** Schöner, 7 km langer Sandstrand südlich des Hafens, über mehrere Stichstraßen von der N 1 aus zu erreichen. Im grünen Hinterland (Filao-Haine) sind etliche Hotels, Bungalows und Restaurants versteckt. Das Wasser der Lagune ist nicht tief, der Meeresboden von Seeigeln bevölkert (Badeschuhe!).
* **Plage de la Saline-les-Bains:** Südlich des Hotels und Campingplatzes gelegen. Sehr windig, ideale Surfbedingungen. Auch südlich davon (Pointe des Trois Bassins; La Souris Chaude) gibt es sandige Abschnitte und Badegelegenheiten.
* **Plage de St-Leu:** Kleiner windgeschützter Strand mit grauem Sand, am nördlichen Ortseingang (hinter der Schildkrötenfarm bzw. dem Zeltplatz) gelegen; am Ende der Bucht (außerhalb der Lagune) beste Surfbedingungen. Südlich davon (Souffleur) zwei einsame Strände mit grau-grünem Sand.
* **Plage de l'Etang-Salé les Bains:** Langgestreckter und breiter Strand mit schwarz-grauem Sand, zwischen Pointe des Avirons und dem nördlichen Ortseingang gelegen. Mächtige Brandung, ideal zum Wellenreiten, beliebt bei Einheimischen.
* **Plage de St-Pierre:** Schöner Sand- und Kieselstrand, mit einem Dünen- und Grüngürtel von der Uferpromenade (Boulevard Hubert Delisle) getrennt. Wellen- und Windverhältnisse sind vor dem Riff ideal für Surfer und Wellenreiter. An Wochenenden, besonders nach dem Markt von St-Pierre, viel besucht, aber es bleibt immer noch genügend Freiraum für jeden.
* **Plage de Grande Anse:** 9 km hinter St-Pierre gelegener, sehr schöner Sandstrand mit Kokospalmen. Zugang über die Stichstraße von der N 2 aus, hinter dem Campingplatz. Brandung und Strömungsverhältnisse jenseits des Piton de Grande Anse können sehr gefährlich werden!

Die drei erstgenannten Strände und die dazwischen liegenden Ortschaften /Hotels werden durch Minibusse im Pendelverkehr miteinander verbunden.

Allen Stränden gemeinsam ist ein zwar klares, warmes und schönes Wasser, aber auch eine Beeinträchtigung durch Seeigel und scharfe Korallen. Es empfiehlt sich unbedingt, das Meer nur mit Badeschuhen aufzusuchen.

Wegen der Sonnenbrand-Gefahr sollten Sie bei längerem Schwimmen, besonders aber beim Schnorcheln, nicht nur genügend wasserfeste Sonnencreme verwenden, sondern möglichst auch ein T-Shirt o.ä. tragen!

▶ Straßenverhältnisse

Die mehr als 3 000 km asphaltierter Straßen sind im Vergleich zu Mauritius geradezu komfortabel und entsprechen südeuropäischem Standard. Vor tiefen Schlaglöchern oder unvermittelten Querrillen kann man hier sicher sein. Zwischen St-Denis und Le Port sowie nördlich der Hauptstadt und zwischen St-Pierre und Le Tampon gibt es Autobahnen bzw. autobahnähnliche Fahrbahnen, die schnelles Vorwärtskommen garantieren. Ebenfalls sehr gut ausgebaut ist die Querverbindung von St-Pierre über die Plaine des Palmistes nach St-Benoit.

Trotzdem ist Réunion nicht Frankreich oder die Bundesrepublik! Besonders bei den Auffahrten in die Cirques bedeutet das stundenlanges Slalomfahren in z.T. sehr engen Haarnadelkurven; diese Straßenabschnitte sind überdies ständig durch Erdrutsche und Steinschlag gefährdet. Die südliche und südöstliche Küstenstraße (St-Pierre - Ste-Rose) ist kurvig und in z.T. sehr schlechtem Zustand, ständige Ausbauarbeiten und Umleitungen wegen der Lavaströme beeinträchtigen hier das Fahrvergnügen. Unasphaltierte Abschnitte hat die Strecke durch die Mondlandschaft des Piton de la Fournaise, Forststraßen im Inselinneren und vereinzelte Stichstraßen durch die Zuckerrohrplantagen - etwa zu den Wasserfällen im Hinterland von St-Denis bis Bras-Panon.

Die Verkehrsdichte ist besonders um die Mittagszeit und nach Feierabend im Großraum St-Denis und auf der Küstenstraße groß. Aktuelle Straßenzustandsberichte sind telefonisch abfragbar bei RFO in St-Denis, Tel.: 275461

▶ Strom

Fast alle Hotelzimmer sind mit Stromanschlüssen von 110 und 220 Volt ausgestattet.

T Tankstellen

Das Tankstellennetz ist - entsprechend der Motorisierung - dicht. In St-Denis und St-Gilles-les-Bains gibt es Tankstellen an der N 1, die bis 22.00 Uhr geöffnet haben.

▶ Taxis

Taxis sind nicht billig, aber ausreichend vorhanden. Neben dem Grundtarif von ca. FF 10 und ca. FF 4 pro gefahrenem Kilometer gibt es Zuschläge für Nacht- und Wochenendfahrten. Überlandfahrten sind billiger; die Preise sollten hier aber vorher ausgehandelt werden. Die

Taxifahrer sind zuverlässig, wenn z.B. nach der Anfahrt zu einer Wanderung ein Rückfahrtstermin und Abholpunkt ausgemacht wurde. Der größte Taxistand in der Hauptstadt liegt gegenüber dem Méridien-Hotel (Rue Doret; von 6.00-20.00 Uhr).
Rufnummern: St-Denis: 213110. Paille-en-Queue: 292029. St-Gilles (24 Stunden): 240883.

▶ **Theater**

Die Theater von Réunion haben einen guten Ruf, verursacht auch durch die häufig gastierenden Theater- und Konzertgruppen aus dem Mutterland. Die wichtigsten Häuser sind
* das **Kulturzentrum in Saint-Denis** ("Espace Culturel de Champ Fleuri, C.R.A.C."; Champ-Fleuri, Le Butor, Tel.: 411141),
* das **Theater in le Tampon** ("Théatre Couvert", Rue du Père-Rognard, Tel.: 272436),
* das **Theater von St-Gilles-les-Bains** ("Théatre de plein air", Route Leconte-de-Lisle, Tel.: 411141),
* das **Theater in Saint-Denis** ("Théatre Fourcade", 2 rue Maréchal Leclerc, Tel.: 418612).

Die aktuellen Programme können Sie dem Magazin "Run" oder den Hinweisen in der Tagespresse entnehmen.

▶ **Telefon**

Europa ist von der Post, den Telefonzellen oder den meisten Telefonanschlüssen in den Hotels direkt via Satellit zu erreichen. Der **Auslands-Code** ist 19, die **Ländervorwahl für Deutschland 49**, für **Österreich 43**, für die **Schweiz 41**. Die erste 0 der Ortskennzahl ist jeweils fortzulassen (z.B. München: 19-49-89...).
Von Deutschland aus ist Réunion unter der Nummer 00262 erreichbar, die einzelnen Orte haben keine Vorwahlnummern.

▶ **Trinken**

In den Restaurants wird zum Essen nach französischer Sitte Wein getrunken, der meist aus dem Mutterland oder aus Südafrika importiert ist. Der heimische Wein (aus Cilaos) ist schwer, stark und bei Feinschmeckern nicht gerade beliebt. Das Inselbier ist auf dem Vormarsch und schmeckt ausgezeichnet ("Biére Bourbon").

Leitungswasser kann überall gefahrlos getrunken werden, außerdem wird kohlensäurehaltiges oder -freies Mineralwasser angeboten. Als Aperitif trinkt man gerne einen Punsch aus Rum und verschiedenen Früchten. In den größeren Orten und an beliebten Badestränden kann man an Ständen herrliche, frischgepreßte Fruchtsäfte (Orangen, Pampelmusen, Ananas usw.) bekommen.

▶ **Trinkgeld**

Obwohl der Service in den meisten Rechnungen eingeschlossen ist, gibt man gemeinhin Kellnern ein Trinkgeld von etwa 10 - 15 %. Auch Taxifahrer, Kofferträger, Zimmermädchen usw. erwarten eine entsprechende Anerkennung.

Ü Übernachtung

Der touristischen Bedeutung der Insel für das Mutterland entspricht die Vielfalt der Unterkunftsmöglichkeiten. Vom Luxushotel bis zum Zelt oder der einfachen Berghütte ist jede Übernachtungsform vertreten.

* **Hotels**
Es gibt unklassifizierte oder von * bis **** klassifizierte Hotels, die meisten davon an der sonnen- und strandreichen Westküste. Vgl. dazu Kapitel 6.4.

* **Feriendörfer**
In den Orten Saint-Gilles, Saint-Leu und Cilaos bieten die "V.V.F." (villages vacances familles) für Gruppen von 2 - 10 Personen in einfachen, aber guten Appartements Übernachtungsmöglichkeiten an. Die Studios kosten je nach Personenzahl FF 140 - 890 am Tag, Sondertarife gelten an Wochenenden. Übernachtung mit Frühstück oder Halbpension kann zusätzlich gebucht werden. Die V.V.F. stehen nur außerhalb der Hochsaison Urlaubern aus Übersee zur Verfügung.

 Informationen und alle Reservierungen über:

V.V.F. de Saint-Gilles-les-Bains, Les Filaos, F-97400 St-Gilles-les-Bains, Tel.: 240464

* **Familienpensionen**
Über die Insel verstreut gibt es einige Pensionen (pensions de famille) mit 'Familienanschluß'. Die Preise rangieren zwischen FF 90 - 125 pro Person und Nacht. Informationen dazu in den örtlichen Touristenbüros.

* **Ferienhäuser**
Als Feriendomizil an der Küste oder im gebirgigen Inland sind die "Gites ruraux" geeignet, die je nach Größe 3 - 12 Personen aufnehmen und z.Zt. eine Kapazität von insgesamt 380 Betten haben. Wer z.B. ein Ferienhaus auf der Plaine-des-Palmistes bezieht und mit einem Mietwagen ausgestattet ist, hat einen zentralen ruhigen Pol, von dem aus alle Seiten der Insel gemütlich zu erforschen sind. Die Gites ruraux werden wochenweise vermietet und kosten FF 700 - 1 700.

 Informationen und Buchungen (mindestens 6 Wochen im Voraus!) über:

Relais Départemental des Gites Ruraux, 18, rue Ste-Anne, F-97400, Saint-Denis, Tel.: 203190

* **Bed & Breakfast**
Eine preiswerte Übernachtungsmöglichkeit sind die Gästezimmer ("Chambres d'Hôtes"), die einige Familien anbieten. Eine Liste ist über das Relais Départemental des Gites Ruraux (s.o.) oder über das Syndi-

cat d'Initiative in St-Denis (s. **Adressen**) zu bekommen. Die Preise liegen bei FF 78 für eine, bei FF 106 für zwei Personen. Frühstück kostet FF 63. Oft bieten die gleichen Familien auch "Tables d'Hotes" an, wo man mit den Familien warme Mahlzeiten ißt und bei französischer Konversation viel über Land und Leute erfahren kann.

* **Berghütten**
Für Wanderer stehen Berghütten zur Verfügung, die beim Syndicat d'Initiative in St-Denis oder St- Pierre im Voraus gebucht und bezahlt werden müssen.
Vgl. auch **Jugendherbergen** und **Camping**

▶ **Verkehrsregeln**

Die Verkehrsschilder, Geschwindigkeitsregeln und sonstigen Verkehrsgesetze entsprechen denen in Frankreich oder Deutschland. Hierzulande nicht bekannt ist jedoch das Réunioner rot-weiße Verkehrsschild, das einen ausbrechenden Vulkan zeigt und auf mögliche Behinderungen auf der Route du Volcan aufmerksam macht.

W Wandern

Réunion ist ein Eldorado für Wanderer, die hier auf Touren zwischen 1 Stunde und 9 Tagen die versteckten Schönheiten der Insel entdecken können. Übernachtungsmöglichkeiten sind durch die Berghütten zahlreich gegeben, und ein Verlaufen ist bei etwa 560 km gut und 200 km nicht markierten Wanderwegen nahezu ausgeschlossen.

Die schönsten Wanderungen gehen in das Gebiet der Cirques und auf den Vulkan, aber auch in Küstennähe, etwa zur Cascade du Chaudron im Norden oder im Wald von St-Philippe im Süden, sind interessante Touren möglich. Im Reiseteil finden Sie bei den entsprechenden Orten jeweils Wanderhinweise (siehe auch unter 6.3).

Täglich um 7.00 Uhr gehen auch geführte Wanderungen von 4 - 8 Stunden Dauer in die interessantesten Gebiete von drei Punkten ab:
* am "Maison de la Montagne" in Cilaos,
* an der Jugendherberge in Hell-Bourg,
* am Hotel "Auberge du Volcan" in Plaine-des-Cafres.

Wer an diesen Exkursionen mit sachkundigen Führern teilnehmen möchte, wende sich an:
Maison de la Montagne, 10 place Sarda-Garriga, 97400 Saint-Denis, Tel.: 217584
Maison de la Montagne, Rue du Père-Boiteau, 97413 Cilaos, Tel.: 277155

▶ **Wassersport**

Die phantastischen Küsten mit ihren idealen Wassersportbedingungen verbieten es fast, 'nur' untätig am Strand zu liegen und sich bräunen zu lassen. Stattdessen können Sie auf die vielleicht besten Wellenreit- und Surfbedingungen des Indischen Ozeans zurückgreifen, können beim Schnorcheln oder Tiefseetauchen die Unterwasserwelt der Korallenriffe erleben, können mit gut ausgerüsteten Schiffen Jagd auf Blaue Marline, Haie, Thunfische und andere Großfische machen oder können Segeln lernen bzw. auf kürzere oder mehrtägige Segeltörns gehen (siehe auch unter 6.3).

Nachstehend einige nützliche Adressen, vor allem für Anfänger und Lernwillige der jeweiligen Sportart.

* **Wasserski**
Club Nautique de Bourbon, 2, rue des Brisants, 974334 St-Gilles-les-Bains, Tel.: 244093
Ski Nautique Club de St-Paul, 2, rue de la Croix - L'Etang, 97460 Saint-Paul, Tel.: 454287
* **Segelschulen**
Club Nautique Bourbon, 2, rue des Brisants, St-Gilles-les-Bains, Tel.: 244093
Société Nautique, 78, route de la Baie, Saint-Paul, Tel.: 225646
Société Nautique, B.P.123, Saint-Pierre, Tel.: 250403
* **Tauchclubs**
Club Gloria Maris, St-Gilles-les-Bains, Tel.: 244142 und 225600
Ecole de Plongee et Exploration GEO, St-Gilles-les-Bains, Tel.: 245603
* **Hochseeangeln** (Agenten alle in St-Gilles):
Alain Benattar, Tel.: 246284
Arlin Apavou, Tel.: 244452
Henri Horaeau, Tel.: 244379
M.Lagadec, Tel.: 245662
* **Surfschulen**
Ecole de Surf, Boucan-Canot, Tel.: 216977
Ecole de Surf, St-Gilles-les-Bains, Tel.: 246328
Jet Surf Club, 317, Bd Hubert-Delisle, Saint-Pierre, Tel.: 252446

▶ **Wettervorhersage**

Unter folgenden Telefonnummern in St-Denis können Sie täglich Auskünfte (Zyklonenvorhersage, Vulkanausbruch, Straßenzustand etc.) erhalten:
Alerte Cyclone, Zyklone, Tel.: 292900
Le Volcan, Vulkanausbrüche, Tel.: 275292
Météorologie Nationale, Wetter, Tel.: 283849
RFO, Straßenzustand, Zyklone, Tel.: 275461

Z Zeit

Die Zeit von Réunion ist der Mitteleuropäischen Zeit (MEZ) um drei Stunden, während unserer Sommerzeit um zwei Stunden voraus.

▶ Zeitungen

Deutsche Zeitungen oder Magazine sind praktisch überhaupt nicht zu bekommen, selbst der Kiosk im Flughafen Gillot hat nur eine sehr kleine und nie aktuelle Auswahl. Besucher mit Französischkenntnissen sollten auf die französische oder heimische Presse ausweichen, so erfährt man auch etwas über die Probleme des Gastlandes. Die wichtigsten Zeitungen der Insel sind "Le Journal de l'Ile de la Réunion", "Le Quotidien" und "Visu".

▶ Zollbestimmungen

Bei der Einfuhr von Tieren (nur älter als drei Monate) sind Tollwutimpfungen und Gesundheitszeugnis erforderlich. Pflanzen und Blumen dürfen nur beschränkt und mit 'Gesundheitszeugnis' eingeführt werden. Es gelten die zollrechtlichen Bestimmungen der EG. Für EG-Bürger ist die Mitnahme von 300 Zigaretten oder 400 g Tabak, 6 l Wein, 3 l Spirituosen und 75 g Parfum zollfrei. Einige Pflanzen und Tiere dürfen nur mit Sondergenehmigung ausgeführt werden; Auskunft gibt die Forst- und Wasserverwaltung in St-Denis, Tel.: 211373. Das Limit für die Ausfuhr von FF liegt bei 5 000.

6.2 FRANKREICHS SÜDLICHSTER LANDESTEIL

Eine Reise nach Réunion ist ganz zweifellos eine Reise in die Tropen, wo nachts das Kreuz des Südens am Himmel steht, wo exotische Pflanzen, Tiere und Gerüche vorherrschen, wo die Sonne scheint und der Indische Ozean gegen Lavaklippen, Korallenriffe oder sanfte Sandstrände brandet. Jeder, der aus dem europäischen Winter zu dieser Insel kommt und das Flughafengebäude in Gillot verläßt, spürt sofort die Hitze, muß in der Helligkeit blinzeln und findet bestätigt, daß er nun tatsächlich tief im Süden angelangt ist. Aber schon der Flughafen selbst, dann der Verkehr auf der autobahnähnlichen Verbindungsstraße und schließlich die erste größere Ortschaft führen einen andererseits wieder zurück nach Europa! Réunion ist nämlich nicht nur dem Namen nach ein französisches Département, sondern wirklich ein Landesteil, in dem wie im Mutterland die Sprache, die Kultur, die Lebensart und die Infrastruktur französisch sind - trotz aller Unterschiede der Landschaft, trotz der gemischtrassigen Bevölkerung und trotz aller Exotik.

Die Hauptstadt St-Denis oder der lebhafte Badeort St-Gilles-les-Baines sind auf den ersten Blick nicht von einer Provinzstadt an der südlichen Atlantikküste oder der Côte d'Azur zu unterscheiden: die gleichen Schaufensterauslagen, die gleichen Reklameaufschriften und Cafés, in denen Milchkaffee getrunken wird. In den Restaurants stehen Weinkaraffen, vom Markt und aus den Bäckereien werden Baguettes geholt, und unter schattigen Bäumen gehen die Männer ihrem Lieblingsspiel, dem Boule nach...
Auf den Straßen drängen sich die Kleinwagen der Firmen Peugeot, Renault und Citroën, deren gelbes Licht nachts, wenn man die Landschaft nicht sieht, noch mehr Erinnerungen an Frankreich wecken. Da begreift man den Turm einer Moschee, einen plötzlich auftauchen tamilischen Tempel oder kleine Holzhäuschen mit kreolischen Dekorationen mehr als Skurrilität, als Außergewöhnlichkeit, also als Ausnahme von der Regel. Und die buntgekleideten Menschen, die auf dem Markt einkaufen und alle möglichen Hautfarben tragen, setzt man in Beziehung zum Pariser Flohmarkt oder zu Stadtteilen in Marseille, in denen ebenfalls die "Weißen" in der Minderzahl sind.

Nun sind die Franzosen ja nicht diejenigen gewesen, die Réunion entdeckt haben, und ihnen ist es auch nicht zu verdanken, daß die Insel französisch geblieben ist - für die Briten war sie einfach zu uninteressant, um wie Mauritius und die Seychellen dem Empire eingegliedert zu werden! Seit den Anfängen ihrer Besiedlung aber hat Frankreich Réunion seinen Stempel aufgedrückt und es untrennbar mit dem Mutterland verknüpft; ob als "Ile Bourbon" unter den Königen vor der Revolution und zwischen 1814 - 1848, ob als "Ile de la Réunion" ab 1792, ob als "Ile Bonaparte" unter Napoleon oder wieder als "Réunion" ab 1848 -

immer spiegelte der Inselname die politische Herrschaft im Mutterland wieder und machte das enge Geflecht zwischen Frankreich und Kolonie deutlich. Seit 1946 ist die alte Kolonie wie Mayotte (Komoren) oder Guadeloupe, Guayana und Martinique (die letzten drei sind heute ebenfalls Départements) fest in die Struktur der französischen Republik eingegliedert, und zwar nicht nur als Verwaltungsakt, sondern durchaus auch im Selbstverständnis der Einwohner. Loslösungsbestrebungen, die es freilich auch gegeben hat, spielen im alltäglichen politischen Leben keine Rolle mehr, und die überwiegende Mehrheit der Bevölkerung fühlt sich, egal welcher Hautfarbe, als vollwertige Franzosen. Sie sind von Paris zwar etwas weiter entfernt als z.B. die Bretonen oder Provencalen und leben zwar im südlichsten, aber eben doch in einem 'dazugehörigen' Landesteil.

Der Beiname von Réunion als der "Insel mit den tausend Gesichtern" stimmt insofern, als die verschiedenen Landschaften und Bevölkerungsanteile eine außerordentliche Vielfalt aufweisen und dem Département ein unverwechselbares und einmaliges Kolorit geben. Das schließt notwendigerweise viele Unterschiede zum Mutterland ein, auch solche, die nicht auf die geographische Lage, das Klima oder die Vegetation zurückzuführen sind. Einige dieser Unterschiede würden die Einwohner von Réunion gerne von der Insel verschwinden sehen:
* z.B. die höhere **Arbeitslosenquote**,
* das höhere **Preisniveau**,
* die **geringeren Einkommen** als in Frankreich.

Andere wiederum werden als Resultat einer eigenen Geschichte geschätzt:
* die **kreolische Sprache**, die Réunion mit anderen ehemaligen Kolonien Frankreichs (in der Karibik und im Indischen Ozean) gemeinsam hat;
* die **multikulturelle Gemeinschaft**, die alle Bevölkerungsgruppen integriert und keinen Platz für Rassismus à la Le Pen läßt;
* schließlich auch eine gewisse größere **Lässigkeit und Freundlichkeit**, wie sie oft in tropischen Breiten, nicht aber in einer gestreßten Industriegesellschaft anzutreffen sind.

All diesen positiven wie negativen Unterschieden zum Trotz ist aber das vorherrschende Gesicht der "Insel mit den tausend Gesichtern" ein französisches, und der Besucher der Insel sollte sich darauf einstellen. Gut englisch oder gar deutsch sprechende Kellner und Zimmermädchen darf man nicht verlangen; im Gegenteil werden bei Einkäufen, Behördengängen und Bankbesuchen vom Ausländer wenigstens Grundkenntnisse der französischen Sprache erwartet!

Gerade der Kontrast von exotischer Landschaft und europäischem Leben kann übrigens auch sehr reizvoll sein, abgesehen davon, daß die enge Bindung an Frankreich (und an die EG) für den Urlauber viele Vorteile mit sich bringt: eine gute Infrastruktur, kaum Armut, keine kulturell bedingten Barrieren, keine Gesundheitsrisiken usw. Und alle, die gerade Europa entfliehen und das Außergewöhnliche erleben wollten, können beruhigt sein: natürlich findet man auf Réunion neben der bizarren Landschaft und Natur auch Madegassen, Tamilen, Afrikaner, Inder, Araber usw., die noch 'ursprünglich' leben, sieht man in einer Pagode betende Chinesen, hinduistische Feuerläufer, verschleierte Moslems, feilschende Markthändler, farbenprächtige Prozessionen, Segatänzer, afrikanische Sänger und eine produktive Volkskunst. Mit anderen Worten: man muß nicht unbedingt frankophil sein, um einem Besuch von Réunion die schönsten Seiten abzugewinnen. Der südlichste Landesteil Frankreichs hat eben zwei Betonungen: eine auf "Frankreich" und eine auf "südlich"...

6.3 SPORTMÖGLICHKEITEN UND INSELERKUNDUNG

Eine Insel, die mit 2 512 qkm etwa ein Drittel größer ist als Mauritius und deren Landschaftsprofil bis auf 3 000 m ü.d.M. ansteigt, kann nicht an einem Tag erkundet werden (genau das versprechen einige Busunternehmen, die eine ganztägige Inselumrundung anpreisen)! Wer Réunion kennenlernen will, muß schon ein wenig Zeit im Reisegepäck mitbringen, und selbst wer nur "das Wichtigste" - das ist immer das, was die anderen Inseln des Indischen Ozeans nicht aufzuweisen haben - übersichtsartig erleben möchte, sollte dafür **mindestens vier Tage** einkalkulieren. Ihr Besichtigungsprogramm richtet sich deshalb in erster Linie nach der Ihnen zur Verfügung stehenden Zeit. Zweitens aber stellt sich nicht nur die Frage, *was*, sondern auch *wie* Sie die Insel erkunden wollen. Neben der klassischen Rundfahrt mit dem Bus oder dem Mietwagen bieten sich nämlich auch längere und kürzere Wanderungen an, die ein weit intensiveres Landschaftserlebnis garantieren, als daß dies motorisierten Besuchern möglich wäre. Einige Ziele (z.B. der Cirque de Mafate) sind überhaupt nur zu Fuß zu erreichen. Rundfahrten und Wanderungen brauchen sich natürlich nicht auszuschließen, sondern können sich sinnvoll ergänzen. Nicht zu vergessen ist schließlich jener Bereich, der Réunion erst zur Insel macht: das Meer. Der Indische Ozean gehört zum Landschaftsbild genauso wie die Cirques, der Vulkan und die Vegetation, und eine nähere Bekanntschaft mit dem nassen Element kann auf vielerlei Arten erfolgen: sehend genießen, baden, aber auch surfen, schnorcheln, segeln, angeln usw.

Im folgenden möchte ich Ihnen einige Hinweise geben, wie Sie Ihren Réunion - Aufenthalt mit Exkursionen (mit dem Auto, zu Fuß oder auf dem Wasser) sinnvoll gestalten können.

Busrundfahrt

Eine durch die örtlichen Reiseagenturen vermittelte und geführte Busrundfahrt sollte auch von Individualisten nicht rundweg abgelehnt werden. Die Vorteile sind, daß man von Einheimischen informiert und auf Einzelheiten hingewiesen wird, die nur Menschen kennen können, die tatsächlich im Land leben. Außerdem wird Ihnen die Insel oder werden Teile davon komprimiert dargeboten, so daß Sie eine Übersicht bekommen und später evtl. die schönsten Orte noch einmal individuell in Ruhe aufsuchen können. Voraussetzung sind jedoch gute Französisch-Kenntnisse, weil die örtlichen Guides nur begrenzt englisch sprechen.

Rundfahrten

Einen besseren Kontakt zu Land und Leuten ermöglichen natürlich selbständig geplante und durchgeführte Rundfahrten. Daß die ca. 230 km auf der Küstenstraße nicht an einem Tag abgefahren werden sollten, liegt auf der Hand; wer dies vorhat, sollte vielleicht besser auf die Busunternehmen zurückgreifen. Sinnvoller ist es da, vom festen Standort aus gezielte Exkursionen in Angriff zu nehmen oder Teile der Küstenstrecke mit Abstechern ins Inselinnere zu verbinden. Wie auch bei den Wanderungen oder anderen sportlichen Betätigungen im Inland, gilt die Faustregel, daß ein möglichst früher Start die beste Voraussetzung für gutes Wetter und gute Sichtmöglichkeiten bietet. Worüber am Morgen und am frühen Vormittag noch die Sonne strahlt, wird oft ab 10.00 - 11.00 Uhr, manchmal bereits früher, von dichten Wolken eingehüllt...

Eine nur **viertägige Rundfahrt** sollte m.E. die Cirques der Salazie und von Cilaos sowie den Piton de la Fournaise zum Inhalt haben. Dabei könnten folgende Etappen zurückgelegt werden:
1. **Tag:** Flughafen Gillot - Salazie - Plaine des Palmistes
2. **Tag:** Plaine des Palmistes - Vulkan - Cilaos
3. **Tag:** Cilaos - St-Gilles-les-Bains
4. **Tag:** St-Gilles-les-Bains - St-Denis

Hierbei wie auch bei längeren Rundfahrten empfiehlt es sich, vom Flughafen aus im Uhrzeigersinn zu fahren, weil sich so am Ende ab St-Gilles die Gelegenheit ergibt, auf einem Helikopterflug die gefahrene Strecke noch einmal aus der Vogelperspektive nachzuvollziehen.

Eine etwa **einwöchige Rundfahrt** sollte m.E. neben den genannten Punkten (Cirques, Vulkan) auch die eindrucksvollen Küstenpartien des wilden Südens, Sehenswürdigkeiten wie das Vanille-Anbaugebiet und einige interessante Ortschaften beinhalten sowie mit kleineren Wanderungen aufgelockert werden. Folgende Etappen sind dabei sinnvoll:
1. **Tag:** Flughafen Gillot - Salazie
2. **Tag:** Salazie - Ostküste - Südküste bis St-Philippe

3. Tag: Wandern und Besichtigungen im 'wilden Süden'
4. Tag: St-Pierre - Le Tampon - Plaine des Cafres
5. Tag: Fahrt zum Vulkan und Wanderung - St-Pierre
6. Tag: Cirque de Cilaos - St-Gilles-les-Bains
7. Tag: St-Gilles-les-Bains - St-Denis

Vor allem wer von Mauritius oder den Seychellen kommt, wird bei diesen Streckenführungen schon am ersten Tag mit den Besonderheiten der Inselandschaft vertraut gemacht: ein besserer 'Einstieg' als der Cirque de Salazie läßt sich kaum denken!

Wandern

Aufgrund der Inselstruktur mit den beiden Massiven des Piton de la Fournaise und des Piton des Neiges sowie den drei Cirques dient das Wandern nicht nur dem sportlichen Ausgleich, sondern kann zu Plätzen führen, die man mit dem Bus oder Wagen nicht erreicht. 560 km gut markierter Wanderwege und 12 eingerichtete Berghütten sorgen dafür, daß man seine Touren präzise planen und einteilen kann, ja sie regen manchen dazu an, den Urlaub auf Réunion von Anfang an als Wanderurlaub einzurichten. Für solche 'Profis' ist die Durchquerung der wilden Talkessel einschließlich der Besteigung des Piton des Neiges sicher am lohnendsten; für sie braucht man - je nach Kondition - vier bis sechs Tage. Der Vorteil auch bei längeren Wanderungen ist, daß man unterwegs häufiger an Lebensmittelläden vorbeikommt - und da die Insel überall reich an Wasser ist, kann der mitzunehmende Proviant auf ein Minimum reduziert werden. Zur Ausrüstung gehören bei solchen Touren unbedingt Sonnencreme, feste Bergstiefel und ein Regenschutz. Wegen der Feuchtigkeit und der schweißtreibenden Tätigkeit haben Shorts gegenüber langen Hosen Vorteile.

Natürlich muß es nicht unbedingt eine Gewalttour sein. Jeder einzelne Cirque eignet sich für ein- oder zweitägige Wanderungen, die den Vorteil haben, daß man dabei zum Ausgangspunkt (und damit zum Standort des Mietwagens oder der Unterkunft) zurückkehrt.

Einen Höhepunkt schließlich sollte keiner versäumen: die **Besteigung des Vulkans "Piton de la Fournaise"**. Da man dort bis zum Pas de Bellecombe jenseits der Caldera mit dem Auto vorstoßen kann, reduzieren sich die zu wandernden Kilometer auf zehn, und mit etwa vier Stunden ist diese Tour eigentlich für jeden zu schaffen.

 Nicht nur bei diesem Ziel, sondern bei fast allen Wandertouren gilt: je früher man aufbricht, desto besser! Die Wolkendecke zieht sich fast regelmäßig in den Vormittagsstunden zu und die beste Sicht ist i.d.R. sofort nach Sonnenaufgang. Das bedeutet, daß man für Transferstrecken zum Startpunkt der Wanderung auch schon einmal im Dunkeln aufbrechen sollte.

Réunion: Sportmöglichkeiten und Inselerkundung

Aber die reizvollen Punkte liegen nicht nur im Gebirge, wo die Ortschaften Cilaos, Hell-Bourg und Plaine-des-Cafres die besten Ausgangspositionen haben, sondern durchaus auch in **Küstennähe**.
* Von Brule im Hinterland von St-Denis z.B. kann man auf 18 km bis zum Roche Ecrite (2 277 m) aufsteigen, von dem sich der vielleicht schönste Rundblick auf die Bergwelt, die Cirques und das entfernte Meer bietet.
* Sehr viel kürzer und in drei Stunden zu schaffen ist die Strecke von la Bretagne (ebenfalls in der Nähe von St-Denis) zum Wasserfall Cascade du Chaudron.
* Nur 2 km benötigt man für einem lohnenden Ausflug zu den Bassins la Paix und la Mer, der in der Nähe der Ortschaft Bras-Panon beginnt.
* Und am Küstenort St-Gilles kann man innerhalb einer Stunde das sehenswerte Bassin des Aigrettes erreichen.
* Bei St-Philippe an der Südküste vermitteln schließlich kürzere Wanderungen auf einem botanischen Lehrpfad durch den Regenwald ganz neue und überaus interessante Eindrücke.

Wer der etwa siebentägigen Rundfahrt folgt, die im Reisekapitel vorgeschlagen wird, hat mit Besichtigungen, Fahren und evtl. Badeaufenthalten genug zu tun und kann sich längere Wanderungen aus Zeitgründen nicht leisten. Trotzdem sind auch hier folgende Abstecher zu Fuß denkbar und empfehlenswert:

* Wanderung im Regenwald bei St-Philippe,
* Wanderung auf den Piton de la Fournaise,
* Wanderung zum Grand Bassin,
* Wanderung zum Bassin des Aigrettes.
Im Reisekapitel finden Sie jeweils entsprechende Hinweise, ab wo welche Wanderungen sinnvoll sind (vgl. auch unter 6.1).

Surfen

Im Gegensatz zu Mauritius, dessen Küstengewässer über weite Strecken von Korallenriffen in ruhige Lagunen verwandelt werden, prallt auf Réunion das Meer oft unmittelbar und mit mächtiger Brandung gegen die Insel. Was für Badegäste und beschauliche Segler unangenehm sein kann, hat für Surfer und Wellenreiter seine unbestreitbaren Vorzüge. Ja, Réunion ist zu einem **Mekka der Surfer** geworden und bietet einige der besten 'Spots' im ganzen Indischen Ozean! Lokale Veranstalter, Surfschulen, Insider-Kneipen und Ausrüstungsläden haben sich auf diesen Boom eingestellt, aber obwohl das Rüstzeug also unschwer zu mieten ist, wimmelt es in der Hochsaison trotzdem im Flughafen Gillot von (meist französischen) Touristen, deren sperriges Gepäck unschwer erkennen läßt, daß sie auch und besonders zum Surfen hierhin gekommen sind. Was sie hier besonders reizt, sind die stetigen Winde, die oft parallel zum Strand wehen, die idealen Wellenschübe von 3 m Höhe, die langgezogene und regelmäßige Brechungen und natürlich eine Atmosphäre, in der man unter seinesgleichen ist.

Für Surfer und Wellenreiter ist wichtig, sich über die Windverhältnisse und die Inselstruktur im klaren zu sein: die quer durch das Land verlaufenden Gebirgsketten teilen Réunion in eine Luv- und eine Leeseite. Da der stetige Passat meist aus südöstlicher Richtung kommt, ist die Westküste windabgewandt und daher für die wirklichen Könner nicht so interessant (ideal aber für 'Einsteiger' in diese Sportarten). Im übrigen hat der Passat nicht immer die gleiche Stärke: zwischen Mai und November bläst er recht beständig mit mindestens fünf Windstärken, während er sich zwischen Dezember und April, oft bis zu Orkanstärken, steigert. Die beste (windigste) Tageszeit ist der Mittag, wenn im europäischen Winter hier die Sonne im Zenit steht. Nach 15.00 Uhr flaut dann die Windstärke regelmäßig wieder ab.

Wo sind nun **die besten Möglichkeiten zum Surfen und Wellenreiten?** Die nördliche Küste von St-Denis bis St-Benoit hat zwar keine Sandstrände, aber eine mächtige Brandung und langgestreckte Wellen. Für wirkliche Könner ist hier ein Paradies, das für Anfänger des Sports gefährlich werden kann: wer von der Uferbrandung 'geschluckt' und über den Kieselstrand geschleift wird, kommt nicht ohne kleinere oder größere Verletzungen davon! In der Nähe des Flughafens Gillot ("Poubelle Beach") und bei St-Benoit ("Marsouin") sind die lokalen Surf-Zentren. Einige schaffen es sogar, in einem Lift von West nach Ost die beiden Orte zu verbinden. Am Strand Roche Noir in St-Gilles-les-Bains befindet sich der Treffpunkt sowohl von Surfern als auch Wellenreitern. Obwohl die Surfbedingungen hier nicht immer ideal (für Anfänger aber stets geeignet) sind, haben sich Strandbars, Shops und Szene-Treffs etabliert, wo man ganz unter sich ist und Erfahrungen austauschen bzw. Ausrüstungen kaufen oder mieten kann. Bei Wellenreitern beliebt sind ferner die Strandabschnitte von Trois Bassins, Boucan-Canot, l'Etang Salé-les Bains, St-Pierre und besonders St-Leu. Surfer haben in St-Pierre und in der Grande Anse ihre Hochburgen. Und wenn der Wind einmal ausbleiben sollte - auf der anderen Seite der Insel bläst er garantiert...

Hochseeangeln

Daß die Gewässer der Maskarenen zum Hochseeangeln geeignet sind, weiß jeder, der sich für diesen Sport interessiert. Es ist ja schließlich kein Zufall, daß die Nachbarinsel Mauritius bei etlichen internationalen Vergleichen des 'Big Game Fishing' weltbeste Resultate erzielen konnte. Aber auch Réunions Fanggründe sind dicht bevölkert und werden von einer ständig steigenden Zahl von Sportfischern bevorzugt. Das Zentrum des Hochseeangelns ist der Hafen von St-Gilles-les-Bains, wo die gutausgerüsteten Boote der "Peche au gros" liegen und wo die Fang-

ergebnisse abgewogen und abends notiert werden. Aber auch le Port ist ein guter Startplatz für das Abenteuer. Die Jagd gilt hauptsächlich den riesigen Marlinen und Thunfischen, und sie beginnt bereits nach etwa 200 m vor der Küste. Hier wirft man die frisch gefangenen Köder, die silberglänzenden Bonitos, aus. Hat dann tatsächlich ein großer Marlin angebissen, beginnt für den Mann auf dem 'Thron' und den Fisch ein verbissener Kampf, der manchmal fünf Stunden dauern kann. Und die Resultate? Gelbflossenthunfische von über 100 kg oder Schwarze und Blaue Marline von 100 - 300 kg sind keine Seltenheit. Der Rekordfang wurde 1986 gemacht, als ein Schwarzer Marlin von nicht weniger als 518 kg an Bord gezogen werden konnte!

 Wer am Big Game Fishing teilhaben möchte, sollte sich mit den Sportfischern in St-Gilles in Verbindung setzen (vgl. unter 6.1). Die kleinen Bonitos werden das ganze Jahr über in Unmengen gefangen, während die Jagd auf die Großfische zwischen November und April stattfindet, wenn der Ozean am wärmsten ist.

Tauchen

Um eine Ahnung von der phantastischen Unterwasserwelt zu bekommen, muß man nicht unbedingt ins nasse Element gehen: ein Blick auf die Insel mit ihren mächtigen Bergstöcken, tiefen Schluchten, gezackten und bizarren Felsen, Lavaströmen und Basaltsäulen genügt. Denn genau diese Landschaft setzt sich auch unter der Meeresoberfläche fort und gibt Anlaß für die größten Erwartungen. Nun besteht natürlich ein

Unterschied zwischen dem, was man ahnt und dem, was man sieht, und deshalb sei eine Erkundung der Unterwasserwelt allen passionierten Schnorchlern und besonders Tauchern (und solchen, die es werden wollen) eindringlich ans Herz gelegt! Korallen in allen Formen und Farben wachsen entlang des Riffs, das der Westküste vorgelagert ist und für Wassertemperaturen in der Lagune von 22 bis 27° C sorgt. Dazu

kommt ein Reichtum an Fischen und Schalentieren, der seinesgleichen sucht. Papageien- und Schmetterlingsfische, Weich und Tischkorallen, Gorgonien-Felder und Porzellanmuscheln verwandeln kurz hinter dem Ufer das Meer in ein riesiges farbenprächtiges Aquarium, dessen natürliche Formen nur atemberaubend genannt werden können. Da gibt es steile Felsabstürze, Höhlen und Grotten, Riffe und senkrechte Basaltsäulen - und auch Schiffswracks sind zu sehen, die Pflanzen und Tieren zu einer neuen Heimat geworden sind.

Das Zentrum dieser Sportart ist in St-Gilles-les-Bains, wo die Taucherschulen und -clubs, ein Taucherzentrum und entsprechende Treffpunkte (z.B. "Bourbon Marine Bar" im Hafen) an Land den phantastischen Unterwassermöglichkeiten vor der Küste Rechnung tragen (siehe auch unter 6.1). In Buchläden in St-Gilles oder St-Denis bekommen Sie auch 'Unterwasser-Führer', und beim Erlernen des Tauchens wird man unter strengen Sicherheitsauflagen sorgfältig und behutsam angeleitet.

6.4 HOTELS

An Übernachtungsmöglichkeiten verschiedenster Art ist auf Réunion kein Mangel, und man hat die Auswahl zwischen dem Zelt auf dem Campingplatz, der spartanischen Berghütte, einem Chambre d'Hote bei einer Familie, einem Ferienhäuschen auf dem Land, einem Studio in einem Feriendorf oder eben einem Hotel (vgl. auch 6.1, Stichwort **Übernachten**). Die Hotels sind nach dem französischen System entweder unklassifiziert (einfache bis sehr einfache Unterkünfte) oder je nach Luxusgrad und Komfort mit Sternchen gekennzeichnet. Dabei bedeutet

* einfachen Standard, ** Mittelklasse, *** obere Mittelklasse und **** Luxusklasse. Von den z.Zt. relevanten Hotels gehört nur das "Le Méridien" in St-Denis zur letztgenannten Kategorie, jeweils etwa zwölf Herbergen zur oberen und zur Mittelklasse, fünf sind mit einem Stern ausgezeichnet und mindestens fünfzehn gehören zu den sternlosen Unterkünften. Nun ist diese Klassifizierung nicht unproblematisch und längst nicht immer maßgeblich für einen angenehmen Aufenthalt. Das "Méridien****" z.B. hat zwar alle modernen Einrichtungen samt integriertem Swimmingpool und Casino, ist als Standort für einen Inselurlaub aber wenig geeignet (Stadtlage, kein Strand etc.), während das "Le Baril*" an der Südküste angenehme Zimmer, Swimmingpool, gute Küche und eine phantastische Umgebung bieten kann. Und unklassifizierte, einfache Herbergen im Landesinneren können durchaus eine sehr gute kreolische Küche haben und besitzen zudem für Ausflüge in die Cirques oder auf den Piton de la Fournaise einen Standortvorteil, den ein TV-Apparat oder ein Schreibtisch im Zimmer nicht aufwiegen können. Mit anderen Worten: Sie sollten Ihre Hotelwahl nicht unbedingt nach den vergebenen Sternchen richten!

Bei der Frage der Unterkunft ist jedoch wichtig, sich frühzeitig darüber im klaren zu sein, ob man entweder ein oder zwei Hotels quasi als Basislager nimmt, um vom festen Standort aus Exkursionen durchzuführen, oder ob man auf einer richtigen Rundfahrt jeden Tag auch von Quartier zu Quartier zieht. Ich empfehle ersteres für alle, die genügend Zeit mitbringen (z.B. zwei Wochen) und Landausflüge mit Badeurlaub verbinden möchten. In diesem Fall sollte Ihre Wahl auf ein komfortables Hotel an der Sonnenseite der Insel und in Strandnähe fallen. Wer jedoch nur vier Tage oder eine Woche Zeit mitbringt, vielleicht sogar andere Destinationen wie Mauritius oder die Seychellen noch besuchen will oder schon besucht hat, der sollte diese Zeit zu einem intensiven Kennenlernen der Insel nutzen - d.h.: möglichst keinen Verlust durch lange An- und Abfahrten verschwenden, sondern jeweils ein Hotel buchen, das auf der Route liegt.

* Als **fester und komfortabler Standort** sind m.E. die Hotels "Villa du Lagon***", "Le Récif**" und "Coralia Novotel***" in St-Gilles-les-Bains, das Hotel "Boucan-Canot***" in Boucan-Canot und das Hotel "Sterne***" in Saint-Pierre bestens geeignet.

* **Für eine viertägige Rundfahrt** empfehle ich, bei vier gleichwertigen Etappen, die Hotels "des Thermes***", "des Plaines***" und "Le Récif**".

* Bei einer **einwöchigen Rundfahrt**, wie sie das vorliegende Reisehandbuch nahelegt, scheinen mir folgende Hotels gut geeignet zu sein: "Les Relais des Cimes**", "Le Baril*", "Auberge du Volcan", "des Thermes***", "Le Récif**", "Bourbon***".

Alle genannten Hotels haben ihre Standortvorteile für das jeweilige Gebiet, genügen europäischen Komfort-Ansprüchen oder sind zwar einfach, aber sauber und ortstypisch.

Einige der besseren und teureren Hotels haben sich zur Kette "Les Relais de Bourbon" zusammengeschlossen, deren Verwaltung im Hotel des Thermes in Cilaos ist. Nach meinen Erfahrungen garantiert diese Kette eine hohe Qualität in Service, Ausstattung und Essen; ihr gehören u.a. an: "Hotel Bourbon", "Relais de Cimes", "Le Paille-en-Queue", "Hotel Lallemand", "Hotel des Thermes", "Hotel du Cap" und "Le Boucan-Canot".

Im folgenden möchte ich Ihnen als Entscheidungshilfe einige der besseren Hotels, nach Gebieten geordnet, in Kurzform vorstellen (**Die Übernachtungspreise (Ü) entsprechen dem Stand von Januar 1990 und sind für zwei Personen im DZ berechnet; Frühstückspreise (F) p.P., jeweils angegeben in FF**):

Saint-Denis

Hotel Le Méridien**, 2 rue Doret, Tel.: 218020. First-Class-Hotel mit allen entsprechenden Einrichtungen, 132 Zimmer, im Zentrum von St-Denis an der Uferpromenade gelegen, von Geschäftsleuten bevorzugt, Ü 680 - 750, F 57.
Hotel Bourbon***, Rampes St-Francois, Tel.: 407240. Komfortables, mehrstöckiges Haus mit 75 Zimmern, Schwimmbad, Sauna, Billard, Tennis, Restaurant, Bar; 2 km vom Stadtzentrum entfernt, schöner Blick auf St-Denis, Ü 550, F 50.
Hotel Central**, 27 rue de la Compagnie, Tel.: 211808. In der Nähe von Rathaus und Kathedrale gelegenes, großes Stadthotel mit 52 Zimmern, gut und zweckmäßig eingerichtet, ÜF 298 - 320.

Salazie

Hotel le Relais de Cimes**, rue Général du Gaulle, Hell-Bourg, Tel.: 478158. Kleines Hotel mit 7 Zimmern in kreolischem Holzhaus mit schönem Garten, gute Ausgangslage für Wanderungen, sehr gute Küche, ÜF 285.
Hotel des Salazes**, Salazie-Ville, Tel.: 235011. Schönes, dreistöckiges Hotel in großem Garten, Konferenzraum, Bibliothek, Tennisplatz, Swimmingpool, Forellenangeln, 30 Zimmer, ÜF ca. 300.

Saint-Philippe

Hotel Le Baril*, Le Baril (an der N 2), Tel.: 370104. Ca. 3 km westlich von St-Philippe in grandioser Umgebung gelegen, 8 geräumige Appartements, Schwimmbad, gute Küche, gute Ausgangslage für Exkursionen, der Besitzer Jean Paul Tesniere spricht deutsch und gibt Tips für Besichtigungen in die Umgebung, ÜF 230-250.

Cilaos

Grand-Hotel des Thermes***, Route des Thermes, Tel.: 317001. Großzügige Anlage aus den 30er Jahren, Gartenvilla mit Nebengebäuden, oberhalb von Cilaos nahe des Thermalbades mit prächtigem Blick gelegen, 30 Zimmer (davon 10 in der Villa), sehr gutes Restaurant, ÜF 400 - 460.
Hotel du Cirque**, Route Nationale, Tel.: 317068. Zentral im Ort gelegen, 21 Zimmer, gutes Restaurant, ÜF 235.
Hotel le Vieux Cep**, 2 chemin des 3 mares, Tel.: 317189. Kreolisches Haus mit Restaurant, Billard, Fahrradverleih, gute Ausgangslage für Wanderungen, ÜF 295.

La Plaine-des-Palmistes

Hotel des Plaines***, Deuxième village (an der N 3), Tel.: 513197/513659. Wunderbar (1 134 m ü.d.M.) gelegenes kreolisches Haus, 15 Zimmer, Restaurant, gute Ausgangslage zum Besuch des Vulkans, Ü 345, F 30.

Saint-Pierre

Hotel Sterne***, Boulevard Hubert-Delisle, Tel.: 257000. Große und moderne Anlage am Strandboulevard, Swimmingpool, Bars, Restaurant, Casino, Ü 480 (Meerblick), 380 - 430, F 40.

La Plaine-des-Cafres/Le Tampon

Hotel Paille-en-Queue***, 25 rue Hubert-Delisle, Tel.: 274760. Ca. 2 km vom Ortskern entfernt an der D 3 in Richtung Bérive/St-Joseph gelegen, schöne Anlage mit Swimmingpool, herrliche Sicht, 14 Zimmer, exquisite alte Möblierung, sehr gutes Restaurant, ÜF 420.
Hotel les Orchidées**, 3 rue Jules Ferry, Tel.: 271115/271672. Schönes kleines Haus mit großem Garten, 10 Zimmer, Ü 170, F 20.
Hotel Lallemand**, le Vingt Troisième, N 3 bei Kilometer 23, Tel.: 275127. 17 Zimmer, zweckmäßige Einrichtung, gute Ausgangslage für den Vulkanbesuch, Ü 170, F 20.
Auberge du Volcan, Bourg-Murat (le Vingt-Septième), Tel.: 275091. Unklassifiziertes kleines Hotel mit 13 Zimmern, beste Ausgangslage für den Vulkanbesuch, gemütliche Atmosphäre, sehr gutes kreolisches Restaurant, Ü 135, F 15.

Saint-Gilles

Hotel Villa du Lagoon***, Hermitage (La Saline-les-Bains), Tel.: 246191. 5 km südlich von St-Gilles gelegenes First-Class-Hotel des ehemaligen Club Méditerranée, architektonisch anspruchsvoll, großer

Swimmingpool, Entertainment, kostenlose Sporteinrichtungen, 70 Zimmer, Strandnähe, sehr gutes Restaurant, Ü 560 (Meerblick), 500, F (Buffet) 70

Hotel Coralia Novotel***, Les Filaos, Tel.: 244444. 3 km südlich von St-Gilles gelegenes First-Class-Hotel mit vielen Sporteinrichtungen, u.a. 3 Tennisplätze, direkt am Meer gelegen, schöner Filao-Wald, 100 komfortable Zimmer, Swimmingpool, Restaurant, Casino, tägliches Unterhaltungsprogramm, Ü 620 - 650, F (Buffet) 70.

Hotel Les Brisants***, St-Gilles, Tel.: 245051. 1990 eröffnete Appartement-Anlage mit 20 Einheiten, zweistöckige Holzhausarchitektur mit Veranden, Restaurant, Tennisplatz, Animation, 50 m vom Meer entfernt, Ü 400, F 40.

Hotel Boucan-Canot***, Boucan-Canot (Cap Champagne), Tel.: 244120. 3 km nördlich von St-Gilles gelegene Bungalowanlage mit 10 Einheiten, architektonisch anspruchsvoll auf Felsenkap plaziert, unmittelbare Strandnähe, sehr gutes Restaurant, ÜF 600.

Hotel du Cap***, Boucan Canot (Cap Champagne), Tel.: 244452. Direkt neben dem Hotel Boucan-Canot gelegene, etwas größere Bungalowanlage (22 Einheiten), schöner Garten und Swimmingpool, gutes Restaurant, ÜF 480

Hotel Récif**, Route de la ZAC, Tel.: 245051. Ca. 2 km nördlich von St-Gilles gelegene großzügige Anlage mit 66 Zimmern und 33 Bungalows, großer Swimmingpool, unmittelbare Strandnähe, Open-Air-Restaurant, viele kostenlose Sporteinrichtungen (u.a. 2 Tennisplätze), zweckmäßige Einrichtung, Ü 340, Bungalows 455 - 685, F 40.

7 REISEN AUF RÉUNION

Vorbemerkungen zum Reisekapitel

Zu den Möglichkeiten der Inselerkundung sind unter 6.3 schon einleitende Bemerkungen gemacht worden. Dabei wurde gesagt, daß die Einteilung Ihrer Exkursionen auf der Insel entscheidend davon abhängt, ob Sie Réunion auf einer Rundfahrt oder von einem festen Standort aus erleben. Die Kapitel 7.1 bis 7.6 beschreiben einzelne Regionen der Insel, die sämtlich lohnenswerte Ziele darstellen. Wer eine etwa einwöchige Rundfahrt unternimmt, kann diese Kapitel hintereinander als Itinerar gebrauchen; wer nur etwa vier Tage Zeit hat, sollte sich auf das gebirgige Inland beschränken und eine Küstenstrecke als Transferroute wählen; wer länger auf der Insel bleibt, kann sich ebenfalls an der vorliegenden Kapiteleinteilung orientieren und die Hinweise zu weiteren Rundfahrten, Abstechern, Wanderungen etc. beachten.

Für alle, die ein festes Urlaubsquartier (z.B. in St-Gilles-les-Bains und Umgebung) haben, besteht durch die gut ausgebaute Verbindungsstraße St-Benoit - St-Pierre (N 3) die Möglichkeit, die Küste in zwei ganztägigen Etappen kennenzulernen, z.B.:
1. Etappe: **St-Gilles - St-Pierre - Plaine-des-Palmistes - St-Benoit - St-Denis - St-Paul - St-Gilles**
2. Etappe: **St-Gilles - St-Pierre - St-Philippe - Ste-Rose - St-Benoit - Plaine des Palmistes - St-Pierre - St-Gilles.**

Daß dabei das Inselinnere auf einer identischen Route zweimal durchquert wird, ist angesichts der Schönheit dieser Strecke kein Nachteil! Für Ausflüge in die Cirques oder zum Vulkan sollte man sich jeweils einen eigenen Tag vornehmen, wobei es mir ratsam erscheint, dann extrem früh aufzubrechen oder besonders für den Besuch des Piton de la Fournaise eine externe Übernachtung (z.B. in der "Auberge du Volcan") einzuplanen.

Unter 7.1 werden die Sehenswürdigkeiten von St-Denis beschrieben. Dieses Kapitel ist deshalb der Rundfahrt vorangestellt, weil erstens die Hauptstadt des Landes einen Ehrenplatz beansprucht, und weil zweitens viele Pauschalangebote für Rundreisen eine erste Übernachtung in St-Denis vorsehen.

Wer davon aber unabhängig ist, sollte m.E. St-Denis als **letzten** Punkt der Rundfahrt einplanen. Denn vom Flughafen Gillot aus ist der Cirque de Salazie ein recht nahes Ziel, das sofort in die landschaftliche Schönheit der Insel führt und damit als Kontrast entweder zum europäischen Abflughafen oder zum vorherigen Urlaub auf den Seychellen oder Mauritius sehr gut geeignet ist.

Mit den größeren Orten St-Gilles und St-Denis haben Sie am Schluß noch einmal Einkaufsgelegenheiten, ein gutes Postkartenangebot u.ä.

Réunion: Zeiteinteilung und touristische Interessen

Gebiet	Kapitel	Unternehmungen/Ausflugsziele	Tage	touristische Interessen
St-Denis	7.1	St-Denis, Le Brulé, Colorado	1 - 2	Architektur, Shopping, Wandern, kleinere Rundfahrten
Nordosten	7.2	Cirque de Salazie, Bras-Panon	1 - 2	Vegetation, Landschaft, Vanilleanbau, Wanderungen, Rundfahrt
Südosten	7.3	St-Benoît, Ste-Rose, St-Philippe, St-Joseph	1 - 2	Vegetation, Vulkanismus, Landschaft, Wandern, Rundfahrt
Hochebenen und Vulkan	7.4	Plaine-des-Palmistes, Plaine-des-Cafres, Piton de la Fournaise, Bois Court	1 - 2	Landschaft, Wandern, Vulkanismus, Rundfahrt
Südwesten	7.5	St-Pierre, St-Louis, Cirque de Cilaos	1 - 2	Stadtbummel, Shopping, Tempel, Baden, Wandern, Landschaft, Rundfahrt
Westen	7.6	St-Leu, St-Gilles, St-Paul, Cirque de Mafate	1 - 2	Baden, Wassersport, Wandern, Landschaft, Rundfahrt, 'Flightseeing'

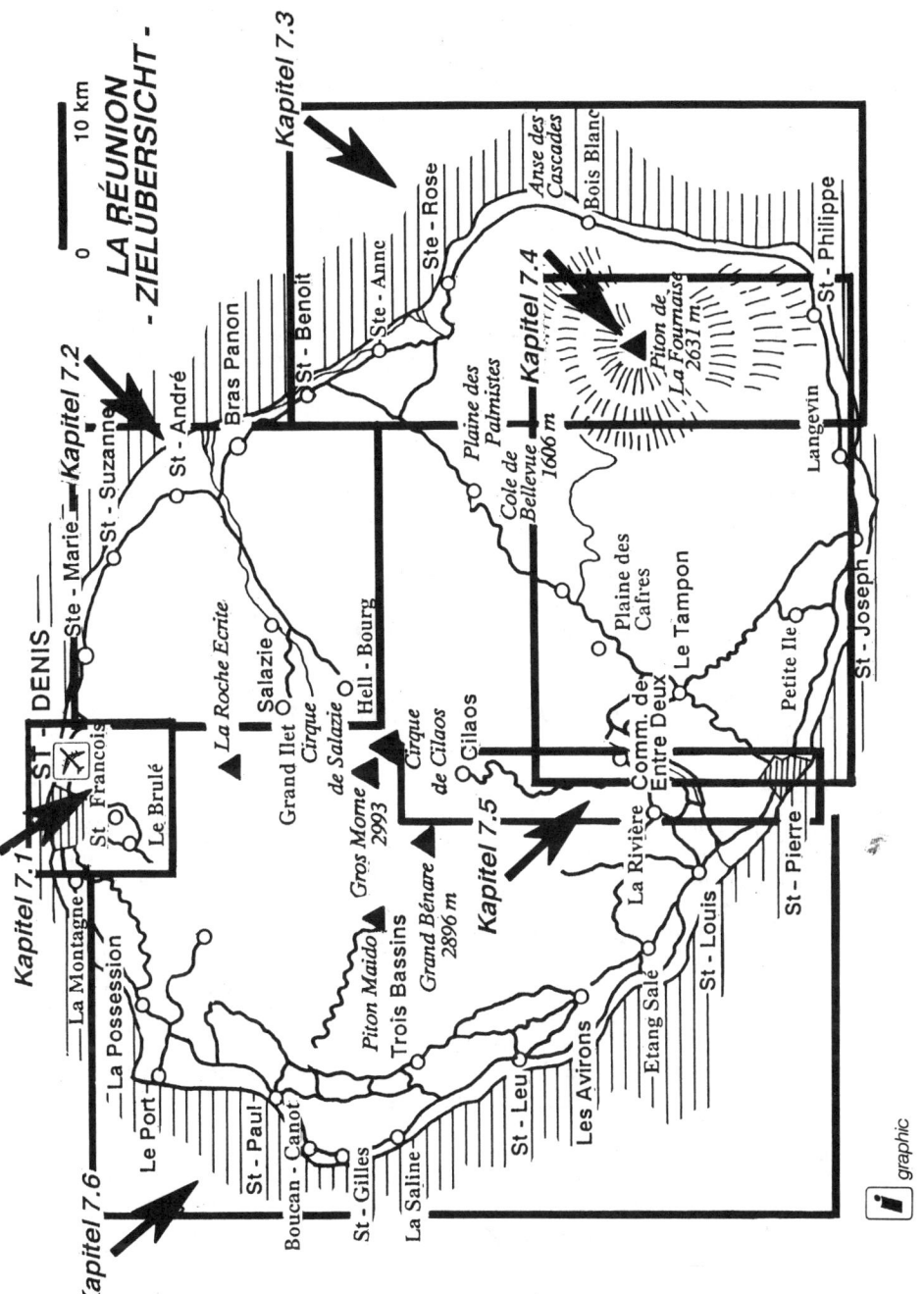

sowie die Möglichkeit, von dort aus auf einem Helikopterrundflug einen faszinierenden abschließenden Eindruck zu gewinnen.

Ob Sie Ihren Aufenthalt als Rundfahrt oder als Badeurlaub mit Exkursionen planen, folgende Ziele sollten Sie m.E. nicht verpassen:
* mindestens einen der drei Cirques, möglichst den **Cirque de Salazie** und den **Cirque de Cilaos**;
* mindestens eine der beiden Hochflächen **Plaine-des-Palmistes** und **Plaine-des-Cafres**;
* den **Vulkan Piton de la Fournaise**;
* die **Vanille-Produktions-Kooperative in Bras-Panon**;
* Die **wilde Südküste zwischen Ste-Rose und St-Joseph** mit der Anse des Cascades, den erstarrten Lavaflüssen, dem Pointe de la Table und dem Foret de St-Philippe;
* Einen der **Aussichtspunkte** Piton Maïdo, Bois Court oder Nez de Boeuf;
* Die Strände und Lagunen der **Westküste**;
* **St-Pierre** mit seinen Sakralbauwerken, der Strandpromenade und den Geschäften;
* **St-Denis** mit seinen Einkaufsstraßen und Baudenkmälern.

7.1 SAINT-DENIS UND UMGEBUNG

7.1.1 ÜBERBLICK UND TOURISTISCHE HINWEISE

Saint-Denis ist das politische, wirtschaftliche und kulturelle Zentrum des Départements. Hier finden Sie die größte Auswahl an Restaurants, Boutiquen und Supermärkten, an Buchläden und Souvenirgeschäften. Auch die konsularischen Vertretungen, alle Mietwagenfirmen und örtlichen Reisebüros (siehe unter 6.1) sind hier vertreten. Über den nahen Flughafen Gillot sind tägliche Verbindungen mit dem Mutterland und anderen Zielen gegeben, während der kleine Hafen wirtschaftlich ohne Bedeutung ist (im Gegensatz zu Le Port). Das flache Stadtzentrum ist noch vom engen Straßenraster der kolonialen Epoche (Parkplatzmangel!) und von modernen Zweckbauten geprägt, während die Außenbezirke sich an den Hängen des Roche Ecrite mit Villen und Einfamilienhäusern hochziehen. Zum Osten geht die Stadt nahtlos in die Ortschaften Le Butor, Ste-Clotide und le Chaudron über, während im Westen nach der Flußmündung des Rivière St-Denis die Steilküste der Bebauung ein Ende setzt. Der z.T. starke Autoverkehr wird hauptsächlich über die Autobahn von Le Port und vom Flughafen Gillot bzw. Ste-Marie herangeführt, weswegen die vierspurige Küstenstraße oft verstopft ist. Trotzdem stellt sie den einfachsten Weg dar, das Zentrum der lebhaften Provinzstadt zu erreichen.

Die Adressen der Reisebüros, Fluggesellschaften, Konsulate usw. sind unter dem jeweiligen Stichwort bei 6.1 nachzuschlagen. Unter der fast unüberschaubaren Anzahl an Gaststätten sollen im folgenden nur einige genannt sein, die ausnahmslos empfehlenswert, wenn auch nicht immer billig sind. Einige gehören zu den besten Restaurants der Insel, und eine vorherige Tischreservierung, abends auch entsprechende Kleidung, sind anzuraten. Warme Gerichte werden i.d.R. mittags ab 12.00 Uhr und abends ab 19.00 Uhr serviert.

Restaurants:

* **Le Pavillon d'Or**, 224 rue Maréchal Leclerc, Tel.: 214986. Sehr gute chinesische Küche, in einem modernen Haus (2. Stock) nahe des kleinen Marktes untergebracht, Spezialität Peking-Ente; mittags bis 13.30 Uhr und abends bis 21.30 Uhr geöffnet, So und Mo geschlossen.
* **Le Fangourin**, 11 Boulevard Doret, Tel.: 202792. Kreolische und afrikanische Spezialitäten, typisches Ambiente im kreolischen Stil; tägl. geöffnet.
* **Le Pont du Ciel**, 20 rue Charles Gounod, Tel.: 417500. Sehr gute chinesische Küche im Hotelrestaurant des "Ascotel", Spezialitäten Peking-Ente und Jakobsmuscheln; tägl. mittags bis 14.00 Uhr und abends bis 22.00 Uhr geöffnet.
* **La Baie de Halong**, 130 rue Ste-Marie, Tel.: 200236. Gemütliches, kleines Restaurant mit vietnamesischer Küche, Spezialitäten vietnamesisches Fondue und Langustensauce; mittags bis 14.00 Uhr und abends bis 22.00 Uhr geöffnet, So geschlossen.
* **Le Bistrot**, Avenue Jean-Albany (Résidence Jacques-Coer), Tel.: 304837. Kleines Restaurant mit familiärer Atmosphäre, nicht zu teuer, französische Küche mit überbackenen Spezialitäten; mittags (außer Sa) bis 14.00 Uhr, abends bis 22.00 Uhr geöffnet, So geschlossen.
* **Chez Piat**, 60 rue Pasteur, Tel.: 214576. M.E. beste französische Küche der Insel, Spezialität Langusten, Preise ab FF 100,- p.P.; mittags bis 14.00 Uhr, abends bis 22.00 Uhr geöffnet; Sa, So und Mi geschlossen.
* **Clos Saint-Jacques**, Ruelle Edouard, Tel.: 215909. Einfach und familiär, aber gutes französisches Essen; mittags bis 14.00 Uhr, Do und Fr abends bis 22.30 Uhr geöffnet; Sa, So und Mo geschlossen.
* **Deutsche Stube** (Brasserie Allemande), 34 rue de la Compagnie, Tel.: 211426. Bei Heimweh: deutsches und alpenländisches Essen, aber auch kreolische Gerichte, Spezialität Gulasch; mittags bis 15.00 Uhr, abends bis 22.00 Uhr geöffnet, So geschlossen.

In La Montagne
* **La Poterne**, La Montagne, PK 8, Tel.: 236286. Schönes kreolisches Haus mit wunderbarem Blick auf St-Denis und das Meer, angenehme Atmosphäre, französische und kreolische Küche, Spezialitäten Jakobsmuscheln, gegrillte Langusten und Fischgerichte, teuer; mittags bis 14.30 Uhr und abends (außer So) bis 22.30 Uhr geöffnet, Mo geschlossen.

7.1.2 St - Denis: Sehen und Erleben

Von der etwa 120 000 Einwohner zählenden Hauptstadt St-Denis sollte sich keiner den unbedingten Höhepunkt seines Réunion-Urlaubes versprechen. Sie besitzt zwar streckenweise noch den alten kolonialen Charme und einige hübsche Bauwerke, kann auch mit dem Markt, der Moschee, mit Kirchen, Museen und hinduistischen Tempeln einige Sehenswürdigkeiten bieten, hinterläßt insgesamt aber nicht mehr als den

Eindruck einer recht lebhaften Provinzstadt ohne weitergehende Ansprüche. Trotzdem lohnt sich ein Besuch, weil neben den genannten Anlaufpunkten St-Denis das mit Abstand beste Warenangebot hat, wo Sie zwischen kleinen chinesischen und arabischen Läden, Supermärkten europäischen Zuschnitts und exklusiven Boutiquen neuester Pariser Mode wählen können. Auch das größte Angebot an Restaurants, das einzige Luxus-Hotel der Insel, das Casino und etliche touristische Einrichtungen können Sie hier finden. Außerdem ist die landschaftliche Umgebung reizvoll, die im Süden durch die Hänge des bis zu 2 277 m hohen Roche Écrite geprägt wird und auf Rundfahrten nach Le Brûlé und Colorado erkundet werden kann.

Die historische Entwicklung von St-Denis begann 1735 mit der Erhebung des vorher unbedeutenden Fleckens zum Sitz der Kolonialverwaltung für die Maskarenen durch den berühmten Gouverneur Mahé de Labourdonnais (vgl. 2.1.3). Im ausgehenden 18. Jahrhundert wurde die Stadt mit dem typischen Schachbrettmuster von Straßen überzogen, das auch für andere alte Kolonialstädte wie z.B. Port Louis auf Mauritius so typisch ist. In der Mitte des 19. Jahrhunderts floß viel Geld in die Prachtvillen der Zuckerbarone, die hier ihre Macht und ihren Reichtum dokumentierten und in denen aufwendige Feste gefeiert wurden. Trotzdem erreichte St-Denis eine Einwohnerzahl, die über die einer Kleinstadt hinausging, erst mit der Integrierung der ehemaligen Kolonie als französisches Département. Neugeschaffene Institutionen, Banken, Wohnhäuser für die französischen Beamten und ein gesteigerter Lebensstandard führten schließlich dazu, daß moderne Zweckbauten der Stadt ein neuzeitliches Gepräge gaben und alte kreolische Bauten abgerissen wurden. Da am Schachbrettsystem der schmalen Straßen im Zentrum nichts geändert wurde, teilt St-Denis also auch insofern die 'Modernität' jeder anderen französischen Provinzstadt, als sich in den Hauptverkehrszeiten Autoschlangen im stop-and-go durch sie hindurchquälen und akuter Parkplatzmangel herrscht.

 Nicht nur deshalb lautet die erste Empfehlung für eine Stadtbesichtigung: gehen Sie zu Fuß! Denn auf einem etwa zweistündigen Spaziergang können Sie auch alle wichtigen Sehenswürdigkeiten und die beliebtesten Einkaufsstraßen bequem erreichen.

Rundgang

Für einen solchen Rundgang sollten Sie versuchen, an der Place de la Préfecture einen Parkplatz zu ergattern. Diesen Platz erreichen Sie automatisch über die Küstenstraße bzw. -autobahn, vom Flughafen Gillot über die N 2 (200 m hinter dem ehemaligen Bahnhof) oder von St-Gilles über die N 1 (150 m hinter der Brücke über den Rivière Saint Denis). Er ist an seinem parkähnlichen Grüngürtel und der markanten Statue von Mahé de Labourdonnais unschwer zu erkennen.

Réunion: St - Denis

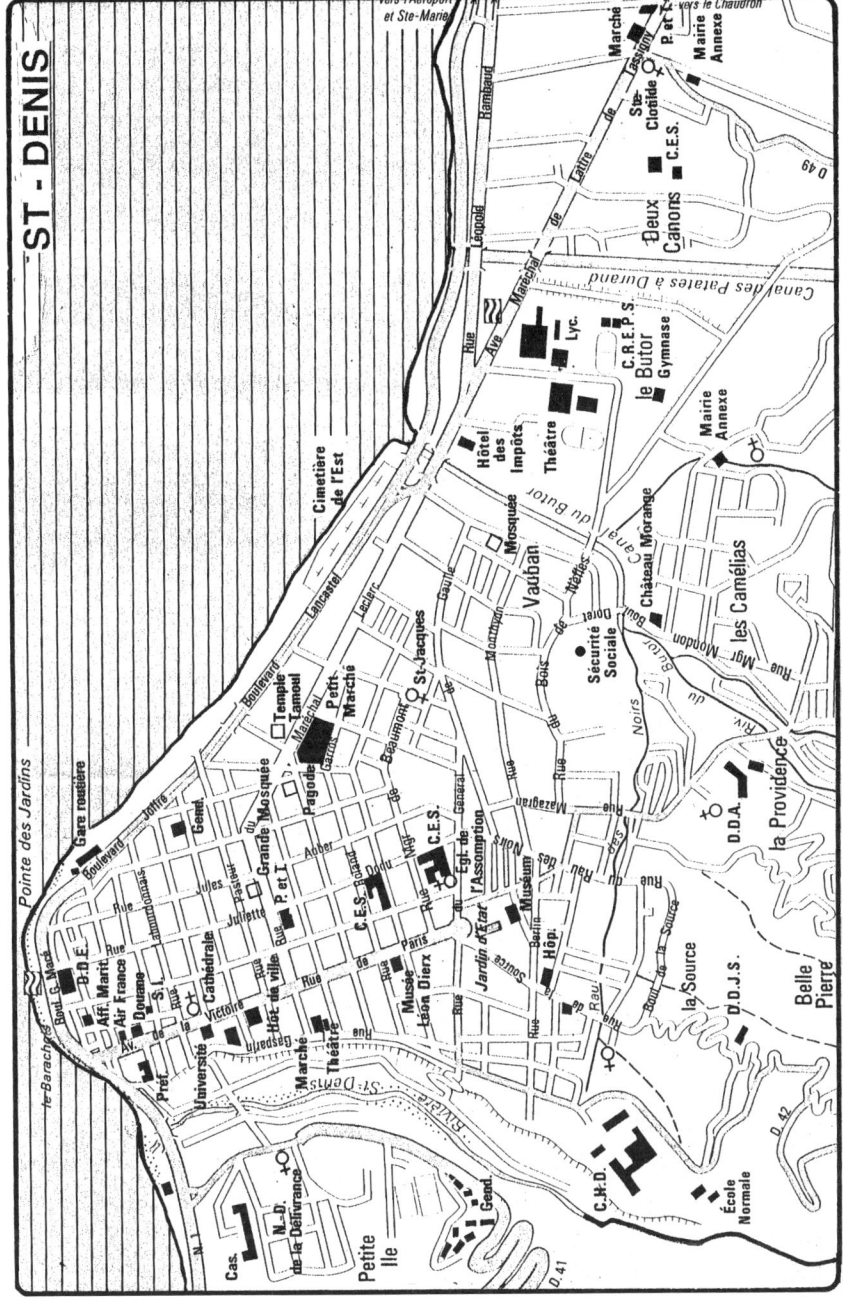

Wenn Sie vor dem Bronze-Standbild des Gouverneurs stehen (das ein
Abguß der Statue von Port Louis/Mauritius ist), liegt vor Ihnen die
langgezogene Avenue de la Victoire, die später in die Rue de Paris
übergeht und als stadtbestimmende Achse das Meer mit dem Park Jardin de l'Etat verbindet.
Rechterhand sehen Sie sofort eins der schönsten und ältesten Gebäude
der Insel, das **Hôtel de la Préfecture**. Noch unter Labourdonnais errichtet (1733), diente es zunächst als Magazin und wurde zwei Jahre
später zum militärischen Stützpunkt ausgebaut. 1767 beseitigte man die
fortifikatorischen Elemente und stattete den mächtigen Bau zum Gouverneurssitz aus. Die gestaffelte Dreiflügelanlage, die sich sozusagen
dem Indischen Ozean öffnet, wird von einem herrlichen Park umgeben
und ist mit ihrem eleganten Äußeren und wertvollen Interieur ein
Schmuckstück der französischen Kolonialarchitektur. Die Präfektur
wurde 1956 und 1971 restauriert und erstrahlt seitdem wieder in ihrem
weißen Glanz; leider ist das Innere der Öffentlichkeit nicht zugänglich.
Gegenüber, auf der anderen Seite der Avenue de la Victoire, gibt es einige nette Cafés und im Park kann man manchmal Réunioner beim
Boule-Spiel beobachten.

Folgen Sie nun der Avenue stadteinwärts, vorbei an einigen alten kreolischen Häusern, die heute in z.T. sehr gute Restaurants (Nr. 6: "Le
Rontaunay"; Nr. 20: "La Victoire") verwandelt worden sind. Nach wenigen Metern stoßen Sie auf die Querstraße Rue Rontaunay. Wenn Sie
dieser knapp 100 m nach links folgen, kommen Sie nicht nur zum **Informationsbüro des Syndicat d'Initiative**, sondern auch zu einigen sehr
schönen kreolischen Villen, z.B. dem Palais Rontaunay mit seinem
Garten. Auch auf der Rue Jean Chatel und der Rue de Villeneuve
(Hausnr.: 9, 13, 17, 19), die man jeweils rechts abbiegend entlangschlendern kann, sind noch vorzügliche Baudenkmäler der Kolonialzeit erhalten.

Dann stoßen Sie wieder auf die Avenue de la Victoire, wo die römisch-katholische **Kathedrale Ste-Marie** vor einem kleinen Platz steht. Das schlichte, weiße Gotteshaus wurde 1829-32 errichtet, der Peristyl mit seinen drei Rundbogen kam 1880 hinzu. Das darüberliegende Giebelfeld stellt das Martyrium des Heiligen Dionysius (Saint Denis) und seiner beiden Begleiter dar; es wurde in Toulouse angefertigt. Im Innern sind u.a. ein wertvoller Stuhl aus Indien und eine Votivstatue für Johannes den Täufer se-

henswert. Auf dem Vorplatz, der place de la cathédral, steht ein hübscher Brunnen aus dem Jahre 1854, dessen allegorische Figuren Handel, Seefahrt, Industrie und Landwirtschaft symbolisieren.

Auf der anderen Seite der Avenue erhebt sich der Kathedrale gegenüber die heutige **Universität**. Das massive, ebenfalls leuchtend weiße Gebäude wurde bereits 1759 errichtet und diente nacheinander als Missionars-Kolleg (Lazaristen), Kaserne, der Marineverwaltung und als Altersheim. Die heutige Universität von Réunion hat etwa 3 000 Studenten und bis auf Medizin alle Fakultäten.

An die Universität schließt sich auf der rechten Straßenseite eins der schönsten Architekturensembles der Insel an. Das zweite Präfekturgebäude, das aus dem Jahr 1829 stammt, liegt hinter einem schönen Park in der Form eines 70 m langen und 8 m breiten 'U'. Ursprünglich beherbergte es ein Krankenhaus.

Das alte **Rathaus**, jenseits der Straßenkreuzung gelegen, stammt aus der gleichen Zeit und war der Mittelpunkt des alten St-Denis. Hinter dem hohen Eisengitter erhebt sich das zweistöckige Bauwerk, geschmückt mit einer zwölfsäuligen doppelstöckigen Eingangsgalerie und bekrönt von einem Glockenturm, über dessen kleiner Kup-pel die französische Flagge weht. Ein markantes Denkmal auf der davorliegenden Straßenkreuzung ist die **Siegessäule** (1918), die dem ganzen einen Hauch von Pariser Flair gibt! Hier hört die Avenue de la Victoire auf und beginnt die Rue de Paris.

Wenn Sie nun weiter der alten Richtung folgen, passieren Sie noch mehrere sehenswerte kreolische Villen (Hausnr.: u.a. 7, 11, 14, 15, 18, 25), bis Sie zur Kreuzung mit der Rue Maréchal Leclerc kommen.

Unser Rundgang folgt dieser nach links, wer aber noch Zeit und Lust hat, kann auch nach rechts abbiegen, wo nach ca. 150 m die **alte Markthalle** (1865) sehenswert ist. Da Sie auf dem Rundgang aber zum sog. "kleinen Markt" kommen, der m.E. bunter, lebhafter und interessanter wirkt, ist der Besuch dort nicht unbedingt lohnend.

Wenn Sie allerdings der Rue de Paris weiter folgen, sehen Sie weitere kreolische Villen; in einer der schönsten befindet sich eins der wichtigsten Museen der Insel: das **Musée Leon Dierx**. Die ehemalige Bischofsresidenz aus dem Jahre 1846 wurde 1911 in ein Kunstmuseum umgewandelt, das heute etwa 150 Werke von Cézanne, Chagall, Delacroix, Degas, Maillol, Manet, Matisse, Picasso, Renoir, Toulouse-Lautrec und besonders des lokalen Malers Leon Dierx besitzt.

200 m weiter läuft die Rue de Paris in einem Kreisel aus, hinter dem sich auf mehr als 5 ha der herrliche Stadtpark **Jardin de l'Etat** erstreckt. Bereits 1817 angelegt, wurde er 1973 umgestaltet und ist eine botanische Sehenswürdigkeit mit vielen seltenen Exemplaren. An seinem Ende befand sich früher das regionale Parlament (noch heute liegen die Häuser des Conseil Régional und des Conseil Général ganz in der Nähe auf der rue de la Source). Dessen Gebäude aus dem Jahr 1835 beherbergt heute das **Naturkundemuseum** mit seiner (nicht allzu interessanten) ornithologischen und geologischen Sammlung.

Um auf den Rundweg zurückzukommen, sollten Sie wieder die Rue de Paris in Richtung Stadtmitte gehen, hinter dem Leon-Dierx-Museum nach rechts in die Rue Rolland Garros einbiegen, an prächtiger kreolischer Wohnarchitektur vorbei bis zur Rue Juliette Dodu spazieren und dieser nach links folgen. Sie erreichen die Rue Maréchal Leclerc an der Hauptpost.

Die Rue Maréchal Leclerc ist eine der Hauptgeschäftsstraßen der Stadt. Hier liegen dicht nebeneinander Supermärkte, Restaurants, Bou-

tiquen, Souvenirshops, Banken und Lebensmittelläden. Ihr auffälligstes Gebäude ist das hohe Minarett der **Moschee**, das Sie bereits weit vor der Hauptpost sehen können. Die Moschee der kleinen moslemischen Gemeinde kann besichtigt werden, ist im Inneren aber recht schmucklos.

An der Kreuzung, wo die Rue Maréchal Leclerc deutlich nach rechts abknickt, biegen Sie die Rue Jules Olivier nach rechts ein und gehen die zweite Straße (Rue Ste-Anne) nach links, wo Sie bald auf die **Pagode Guan-Di** stoßen. Sie liegt inmitten eines ehemaligen chinesischen Viertels.

Von hier aus sehen Sie bereits am Ende der Straße, wo die Rue Ste-Anne wieder auf die Rue Maréchal Leclerc zurückführt, den **kleinen Markt**. In den Vormittagsstunden herrscht dort ein pulsierendes Leben, wo Sie auf alle Menschentypen der Insel und das gesamte landwirtschaftliche Warenangebot Réunions stoßen. Es lohnt sich, mit etwas Zeit alle Eindrücke, Gerüche, Farben und kreolischen Wortfetzen auf sich wirken zu lassen, und für die Fortsetzung des Rundgangs könnten Sie sich z.B. einige wohlschmeckende Letchis besorgen.

 Das Innere des Marktes ist von Markisen und Ständen verdunkelt, so daß Sie für Ihre Fotos ein Blitzlicht parat haben sollten.

Nach dem Marktbesuch können Sie noch einen Abstecher auf der Rue Maréchal Leclerc nach rechts machen, wo nach etwa 150 m auf der linken Seite der barock wirkende hinduistische **Shiva-Tempel** liegt. Damit hätten Sie nach der Kathedrale, der Moschee und der Pagode die Sakralbauten der hier versammelten Weltreligionen komplettiert. Der Shiva-Tempel wurde nach dem Zweiten Weltkrieg gebaut, ist mit hinduistischen Götterbildern bemalt und zeigt neben Shiva selbst seinen und Parvatis elephantengestaltigen Sohn Ganesh.

Um zum Ausgangspunkt des Stadtbummels zurückzugelangen, sollten Sie auf keinen Fall die stark befahrene Küstenstraße wählen, sondern  die Rue Maréchal Leclerc wieder bis hinter der Linkskurve hochgehen, dann vor der Moschee in die Rue Jules Auber hineingehen (im Haus Nr. 53 verbrachte Vinh-Sam, Kaiser von Annam/ Vietnam, ab 1916 Jahre seines Exils!), an der Rue des Sables nach links und in die nächste Querstraße (Rue Juliette Dodu) wieder nach rechts abbiegen. Auf dieser Strecke kommen Sie an den interessantesten Geschäften, einigen Restaurants und sehr schönen Beispielen kreolischer Architektur vorbei. Die Rue Juliette Dodu stößt auf die Küstenstraße, wo man im **Park Barachois** und im davorliegenden "Parc d'artillerie" auf halbkreisförmige Bastionen, alte Kasernen und Kanonenstellungen - alles militärische Relikte des frühen 19. Jahrhunderts - stößt. Mit seinen vielen Boule-Spielern, Restaurants und promenierenden Urlaubern haben diese Plätze heute weitaus friedlicheren Charakter. Der Name "Place Sarda-Garriega" geht übrigens auf jenen Gouverneur zurück, der 1848 die Abschaffung der Sklaverei auf Réunion verkündete.

Vorbei am Spielcasino und an der Nobelherberege "Hotel Méridien", haben Sie nun bald den Ausgangspunkt des Rundganges wieder erreicht.

7.1.3 RUNDFAHRT LE BRÛLÉ

Nach dem Vormittagsbesuch der Hauptstadt und evtl. Mittagessen in einem der dortigen Restaurants lohnen zwei Ausflüge in die nähere Umgebung, auf denen Sie das landschaftlich reizvolle Umfeld St-Denis' erleben können.

Für die Rundfahrt nach Le Brûlé und zurück (ca. 26 km) benötigen Sie mit Fotopausen etwa 1 ½ Stunden; aber eine knapp 5 km lange Stichstraße führt auch zu einem Waldparkplatz, ab dem sich kürzere oder längere Spaziergänge bzw. Wanderungen anschließen lassen. Die Rundfahrt ist mit dem Wagen oder dem Bus (St-Denis - Le Brûlé) durchführbar, Startpunkt kann in beiden Fällen der Jardin de l'Etat in

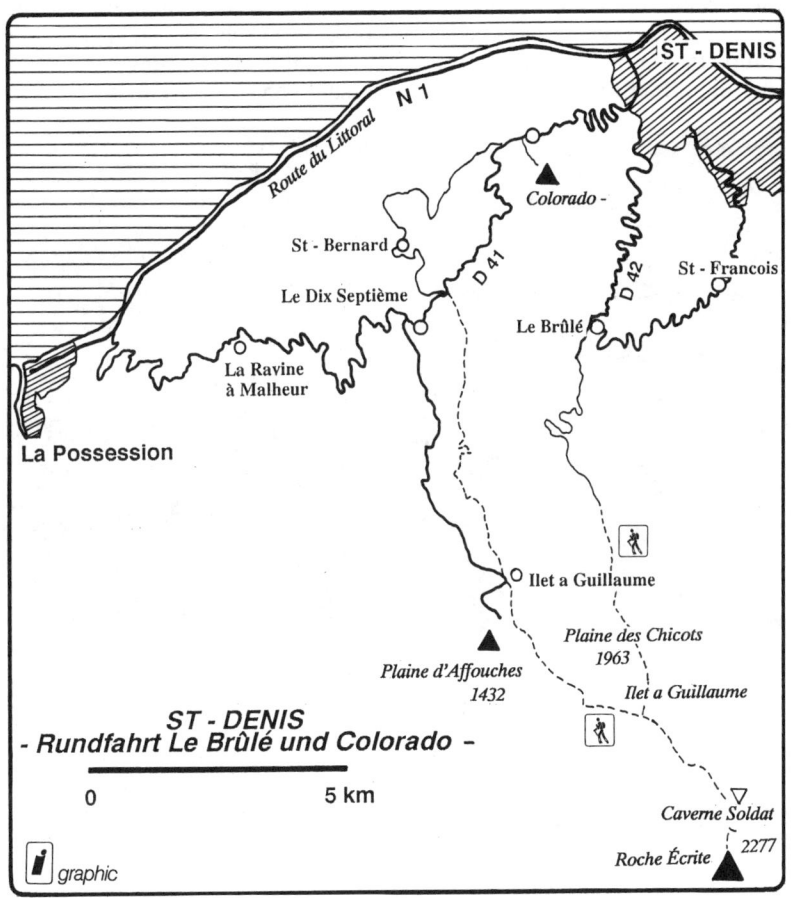

St-Denis sein (Busabfahrten dreimal täglich). Der Reiz der Strecke aber - die vielen und immer neuen Ausblicke auf die Stadt - kann nur dann genossen werden, wenn man nicht an den Bus-Fahrplan gebunden ist.

Am besten starten Sie entweder am Jardin de l'Etat, wo aus dem Kreisel die Rue de la Source rechts am Park vorbeiführt und direkt in die D 42 übergeht. Oder aber Sie fahren vom Stadtzentrum aus über die Rue Labourdonnais auf die Rue Lucien Gasparin, die ebenfalls als D 42 weitergeführt wird. Linkerhand sehen Sie dabei in das Tal des Rivière St-Denis, auf dessen anderer Seite sich die Serpentinenstraße D 41 nach la Montagne/Colorado hinaufwindet (7.1.4). Die Straße nach Le Brulé ist vielbefahren, weil sie auf den ersten Kilometern durch ein reines Wohn- und Villenviertel führt. Wer hier, im Stadtteil Belle Pierre, wohnt, gehört zu den Spitzenverdienern der Insel; den Häusern und den parkenden Autos sieht man das an. Ein besseres Plätzchen ist aber auch kaum denkbar: je höher man auf der D 42 hinauffährt, desto frischer wird das Klima und desto besser die Aussicht auf die Hauptstadt und das Meer. Einige Parkbuchten laden zum Aussteigen ein, um die Blütenpracht der wunderschönen Vorgärten, die interes-

santen Villen und eben den Panoramablick länger zu genießen. Dann folgt Kurve auf Kurve, die dichte Bebauung lichtet sich, der Wald beginnt und damit ein ganz anderer Landschaftstyp.

Im bereits recht hochgelegenen, idyllischen Ort Le Brûlé zweigt von der Hauptstraße rechterhand die 'Route Forestière de la Roche Ecrite' ab. Diese ausgeschilderte Straße ist nicht mehr ganz so kurvenreich, aber weiterhin steil ansteigend und außerdem zum Großteil unasphaltiert.

Sie endet an einem Parkplatz, von wo aus gut markierte Wanderwege in 18 km zum Roche Ecrite (2 277 m) führen. Selbst wer eine lange Wanderung scheut, sollte doch für einige Zeit in den Wald hineingehen, um die verschiedenen Vegetationsstufen zu beobachten. Die japanischen Fichten begleiteten bereits die letzten Autokilometer und bedecken hier eine Fläche von mehr als 680 ha. Hinter dem Parkplatz stoßen Sie dann bald auf verschiedene Baumfarne, später (nach etwa einer Stunde) auf Tamarinden, die Calumet-Bambusse, Vacoas und Keulenbäume. Die Baumgrenze erreicht man jedoch nur, wenn man dem Wanderweg auf einer Länge von 14 km folgt.

Für diese Wanderung sollte man sich etwa 8 Stunden Zeit nehmen, wobei sehr reizvolle Abstecher zum See 'Mare aux Cerfs' oder zur Grotte 'Caverne Soldat', beide mit grandiosen Aussichtspunkten, die Strecke um jeweils 1,5 km verlängern.

Eine Übernachtungsmöglichkeit (Anmeldung und Bezahlung im Syndicat d'Initiative in St-Denis) ist in der Hütte 'Plaine de Chicots' gegeben, dicht daneben eine Möglichkeit zum Zelten.

Wer übernachtet, sollte am Nachmittag losgehen und am nächsten Morgen früh zum Gipfel des Roche Ecrite aufbrechen. Lohn der schönen und nicht allzu schwierigen Wanderung, auf der man etwa 1 100 m Höhenunterschied überwindet, ist ein überwältigender Blick auf die zerklüftete Bergwelt und die Cirques de Mafate und de Salazie.

Auf der Rückfahrt kehrt man zunächst nach Le Brûlé zurück, biegt dort hinter der Bürgermeisterei rechts auf die D 43 in Richtung St-Francois ab und erreicht dann den Ausgangspunkt über eine gut ausgebaute, aber genauso kurvenreiche Straße (ca. 14 km) mit ähnlich schönen Blicken wie auf der Auffahrt. Auch die D 43 führt geradewegs ins Zentrum der Hauptstadt (z.B. zum Jardin de l'Etat) zurück.

7.1.4 RUNDFAHRT COLORADO

Übersichtskarte s. Kapitel 7.1.3
Im südwestlichen Hinterland bietet die knapp 34 km lange Verbindung zwischen St-Denis und La Possession eine Fülle schöner Ausblicke, Wandermöglichkeiten und reizvoller Abstecher. Dabei kann man, ähnlich wie auf der Rundfahrt Le Brûlé, von der Hauptstadt aus in die gebirgige Region von La Montagne und Colorado mit interessanter Vegetation, angenehmem Klima und reichen Villenvororten fahren, oder aber die gesamte Strecke bis nach La Possession zurücklegen, um über die Autobahn zurückzukommen, oder aber man benutzt die Route zu einem Abstecher zur Plaine d'Affouches. Genausogut ist es möglich, die Bergstraße in umgekehrter Richtung auf der Etappe St-Gilles-les-Bains - St-Denis (vgl. 7.6.3) anstelle der Autobahn zu nehmen.

Ausgangspunkt für eine Rundfahrt ist das Stadtzentrum, wo Sie von der Avenue de la Victoire (Universität) aus das westliche Ufer des Rivière St-Denis über die Rue de Pont erreichen. An der Kirche 'Notre Dame de la Délivrance' stoßen Sie auf die D 41, in die Sie links einbiegen. Von der place de la Préfecture bzw. der Küstenstraße aus ist es günstiger, zunächst der N 1 in Richtung le Port zu folgen und dann an der ersten Abfahrt nach der Brücke abzufahren. Die Straße D 41 ist mit dem Hinweis "la Montagne" gut ausgeschildert und nicht zu verfehlen.

Kurz hinter der Stadtgrenze beginnt bereits der steile Aufstieg in Haarnadelkurven, bis Sie eine Höhe von etwa 600 m ü.d.M. erreicht haben. Am kurvigen Charakter der Straße wird sich aber nichts ändern: bis La Possession muß sich der Autofahrer 430 mal durch enge Windungen quälen. Die D 41 war lange Zeit die einzige Landverbindung zwischen St-Denis und den Küstenstädten der Westküste, bis in den 60er Jahren schließlich mit großem Aufwand die Küstenautobahn gebaut wurde. Vor der Eröffnung dieser Bergstrecke im Jahre 1850 wurde der Personentransfer zwischen La Possession und der Hauptstadt mit Ruder-Fähren durchgeführt! Für den Ausblick auf St-Denis sind die ersten Kilometer die schönsten. Überreste von Bastionen und Kanonenstellungen verweisen darauf, daß schon zu Zeiten Mahé de Labourdonnais' der erhöhte Standpunkt zur Verteidigung der Hauptstadt genutzt wurde.

 An der Strecke bietet das Speiserestaurant "La Poterne" nicht nur eine exquisite kreolische Küche, sondern ist auch als kreolisches Domizil und wegen des herrlichen Blicks einen Besuch wert (vgl. 7.1.1).

Nachdem Sie den Ort La Montagne (400 m ü.d.M.) mit seinen Ferienhäuschen, Villen und schönen Gärten passiert haben, geht kurze Zeit später (knapp 9 km hinter St-Denis; vor der Gendarmerie auf der rechten Seite) eine 2 km lange Stichstraße nach "Colorado" ab. Hier wurde 1982 eine großzügige Freizeitanlage in 700 m Höhe geschaffen, die mit ihren Kinderspielplätzen, Picknick-Pavillons, dem 9-Loch-Golfplatz, drei Tennisplätzen und einem Reitclub außerordentlich beliebt ist. Auch für Wanderer und Drachenflieger ist Colorado eine gute Adresse. Bei weiter Sicht auf die Stadt, das tiefe Tal des Rivière St-Denis und das Meer könnten Sie hier eine Kaffeepause einlegen oder sich bei der Cafeteria "Snack du Colorado" (tägl. außer Mo bis 18.00 Uhr geöffnet) einen Imbiß gönnen.

Wenn Sie auf dem gleichen Weg nicht wieder zurückfahren möchten, gibt es auf der D 41 drei Alternativen:

* Einmal können Sie gut **8 km hinter Colorado nach rechts abbiegen** und auf einer sehr engen und z.T. unbefestigten Straße über das **Dorf St-Bernard** langsam wieder die Vororte von St-Denis erreichen.

* Sie können **bei der Ortschaft Le Dix Septième** (etwa 17 km hinter St-Denis) **rechts auf die Route Forestière 1 B in Richtung Plaine d'Affouches** fahren. Dieser Weg ist ebenfalls sehr schmal, zum Großteil unasphaltiert, aber nicht sehr kurvenreich und für PKWs geeignet; im Winter und nach Regenfällen kann er gesperrt sein, in der Zeit von Dezember bis April ist er aber fast immer geöffnet. Nach 11 km voller Landschaftseindrücke, schöner Vegetation und beträchtlicher Steigung hat man am Ende etwa 1 400 m Höhe erreicht und wird bei klarem Wetter durch herrliche Sichtmöglichkeiten nach Le Port, auf die Bergwelt und den Canyon des Rivière St-Denis belohnt. Mehrere Wanderwege sind ab hier markiert, u.a. zur Plaine des Chicots (7 km, etwa 4 Stunden; von da aus evtl. weiter zum Roche Ecrite; vgl. 7.1.3), oder zur Ortschaft Ilet a Guillaume mit einem alten Friedhof und einer kreolischen Villa (2,8 km, etwa 1 Stunde). Auch hier steht am Ende der Straße eine Hütte ('Gite de la Plaine d'Affouches') für Übernachtungen zur Verfügung.

* Schließlich können Sie **von Colorado aus der D 41 ganz bis nach La Possession folgen**, wobei zwischen den Ortschaften Le Dix Septième und La Ravine à Malheur wundervolle Ausblicke bis zur Küste möglich sind. In engen Windungen steigt die Bergstraße schließlich vor Possession hinab (noch einmal ein schöner Aussichtspunkt) und mündet vor dem Ort auf die Autobahn (Route du Littoral), die Sie in 13 km nach St-Denis zurückbringt. Insgesamt ist diese Rundfahrt (ohne Abstecher) 47 km lang, wovon über zwei Drittel aus engen, kurvigen und steilen Abschnitten bestehen, so daß Sie hierfür gut zwei Stunden einkalkulieren sollten.

7.2 NORDOSTKÜSTE UND CIRQUE DE SALAZIE

7.2.1 ÜBERBLICK UND TOURISTISCHE HINWEISE

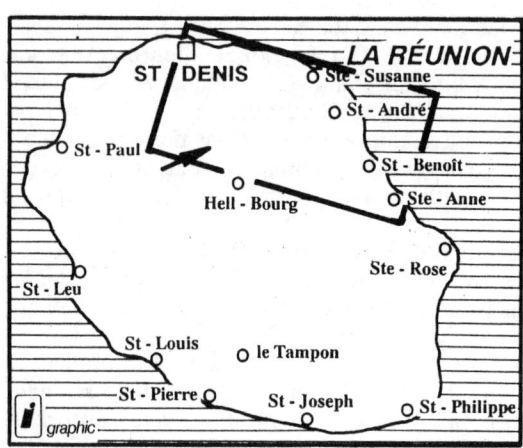

Wer von Mauritius nach Réunion kommt und zuerst an der Nordostküste entlangfährt, wird von der Ähnlichkeit der Landschaft überrascht sein: die vier bis zehn Kilometer breite Ebene, die nur langsam zur Plaine des Fougères ansteigt, wird wie auf der Nachbarinsel landwirtschaftlich intensiv genutzt; auch hier überwiegt der Zuckerrohranbau; auch hier durchfährt man eine Ortschaft nach der anderen; auch hier kommt man an Moscheen, hinduistischen Tempeln und Kirchen vorbei. Auf den zweiten Blick werden die Unterschiede deutlich: die Straßen sind besser, die Ortschaften deutlich moderner und reicher, im Hintergrund heben sich keine gezackten Gipfel, sondern ein in Wolken verhüllter massiger Bergkegel von den Zuckerplantagen ab, und zum Meer hin liegt anstelle einer Lagune und eines Sandstrandes eine von mächtiger Brandung bestürmte steinige Küste.

Was man sich auf dieser Strecke anschaut, hängt natürlich davon ab, ob sie sich sofort an den Flug anschließt (und dann natürlich, wann man in Gillot gelandet ist!) oder ob man bereits in St-Denis übernachtet hat und früh starten konnte. Schließlich ist für die Zeitplanung auch wichtig, welches Etappenziel man sich setzt. Bei genügend Zeit empfehle ich den Abstecher zum Cirque de Salazie und evtl. eine Übernachtung dort. Die in diesem Kapitel erwähnten Sehenswürdigkeiten um Bras-Panon könnten dann im Programm des nächsten Tages - auf der Fahrt nach St-Philippe - angelaufen werden.

Die Sehenswürdigkeiten an der Küstenstraße sind:
* Das **landwirtschaftliche Umfeld** mit Zuckerrohrplantagen, Fabriken, Gemüsegärten

* Die **Palmenalleen** und **kreolischen Villen** der Zuckerbarone
* Das **Vanille-Anbaugebiet**
* Der **hinduistische Tempel** von St-André
* Die Bassins und **Wasserfälle** im Hinterland.

Falls Sie der hier beschriebenen, etwa **einwöchigen Rundfahrt** folgen und gegen Mittag in Gillot angekommen sind, schlage ich folgendes Tagesprogramm vor:

Fahrt vom **Flughafen/Ste-Marie** über Ste-Suzanne nach St-André (ca. 20 km) mit gelegentlichen Fotostops, von dort auf herrlicher Straße in den Cirque de Salazie nach Hellbourg (ca. 25 km ab St-André), bzw. Grand Ilet (ca. 34 km) oder Salazie (ca. 16 km). Dort Beziehung des Quartiers und kleinere Spaziergänge. Am nächsten Tag weitere Landschaftseindrücke im Cirque, Rückfahrt nach St-André, Besuch von Bras-Panon, Abstecher zum Bassin de la Paix und Weiterfahrt nach St-Philippe (vgl. 7.3).

Informationen:
Syndicat d'Initiative, Bras-Panon, Tel.: 515062,
Syndicat d'Initiative, Hell-Bourg, Maison Morange, Tel.: 235158
Syndicat d'Initiative, Saint-André, Centre Commerciale, Tel.: 469163

Restaurants

in Sainte-Marie/Sainte-Suzanne:
Le Capricorne, Ste-Marie, Aéroport de Gillot, Tel.: 488170. Renommiertes Flughafenrestaurant mit kreolischer und französischer Küche, Spezialität kreolische Buffets, ideal für 'Abschiedsessen' vor dem Abflug, Reservation erforderlich, teuer; mittags bis 14.15 Uhr, abends bis 21.30 Uhr geöffnet.
Le Bocage, chemin du Stade-Repiquet (R.N.), Tel.: 522272. Gutes Restaurant mit kreolischer, orientalischer und französischer Küche, Spezialität Muscheln und Süßwasserfische; geöffnet mittags bis 14.30 Uhr, abends (außer So) bis 23.00 Uhr, Mo geschlossen.

in Bras-Panon
Chez Nicolas, 28 chemin de Bras-Panon, Tel.: 515070. Kleines, gemütliches Lokal mit kreolischer Küche, Spezialität Muscheln, Aal; geöffnet mittags bis 15.00 Uhr, abends (außer So) bis 21.30 Uhr, Mo geschlossen.
Le Bec Fin, 66 route Nationale, Tel.: 515224. Sehr gutes Restaurant mit kreolischer und chinesischer Küche, Spezialität Süßwasserfische, Meeresfrüchte, Preise ca. FF 100,- p.P.; geöffnet mittags bis 14.30 Uhr, abends bis 22.00 Uhr, Mi geschlossen.

in Salazie/Hell-Bourg:
Chez Alice, 24 rue Général de Gaulle, Hell-Bourg, Tel.: 478624. Urgemütliches, kleines Lokal an der Hauptstraße, sehr gute kreolische und französische Küche, Spezialität Forellen, Entrecôte; geöffnet mittags bis 15.00 Uhr, abends bis 22.00 Uhr.
Le Relais des Cimes, rue Général de Gaulle, Hell-Bourg, Tel.: 478158. Sehr gutes Restaurant des gleichnamigen Hotels, kreolische und französische Küche, Spezialität Forellen und Chou-chou; tägl. geöffnet.
Le Voile de la Mariée, Salazie-Ville (D 48), Tel.: 475354. Sehr gutes Restaurant mit kreolischer und chinesischer Küche, nahe den Wasserfällen gelegen, Spezialität Ente und Forellen; geöffnet mittags bis 14.00 Uhr, Fr und Sa abends bis 22.00 Uhr.

7.2.2 ZWISCHEN ST-DENIS UND BRAS-PANON

Die ca. 8 km zwischen der Hauptstadt St-Denis und dem Flughafen Gillot bestehen aus einer vielbefahrenen, autobahnähnlichen Verbindung (R.N. 2) ohne interessante Punkte. Der **Flughafen Gillot**, der direkt am Meer liegt und deshalb der Route Nationale einen großen Bogen aufzwingt, ist ein moderner internationaler Zweckbau und wurde nach Plänen des Architekten Frizel 1975 fertiggestellt. Die große zweistöckige Halle (gute sanitäre Einrichtungen, Restaurant, Snack-Bar, internationale Presse, Souvenir- und Buchladen, Reisebüros und Mietwagenfirmen, Duty-Free-Shop) wird dominiert von 12 rötlich-grauem Pilastern aus Lavagestein, die als riesige Farne (oder Palmen?) die Decke tragen.

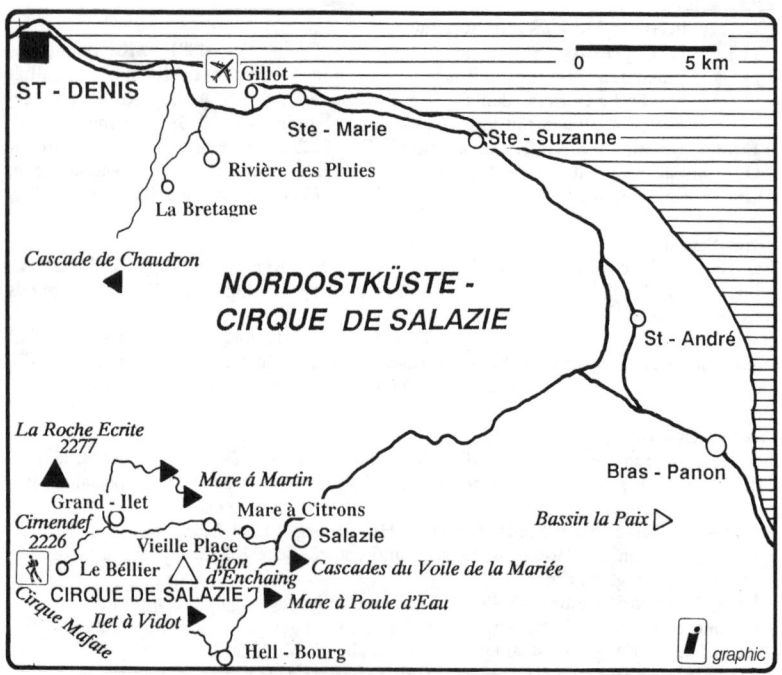

Etwa 450 000 Personen und 10 000 t Fracht passieren jährlich diesen Verkehrsknotenpunkt.

Cascade de Chaudron

Vom Kreisel hinter den großen Parkplätzen geht die Fahrt über die N 2 in Richtung Ste-Marie. Wer viel Zeit und sportliche Ambitionen hat, kann allerdings auch geradeaus in Richtung La Bretagne (D 50) fahren und von dort eine etwa dreistündige Wanderung zum eindrucksvollen Wasserfall von Chaudron unternehmen. Die Cascade de Chaudron erreichen Sie ab dem Ortsausgang von La Bretagne (Kirche), wo Sie sich rechts halten und am Tal des Ravine du Chaudron bis zur öffentlichen Waschstelle fahren. Ab hier geht es auf einem 6 km langen Pfad über Stufen, Gatter und durch einen kleinen Tunnel, bis Sie am trichterförmigen Bassin stehen, in das sich der 300 m hohe Wasserfall hinabstürzt. Auf der Rückfahrt zur N 2 kommt man an der Abzweigung zum **Rivière des Pluies** (D 45) vorbei, wo oberhalb der tiefen Schlucht seit 1974 eine riesige Parabolantenne von 14,5 m Durchmesser steht. Über diese Antenne ist Réunion via Satellit mit Pleumeur-Bodou (Frankreich) verbunden; auch Mauritius benutzt die Anlage zur Telekommunikation (mit London).

Sainte-Marie

Sofort nach dem Flughafen führt die N 2 durch den Ort Sainte-Marie, der durch Zuckerrohr-, Gemüse- und Obstanbau von wirtschaftlicher Bedeutung ist. Viele Einwohner des Städtchens pendeln allerdings zur Arbeitsstelle nach St-Denis. Für den Zuckeranbau holte man nach der Sklavenbefreiung indische Vertragsarbeiter ins Land, die noch heute einen Großteil der Bevölkerung ausmachen und bei der Zuckerrohrernte und in den Fabriken saisonal beschäftigt sind. An ihre Anwesenheit erinnert im Ort u.a. die sitzende Statue des Mahatma Gandhi.

Auf der gut 5 km langen Strecke zwischen Ste-Marie und Ste-Suzanne passieren Sie die **meteorologische Grenze zwischen der Luv- und Leeseite der Insel**, also auch der regenreichen und -armen Seite. Östlich dieser Grenze kann die jährliche Niederschlagsmenge an der Küste bis zu 6 000 mm betragen, westlich davon liegt sie unter 1 500 mm! Das Land ist hier geprägt von den hohen Plantagen, auf denen das Zuckerrohr bis zu 4 m hoch wachsen kann. Die Erntezeit im sog. 'beau pays' liegt im Juni/Juli und bringt die besten Erträge der Insel. Besonders schön sind die geraden Alleen, die links und rechts der Hauptstraße abzweigen und von hohen Palmen gesäumt sind. Ihr Endpunkt ist meist eine herrschaftliche kreolische Villa, der ehemalige (oder noch bestehende) Sitz eines 'Zuckerbarons'.

Sainte-Suzanne

Die Ortschaft Sainte-Suzanne stand ebenso immer im Zeichen des Zuckers und besitzt noch einige Gebäude aus dessen erster Anbauperiode (z.B. die kleine Kirche im Zentrum). Tatsächlich ist das Dorf älter als seine heutige wirtschaftliche Basis, denn bereits 1646 lebten hier zeitweilig zehn verurteilte Franzosen in der Verbannung. Kurz hinter der Ortsmitte zweigt rechts ein kleiner Weg zur "Cascade Niagara" (2 km, für Autos geeignet, aber z.T. unasphaltiert) ab, der sich weniger wegen des kleinen Wasserfalls als vielmehr wegen der Strecke durch die Zuckerrohrplantagen lohnt. Hinter dem Ortsausgang führt links eine Straße nach Bois Rouge, wo am Meer noch eine der ursprünglich fast 200 Zuckerfabriken steht und eine der prächtigsten kreolischen Villen Macht und Reichtum der Zuckerbarone dokumentiert.

Saint-André

Von Ste-Suzanne fahren Sie auf der Hauptstraße etwa 6 km bis zum Ortsanfang von Saint-André, wo die N 2 als Umgehungsstraße das Zentrum links passiert. Halten Sie sich aber an der Abzweigung rechts, wo die Avenue de l'Ile de France in das Städtchen führt. Nach wenigen Metern liegt linkerhand einer der schönsten hinduistischen (tamilischen) Tempel der Insel, der mit seiner farbenprächtigen Bemalung, dem gestaffelten Dach und dem 'Gopuram' (Portal) einen Aufenthalt lohnt. Daß St-André nicht nur von hinduistischen, sondern auch moslemischen Indern bewohnt wird, beweist die Moschee im Ortszentrum. Hier befindet sich auch eine Vanille-Verarbeitungsstätte, die man wie die Kooperative in Bras-Panon (s.u.) besichtigen kann:

 De Floris, 466 rue de la Gare, Tel.: 460014,
Besuchszeiten:
werktags 8.00 - 11.00 und 15.00 - 17.00 Uhr

Wer nun zum Cirque de Salazie weiterfahren möchte, sollte ebenfalls nicht die Umgehungsstraße, sondern die Avenue de l'Ile de France benutzen, die in der Verlängerung automatisch auf die D 48 stößt (vgl. 7.2.3)!

Bras-Panon

Ab St-André sind es noch etwa 5 km auf recht uninteressanter Strecke bis nach Bras-Panon. Der ansonsten wenig hergebende Ort hat seine weitreichende Bedeutung als "Vanille-Stadt", in der ein Großteil der Réunioner Vanilleproduktion verarbeitet wird. Um die Kooperative zu besichtigen, bleiben Sie auf der N 2 bis zum Ortsausgang, wo das Gelände direkt rechts an der Straße liegt. Gegen eine kleine Eintrittsgebühr zeigt Ihnen eine Angestellte (meist nur auf Französisch) die einzelnen Etappen der Vanille-Produktion, ein Film erzählt die Geschichte der Gewürzstange, und in einem Laden können Sie alle Arten von Réunioner Souvenirs kaufen (Vanille-Produkte natürlch eingeschlossen!).

Coopérative Agricole des Producteurs de Vanille de la Réunion, 21 route Nationale, Bras-Panon, Tel.: 515051
Besuchszeiten:
Mo - Fr 7.30 - 12.00 und 13.30 - 17.00 Uhr (Fr nur bis 16.00 Uhr)
Sa 9.00 - 16.00 Uhr

Information zur "Vanille Bourbon":

Die Vanille ist eine Orchidee und zwar die einzige von etwa 20 000 Orchideenarten, die als Gewürz genutzt wird. Sie wächst entweder im Unterholz des Regenwaldes, wo sie sich an Vacoas, Filaos usw. hochrankt, oder in Plantagen, wo man entsprechende 'Wirtspflanzen' in einer Reihe zum Hochranken bereitgestellt hat. Ihr Ursprungsgebiet ist nicht etwa der Raum des Indischen Ozeans, sondern Mittelamerika, wo sie bereits den Azteken als "Tlilxochitl" bekannt war. Die spanischen Eroberer nannten sie einfach "die Schote" - span.: "vaina", Verkleinerungsform: "vainilla". Hernán Cortés bekam bei einem Essen mit Montezuma II. zum Nachtisch ein braunes Getränk in goldenen Schalen serviert, das ihn betörte und beeindruckte. Es war Vanille mit Kakao, die wohl edelste Verbindung der Gewürzorchidee. Schnell wurde die Vanille auch in Europa bekannt, wo ihr stärkende und aphrodisische Kräfte nachgesagt wurden. In zahlreichen Klöstern war deshalb das "Liebesgewürz" verboten...

Viele (u.a. Alexander von Humboldt, 1811) versuchten, die Vanillekultur aus Mexiko auch woanders heimisch zu machen, aber die Holländer auf Java, die Franzosen auf Réunion oder die Europäer in ihren fürstlichen Treibhäusern brachten die Pflanzen zwar zur prächtigen Blüte, nicht aber zum Tragen von Früchten. So konnte auch 1819, als einige Vanillepflanzen die Passage zwischen Mexiko und Réunion überlebt hatten, das Gewürz dennoch nicht ökonomisch genutzt werden: die natürliche Bestäubung durch Kolibris oder bestimmte Insekten war einfach nicht gegeben.

*Dem jungen Sklaven **Edmond Albius** gelang jedoch 1841 erstmalig ein künstliches Befruchtungsverfahren: mit der Hand oder mittels einer schmalen Bambusspitze werden bei den geöffneten Blüten die Staubgefäße auf die Blütennarbe gedrückt. Nach dem gleichen Verfahren geht man auch heute noch vor, wobei die kurze Zeit zwischen natürlicher Blütenöffnung und Verblühen ein tägliches Kontrollieren der Pflanzen notwendig macht. Die Erfindung jedenfalls gab Albius die Freiheit und der damaligen Ile Bourbon ein in der ganzen Welt geschätztes Ausfuhrprodukt: die Vanille Bourbon!*

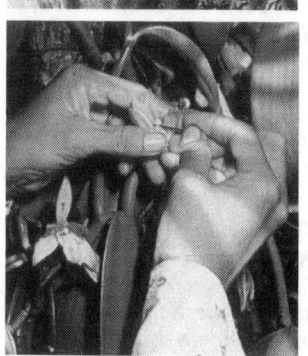

Durch das Bestäuben von Hand wurde der Ertrag natürlich enorm gesteigert, gleichzeitig aber auch der Preis gedrückt. Réunion exportierte bereits 1848 die ersten 50 kg ins Mutterland und erreichte 1898 die Rekordmarke von 200 t. Im Jahre 1908 wurden beispielsweise im Deutschen Reich mehr als 40 000 kg Vanilleschoten verkauft, zum Preis von damals 14 Reichsmark pro kg.

Das synthetische Vanillin hat auf der ganzen Welt inzwischen die originale Vanille zturückgedrängt, ohne allerdings auch nur annähernd deren Geschmacks- und Duftvielfalt erreichen zu können. Deswegen ist der Name "Vanille Bourbon" bis heute ein herausragendes Qualitätsmerkmal geblieben. Und das kreolische Liebeslied "P'tit flère fanée" ("La petite fleur vanille" = "die kleine Vanilleblume") kann als inoffi-

zielle Hymne der Insel bezeichnet werden! Derzeit sind auf dem Weltmarkt folgende Länder mit der ungefähren jährlichen Produktionsmenge die Hauptproduzenten der Gewürzstangen:
Madagaskar:
800 - 1 000 t
die Komoren:
100 - 200 t
Indonesien und Polynesien:
50 - 200 t
Réunion:
25 - 60 t
Mexiko:
50 t

Die Kooperative von Bras-Panon stellt mit über 90 % den Löwenanteil der Réunioner Gesamtproduktion. Hier bestäuben täglich "Pollinisations-Frauen" in der Blütezeit etwa 1 000 - 1 200 Blüten. Die Ernte findet 8 Monate später statt. Dann arbeiten in Bras-Panon ca. 60 Personen direkt in der Produktion, in der Nebensaison sind es nur etwa 15 Arbeiterinnen.

Die Arbeitsvorgänge, die sich über ein ganzes Jahr hinziehen, sind im einzelnen:

1. Die grünen Vanilleschoten werden eingesammelt.
2. Es folgt ein dreiminütiges Bad in 65° C heißem Wasser.
3. Die Schoten werden in Tücher gewickelt und in "Schwitzkästen" aufbewahrt. Ihre Farbe wird ein dunkles Braun.
4. In drei Stufen wird die Vanille getrocknet:
   * zuerst eine Woche jeweils drei Stunden täglich im 65° C heißen Luftofen;
   * dann eine Woche jeweils fünf Stunden täglich im Freien unter Sonneneinstrahlung;
   * schließlich einen Monat in luftdurchlässigen Kisten an der frischen Luft.
5. Die Schoten werden 8 Monate auf Holzpaletten aufbewahrt, während sich ihr Aroma entfaltet; dabei findet jede Woche ein Geschmackstest statt.
6. Die Vanilleschoten werden gewogen, gemessen und in gleiche Bündel verpackt.
7. Die Vanille wird in Schotenbündeln, pulverisiert oder als gewobenes Gebinde angeboten; der kommerzielle Vertrieb kann beginnen.

Bassin la Paix

Kurz hinter Bras-Panon ist noch ein kleiner, lohnender Abstecher möglich. Dazu fahren Sie sofort nach der Brücke über den Rivière des Roches nach rechts (Hinweisschild: "Site touristique de la Paix") durch Zuckerrohrplantagen zum Bassin la Paix. Die Straße ist zuerst gut, später unasphaltiert, und verlangt etwa 12 Minuten Fahrzeit; sie endet an einem Parkplatz, von dem aus man einen Blick in das Bassin werfen kann. Schöner noch ist die Aussicht von der Brücke über den hier schmalen Rivière des Roches. Hinter der Brücke führt rechts ein kleiner Pfad zum Bassin hinab (ca. 200 m, z.T. steil, auf einer Metalleiter zu erreichen). Nur von unten kann man den kleinen Wasserfall und die markanten Basaltsäulen richtig bewundern!

Bassin la Mer

Zu einem weiteren Bassin mit Wasserfall, dem Bassin la Mer, können Sie vom Parkplatz aus in etwa 2 km auf einem unmarkierten Pfad wandern. Folgen Sie dabei der Verlängerung der bisherigen Straße und biegen Sie nach etwa ½ Stunde rechts ab. Durch einen kleinen Hain, in dem auch der 'Baum des Reisenden' zu sehen ist, kommen Sie schließlich zum Fluß und zum Bassin.

 Da ein Bachbett und ein sumpfiges Gelände überquert werden müssen, sind gutes Schuhwerk hier angebracht...

7.2.3 DER CIRQUE DE SALAZIE

Die Fahrt in den größten der drei Réunioner Talkessel (12,5 km lang, 9 km breit) ist ein reines Landschaftserlebnis, das fast alles enthält, was die Insel zu bieten hat: von der leicht gewellten Küstenebene mit ihren Zuckerrohrplantagen geht es immer höher durch die enge Schlucht des Rivière du Mat (mit ca. 35 km der längste Fluß Réunions), vorbei an Bananenstauden und prächtig blühenden Blumen, an steil aufragenden Felswänden und imponierenden Wasserfällen, bis man in Hell-Bourg oder Grand-Ilet kleine, hübsche Bergdörfer erreicht, die noch viel von ihrer ursprünglichen Architektur und Lebensart bewahrt haben. Von hier aus lassen sich die Bergwälder, Hochebenen und Gipfel der Umgebung - also die typische Insellandschaft - auf kleineren und längeren Wanderungen bestens erkunden. Der Talkessel hat nur den einen Zugang, den man über die N 2 von St-André bzw. Bras-Panon erreicht, und der als D 43 in knapp 16 km vom Talanfang bis zur Ortschaft Salazie führt. Zunächst verläuft die gutausgebaute Straße noch rechts vom Fluß, um diesen dann am "Pont de l'Escalier" zu überbrücken. Diese Stelle ist der eigentliche Beginn des Canyons und damit auch des Zugangs zum Cirque. Mit schönen Blicken auf Wasserfälle geht es weiter, immer leicht ansteigend, aber nie gefährlich steil, bis man nach einer weiteren Brücke die Ortschaft Salazie erreicht.

Salazie

Auf der D 43 gelangt man automatisch zur hochgelegenen Kirche, die man bereits von der Brücke aus sah; am Parkplatz davor sollten Sie

vielleicht eine kleine Rast einlegen, sich das zwar junge (1950), aber harmonische Gotteshaus mit seinen beiden vierstöckigen Westtürmen und der Muttergottes über dem Dachgiebel anschauen und ein wenig durch den Ort schlendern. Die Bebauung ist von sehr einfachen und kleinen, oft aber farbenprächtig bemalten Häuschen geprägt; viele tragen noch kreolische Ornamente und sind, vor allem der am Berghang klebende Ortsteil jenseits des Flusses, weit eher 'afrikanisch' als 'französisch'. Am Kirchplatz gibt es ein kleines Restaurant, und Getränke halten ein paar Lebensmittelläden bereit.

Cascades du Voile de la Mariée

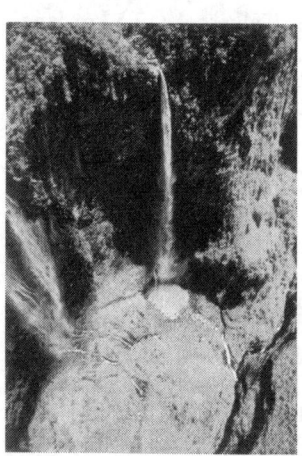

Kurz hinter dem Ort tauchen links der Straße die weißen Bänder der Cascades du Voile de la Mariée auf. Der Name 'Brautschleier' ist ja in vielen Ländern eine gängige Bezeichnung für diese Art von Wasserfällen, nur selten aber scheint er so berechtigt wie hier. Das tiefe Bassin **"Trou de Fer"**, in das sich ebenfalls Wasserfälle grandios hinunterstürzen, kann von der Straße aus nicht eingesehen werden und ist nur auf einer Wanderung bzw. einem Helikopterrundflug zu erreichen. Wenige Meter danach zweigt rechts die D 52 nach Grand-Ilet ab, von der man den schönsten Blick auf das gesamte Ensemble der Kaskaden hat.

Die weiter unten beschriebene Strecke empfehle ich jedoch für die Rückfahrt am nächsten Tag, wenn man vorhat, die Nacht im Cirque (Hell-Bourg) zu verbringen. Dazu folgt man weiterhin der D 48, die nun deutlich steiler wird und sich in engen Haarnadelkurven emporschraubt. Nach einigen Kilometern geht rechts eine landschaftlich schöne Stichstraße ab, während auf unserer Route nun mehrfach herrliche Aussichtspunkte, u.a. auf den See **Mare à Poule d'Eau**, zum Anhalten reizen.

Réunion: Der Cirque de Salazie

Hell-Bourg

11 km hinter Salazie hat man dann das 1 100 m hoch gelegene Hell-Bourg erreicht, wo die D 48 in die Hauptstraße Rue du Général de Gaulle übergeht. Hier sind noch die schönsten kreolischen Holzhäuser des 2000-Seelen-Dorfes zu sehen, und hier befinden sich auch das Hotel

"Relais des Cimes" und das kleine Restaurant "Chez Alice". Seine ehemalige Bedeutung als Thermalbad hat Hell-Bourg inzwischen verloren, nachdem 1948 ein Zyklon die Anlagen zerstörte (die Ruinen sind noch auf der Strecke nach Ilet à Vidot zu sehen!), aber immer noch spielt der Fremdenverkehr eine große Rolle. Die Besucher schätzen die klare, frische Luft, die vielfältigen Möglichkeiten zu Wanderungen und Spaziergängen, sowie die Gastronomie, die u.a. auf die reichen Forellenbestände und die Chou-chou-Plantagen der Umgebung zurückgreift. Es lohnt sich, in aller Ruhe durch Hell-Bourg zu spazieren, oder einem der vielen Forellen-Teiche einen Besuch abzustatten. In einer touristisch ausgebauten Anlage können Sie sogar selbst Forellen angeln oder die Fische im klaren Wasser beobachten:

Parc piscicole d'Hell-Bourg, Tel.: 235016, tägl. geöffnet 8.00 - 18.00 Uhr
Eintritt frei, Snack-bar

Ilet à Vidot

Die Autostraße ist übrigens in Hell-Bourg nicht zu Ende, sondern führt noch 2,6 km weiter, bis nach Ilet à Vidot. Von hier aus sind sehr schöne Wanderungen möglich, z.B. zum Piton d'Enchaing (1 355 m), zu dem man auf einem markierten und nicht schwierigen Pfad in ca. 12 km (hin und zurück; knapp vier Stunden) gelangt.

Er bietet die schönsten Ausblicke auf den gesamten Cirque de Salazie. Aber auch der Rundweg "Grand Sable" (13 km) oder eine Wanderung zu den "Trois Cascades" sind außerordentlich reizvoll.

Zurück nach Salazie geht es natürlich über die gleiche Straße D 48, auf der Sie die landschaftlichen Schönheiten nun aus der umgekehrten Perspektive bewundern können. Sollten Sie in Hell-Bourg übernachtet haben, empfiehlt sich ein früher Aufbruch, wenn Sie auch noch Grand-Ilet besuchen möchten. Kurz vor Salazie zweigt links die D 52 ab, die Sie in gut 15 km auf kurvenreicher Strecke zu diesem Ort bringt, vorbei an Dörfern wie Mare à Citrons und Vieille Place.

Grand-Ilet

Grand-Ilet liegt am Fuß der Bergmassive La Roche Écrite (2 277 m) und Cimendef (2 226 m), ist ähnlich hochgelegen wie Hell-Bourg und genau wie dieses ein guter Startpunkt für Wanderungen. Auch mit dem Wagen lassen sich von hier aus kleinere Exkursionen durchführen:
* einmal in 6,2 km über **Le Bélier** nach Bord Martin, wo man vom 1 569 m hoch gelegenen Parkplatz einen herrlichen Blick über den ganzen Cirque, den Cirque Mafate und die umgebenden Zweitausender hat. Dazu benutzen Sie die unasphaltierte Schotterstraße "Route Forestière de Mafate" (nicht immer geöffnet), die evtl. einmal als Verbin-

dungsstraße zum Cirque Mafate ausgebaut werden wird. Für Wanderungen in den Cirque de Mafate ist der Weg die beste Ausgangsbasis (vgl. 7.6.4).
* Die andere Straße führt von Grand-Ilet in 5 km zum **Mare à Martin**, vorbei am gleichnamigen See und ebenfalls mit sehr schöner Aussicht auf den Cirque und die umgebenden Berge.

 Wer den Abstecher nach Grand-Ilet zuerst gemacht hat und wem es hier so gut gefällt, daß er bleiben möchte, findet in der "Relais des Ilets" (Tel.: 475283) eine einfache, aber saubere Unterkunft mit einem kleinen Restaurant (kreolische Küche; sehr gutes Chou-chou-Gratin!).

7.3 DER OSTEN UND DER WILDE SÜDEN

7.3.1 ÜBERBLICK UND TOURISTISCHE HINWEISE

Der südöstliche Teil Réunions ist von einer herben Schönheit, die ihre Faszination durch die Flanke des Piton de la Fournaise, die erstarrten Lavaströme zur See hin, die wilde Küste mit ihren Klippen und vulkanischen Plateaus, sowie eine fast überquellende Vegetation erhält. Andererseits ist dieser Teil der Insel der regenreichste, so daß nicht erwartet werden darf, die genannten Schönheiten stets unter blauem Himmel bewundern zu können!

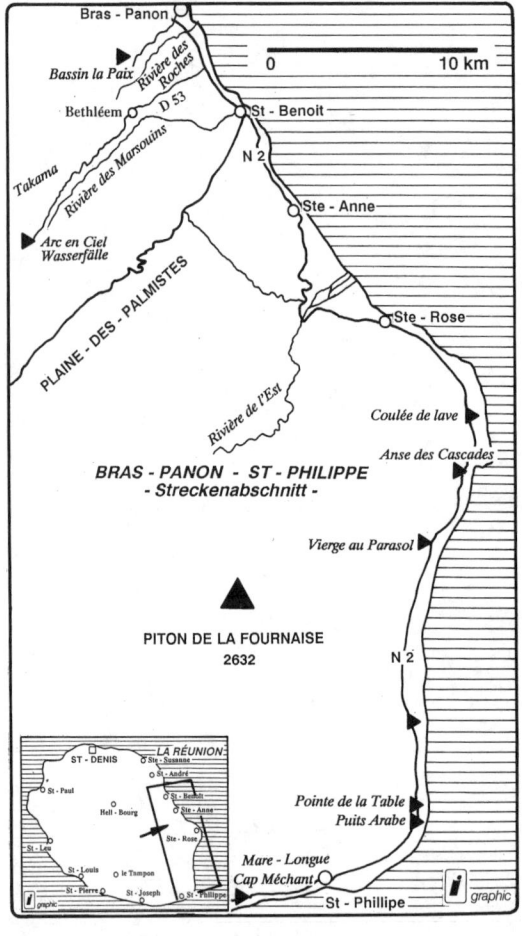

Die knapp 100 km lange Strecke zwischen Bras-Panon und St-Pierre besteht im wesentlichen aus der Küstenstraße N 2, die zum größten Teil gut ausgebaut und bei wenig Verkehr auch zügig zu befahren, im letzten Drittel jedoch sehr kurvenreich und stark frequentiert ist. Ausweichmöglichkeiten im Hinterland bestehen kaum; wo solche Alternativen da sind (wie z.B. zwischen St-Benoit und Ste-Rose oder zwischen St-Joseph und St-Pierre), sind diese nicht unbedingt landschaftlich schöner und in jedem Fall länger, bringen also keinen Zeitgewinn. Für Ihre Zeitplanung spielt bei der Tour eine Rolle, welches Etappenziel Sie an diesem und am nächsten Tag ansteuern. Wenn Sie vom

Besuch des Cirque de Salazie kommen - und evtl. noch einen Abstecher (wie beschrieben) zum Bergdorf Grand-Ilet und zur Vanille-Kooperative in Bras-Panon (vgl. 7.2.2) gemacht haben - bleibt nicht mehr viel Zeit, um alle Sehenswürdigkeiten der Gegend in Ruhe aufzunehmen. In diesem Fall empfehle ich die gut zu schaffende Strecke bis St-Philippe oder St-Joseph, wo Sie ein Nachtquartier beziehen könnten. Der nächste Tag stünde für kleinere Exkursionen (etwa Wanderung im Forêt de St-Philippe; Fahrt zur Cascade de la Grande Ravine etc.) zur Verfügung und evtl. zur Weiterfahrt möglichst nahe zum Vulkan, den Sie dann am übernächsten Tag früh morgens besuchen könnten. Ob Sie also die Route, wie vorgeschlagen, in zwei Etappen zurücklegen, oder mit viel Ausdauer von der Salazie bzw. St-Denis bis St-Pierre durchfahren wollen - folgende Sehenswürdigkeiten entlang der Strecke sollten Sie sich jedenfalls nicht entgehen lassen:

* Die kuriose **Kirche in Ste-Anne**,
* die **erstarrten Lava-Flüsse** von 1976, 1977 und 1986,
* das Wallfahrtsziel der "**Jungfrau mit dem Regenschirm**",
* die **Fischerbucht Anse des Cascades** mit schöner Vegetation,
* das neu-vulkanische **Plateau am Pointe de la Table**,
* das wilde **Cap Méchant**,
* die **Wasserfälle und Bassins** im Hinterland.

Informationen
Syndicat d'Initiative, Saint-Benoit, 44 rue Bouvet, Tel.: 501065

Restaurants

in Sainte-Rose:

L'Anse des Cascades, Piton Sainte-Rose, Tel.: 472042. Kleines Restaurant mit kreolischer Küche, 5 km hinter Ste-Rose gelegen, Spezialität Fisch-Carri, Palmistensalat; nur mittags geöffnet.
Les Marmottes, 576 route Nationale 2, Bois-Blanc, Tel.: 472467. Kleines Restaurant mit kreolischer Küche, 9 km hinter Ste-Rose gelegen, Spezialität Carri-Gerichte, geöffnet 11.30 bis 21.00 Uhr, Fr geschlossen.

in Saint-Philippe:

Le Cap Méchant, Basse Valée (Cap Méchant), Tel.: 370061. Direkt am Parkplatz am Kap gelegenes, sehr gutes Restaurant mit kreolischer und chinesischer Küche, Spezialität Langusten; tägl. geöffnet.
Le Baril, Route Nationale (Le Baril), Tel.: 370104. Hotelrestaurant mit kreolischer und chinesischer Küche, schöner Blick aufs Meer, Spezialität Langusten, Fisch, Palmistensalat; tägl. 11.00 bis 22.00 Uhr geöffnet.

in Saint-Joseph:

Le Manapany, Manapany-les-Bains, Tel.: 565558. Sehr gutes, renommiertes Restaurant, kurz hinter St-Joseph direkt am Meer (schöner Blick) gelegen, Nouvelle cuisine mit kreo-

lischem Einschlag, Spezialität Meeresfrüchte, flambiertes Kalbsfilet, teuer; geöffnet mittags bis 14.30 Uhr, abends (außer So und Mo) bis 21.30 Uhr.
Tropicana, 115 rue Raphael Babet (N 2), Tel.: 565319. Gutes Restaurant mit kreolischer und chinesischer Küche, Spezialität Langusten, Krevetten; geöffnet nur mittags 11.00 bis 15.00 Uhr.

7.3.2 ZWISCHEN BRAS-PANON UND ST-PHILIPPE

Von Bras-Panon her kommend, überqueren Sie zunächst auf der N 2 den Rivière des Roches und haben sofort anschließend Gelegenheit, einen kurzen Abstecher zum Bassin la Paix bzw. zum Bassin la Mer zu unternehmen (vgl. 7.2.2). Kurze Zeit später führt ebenfalls rechts die Stichstraße D 53 in 5 km zur Ortschaft Bethléem, das nicht (wie man meinen könnte!) irgendeine religiöse Bedeutung besitzt, aber wegen seiner schönen Lage am Ufer des Rivière des Marsouins (Park- und Picknick-Plätze) ein beliebtes Ausflugsziel darstellt. Die Straße führte früher noch 10 km weiter zu einem Aussichtspunkt an den **Wasserfällen von Takamaka** ("Arc en Ciel"), ist aber nun touristisch nicht mehr zugänglich (was sich in Zukunft wieder ändern soll!). Seit 1968 treibt das Wasser die zwei Turbinen eines riesigen Kraftwerks mit einer jährlichen Leistung von 78 Millionen KW/h an...

St-Benoit

Unsere Route bleibt auf der Küstenstraße N 2, die nach wenigen Kilometern an der Stadt St-Benoit vorbeiführt. Obwohl mit ca. 20 000 Einwohnern regionales Zentrum des Ostens und wegen der Orchideenzucht sowie der Aufzucht von "bichiques" (Süßwasserfische des Rivière des Marsouins und des Rivière des Roches) berühmt, ist das Stadtbild ziemlich nichtssagend und lohnt kaum einen Besuch.

 Wer trotzdem St-Benoit einen Besuch abstatten und evtl. dort übernachten möchte, sei an das Hotel "Le Lotus" (61 avenue Jean-Jaures, Tel.: 502192; gutes kreolisch-chinesisches Restaurant) verwiesen.

Ansonsten sollten Sie auf der Umgehungsstraße bleiben und weiter in Richtung Ste-Anne fahren. Auf der landschaftlich herrlichen route nationale 3 kann man von St-Benoit auch über die Plaine-des-Palmistes bis St-Pierre die Insel durchqueren (vgl. 7.4.3).

Ste-Anne

Knapp 6 km hinter St-Benoit erreichen Sie Ste-Anne, wo rechts der N 2 die barock wirkende Kirche ein Kuriosum der insularen Sakralarchitektur darstellt. Hier hat der Elsässer Priester Daubenberger zwischen

1922 und 1940 sein ganz persönliches Stilempfinden in mühevoller Kleinarbeit ausgedrückt: Fialen, Rosetten, Krabben und Zapfen machen aus dem nördlichen Turm ein filigranes Gebilde, das an Spitzenklöppelei erinnert. Der verschwenderischen Pracht der Außenfassade entspricht die bunte Bemalung der inneren Grabkapelle Ste-Thérèse, wo Putten, die liegende Theresa, Rosen und Blumenembleme gleichermaßen schwülstigen Kitsch wie auch tiefempfundene naive Frömmigkeit dokumentieren. In einem Thriller des französischen Regisseurs Truffaut ("Das Geheimnis der falschen Braut") diente die Kirche als Schauplatz einer Hochzeitsszene...

Nach dem Dorf macht die N 2 einen weiten Bogen ins Landesinnere, um nach 7 km das eindrucksvolle Flußbett des Rivière de l'Est zu überqueren. Die alte Hängebrücke ("Pont suspendu") hat seit 1979 ausgedient, nach ihrer Fertigstellung im Jahre 1894 aber durfte sie stolz als eine der längsten Hängebrücken der Welt (110 m) bezeichnet werden! Ein kurzer Fußweg führt von beiden Seiten zur alten Brücke, an deren westlicher Seite eine kleine Kapelle sehenswert ist. Nach weiteren 6 km erreicht man in Ste-Rose wieder die Küste.

Ste-Rose

Das kleine Städtchen besitzt am 'Hafen' ein historisches Monument, das an den britischen Kommandanten Corbett erinnert, der hier 1810 im Zuge der englisch-französischen Auseinandersetzungen um Réunion starb. Das Mausoleum wurde 1813 unter großen militärischen Ehren der damaligen Besatzungsmacht eingeweiht.

Coulée de lave

Der folgende Streckenabschnitt verläuft zwar parallel, aber doch in einiger Entfernung zur Küste. Von hier ab bis nach St-Philippe weist die Landschaft immer wieder die Besucher auf die Vulkanausbrüche der jüngsten Vergangenheit hin. Z.T. schon vom ersten Grün überwuchert, ziehen sich die "Coulée de lave" der Eruptionen von 1976 und 1977 von der Bergflanke des Piton de la Fournaise bis zur Küste und machen immer noch die Urkräfte unserer Erde deutlich. In scharfen Windungen versucht die Nationalstraße, die Unebenheiten des Geländes zu umgehen, und kleine Votivhäuschen mit Blumenkränzen lassen erahnen, wie der Schock über die Gefahr des Vulkans immer noch bei der Bevölkerung nachwirkt. Wie durch ein Wunder wurde übrigens die Kirche Notre Dames des Laves (am Piton Ste-Rose, 4 km hinter dem Ort) vom glühenden Strom verschont; ob nun ein Fingerzeig des Himmels oder nicht, die Popularität dieser Kirche wurde dadurch natürlich nachhaltig verstärkt. An den erstarrten Lavaflüssen führen einige kleine Straßen in Richtung Meer - es lohnt sich, auf diesen die minimalen Umwege zurückzulegen, weil man dann abseits des Hauptverkehrsweges in der Stille das Schreckliche und Grandiose solcher Ausbrüche besser begreift.

Anse des Cascades

Knapp 2 km hinter dem Lavafluß von 1977 geht links ein schmaler Serpentinenweg zur Anse des Cascades ab, dem Sie unbedingt folgen sollten. Denn in der Bucht am Pointe des Cascades erwartet Sie ein gepflegtes parkähnliches Gelände, wo Sie nicht nur Flaschenpalmen, Bananen, Vacoas und Ravenals (= Baum des Reisenden) in Hülle und Fülle geboten bekommen, sondern wo Sie mit etwas Glück auch die Anlandung eines ertragreichen Fischfanges erleben können. Einige der kleinen, buntbemalten Fischerboote sind dort meistens vertäut, und die Anwesenheit eines Kühlwagens verrät, daß bald ein Fang erwartet wird. Das Begutachten und Messen etwa eines Blauen Marlin, die fachmännischen Kommentare der Umstehenden und die originale Atmosphäre spiegeln die authentischen Lebensbedingungen der hiesigen Kleinfischer wider und sind weit von dem entfernt, was als 'Big Game Fishing' ein Touristenspaß sein kann!

Weniger eindrucksvoll ist der kleine Wasserfall, der der Bucht den Namen gab. Aber Bänke, eine Cafeteria und ein Picknick-Areal zeigen, daß die Anse des Cascades inzwischen zu einem beliebten Treffpunkt geworden ist.

Vierge au Parasol

Kaum 5 km weiter sieht man in einer Kurve links am Straßenrand die wohl merkwürdigste Madonnenfigur der Insel. Die "Vierge au Parasol" (= "Jungfrau mit dem Regenschirm") soll als Fürbitte vor den Gefahren des Vulkans im 19. Jahrhundert von einem lokalen Vanillepflanzer aufgestellt worden sein. Tatsächlich hat sie zwar nicht die Umgebung, aber sich selbst schützen können, denn alle bisherigen Lavaausflüsse ließen sie unangetastet. Daß die Madonna auf diese Weise zur Schutzpatronin des Vulkans avancierte, ist zu verstehen und unübersehbar: Sie selbst

steht leicht erhöht in einem Meer von Blumengebinden und Votivtäfelchen; der große Parkplatz auf der anderen Straßenseite verrät außerdem, welcher Andrang hier bei Wallfahrten herrscht. Ungeklärt ist allerdings, warum die Madonna einen Regenschirm trägt und wann dieser der Statue hinzugefügt wurde.

Symbiose pour Volcan et Oiseau

Einige Kilometer weiter erwartet Sie eine Sehenswürdigkeit ganz anderer Art: Wer an moderner Kunst interessiert ist, kann hier ein einzigartiges Experiment, sozusagen eine 'künstlerisch-ökologische Installation' bewundern. Dazu folgen Sie rechts dem Hinweisschild "Symbiose pour Volcan et Oiseau" auf einer gut 2 km langen, unbefestigten Straße in ein Waldstück. An deren Ende erreichen Sie nach einem etwa zehnminütigen Spaziergang eine Lichtung, die der Lavastrom geschaffen hat. Dort installierte der französische Künstler Jean-Claude Mayo 1988 unter großer internationaler Beachtung ein Ensemble riesiger Gestalten, die eine kleine gläserne Pyramide mit Ritzzeichnungen umstehen. Durch Solarzellen wird das Glashaus bei Dunkelheit erleuchtet. Eindrucksvoller aber sind die etwa 5 m hohen Figuren, die wie urzeitliche Riesen aussehen und der ganzen Szenerie etwas Gespenstisches geben. Sie sind, vermischt mit Zement, aus dem gleichen Material wie der Untergrund: Lava!

Die N 2 ist auf dem nun folgenden Streckenabschnitt vielleicht am schönsten. Rechterhand ziehen sich die Hänge des meist von Wolken verhüllten Vulkans hinauf, links der Straße gibt der "Forêt Domaniale du Grand Brule" mit seinem satten Grün einen guten Kontrast zu den Schaumkronen des Indischen Ozeans. Und zwischendurch hat sich der Lavastrom des Jahres 1976 eine schwarze Schneise durch den Regenwald geschlagen und der Landschaft seinen Stempel aufgedrückt. Zwischen dem Pointe du Tremblet und dem Pointe de la Table hat die vulkanische Tätigkeit des Jahres 1986 sogar eine eigenartige neue Küste geformt und Réunion um immerhin 25 ha 'vergrößert'!

Pointe de la Table

Es lohnt sich, die Nationalstraße beim Hinweisschild "Puits Arabe" nach links zu verlassen und vom Parkplatz aus einen kleinen Spaziergang über das Plateau zu machen. Am Parkplatz selbst werden Sie auf Schautafeln eingehend über den 1986er Ausbruch informiert und auf

Wandermöglichkeiten hingewiesen. Am Pointe de la Table fühlt man sich in eine bizarre, fremde Welt versetzt: auf der einen Seite das Meer, das wild gegen die neugeschaffenen Lavaklippen anbrandet; auf der anderen Seite der immergrüne Wald, der an dieser Stelle besonders viele Vacoas und Drachenbäume aufweist; und dazwischen eine Mondlandschaft, die einen an Island denken läßt - erstarrte Lavaformationen, die so aussehen, als seien sie erst gestern abgekühlt; schwarzer Sand, der bei heftigem Wind aufgewirbelt wird; und merkwürdige Risse, Spalten, Absätze und Terrassen, die an eine gigantische Architektur denken lassen!

Und mitten in dieser zeitlosen Landschaft ein Bauwerk, das wieder in die menschlichen, historischen Dimensionen zurückführt: kurz vor dem Parkplatz wird das unscheinbare Viereck am Wegrand, das einen von

Feldsteinen ummauerten Brunnen verbirgt, als "**Puits Arabe**", also als 'arabischer Brunnen' bezeichnet. Wenn es stimmt, daß diese Anlage von arabischen Pionieren im 12. Jahrhundert angelegt worden ist, wäre dies das mit Abstand älteste 'Gebäude' des gesamten Maskarenen-Archipels. Seltsam auch, daß ausgerechnet der Brunnen nicht von den Lavaflüssen und aus dem Untergrund hervorquellenden Lavamassen berührt worden ist.

St-Philippe

Wenige Kilometer hinter dem Abstecher zum Pointe de la Table erreicht man auf der N 2 St-Philippe. Postgebäude, Bürgermeisterei und andere Einrichtungen sind ganz neuzeitlich, und auch sonst bietet der kleine Ort nicht viel Sehenswertes. 1 km nach der Ortschaft führt rechts jedoch ein Weg zum Naturschutzgebiet und dem botanischen Lehrpfad von Mare-Longue.

Mare-Longue ("Réserve naturelle et sentier botanique de Mare-Longue")

Kaum woanders ist auf Réunion so viel an einheimischer und fremder Vegetation versammelt, und man könnte stundenlang durch das Gebiet wandern. Der gut 8 km lange Weg ist bei günstigen Wetterverhältnissen mit dem Wagen zu befahren; er führt bis zum Forêt de St-Philippe in Höhenlagen von über 600 m. Am besten ist es, über den Hotelier des "Le Baril", Herrn Jean Paul Tesniere, einen geführten Gang zu verabreden. Denn die unzähligen Orchideen, Riesenfarne, Vacoas, Ebenhölzer, Ravenals usw. des Regenwaldes, wie auch die ca. 180 hier wachsenden Gewürzsorten (Muskat, Pfeffer, Vanille, Safran etc.), Früchte, Kaffee- und Teepflanzen, all das kann ein Laie weder erkennen noch auseinanderhalten.

 Falls Sie die Nacht im "Le Baril" verbringen, bietet sich diese Exkursion am besten für den nächsten Tag an. Das "Baril" liegt linkerhand direkt an der N 2 und hat die beste Aussicht auf die dramatische schwarze Steilküste. Bei hohem Seegang schießt hier das Wasser in hohen Fontänen an den Klippen empor, aber selbst dann noch sind die Einheimischen unentwegt mit Angeln beschäftigt...

7.3.3 ZWISCHEN ST-PHILIPPE UND ST-PIERRE

Es sind jeweils knapp 18 km zwischen St-Philippe und St-Joseph und zwischen St-Joseph und St-Pierre, aber anders als bisher kann man selten zügig fahren, da unüberschaubare Kurven, lange Ortsdurchfahrten und viele landwirtschaftliche Fahrzeuge (Zuckerernte!) für Verzögerungen sorgen. Und da man sich also sowieso Zeit lassen muß, kann man gleich auch einige reizvolle Exkursionen einplanen. Da ist zunächst die Küste unmittelbar westlich von St-Philippe, die zwischen Le Baril und dem Cap Méchant am wildesten ist. Während man von der N 2 davon nicht viel sehen kann, wird der kurze Abstecher zum Cap Méchant zu einem reinen Landschaftserlebnis.

Abstecher zum Cap Méchant

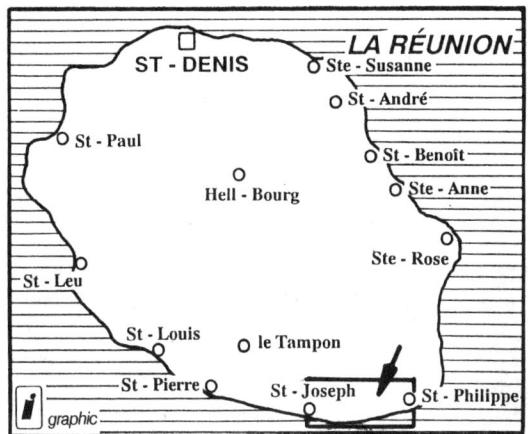

Dazu folgen Sie der ausgeschilderten Straße kurz hinter Baril nach links. Am Parkplatz neben dem Restaurant "Le Cap Méchant" sollten Sie aussteigen und ein Stück dem Küstenverlauf folgen. Von oben sehen Sie dabei auf die mächtige Brandung hinab, die nicht nur unablässig gegen die Steilküste stürmt, sondern dabei im Lauf der Zeit auch ein imponierendes natürliches Tor geschaffen hat. Daß das Kap die Bezeichnung "hinterhältig" trägt, kann nur aus der Perspektive der damaligen Seefahrer verstanden werden. Sie waren es, die unter der wilden Küste, den Riffen und den scharfkantigen Lavaklippen zu leiden hatten und oft Ladung, Schiffe und Leben verloren. Da viele der Seefahrer vergangener Jahrhunderte Piraten waren, die in der Einöde der südöstlichen Küstengebiete ihren Unterschlupf hatten, haben sich Sagen (vielleicht ja auch Wahrheiten) über die hier gekenterten Schiffe und untergegangenen Schätze bis heute erhalten. So wird auch die Existenz zweier Brunnen (die wohl im letzten Jahrhundert angelegt worden sind) mit der der Piraten verknüpft und müssen der 'Puits des Anglais' und 'Puits des Français' wahlweise als Schatzkammer oder Schauplatz mancher Schauergeschichte herhalten.

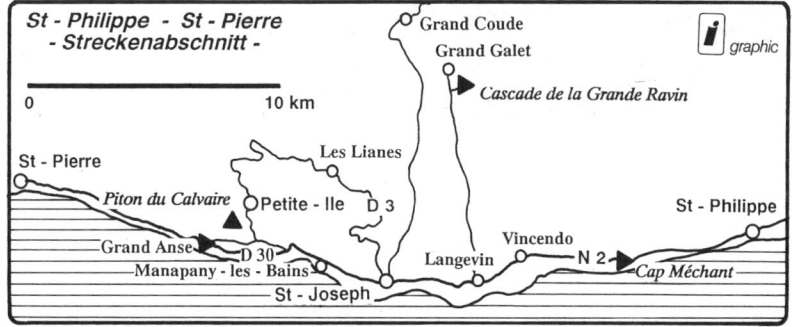

Zurück auf der Nationalstraße wird man nun an Gemüsefeldern und Bananenplantagen vorbeigeführt, passiert linkerhand ein mächtiges Wegkreuz und erreicht die Ortschaften Vincendo und Langevin (beide haben jeweils eine kleine Zufahrt zu pittoresken Fischerhäfen). Kurz vor der Brücke über den Rivière Langevin kann man einen etwa 11 km langen Abstecher nach Grand Galet machen.

Abstecher nach Grand Galet (Cascade de la Grande Ravin)

Dazu verläßt man die N 2 nach rechts und fährt auf der engen, aber zunächst noch asphaltierten Straße immer am Flußufer entlang. Eine moderne Mutter-Kind-Statue neben dem Weg nimmt vielleicht Bezug auf das rege kreolische Familienleben, das sich hier an Wochenenden entfaltet, wenn die Einheimischen am Rivière Langevin picknicken, baden und palavern. Dem Ziel der Fahrt, der Cascade de la Grande Ravin, kommt man näher, wenn man den Fluß auf einer Brücke überquert hat und nun am linken Ufer weiterfährt. Die Straße wird hier aber sehr schlecht und ist streckenweise atemberaubend steil. In einer der engen Haarnadelkurven sieht man dann rechts hinab in das Bassin, in das sich in mehreren Kaskaden eine ganze Wassersymphonie ergießt. 20 m weiter ist auf der linken Straßenseite eine Parkbucht, wo Sie anhalten können.

Wer zum Bassin hinabsteigen will, um dort zu baden, sollte wegen des steilen Geländes und des meist nassen Untergrundes sehr vorsichtig sein; Badegelegenheit besteht außerdem ja entlang der gefahrenen Strecke zu Genüge.

Einige kleine Restaurants haben sich entlang der Strecke etabliert, wo Sie auch die hier gezüchteten Forellen probieren können; empfehlenswert ist das Lokal in der Nähe der Forellenteiche einige Kilometer hinter dem Zugang zum Wasserkraftwerk (Tel.: 360065; Verkauf von Forellen; Forellenangeln; Restaurant; geöffnet täglich von 6.00 - 19.00 Uhr).

St-Joseph

Nach dem Abstecher zu den Wasserfällen und dem Flußtal überquert man die Mündung des Rivière Langevin und erreicht das Provinzstädtchen St-Joseph (ca. 23 000 Einwohner), das nach dem Gouverneur Joseph de Souville (1785) benannt ist. Vorbei an der Zuckerfabrik und einer schönen neoklassizistischen Kirche kommt man zur Brücke über den Rivière des Remparts und zum eigentlichen Zentrum. St-Joseph besitzt zwar keine außergewöhnlichen Sehenswürdigkeiten, hat sich aber entlang der Hauptstraße (rue Raphael Babet, N 2) einige kleine kreolische Häuser bewahren können, die in ihrer bunten Bemalung ein schönes Fotomotiv abgeben. Hier finden Sie auch nette, ursprüngliche Restaurants und Läden, in denen kunsthandwerkliche Produkte verkauft werden. Durch feines Flechtwerk aus den Blättern der Vacoas, das örtliche Familien zu Taschen, Hüten, Matten u.ä. verarbeiten, hat sich St-Joseph einen Namen gemacht.

Grand Coude

Wer die herrliche Umgebung der Stadt erkunden möchte, sollte vor der Brücke auf der D 33 in Richtung Jean Petit und Grand Coude rechts abfahren. Dabei erreicht man auf einer zuerst noch guten, nach Jean Petit (9 km) aber unasphaltierten und schlechten Straße ein mächtiges, über 1 000 m hoch gelegenes Plateau.

Vom Plateau bieten sich bei klarer Sicht atemberaubende Blicke auf die Flußtäler des Rivière Langevin und des Rivière des Remparts, auf die Berggipfel des Morne Langevin (2 315 m) und des Nez de Boeuf (2 136 m) sowie auf das tief unten liegende Meer. Außerdem sehen Sie entlang der Strecke das bedeutendste Tee-Anbaugebiet der Insel.

Diesen Ausflug sollten Sie nur bei gutem Wetter durchführen und dafür etwa zwei Stunden einkalkulieren.

Wer nun von St-Joseph in Richtung Le Tampon/Plaine-des-Cafres weiterfahren möchte, kann nach der Brücke die gewundene und landschaftlich sehr reizvolle D 3 befahren. Was auf der Landkarte aber wie eine Abkürzung aussieht, ist nicht näher als die Strecke über die N 2 nach St-Pierre und die N 3 nach Le Tampon (beide Routen etwa 28 km), sondern dauert im Gegenteil wegen der schwierigeren Straßenverhältnisse erheblich länger. Wer auf dem Weg zum Vulkan und unter Zeitdruck ist, sollte also besser die Nationalstraßen nehmen!

PETITE-ILE

Rundfahrt über Petite-Ile

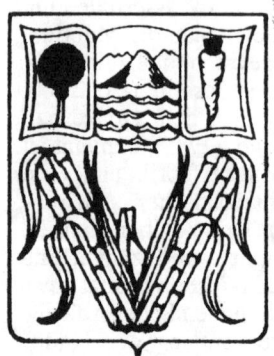

Mit ausreichend Zeit ist eine weitere, sehr schöne Rundfahrt durchführbar: dazu biegen Sie in St-Joseph hinter der Brücke auf die genannte D 3 ab, fahren über Les Lianes (sehenswerte Kirche Notre-Dame) durch ein Anbaugebiet von Gewürzen und Geranium, biegen nach ca. 12 km links auf die D 31 ab und erreichen den Ort Petite-Ile (ca. 9 000 Einwohner). Das Städtchen mit seinem reichen Blumen- und Gewürzanbau hat noch schöne Beispiele kreolischer Architektur aufzuweisen und mit seinem "Piton du Calvaire" eine weithin bekannte Wallfahrtsstätte.

Der 350 m hohe **Kalvarienberg** mit den Stationen der Passion Christi ist am 14. September das Ziel von mehreren zehntausend Gläubigen; aber auch der weite Panoramablick über die gesamte Küste von St-Pierre bis Grand-Bois, der sich vom Gipfel des Vulkanhügels bietet, ist einen Besuch wert.

Wer sich für die Herstellung von Parfum interessiert, hat in der Gegend Gelegenheit, die Geranium-Destillerien zu besichtigen.

Empfehlenswert ist der Besuch der Destillerie der Familie How-Chong in Petite-Ile.

Nach gut 1 km erreichen Sie anschließend wieder die Nationalstraße; diese Rundfahrt ist insgesamt 25 km lang und kann mit Stopps in knapp 1 ½ Stunden geschafft werden!
Zwischen St-Joseph und St-Pierre verläuft die N 2 stets nah zur Küstenlinie. 6 km hinter St-Joseph lohnt das Fischerdorf **Manapany-les-Bains** mit seinem guten Restaurant einen Abstecher.

Grand Anse

Weitere 5 km später (fahren Sie hier die alternative Strecke D 30 anstelle der parallel laufenden Nationalstraße!) sollten Sie dem ausgeschilderten Weg zur Grand Anse folgen, wo der erste kleine Badestrand der westlichen Küste liegt. Das 31 ha große Gelände ist seit einigen Jahren touristisch erschlossen (Campingplatz, sanitäre Einrichtungen, Picknickplätze, Parkplatz usw.) und lebt vom wunderschönen Landschaftsensemble des Kaps, des Sandstrandes, der Palmen und der gepflegten Anlagen. Ein mächtiges Steingebäude stellt übrigens kein verlassenes Fort der Franzosen dar, sondern einen alten Kalkofen.

Knapp 10 km hinter der Stelle, wo die Zufahrtsstraße von der Grand Anse wieder auf die N 2 stößt, erreichen Sie schließlich die lebhafte Stadt St-Pierre (vgl. 7.5.2).

7.4 DER PITON DE LA FOURNAISE

7.4.1 ÜBERBLICK UND TOURISTISCHE HINWEISE

Die Strecke zum noch tätigen Vulkan Piton de la Fournaise und möglichst auch eine Besteigung des Berges gehört zu den herausragenden Erlebnissen eines Réunion-Urlaubs. Da der Vulkan gleichmäßig zur Ostküste abfällt, ist der einzige Zugang mit dem Wagen nur von Westen möglich, wo die 'Route du Volcan' (RF 5) von der N 3 abzweigt und nach ca. 30 km den Aussichtspunkt Pas de Bellecombe erreicht. Das bedeutet, daß man zum Vulkan auf der N 3 entweder von Norden (St-Benoit, Plaine-des-Palmistes) oder vom Süden (St-Pierre, Plaine-des-Cafres) gelangt, wobei die vorliegende Routenführung natürlich den

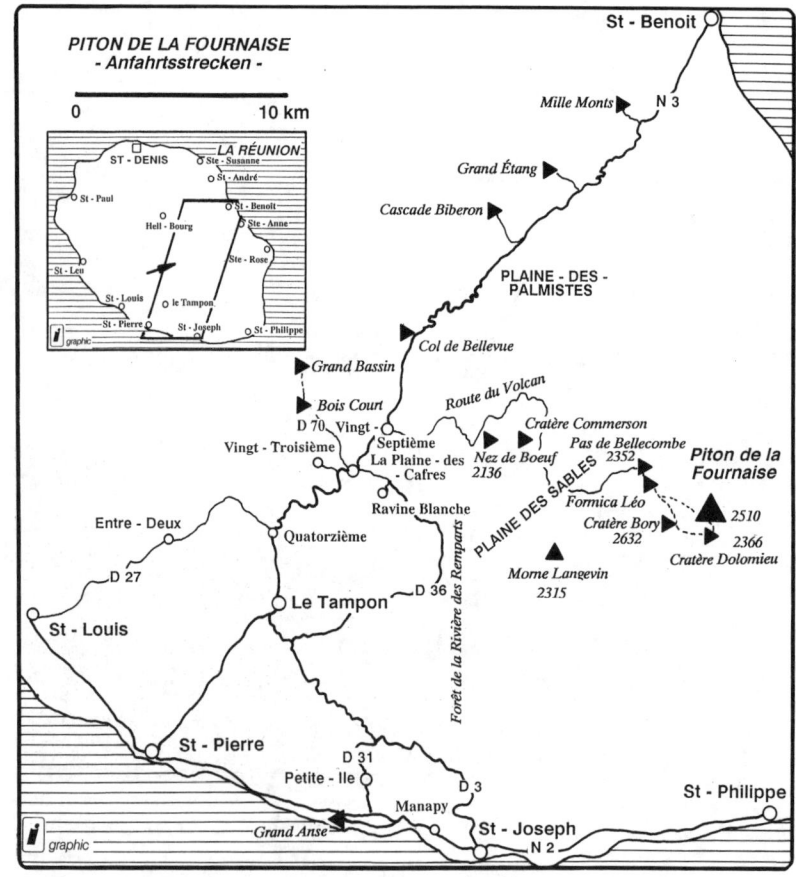

südlichen Weg nahelegt. Bei dem Ausflug sollte es jedoch nicht allein um das Landschaftserlebnis des Piton de la Fournaise gehen. In der Umgebung sind nämlich noch andere sehenswerte Ziele konzentriert, die sämtlich einen kurzen Abstecher oder eine längere Wanderung lohnen, und schon allein die Route du Volcan ist so schön, daß es schade wäre, sie nur als Transferstrecke zu benutzen.

Bei Ihrer Zeiteinteilung ist der Unsicherheitsfaktor Wetter eine ausschlaggebende Größe. Die Wahrscheinlichkeit, den Gipfel des Piton de la Fournaise überhaupt sehen zu können, ist früh morgens am größten. Schon ab 10.00 Uhr, spätestens um die Mittagszeit, verhüllen Nebel und Wolken den Berg, und auch die Aussichtspunkte entlang der Strecke bieten dann allenfalls Parkplätze, aber keine weite Sicht mehr. Das heißt: je früher man aufbricht und je näher der Startpunkt, desto besser!

Vom Hotel in Le Tampon, der Plaine-des-Cafres oder der Plaine-des-Palmistes jedenfalls können Sie die Strecke in einer Stunde schaffen, und wenn Sie gegen 6.30 Uhr Ihr Quartier verlassen haben, können Sie mit optimalen Bedingungen rechnen. Natürlich hält sich das Wetter auch nicht immer an diese Regel, und es kann schon einmal vorkommen, daß die Sonne auch am Nachmittag scheint oder der Himmel bereits bei Sonnenaufgang bedeckt ist... Wer von der Küste kommt, sollte übrigens bedenken, daß er in relativ kurzer Zeit die Höhendistanz von mehr als 2 200 m zurückzulegen hat.

Ein ausgefüllter Tag könnte unter den genannten Vorraussetzungen folgendes Programm haben:

* **Früher Start** (vom Hotelstandpunkt St-Philippe, St-Pierre oder gar St-Gilles entsprechend eher, d.h. noch bei Dunkelheit!) und Ankunft am Pas de Bellecombe gegen 7.30 Uhr;
* **Wanderung zum Vulkangipfel** und Rückkehr am Parkplatz gegen 11.30 Uhr;
* **Landschaftsfahrt** auf der Route du Volcan;
* Fahrt zum **Aussichtspunkt Bois Court** und evtl. Wanderung zum Grand Bassin
* Fahrt zum nächsten **Übernachtungsquartier.**

Information:
Syndicat d'Initiative, Plaine-des-Palmistes, Route Nationale 3, Tel.: 513257

Restaurants

Le Tampon

L'Auberge Alsacienne, 460 rue Hubert Delisle, Tel.: 278741. Kleines Restaurant mit elsässischer Küche, Spezialität Weinbergschnecken, elsässisches Sauerkraut; tägl. geöffnet.
La Bœuf Tortue, 124 rue Hubert Delisle, Tel.: 272007. Kreolische Küche, Spezialität Schildkröten- und Wildgerichte; geöffnet mittags bis 14.00 Uhr, abends bis 22.00 Uhr, Di geschlossen.
Les Orchidées, 3 rue Jules Ferry, Tel.: 271115. Renommiertes Hotel-Restaurant mit kreolischer und französischer Küche; geöffnet mittags (außer Mo) bis 13.30 Uhr, abends bis 21.30 Uhr, So geschlossen.
Le Paille-en-Queue, 25 rue Hubert Delisle/rue du Paille-en-Queue, Tel.: 270015. Französische Spitzengastronomie des renommierten Hotel-Restaurants, Haute cuisine, Reservierung ist anzuraten; geöffnet mittags bis 14.00 Uhr, abends (außer So) bis 22.00 Uhr, Mo geschlossen.

auf der Plaine-des-Cafres

Auberge du Volcan, 27e km (le Vingt Septième), Tel.: 275091. Kleines vorzügliches Hotelrestaurant mit kreolischer und französischer Küche, Spezialität Ente, So mittags kreolisches Buffet (ca. FF 120); geöffnet mittags bis 14.30 Uhr, abends (außer So) bis 21.00 Uhr, Mo geschlossen.
Hotel Lallemand, 23e km, Tel.: 275127. Gutes Hotelrestaurant mit französischer und kreolischer Küche, Spezialität Carri mit Langusten, überbackenes Gemüse; geöffnet mittags bis 15.00 Uhr, abends bis 22.00 Uhr.
Restaurant Cocotin, 23e km, Tel.: 590830. Gemütliches, kleines Lokal mit Réunioner Spezialitäten, 'Filiale' des "Chez Alice" in Hell-Bourg; geöffnet mittags bis 15.00 Uhr, abends bis 22.00 Uhr.

auf der Plaine-des-Palmistes

Hotel des Plaines, 2me village, route Nationale 3, Tel.: 513197/513659. Gutes Hotelrestaurant mit französischer und kreolischer Küche, nicht billig, So abend kreolisches Buffet; geöffnet mittags bis 14.00 Uhr, abends bis 21.00 Uhr.
Escale des Calumets, Bras des Calumets (hinter 2me village), Tel.: 513775. Kleines Restaurant mit kreolischer und chinesischer Küche, Spezialität Perlhuhn in Wermut, Coq au vin; geöffnet nur mittags von 11.30 bis 15.00 Uhr, Di geschlossen.

7.4.2 ANFAHRT ÜBER LE TAMPON

Von der Küstenstraße N 1 bzw. N 2 gibt es verschiedene Möglichkeiten, die Ortschaft Le Vingt-Septième zu erreichen, wo die eigentliche Route du Volcan beginnt. Diese Alternativen sind interessant, wenn man am Vortag zu einem Hotelquartier fährt und noch etwas Zeit hat, oder wenn man nach dem Besuch des Vulkans wieder auf der Heimfahrt ist; für die Anfahrt unter Zeitdruck eignen sie sich also nicht.

Da ist zunächst die Strecke ab St-Joseph, die über die D 3 oder die D 33 zurückgelegt werden kann (vgl. 7.3.3). Bei ausreichender Zeit empfehle ich hier folgende Route:
* auf der N 2 **über Manapany bis zur Grande Anse** (Aufenthalt), dann über die D 31 nach **Petite-Ile** (Aufenthalt) und anschließend weiter auf der D 3 bis nach **Le Tampon**, wo Sie auf die N 3 stoßen. Diese Strecke ist ab St-Joseph und bis Le Tampon ca. 32 km lang, sehr kurvenreich, aber in gutem Zustand und vereint die schönsten Sehenswürdigkeiten und Landschaftseindrücke.
* Zweitens bietet sich die bequemste Verbindung ab **St-Pierre** (wo die N 1 und die N 2 zusammenkommen) über die N 3 an. Obwohl recht stark ansteigend, ist das knapp 9 km lange, schnurgerade Stück zwischen St-Pierre und Le Tampon doch autobahnartig ausgebaut und erlaubt ein schnelles Vorwärtskommen.
* Drittens kann man zwischen St-Louis und **St-Pierre** die N 1 auf der D 26 (Richtung Entre-Deux) verlassen und nach gut 2 km auf der D 27 weiterfahren. Nach der Ortschaft **La Mare** stößt diese Straße im Dorf **Quatorzième** etwa 4 km oberhalb von Le Tampon auf die N 3.
* Schließlich bietet sich als 'Alternative der Alternative' noch ein Rundweg von 22,5 km Länge an, der von der D 3, etwa 3 km südlich von **Le Tampon**, abgeht und einen großen Bogen schlägt, um auf der **Plaine-des-Cafres** wieder die N 3 zu erreichen. Das Schöne dieser Strecke ist die Fahrt durch Reste des ursprünglichen Bergwaldes (Forêt de la Rivière des Remparts), der herrliche Blick in das Flußtal und auf den Morne Langevin, sowie der Besuch der Wallfahrtskirche Notre Dame de la Paix.

Le Tampon

Das Städtchen Le Tampon ist Mittelpunkt einer Kommune, die 18 000 ha und Höhenlagen zwischen 400 und 1 600 m umfaßt. Der Ort selbst hat etwa 40 000 Einwohner und ist wegen seiner klaren Luft und des guten Klimas seit der Gründung 1725 ein bevorzugter Wohnort der Weißen gewesen. Das wohlhabende Gemeinwesen zeichnet sich durch ein quirliges Geschäftszentrum, blühende Vorgärten, schöne kreolische Villen (u.a. das herrschaftliche Haus "Le Vigoureux" in der Nähe der Kirche) und einen gepflegten Stadtpark ("Jardin public") aus.

 In etlichen Restaurants werden 'tamponesische Spezialitäten' angeboten, die aus dem fruchtbaren Ackerland der Umgebung stammen, und in den Läden finden Sie qualitätsvolle Souvenirs, z.B. geflochtene Körbe und Matten aus Vacoa-Blättern.

Ab der Kreuzung der Straßen N 3 und D 3 wird die Strecke wieder kurviger und schraubt sich mehr und mehr in die Höhe. Die Ortschaften, die man passiert, werden der Einfachheit halber nach der Kilometer-Entfernung bis St-Pierre bezeichnet (z.B. "Dix Septième", "Dix Neuvième" usw.).

La Plaine-des-Cafres

Nach 15 km hat man dann die Ortschaft La Plaine-des-Cafres erreicht, deren Name auf die "Kaffern", also schwarzen Sklaven zurückgeht, die früher in die unzugängliche Gegend fliehen konnten. Nach Abschaffung der Sklaverei hat es sie allerdings nicht lange hier halten können, da die Temperaturen doch deutlich niedriger liegen als an der Küste. Den Platz der Sklaven nahmen die "kleinen Weißen der Höhe" ein (vgl. 5.2.4), deren Nachkommen heute

noch die überwiegende Mehrheit der Bevölkerung ausmachen. Die Landschaft ist hier nicht mehr südländisch oder gar tropisch geprägt, sondern erinnert mit dem satten Grün der Weiden, den grasenden Kühen und den waldbedeckten Bergen eher an Szenerien des Allgäus.

Von der Plaine-des-Cafres, bzw. dem Dorf **Vingt-Troisième**, sind zwei **kurze Ausflüge** empfehlenswert:

* Einmal die Fahrt zur **Ravine Blanche**, die nur knapp 5 km lang ist und bis an den Steilhang eines kleinen Talkessels führt.
* Zum anderen die knapp 5 km lange Fahrt auf der D 70 nach **Bois Court**, wo Sie am Endpunkt der Straße zu einem Aussichtspunkt in 1 388 m Höhe gelangen.

Réunion: Der Piton de la Fournaise

Von hier aus bietet sich ein überwältigender Blick auf das 600 m tiefer liegende **Grand Bassin** mit seinem Wasserfall und der kleinen Ortschaft, sowie auf den gegenüberliegenden **Dimitile** (1 837 m) und andere Berggipfel.

Immer noch sind die Einwohner im Tal auf den Lastenaufzug (direkt am Aussichtspunkt) oder auf den langen Fußmarsch bzw. Helikopterverbindungen angewiesen.

Wer den Canyon nicht nur aus der Vogelperspektive genießen möchte, hat Gelegenheit, auf einer 6 km langen Wanderung zum Grand Bassin hinabzusteigen. Dazu fahren (oder besser: gehen - der Wagen hat am Aussichtspunkt günstigere Parkmöglichkeiten!) Sie auf der D 70 etwa 250 m zurück, bis rechts ein Weg abzweigt, dem Sie etwa 600 m folgen. Der Wanderweg beginnt am Schild "Sentier touristique Grand Bassin"; etwa 4 Stunden Zeit sollten Sie dazu mitbringen!

27 km hinter St-Pierre bzw. 4 km hinter der Plaine-des-Cafres, im Ort **Le Vingt-Septième** (Bourg Murat), geht in der Nähe der "Auberge du Volcan" rechts ein nicht besonders gut ausgezeichneter Weg ab. Diesen dürfen Sie **auf keinen Fall verpassen,** denn er ist der Beginn der eigentlichen Strecke zum Vulkan (Route du Volcan) - vgl. 7.4.4!

7.4.3 ANFAHRT ÜBER LA PLAINE-DES-PALMISTES

Die 35 km lange An- oder Abfahrt über die Plaine-des-Palmistes ist eine der schönsten Réunioner Autorouten überhaupt. Leider ist sie kein fester Bestandteil der hier beschriebenen Rundfahrt, sondern nur als zusätzlicher Ausflug (etwa am Nachmittag nach dem Vulkanbesuch) einzuplanen, wohingegen eine ca. viertägige Reise nach Réunion (unter Aussparung der Südküste) oder Exkursionen vom festen Hotelstandort aus die Strecke automatisch beinhalten (vgl. auch 6.3 und 7, Vorbemerkungen).

Wer von St-Benoit her kommt, benutzt ab der Umgehungsstraße zunächst das landschaftlich nicht sehr beeindruckende, 6,4 km lange Teilstück der N 3; wer von Ste-Rose anreist, sollte kurz hinter der Brücke über den Rivière de l'Est (vgl. 7.3.2) die wunderschöne Anfahrt über die D 3 wählen - vorbei an Bananenplantagen, Letchibäumen und fischreichen Bächen. Diese Strecke ist insgesamt gut 15 km lang.

Mille Monts

Wo sich D 3 und N 3 vereinigen, ist nach rechts ein kleiner Abstecher (3 km) zu den Mille Monts möglich, von wo aus man einen weiten Blick über die Küstenebene zwischen Bras-Panon und Ste-Anne hat.

Grand Étang

Noch schöner ist etwa 3 km weiter der Ausflug zum Grand Étang, wo man ebenfalls nach rechts abbiegt, knapp 3 km fährt und dann eine halbstündige Wanderung zum fischreichen, herrlich gelegenen See unternimmt. Mit etwas mehr Zeit sollten Sie am rechten Ufer des Grand Étang entlang gehen und am Ende dann die gut 400 m Höhendifferenz bewältigen.

Vom Grat oberhalb des Sees hat man eine herrliche Aussicht auf den Talkessel, die Canyons der verschiedenen Flüsse und das Takamaka-Gebirge.

Plaine-des-Palmistes

Wieder auf der N 3 geht die Fahrt über einige Serpentinen nun steil nach oben, wobei der Blick hinunter ins Tal immer wieder zu Fotostopps reizt, bis schließlich am Aussichtspunkt mit dem beziehungsreichen Namen "l'Echo" 683 Höhenmeter erreicht sind. Obwohl die N 3 auch anschließend noch ansteigt, wird die Strecke nun bequemer und ist kaum noch kurvig: das 900 - 1 200 m hochgelegene Plateau der Plaine-des-Palmistes liegt vor Ihnen, das hauptsächlich landwirtschaftlich (Rinder- und Schafszucht, Gemüseanbau und Blumenzucht) geprägt ist und mit schönen kreolischen Höfen, blühenden Gärten und hübschen Dörfern aufwarten kann. Ein großzügig gestalteter Rastplatz mit Aussichtsplattform und Blumenbeeten bringt die ruhige Schönheit dieser Landschaft genauso nahe wie kleinere Exkursionen auf den Feldwegen links der Nationalstraße. Die namensgebenden Palmen werden Sie allerdings kaum noch antreffen, da der ursprüngliche Waldbestand von den "kleinen Weißen der Höhe" (vgl. 5.2.4) abgeholzt wurde.

Wer die in einiger Entfernung rechts der N 3 aufragende Bergkette mit ihren weiß leuchtenden Wasserfällen näher in Augenschein nehmen möchte, kann im ersten Dorf ("1er village") eine etwa zweistündige leichte Wanderung zur **Cascade Biberon** bewältigen. Beim Hinweisschild zum Wasserfall biegen Sie dabei an der ersten Straße im Dorf nach rechts ab, und gehen kurze Zeit später immer geradeaus auf die gut sichtbaren Fälle zu. Am Bett der Ravine Sèche geht's ein kurzes Stück nach links und nach Überqueren des Baches weiter über den sichtbaren Pfad bis unmittelbar zum Bassin am Fuß der Cascade.

Auf der N 3 wird am zweiten Dorf ("2me village") die Route wieder steiler und kurviger. Hier zweigt auch rechts die D 55 in Richtung "Petite Plaine" ab, auf der Sie zur Stichstraße 'Route Forestière 2' und auf dieser zum **Forêt de Bébour** sowie zum **Plateau de Bélouve** kommen.

Der Abstecher ist recht lang (ca. 14 km) und zeitaufwendig, da er auf Höhen von knapp 1 700 m ü.d.M. ansteigt, aber wegen der vielen wunderbaren Aussichtspunkte und der Möglichkeiten zu Wanderungen ist er empfehlenswert.

Ab dem Parkplatz vor der Straßensperre können Sie einerseits auf einem Naturlehrpfad Reste des ursprünglichen Bergwaldes mit seinen vielen Baumfarnen bewundern, andererseits nach Erklimmen des Grates den prächtigen Blick hinunter in den Cirque de Salazie genießen.

Auch der höchste Berg der Insel, der Piton des Neiges (3 070 m), und das Städtchen Hell-Bourg sind auf Wanderungen von hier aus gut erreichbar.

Col de Bellevue

Die eigentliche Route jedoch folgt nach wie vor der N 3 und steigt nun in vielen Serpentinen steil zur Grande Montée und zum 1 606 m hohen Col de Bellevue an. An der höchsten Stelle gibt es links der Straße einen kurzen Stichweg zu einem Aussichtspunkt mit großem Parkplatz. Hier lohnt es anzuhalten, ein wenig auf den Pfaden der Umgebung zu wandern, evtl. Drachenflieger zu beobachten und die veränderte Vegetation in kühler Bergluft auf sich wirken zu lassen.

Plaine-des-Cafres

Vor Ihnen liegt nun die zweite Hochfläche, die Plaine-des-Cafres, auf der Sie nach wenigen Kilometern die Ortschaft le Vingt-Septième (Bourg Murat) erreichen, wo linkerhand die Route du Volcan abzweigt. Die N 3 führt weiter geradeaus und klettert von der Plaine-des-Cafres schließlich hinab nach Le Tampon und St-Pierre (vgl. 7.4.2).

7.4.4 DIE ROUTE DU VOLCAN

Die 30 km lange Strecke auf der Route du Volcan überbrückt von le Vingt-Septième bis zum Endpunkt Pas de Bellecombe (2 353 m) gut 800 m Höhendifferenz, ist zunächst recht eng, aber asphaltiert, ab dem Nez de Boeuf aber unasphaltiert und manchmal ein wenig schwierig zu fahren. Die einmaligen Landschaftseindrücke entschädigen jedoch für alle Mühen der An- und Abfahrt!

Nachdem Sie in le Vingt-Septième die N 3 verlassen haben und nach zweimaligem Abbiegen (folgen Sie dabei immer den Hinweisschildern!) auf der richtigen Route sind, spüren Sie zunächst noch nichts von der vulkanischen Einöde, die Sie erwartet. Stattdessen geht der Blick weit über Weiden und bewaldete Berghänge, und man fühlt sich auf eine alpenländische Panoramastraße versetzt. Je höher man aber kommt, desto spärlicher wird die Vegetation, zwergwüchsige Tamarinden und Baumheide treten in den Vordergrund, und merkwürdige Hinweisschilder (roter Vulkan auf weißem Grund) deuten die Gefahren an, die eine Eruption mit sich bringen kann. Nach 8 km haben Sie am **Nez de Bœuf** (2 136 m) einen ersten Aussichtspunkt erreicht, der eine weite Perspektive in den grünen Canyon des Rivière des Remparts bietet.

Die unasphaltierte Straße macht jetzt einen weiten Bogen entlang des Talkessels und gibt bei klarem Wetter mehrmals den Blick über die Hochflächen bis hin zum Piton des Neiges frei. Am Ende des Bogens weist eine Tafel zum nahen **Cratère Commerson**, den Sie nur zu Fuß erreichen können (in Anbetracht der Zeit und des Wetterfaktors sollte man dies nur auf dem Rückweg und bei klarer Sicht tun; beachten Sie dann das typische Echo!). Schließlich kommen Sie zu einem steilen, etwa 300 m tiefen Abfall einer Caldera, wo Sie unbedingt halten sollten.

Plaine des Sables

Vor Ihnen liegt nun die wüstenähnliche Plaine des Sables, die überhaupt nichts mehr mit den grünen Almen der Anreise gemein hat. Die ebene, rostbraune Fläche breitet sich mit ihrer Mondlandschaft vor Ihnen aus, gleichermaßen karg und eindrucksvoll. Auf engen Serpentinen schlängelt sich die Route du Volcan zu ihr hinab und durchquert sie dann auf einer schnurgeraden Piste. Am Ende der Ebene steigt die Straße wieder in mehreren Kehren an.

 Nach links führt eine Stichstraße zur modernen Hütte, wo zwei Schlafsäle für Übernachtungen zur Verfügung stehen. Für Besucher ohne großen Komfortansprüche wäre dies natürlich die beste Möglichkeit, den Vulkan und seine Umgebung zu erkunden, indem man am Vortag bis hierhin fährt und evtl. schon kleinere Wanderungen unternimmt, um am nächsten Tag den

Gipfel zu besteigen. Da der Weg dort mit weißen Steinen markiert ist, kann man ihn auch in der Dunkelheit zurücklegen und dann zum Sonnenaufgang auf dem Piton de la Fournaise sein - ein grandioses und majestätisches Erlebnis! Wer dies vorhat, sollte rechtzeitig die Übernachtung beim Syndicat d'Initiative anmelden und bezahlen; die Hütte ist wegen der vielen Wanderer und Schulklassen oft ausgebucht!

Pas de Bellecombe

Am Pas de Bellecombe endet die Route du Volcan in 2 352 m Höhe. Hier gibt es einen Parkplatz, dessen Größe Rückschlüsse erlaubt, wie beliebt das Ziel an Wochenenden und in Zeiten eruptiver Tätigkeiten ist. Im nahegelegenen Pavillon sind Erfrischungen erhältlich.

Vom Pas de Bellecombe geht es nun zu Fuß weiter. Der Weg führt zunächst zur Aussichtsplattform, von der aus man einen weiten Blick über die tief liegende, etwa 14 km im Durchmesser große Caldera **Enclos Fouqué** hat. Man sieht hier nicht nur den mächtigen Steilabhang des ein gestürzten Kraters, sondern auch die Strecke, die vor einem liegt: der Abstieg zur Caldera, der kleine Krater Formica Léo und der weiß markierte Pfad zum Piton de la Fournaise. Dann geht man parallel zur Abbruchkante nach links, passiert den Fußweg zur Berghütte, und begibt sich nach rechts zum Abstieg zur Enclos, der recht steil, aber mit Stufen und Geländern gesichert ist.

Das nächste Ziel ist der Minikrater **Formica Léo**, der sich 1768 aufgebaut hat und mit seinem Kegel, der rötlich-braunen Farbe und dem gleichmäßigen Krater idealtypisch ist. In wenigen Minuten haben Sie den Formica Léo bestiegen und dessen Krater umrundet. Weiter geht es auf den eigentlichen Vulkan zu, vorbei an merkwürdig geformten Klippen, der "Stricklava", tiefen Rissen und natürlich gewachsenen Grotten. Der Pfad, der vom Pas de Bellecombe noch eben aussah, steigt in Wirklichkeit stetig an, ist aber bei durchschnittlicher Kondition gut zu bewältigen.

 Sie sollten auf keinen Fall die weißen Markierungen verlassen, da manchmal plötzlich hereinbrechende Nebelwände und Wolken einen sehr schnell die Orientierung verlieren lassen (es sollen sich hier schon Wanderer vollkommen verirrt haben, die man dann später erfroren aufgefunden hat!).

Direkt am Fuß des Vulkans teilt sich der Weg:

* Die **linke Markierung** führt in 2,2 km zum Gipfel und ist etwas einfacher zurückzulegen; dabei passiert man die tiefe Spalte "Soufrière", die 1963 aufbrach.
* Der **rechte Weg** steigt direkt steil an und führt zunächst am **Cratère Bory** (2 632 m ü.d.M.) vorbei, der 1791 entstand und einen Durchmesser von 200 m hat.

Am oberen **Cratère Dolomieu** mit seinem Durchmesser von 900 m vereinigen sich beide Pfade und beschreiben einen Rundweg an dessen Rand entlang, wobei man auch die höchste Stelle von 2 510 m erreicht. Bei klarem Wetter ist die Sicht von hier aus unbeschreiblich schön: das abweisend kahle vulkanische Umfeld mit der Caldera und etlichen Nebekratern steht im Kontrast zu den tieferen grünen Regionen und dem Regenwald am Fuß des Berges, und im Hintergrund leuchtet das Blau des Indischen Ozeans...

 Diese Wanderung ist insgesamt etwa 10 km lang und beansprucht ungefähr vier Stunden. Empfehlenswert ist der Aufstieg über die linke Flanke und der Rückweg über die steilere Strecke entlang des Cratère Bory.

Réunion: Die Route du Volcan

Wegen der scharfkantigen Lava und Schlacken sollten Sie dazu gutes Schuhwerk tragen und auch an Wasservorräte denken. Ins Gepäck gehört außerdem ein Regenschutz und, falls Sie zum Sonnenaufgang hinaufsteigen, eine gute Taschenlampe.

Derjenige, den die gesamte Distanz abschreckt, sollte wenigstens die Strecke bis zur Enclos Fouqué und zum Formica Léo wagen, die man hin und zurück in 1 ½ Stunden bewältigen kann. Angst vor einem Ausbruch braucht man nicht zu haben, da die empfindlichen Seismographen eine kurzfristige Warnung ermöglichen. Bisher jedenfalls hat die vulkanische Tätigkeit noch keinen Besucher das Leben gekostet!

7.5 SAINT-PIERRE UND CIRQUE DE CILAOS

7.5.1 ÜBERBLICK UND TOURISTISCHE HINWEISE

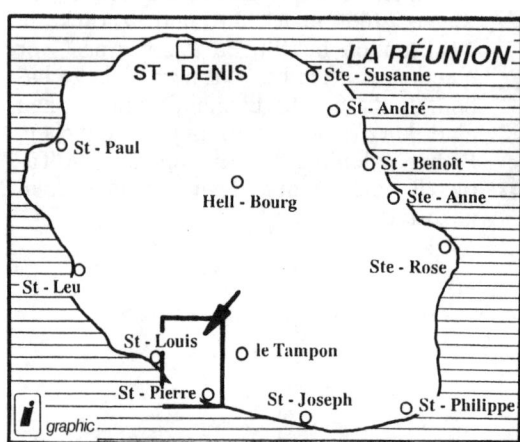

Dieses Kapitel beschreibt keine Rundfahrt, sondern will kurz die Sehenswürdigkeiten der zweitgrößten Stadt Réunions nennen und den möglichen Abstecher zum Cirque de Cilaos schildern. St-Pierre ist eine lebhafte, interessante Stadt mit Einkaufsmöglichkeiten und hübschen Baudenkmälern; der Besuch hängt also in erster Linie von der vorhandenen oder nicht vorhandenen Lust an einer Stadtbesichtigung ab. Wer sich nur orientieren möchte, kann dies in einem einstündigen Spaziergang bequem tun (z.B. am Nachmittag nach dem Vulkanbesuch) und dann zu neuen Zielen (z.B. zum Cirque de Cilaos) aufbrechen. Bei längerem Aufenthalt könnten Sie vom schönen Stadtstrand, vom Markt und von Ausflugszielen der Umgebung - etwa Entre-Deux - profitieren.

Die Fahrt zum Cirque de Cilaos ist, ähnlich der zum Cirque de Salazie, ein reines Landschaftserlebnis, wobei sich die Talkessel von der Struktur her zwar ähneln, aber jeweils einen ganz eigenen Charakter aufweisen. Auch hier bieten sich Wanderungen unterschiedlicher Schwierigkeit, Länge und Dauer an.

Wer vom morgendlichen Besuch des Piton de la Fournaise kommt und sich evtl. auch am Aussichtspunkt hinter Bois Court länger aufgehalten hat, am gleichen Tag aber noch zum Cirque de Cilaos weiterfahren möchte, muß natürlich die Besichtigung von St-Pierre (wenn überhaupt!) so knapp wie möglich halten. Da die Hinfahrt zum Cirque dann am Nachmittag läge, wenn erfahrungsgemäß Nebel oder Wolken die Sicht behindern, wäre sie ein reiner Transfer, die die Aufnahme der Landschaft erst am nächsten Tag richtig ermöglicht. Der Vorteil wäre dabei allerdings, daß man schon bei Sonnenaufgang im Talkessel ist und

Réunion: Saint-Pierre und Cirque de Cilaos

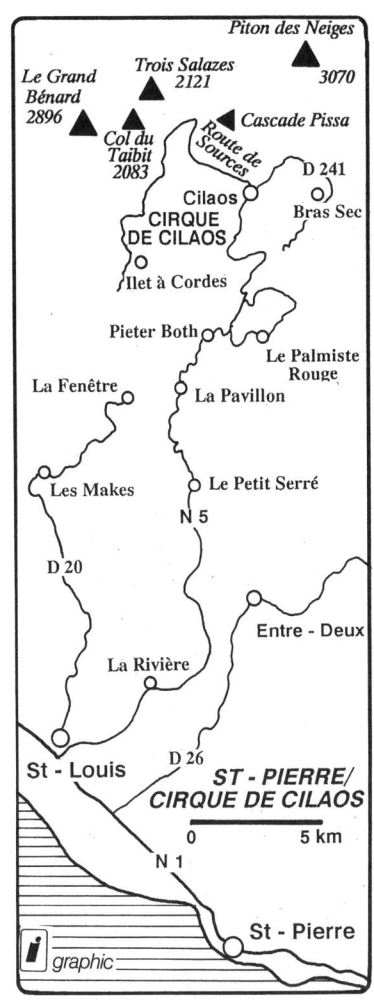

deshalb Spaziergänge, Wanderungen und Aussichten bei gutem Wetter genießt.
Sie sollten sich nur über die Schwierigkeiten einer solchen Ganztagestour im klaren sein: Vom Aufenthalt und evtl. einer Wanderung in 2 500 m Höhe (Anfahrt nicht mitgerechnet!) würde man nämlich bis auf Meeresniveau wieder hinabfahren, um nach einer kurzen Strecke der Küste entlang wieder auf 1 200 m aufzusteigen. Nicht nur die Höhenunterschiede, sondern auch die ständigen Kurven und Serpentinen stellen dabei hohe Ansprüche an den Fahrer.
Ein Tagesprogramm der genannten Art könnte folgendermaßen aussehen:
* Gegen **Mittag Aufbruch** am Piton de la Fournaise;
* gegen 13.00 Uhr Besuch des **Aussichtspunktes Bois Court**;
* am frühen Nachmittag kurzer Aufenthalt und Kaffeepause in **St-Pierre**;
* spätestens 16.30 Uhr **Aufbruch** zum Cirque de Cilaos;
* abends Ankunft in Cilaos und Beziehung des **Quartiers**;
* am nächsten Morgen Spaziergänge oder Wanderungen im **Cirque**, evtl. Besuch des Thermalbades und **Rückfahrt** über St-Louis zur Westküste.

 Information

Maison de la Montagne, Rue du Père-Boiteau, Cilaos, Tel.: 277155
Syndicat d'Initiative, 27 rue Archambaud, Saint-Pierre, Tel.: 250236
Syndicat d'Initiative, Cilaos, Tel.: 277803

Restaurants
in Saint-Pierre:
 Vanille et Lambrequin, Boulevard Hubert Delisle (Hotel Sterne), Tel.: 256576. Großes Restaurant für Buffets, Bankette u.ä., französische und kreolische Küche, Spezialität Meeresfrüchte, Krevettengratinee, Ente; tägl. 7.00 - 23.00 Uhr geöffnet, warme Küche mittags bis 15.00 Uhr, abends bis 22.30 Uhr.

Palais de Chine, 33 rue M. et A. Leblond, Tel.: 251418. Sehr gutes und nicht billiges chinesisches Restaurant, Spezialität chinesisches Fondue; geöffnet mittags bis 13.30 Uhr, abends bis 21.30 Uhr, Di geschlossen.
Le Pénélope, 1 rue M. et A. Leblond, Tel.: 353951. Gutes Restaurant mit französischer Küche, Spezialität Fisch und Meeresfrüchte; geöffnet mittags bis 13.30 Uhr, abends bis 21.30 Uhr, Mo geschlossen
L'Ostéria, 16 rue M. et A. Leblond, Tel.: 251415. Französische, orientalische und italienische Küche, Spezialität Couscous, Kalbfleisch, Pizzen; geöffnet mittags bis 13.45 Uhr, abends bis 22.30 Uhr, So geschlossen.
La Baguette d'Or/Apsara, 57 rue Mahatma Gandhi, Tel.: 259964. Sehr gutes fernöstliches Restaurant mit 120 Spezialitäten aus Vietnam und Kambodscha; geöffnet mittags bis 15.00 Uhr, abends bis 23.00 Uhr, Mo geschlossen.
Bagatelle, Rivière d'Abord (im östlichen Stadtteil), Tel.: 256254. Restaurant mit europäischer, kreolischer und nordafrikanischer Küche, Spezialität Fischgerichte, Fr abend marokkanisches Couscous; tägl. geöffnet.

in Entre-Deux:
Les 3 Merveilles, rue de l'Eglise, Tel.: 395697. Kleines Restaurant mit kreolischer und chinesischer Küche, Spezialität Fischgerichte, kantonesisches Schweinefleisch; geöffnet mittags bis 14.00 Uhr, abends bis 22.00 Uhr, Mi geschlossen.

im Cirque de Cilaos:
Hotel du Cirque, route Nationale 5 (Stadtzentrum), Tel.: 317068. Gutes Hotelrestaurant mit französischer, kreolischer und chinesischer Küche, Spezialität Geflügel-Carri; geöffnet mittags bis 13.30 Uhr, abends bis 21.00 Uhr.
Hotel des Thermes, 8 rue des Sources, Tel.: 317001. Renommiertes und teueres Hotelrestaurant, kreolische und französische Küche, Spezialität Linsengerichte; geöffnet mittags bis 15.00 Uhr, abends bis 21.00 Uhr.
La Grange, les Trois Mares (Cilaos), Tel.: 317038. Gutes Restaurant mit kreolischer Küche, recht preiswert (ca. 60 - 80 FF p.P.), Spezialität Carris; geöffnet mittags bis 14.30 Uhr, abends bis 21.30 Uhr.
Le Vieux Cep, Cilaos, Tel.: 317189. Gutes und beliebtes Hotelrestaurant mit kreolischer Küche, manchmal überfüllt, nicht zu teuer, Spezialität Paté Créole; geöffnet mittags bis 14.30 Uhr, abends bis 22.00 Uhr.

7.5.2 ST-PIERRE: SEHEN UND ERLEBEN

St-Denis und St-Pierre liegen sich auf dem gleichen Meridian gegenüber, die Hauptstadt im Norden und St-Pierre im Süden. Schon geographisch ist hier eine Konkurrenz angelegt, die es in der Geschichte des Landes tatsächlich auch gab und im Bewußtsein der Réunioner heute noch gibt. Nach der Gründung im Jahre 1736 hatte sich das Gemeinwesen, das seinen Namen nach Pierre-Benoit Dumas (Generalgouverneur der Ile de France und der Ile Bourbon) erhielt, außerordentlich schnell entwickelt, weil es als Umschlagplatz für die damals beträchtliche Kaffeeproduktion fungierte. Die Einführung des Zuckeranbaus im Jahre 1815 und der Ausbau des Hafens im Jahre 1854 stärkten die Position St-Pierres und machten es zur wirtschaftlichen Metropole und größten Stadt der Insel. Diese Entwicklung wurde durch den Aufschwung des günstigeren Hafens von Le Port jäh unterbrochen, und die darauffolgende Periode der Stagnation dauerte bis nach dem Zweiten Weltkrieg an. Sowohl wegen seiner Lage als Verkehrsknotenpunkt zwischen West und Ost sowie Nord und Süd als auch wegen seiner aktiven Bevölkerung, die alle ethnischen und religiösen Gruppen der Insel umfaßt, hat St-Pierre aber nie aufgehört, eine wichtige Rolle zu spielen. Deshalb wird die heute etwa 55 000 Einwohner zählende Stadt auch zu Recht als 'Hauptstadt des Südens' bezeichnet.

Der Tourist findet hier noch weit mehr als in St-Denis den Charme der Kolonialzeit, der sich in vielen gut erhaltenen Villen genauso ausdrückt wie im pittoresken Wochenmarkt, er findet schließlich auch noch authentisches kreolisches Leben, sei es in den kleinen Läden der moslemischen Händler, sei es auf dem Gelände der Hahnenkampfarena oder sei es in einem indischen oder chinesischen Restaurant. Außerdem besitzt die Stadt sehenswerte sakrale Baudenkmäler aller Religionen und hat (anders als die Konkurrentin im Norden!) einen schönen Sandstrand und ein Meer, das hier alle Möglichkeiten des Wassersports bietet.

Als Autofahrer wird man auf einer der drei Nationalstraßen (N 1 aus dem Westen, N 2 aus dem Osten und N 3 (aus dem Norden), die sich auf der z.Zt. noch nicht ganz fertiggestellten nördlichen Umgehungsstraße vereinigen, nach St-Pierre geleitet. Um zum Zentrum zu gelangen, sollten Sie sich am Meer orientieren (Hinweisschild: Front de Mer) und versuchen, auf dem Strandboulevard (Boulevard Hubert Delisle) einen Parkplatz zu bekommen. Wer dabei aus westlicher Richtung (N 1; St-Louis) anreist, sieht auf dem Weg - kurz hinter dem Kreisel - den besuchenswerten Tamilentempel (s.u.).

Wenn Sie vom Osten her (St-Joseph) die Stadt erreichen, können Sie von der N 2 aus, die in einigen Kurven zur Innenstadt hinunterführt, einen kleinen Abstecher zum Stadtteil **Terre Saint** unternehmen. Dazu halten Sie sich links (Rue Saint-Expedit), wo Sie den Aussichtspunkt **Calvaire** erreichen, der einen hübschen Blick über die Bucht und das umliegende Gebiet bietet.
Anschließend überqueren Sie auf einer der beiden Brücken den Rivière d'Abord, passieren den ausgebauten Hafen und befinden sich dann bereits auf der langgestreckten **Strandpromenade** Boulevard Hubert

Delisle, von dem aus die Stadtbesichtigung zu Fuß weitergehen sollte. Im weiteren Verlauf des Boulevards haben Sie auch Gelegenheit zu einem Bad im Indischen Ozean, hier finden Sie Cafés und Restaurants, Luxushotels und Imbißbuden...

Eine Orientierung in der Innenstadt fällt nicht schwer, da auch St-Pierre nach dem typischen kolonialen Schachbrettsystem angelegt wurde. Um die wichtigsten Baudenkmäler und Einkaufsstraßen zu sehen, schlage ich nachfolgenden Rundgang vor.

Rundgang

Beginnen Sie am Strandboulevard direkt hinter dem Hafen. Hier findet am samstagvormittag der **Wochenmarkt** statt, der ein ausgesprochen buntes Bild abgibt. Wer auf Réunion einen originalen Markt sehen möchte, sollte diesen Termin nicht verpassen - einen Parkplatz werden Sie dann allerdings am Boulevard kaum finden können!

Gehen Sie nun die Rue Victor le Vigoureux stadteinwärts, wo Sie nach ca. 200 m links die oktogonale **Halle des ständigen Marktes** (Marché couvert) sehen. Auch dieser ist mit seinen Frucht- und Gemüseständen, Fisch- und Fleischverkäufern, den umliegenden kleinen Restaurants und dem quirligen Leben einen Besuch wert und eine Quelle farbenfroher Fotomotive.

Öffnungszeiten:

täglich vormittags
Sonntag geschlossen

Sie können nun der Rue Victor le Vigoureux weiter folgen, wo Sie vom Verkaufsraum eines modernen Andenkenladens auf der rechten Seite einen schönen Blick auf das Minarett der Moschee haben. Gehen Sie dann ein Stück zurück und biegen Sie in die Einkaufsstraße Rue des Bons Enfants mit ihren vielen arabischen Läden ein, dann nach links in die Rue Francois de Mahy. Hier erreichen Sie nach wenigen Metern linkerhand den Eingangsbereich der **Moschee Atyaboul-Massajid**, die das wohl beeindruckendste moderne Architekturensemble der Stadt darstellt. Das Werk des Architekten Frizel (der auch den Flughafen Gillot entwarf) ist der geglückte Versuch, konventionelles islamisches Stilempfinden mit modernen Formen zu verbinden und ist in seiner Art einzigartig. Besonders das markante Minarett zieht die Aufmerksamkeit der Besucher auf sich; beachtenswert sind ferner die filigranen Dekorationen an den Portalen, die auf den Komoren angefertigt worden sind.

Das Innere des 1975 fertiggestellten Gebäudes mit seiner 600 qm großen Gebetshalle kann (ohne Schuhe) zwischen 9.00 - 12.00 Uhr und 14.00 - 16.00 Uhr besichtigt werden.

Anschließend folgen Sie der Rue Francois de Mahy aufwärts, bis Sie an der nächsten Kreuzung auf die belebte Einkaufsstraße Rue Marius et Ary Leblond stoßen. Kurz hinter der Kreuzung lohnt die **Pagode Guan-Di** einen Besuch, die wie der buddhistische Tempel in St-Denis nach einem kantonesischen General (2. Jahrhundert n.Chr.) benannt ist, der als Gott des Reichtums verehrt wird. Das leuchtend rote Gebäude ist mit seinem gestaffelten Ziegeldach, dem hübschen Innenhof, dem dreifüßigen Kessel und den Räucherstäbchen eine exotische Oase der Ruhe und Meditation innerhalb des belebten Stadtzentrums.

Um die schönsten erhaltenen **Beispiele kreolischer Architektur** zu sehen, sollten Sie nun der Rue M. et A. Leblond (Hausnr. 4, 9, 10, 14, 18, 21) in Richtung Flußufer bis zur Rue Augustin Archambaud (Hausnr. 19, 23, 24; sehenswert auch das Gebäude Nr. 27, das das Syndicat d'Initiative beherbergt) folgen, hier links einbiegen, dann nach rechts in die Ruelle de l'Eglise (Hausnr. 51) gehen und kurz darauf wieder rechts der Rue Auguste Babet folgen.

An der Rue des Bons Enfants gehen Sie nun wenige Meter nach rechts und kommen dann zum letzten großen Baudenkmal der Innenstadt, dem herrlichen **Rathaus** (Hôtel de ville), das innerhalb eines 1862 angelegten Platzes steht. Das langgestreckte zweistöckige Gebäude wurde 1767-89 erbaut und diente ursprünglich der Ostindien-Kompanie als Magazin. Sehenswert ist nicht nur das Äußere, sondern auch das kreolische Mobiliar des Ersten Stocks und die Balkendecke aus Tamarindenholz.

Öffnungszeiten:
Zwischen 7.45 und 17.30 Uhr ist eine kurze Besichtigung gestattet.
Samstag und Sonntag geschlossen

Auf der nächsten Parallelstraße zum Hafen, der Rue Désiré Barquisseau, gibt es mit der kleinen hölzernen **Kapelle Ste-Thérèse** noch ein wenig spektakuläres, aber hübsches Sakralgebäude aus dem letzten Jahrhundert zu sehen.

In wenigen Minuten haben Sie von hier aus wieder den Boulevard Hubert Delisle und damit den Ausgangspunkt des Spaziergangs erreicht. Wenn Sie noch etwas am Strand entlangspazieren möchten, können Sie nach ca. 500 m auch dem rechts am Boulevard befindlichen **Friedhof** einen Besuch abstatten, auf dem u.a. die Grabstätte des 1911 hingerichteten Massenmörders Sitaranes liegt. Wie auch das Grab des Piraten La Buse in St-Paul (vgl. 7.6.3), ist die Stätte Ziel von tausenden Besuchern, die in magisch-naiver Frömmigkeit an dessen ungebrochene Macht glauben und mit Opfergaben zu besänftigen suchen! Gegenüber dem Friedhof ist am Boulevard ein Haus (Maison Nr. 97) im maurischen Stil mit schönen Schnitzereien sehenswert.

Wenn Sie mit dem Wagen stadtauswärts in Richtung Westen fahren, kommen Sie auf der Rue du Four à Chaux, der Parallelstraße zum Boulevard Hubert Delisle, noch an zwei wichtigen Punkten vorbei:
* Zunächst an der **Hahenkampfstätte** ("Combat de coqs", Nr. 184), wo jeden Montag ab 14.00 Uhr meist einfache Kreolen dem grausamen Spiel zusehen und mit z.T. sehr hohen Wetteinsätzen ihr Glück versuchen.
* Friedlicher und architektonisch interessanter ist der tamilische **Tempel Narassingua Péroumal de Ravine Blanche**, der in der Verlängerung der Straße jenseits des Boulevard Hubert Delisle liegt. Zwar datiert das hinduistische Gebäude aus jüngster Zeit, stellt aber zusammen mit dem kleinen Tempelchen Navagraha (1982) ein buntbemaltes, reich verziertes Ensemble dar, das das größte seiner Art auf Réunion ist. Insbesondere an hinduistischen Festtagen sollten Sie einen Besuch auf keinen Fall versäumen.

Abstecher nach Entre-Deux

ENTRE-DEUX

Wer auf der Strecke von St-Pierre in den Westen oder zum Cirque de Cilaos noch etwa zwei Stunden übrig hat, kann einen landschaftlich sehr reizvollen Abstecher nach Entre-Deux einlegen. Dazu fährt man auf der N 1 in Richtung St-Louis und biegt nach 5 km bei der alten Zuckerfabrik Pierrefonds nach rechts auf die D 26 ab. Dieser folgen Sie parallel zum Rivière St-Etienne, passieren dabei eine ca. 100 m hohe Felswand, wo Wassererosion Höhlen geschaffen hat, die auf Réunion als gigantischer "Termitenbau" bezeichnet werden. Etwa 11 km ab der N 1 haben Sie dann die ausgedehnte Gemeinde (6 650 ha) von Entre-Deux erreicht, die mit ihren blühenden Gärten, Gemüse- und Fruchtplantagen, kreolischen Häusern und lebendigem Kunsthandwerk das vielleicht schönste Dorf der Insel darstellt. Seitdem sich hier 1727 die ersten Siedler niederließen, wurde die Palette der landwirtschaftlichen Produkte ständig erweitert. So kann man in Entre-

Deux trotz der verheerenden Zerstörungen durch die Zyklone von 1904, 1905 und 1947 immer noch auf Kaffee-, Tee- und Vanillepflanzen stoßen, während die wirtschaftliche Basis heute durch den Anbau u.a. von Zitronen, Orangen, Jackfrüchten, Mangos, Avocados, Letchis, Chouchou, Bananen und Tabak gegeben ist.

Viele alte kreolische Villen, mit Tamarindenschindeln verkleidet, konnten bewahrt werden und stehen im seltsamen Kontrast zur weißen Kirche mit ihrem hohen Kampanile, die im provenzalischen Stil gehalten ist.

Neben dem Zentrum der Gemeinde (ca. 4 000 Einwohner) ist die nähere Umgebung sehenswert, die Sie auf der D 26 zum "**Ravine des citrons**" kennenlernen können. Dabei fährt man etwa 7 km bergan, bis man zum Parkplatz mit dem Pavillon gelangt, der für Wochenend-Picknicks sehr beliebt ist.

 Von hier aus bietet sich nicht nur ein bezaubernder Blick auf den Canyon des Bras de la Plaine und die Plaine des Cafres, sondern auch Wandermöglichkeiten wie z.B. zum 1 837 m hohen Dimitile.

7.5.3 DER CIRQUE DE CILAOS

Eine Fahrt in den Cirque de Cilaos gehört mit zu den schönsten Landschaftserlebnissen, die die Insel Réunion bieten kann. Auch für Besucher, die nicht an Wanderungen interessiert sind, und für solche, die bereits den Cirque de Salazie kennengelernt haben, lohnt sich die Auffahrt unbedingt, weil der 100 qkm große und 1 200 m hohe Talkessel ein unverwechselbares Profil besitzt, das man an anderen Orten der Insel nicht findet.

Der einzige Zugang zum Cirque wird durch die 38 km lange Nationalstraße N 5 gebildet, die über die N 1 und den Ort St-Louis am einfachsten zu erreichen ist. Von St-Pierre her kommend, überquert man dabei auf der geraden und zügig zu befahrenden N 1 das breite Flußbett des Rivière St-Etienne und gelangt in die Außenbezirke von **Saint-Louis** (28 000 Einwohner; vgl. 7.6.2). Hier hält man sich rechts in Richtung La Rivière, folgt der nun mit vielen Kurven ansteigenden und stark befahrenen N 5 und kommt schließlich zum eingeschnittenen Tal des Bras Cilaos. Mit schönem Blick auf das landwirtschaftlich genutzte Gebiet am jenseitigen Flußufer und immer am steilen Fels zur Linken entlang, windet sich die Straße durch eine alpenländisch wirkende Landschaft. Ab und zu durchfährt man kleine, saubere Ortschaften wie Le Petit Serré, ansonsten genießt man nur die grandios und manchmal bedrohend wirkende Natur. Die Nationalstraße selbst ist asphaltiert und gut befahrbar, in einigen Kurven jedoch sehr eng, so daß man ständig auf möglichen Gegenverkehr gefaßt sein sollte.

Hier gilt mehr noch als bei den anderen Bergstraßen Réunions, daß bei Regenwetter eine extreme Steinschlaggefahr besteht; vor allem bei Dunkelheit sollten Sie also sehr vorsichtig sein und mit kleineren, aber auch tonnenschweren abgebrochenen Felsstücken rechnen!

16 km hinter La Rivière geht die bisher ständig ansteigende N 5 plötzlich in engen Serpentinen hinab zum Zusammenfluß des Petit und des Grand Bras de Cilaos und überquert bei der Ortschaft **Le Pavillon** das Wildwasser auf einer Brücke.

Sofort anschließend liegt linkerhand eine kleine Gaststätte, in der man Imbisse und Erfrischungen bekommt. Sollte man hier eine längere Essenspause einlegen wollen, ist eine vorherige Anmeldung ratsam, damit sich die (gute!) Küche darauf einstellen kann: Le Relais Pavillon, außer Mi tägl. geöffnet 9.00 - 21.00 Uhr, Tel.: 311952.

Nun haben Sie das eigentliche "Tor zum Cirque" erreicht, ab wo erst seit 1935 der Weg mit Autos oder Kutschen zu befahren ist (vorher wurden Reisende, die sich das leisten konnten, auf Gestellen den schwindelerregenden Pfad hinaufgetragen!). Auch als Autofahrer muß man auf der jetzt folgenden Strecke konzentriert sein und darf man keine Aversionen gegen Haarnadelkurven, Tunnels oder steil abfallende Schluchten haben...

Hinter der Ortschaft Pieter Both führt rechts ein 2 km langer Weg nach Le Palmiste Rouge, einem kleinen Dorf, das von Bergbauern bewohnt wird. Die N 5 braucht nun noch 10 km, bis sich das weitläufige Städtchen Cilaos durch erste Häuser und schöne Gärten ankundigt.

Cilaos

Der Name des Ortes und des Cirques wird vom madegassischen "Tsilaosa" abgeleitet, das soviel bedeutet wie "Jemand, den man nicht verlassen kann". Cilaos, das selbst etwa 1 200 m ü.d.M. hoch ist, liegt fast genau in der Mitte des Talkessels und bietet an klaren Tagen einen phantastischen Blick auf die Gipfel des Piton des Neiges (3 070 m), Le Grand Bénard (2 896 m) und die Trois Salazes (2 121 m). Ihren Lebensunterhalt bestreiten die knapp 6 000 Einwohner durch den Anbau von Linsen, Mais, Tabak und sogar auch Wein; daneben sind die Strickereien weit über den Ort bekannt ("Les broderies de Cilaos") und gelten als typisches Souvenir, das dementsprechend im Ort vermarktet wird.

Seine besondere Anziehungskraft auf Besucher bekam Cilaos im Jahre 1815, als Paulin Techer aus St-Louis die **Thermalquellen** entdeckte, die vier Jahre später zum erstenmal für Touristen genutzt werden konnten. Unter ständigem Ausbau expandierte das Geschäft mit der Gesundheit, bis 1948 ein Zyklon die Anlagen von Irénée, Véronique und Docteur Manès zerstörte. Das letzte der neuen Thermalbäder wurde 1987 eröffnet und ist nach modernsten architektonischen und therapeutischen Gesichtspunkten gestaltet; seitdem ist der Kuraufenthalt in Cilaos wieder ein Begriff. Sie erreichen das Thermalbad auf der Route des Thermes, die am Hotel des Thermes beginnt.

"Etablissement Thermal", Irénée-Accot, Tel.: 277227
Öffnungszeiten:
Mo - Sa: 7.00 - 12.00 Uhr und 14.00 - 17.00 Uhr
So: 7.00 - 14.00 Uhr

Ansonsten können Sie im Ort am hübschen See ("La Mare") oder im Stadtpark spazierengehen, die Kirche aus den 30er Jahren mit ihrem markanten Turm besichtigen und sich in einem der Restaurants die Spezialitäten des Cirques servieren lassen.

Wanderer haben hier einen geeigneten Startpunkt für Exkursionen zum Piton des Neiges, zum Cirque de Salazie oder zum Cirque de Mafate.

Abstecher von Cilaos aus

Mit dem Wagen sind von Cilaos aus zwei schöne Abstecher möglich:

* Einmal nach **Ilet à Cordes**, einem hochgelegenen Dorf, das seit 1826 besiedelt ist und noch am besten den Eindruck vom kargen Leben im Talkessel wiedergeben kann. Die Tour dorthin verläuft auf der teilweise sehr engen "Route de Sources", vorbei an den alten Thermen, der Cascade Pissa, dem 2 083 m hohen Col du Taibit und am Fuß des Grand Bénard (2 896 m) entlang; ab/bis Cilaos sind es 22 km, für die man sich gut zwei Stunden Zeit nehmen sollte.
Wanderer können auf dieser Strecke neben dem genannten Ausflug zum Cirque de Mafate eine kürzere Strecke zur **Cascade Bras Rouge** zurücklegen, die kurz hinter der Abzweigung zu den alten Thermen nach links abgeht, markiert ist und ca. 6 km umfaßt. Unabhängige Be-

sucher, die z.B. mit dem Taxi nach Ilet à Cordes gefahren sind, können vom Endpunkt der Straße auch über markierte Pfade in einem südlichen Bogen nach Le Pavillon oder Cilaos zurückwandern.

* Zweitens führt die ebenfalls enge, aber durchaus befahrbare D 241 in knapp 6 km nach **Bras Sec**, von wo aus man bequem nach Palmiste Rouge oder zu den Iles Calumets wandern kann. Von dieser Route führen einige markierte Wanderwege ab, z.B. zum Piton des Neiges und zu Plaine-des-Cafres.

Landschaftsfahrt nach La Fenêtre

Wer nach dem Besuch des Cirque de Cilaos noch Zeit hat und das gesamte Gebiet von einem hochgelegenen Standpunkt nochmal überschauen möchte, sollte eine Landschaftsfahrt nach La Fenêtre anschließen.

Dazu fahren Sie auf der N 5 aus dem Cirque hinaus, bis Sie zur ersten großen Ortschaft **La Rivière** kommen. Hier biegen Sie nach links auf die D 3 ab, die nach 6 km auf die D 20 stößt, wo Sie sich wieder rechts in Richtung **Les Makes** halten. Den 850 m hoch gelegenen Ort erreichen Sie nach weiteren 6 km auf einer landschaftlich sehr reizvollen Strecke entlang dem Bras du Mouchoir Gris. Ab dem Ortsausgang wird die D 20 deutlich schlechter und geht schließlich in die Schotterpiste der Route Forestière 14 über. Auf steilen Serpentinen mit atemberaubenden Ausblicken haben Sie nach gut 10 km ab Les Makes den **Aussichtspunkt La Fenêtre** erreicht, den Sie schon vorher an seinem Sendemast erkennen konnten. Von hier aus können Sie aus ca. 1 500 m Höhe auf den gesamten Cirque de Cilaos mit seinen Flüssen, Ortschaften, Feldern und den umgebenden Gipfeln hinabblicken. Die steile Auffahrt lohnt sich nur bei klarem Wetter; zurück zur N 1 (St-Louis) sind es dann noch 22 km.

7.6 DIE WESTKÜSTE

7.6.1 ÜBERBLICK UND TOURISTISCHE HINWEISE

Die Westküste Réunions ist die Sonnenseite der Insel, an der sich die einzig nennenswerten Strände befinden und wo sich das touristische Leben der Gäste mit festem Hotelstandort konzentriert. Wer Réunion als Zwischenaufenthalt von den Seychellen, Mauritius oder anderen 'Badeinseln' des Indischen Ozeans besucht, wird von den insgesamt 30 km Sandstrand kaum begeistert sein; aber die Küstenstraße N 1 hat eine landschaftlich reizvollere Alternative, nämlich die höhergelegene D 3, die das Typische der Insel besser nahebringen kann. Von ihr aus sind auch Abstecher ins Landesinnere (etwa zum Piton Maïdo) möglich, die das Landschaftserlebnis der bisherigen Rundfahrt nahtlos fortsetzen. Trotzdem hat auch die Küste ihren Reiz, abgesehen vom Badeleben und den Wassersportmöglichkeiten: neben den mondänen Strandorten gibt es kleine Dörfer mit hübschen Häusern; steile Kaps und wilde Abschnitte mit Fontänen trennen die flachen Badebuchten, es bieten sich kleinere und längere Wanderungen an und interessante historische Stätten warten auf ihren Besuch. Wegen vieler Querverbindungen gibt es hier übrigens kein 'Entweder-Oder', sondern Kombinationen von Streckenabschnitten der N 1 und der D 3 sind problemlos möglich. Die gesamte Route zwischen St-Pierre und St-Denis ist auf der Nationalstraße 85 km, auf der Bergstraße 105 km lang und an einem Tag zu schaffen. Wer der hier beschriebenen einwöchigen Rundfahrt folgt, sollte jedoch die Strecke in zwei Etappen zurücklegen, weil man evtl. ja vom Cirque de Cilaos anreist und außerdem noch einige Besichtigungspunkte einlegen möchte..Das Programm der Etappen könnte folgendermaßen aussehen:

* Anreise vom Cirque de Cilaos oder St-Pierre aus, evtl. Abstecher nach La Fenêtre (vgl. 7.5.3)
* Über L'Étang-Salé und Les Avirons nach St-Leu, evtl. Besichtigung der Schildkrötenzucht
* Abends Beziehung des Quartiers in einem der Hotels bei St-Gilles
* Evtl. Abendspaziergang zu den Bassins de St-Gilles
* Am nächsten Morgen evtl. früher Helikopterrundflug über die Insel
* Fahrt zum Aussichtspunkt Piton de Maïdo und zurück zur Küste
* Besichtigung der "Grotte des Premiers Francais" und des Friedhofs in St-Paul
* Fahrt nach St-Denis mit informierendem Stadtrundgang und evtl. Übernachtung (vgl. 7.1.2)

In einem abschließenden Kapitel wird noch kurz auf den Cirque de Mafate eingegangen. Dieser dritte der großen Talkessel Réunions kann auf einer zusätzlichen langen Wanderung von verschiedenen Startpunkten aus (oder aber im Rahmen eines Helikopterrundfluges) erreicht werden und eignet sich nur für Besucher, die über die entsprechende Zeit verfügen.

Information

Syndicat d'Initiative, Saint-Paul, Avenue de la Gare, Tel.: 454523
Syndicat d'Initiative, Saint-Gilles-les-Bains, Galerie Amandine, Tel.: 245747

Restaurants

in Saint-Leu:
"**Auberge du Relais**", 127 Route Nationale, Tel.: 348185. Gutes Hotelrestaurant mit europäischer, nordafrikanischer und kreolischer Küche, Spezialität Paella, Couscous; geöffnet mittags bis 14.00 Uhr, abends bis 22.00 Uhr

in Saint-Gilles-les-Bains:
"**L'Éléphant Rose**", Hotel du Cap, Boucan-Canot, Tel.: 244452. Bestes Hotelrestaurant der Gegend mit indischer Küche, geöffnet mittags bis 14.00 Uhr, abends bis 21.00 Uhr, Mo geschlossen.
"**Le Saint-Gilles**", Rue Général de Gaulle/Port de Plaisance, Tel.: 244312. Schön am Hafen gelegenes Restaurant mit französischer Küche, Spezialität Langusten, Jakobsmuscheln; geöffnet mittags bis 14.30 Uhr, abends bis 22.00 Uhr, Mo geschlossen.
"**Le P'Tit Zinc**", 58 rue Général de Gaulle, Tel.: 240750. Sehr gutes und nicht zu teueres kreolisches Restaurant (ca. FF 80-100), Spezialität Carris, Palmistensalat; geöffnet mittags (außer Mo) bis 14.00 Uhr, abends bis 21.30 Uhr, So geschlossen.
"**Les Aigrettes**", 9 chemin Bottard, Tel.: 245555. Spitzenrestaurant des renommierten gleichnamigen Hotels, Haute cuisine, samstags kreolischer Abend mit Buffet; geöffnet mittags bis 13.45 Uhr, abends bis 21.45 Uhr.

in Saint Paul:
"**Chez Paul Chane-Chu**", 16 rue de l'Eglise, Bois-de-Nèfles (15 km im Hinterland an der D 4), Tel.: 440059. Schön gelegenes Restaurant mit chinesischer Küche, Spezialität Fischgerichte mit Ginger; geöffnet mittags bis 14.00 Uhr, abends (außer So) bis 21.30 Uhr, Mo geschlossen.
"**Le Nedjma**", 14 rue Millet, Tel.: 225942. Gutes Restaurant mit marokkanischen und algerischen Gerichten, Spezialität Kalbfleisch 'halal', Couscous; geöffnet von 8.00 bis 22.00 Uhr, So geschlossen.

in Le Port:
"**Chez Georgie**", Rue Général de Gaulle/Rue Verdun, Tel.: 438571. Gemütliches Lokal mit kreolischer, griechischer und deutscher Küche, Spezialität Moussaka, bayrischer Schweinebraten; geöffnet von 11.00 bis 23.00 Uhr, Mi geschlossen.
"**Le Surcouf**", 17 rue Evariste-de-Parny, Tel.: 434774. Kreolische und chinesische Küche, geöffnet mittags bis 14.30 Uhr, abends bis 22.00 Uhr, So geschlossen.

7.6.2 ZWISCHEN SAINT - PIERRE UND SAINT - GILLES - LES - BAINS

Die Strecke zwischen St-Pierre und St-Gilles beträgt auf der Küstenstrecke knapp 50 km, die auf fast ausnahmslos guter Straße zügig zurückgelegt werden können. Nach Verlassen der 'Hauptstadt des Südens' kommt man nach etwa 5 km zur Abzweigung der D 26, auf der der schöne Ausflug nach l'Entre-Deux beginnt (vgl. 7.5.2), dann überquert man das breite Flußbett des Rivière St-Etienne und erreicht das Stadtgebiet von St-Louis.

 Wer das Zentrum umfahren will, sollte sich hinter der Brücke links halten, wo eine kleine Straße zum Stadtteil Bel-Air und zum Strand von Étang du Gol führt; später stößt man automatisch wieder auf die N 1.

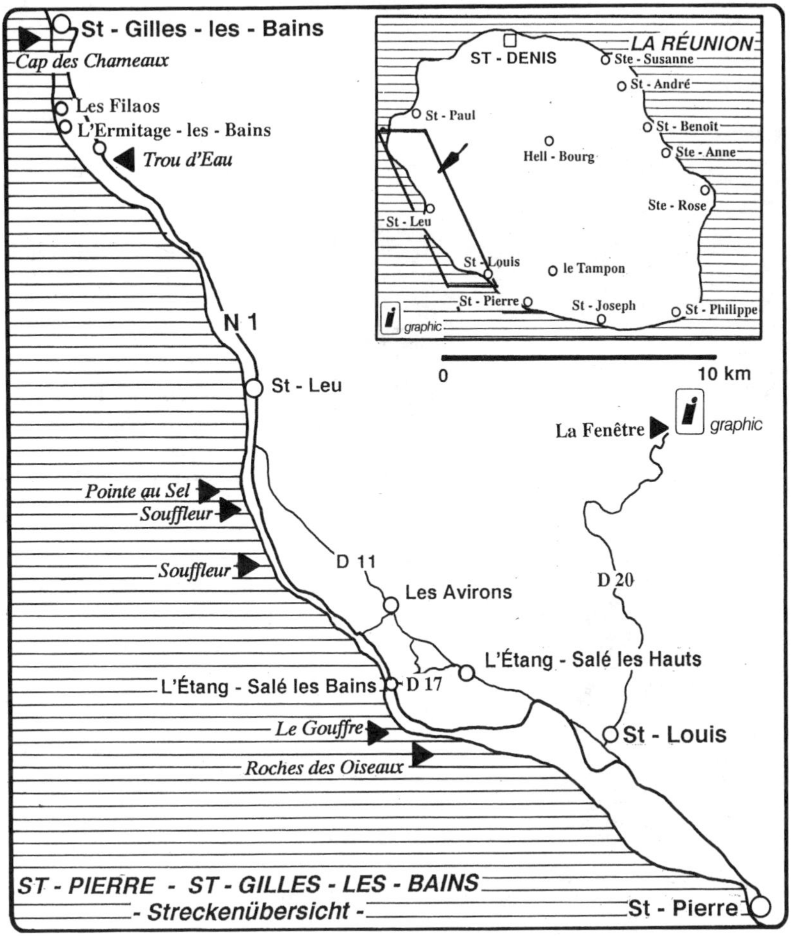

Hinter der Brücke rechts geht die N 5 in Richtung Cirque de Cilaos bzw. die D 20 nach La Fenêtre ab (vgl. 7.5.3). **St-Louis** selbst ist eine kleine Provinzstadt (ca. 28 000 Einwohner), deren wirtschaftlicher Lebensnerv die große Zuckerfabrik von Gol darstellt. Hier und auf den umliegenden Plantagen arbeiten Réunioner meist indischer Abstammung.

2 km hinter dem Ortsende geht die N 1 nach links in Richtung Meer ab, während die D 11 über L'Étang-Salé les Hauts und Les Avirons auf einer kurvenreichen, aber sehr schönen Route in 22 km nach St-Leu führt. Sich hier zu entscheiden fällt schwer, weil auch die Küstenstraße einige landschaftliche Höhepunkte aufzuweisen hat:
* da sind zunächst die Lavaklippen "**Roches des Oiseaux**" und "**Le Gouffre**", wo der Ozean mit hoch aufschäumender Gischt ans Land brandet,
* da ist weiter der hübsche Ferienort **L'Étang-Salé les Bains** mit seinem schwarzen Sandstrand und dem Fischerhafen "Bassin Pirogue",

* und da sind schließlich zwei "**Souffleurs**", wo bei starkem Seegang das Meerwasser in nartürliche Gänge gepreßt wird und dann in enormen Fontänen emporspritzt.

Die 4 km lange Verbindungsstraße D 17 zwischen dem oberen und unteren L'Étang-Salé berührt übrigens mit dem Vogelpark "**Le Jardin d'Oiseaux**" einen weiteren Anziehungspunkt, der auf einer 2 ha großen Fläche etliche farbenprächtige Tiere wie den einheimischen "tec-tec", Kakadus und Papageien beherbergt.

Dicht daneben liegen ein 9-Loch- und ein 18-Loch-Golfplatz, an der Straße selbst blühen in der Weihnachtszeit die herrlichsten Flammenbäume und in Geschäften wird eine Spezialität des einheimischen Kunsthandwerks verkauft: Stühle aus dem Holz von Filaos...

Alle genannten Punkte sind gut ausgeschildert und von der N 1 aus bequem zu erreichen. Da m.E. beide Strecken gleich reizvoll sind, muß Ihre persönliche Vorliebe darüber entscheiden, ob Sie die interessante Küstenstraße am weitgehend unbebauten Ufer entlang nehmen oder ob

Sie die interessante Bergstraße durch Wälder und landwirtschaftlich genutztes Terrain mit ihren schönen Ausblicken vorziehen.

Auf der N 1 passiert man kurz hinter dem zweiten "Souffleur" das Kap "Pointe au Sel", dessen Name auf die alten Salinenanlagen verweist, deren Ruinen man noch gut erkennen kann. Vor dem Ortseingang von St-Leu, nachdem die N 1 und die D 11 wieder vereint sind, kommt man schließlich an einem verlassenen Ofen vorbei, der an die Zeit erinnert, als man aus den abgestorbenen Korallen Kalk herstellte.

St-Leu

Das kleine Städtchen St-Leu, das noch viel von seiner Substanz aus dem 18. Jahrhundert bewahren konnte, hat seine Bedeutung für den Fremdenverkehr durch den schönen Sandstrand, der sich über einige Kilometer hinter einer Lagune erstreckt. Immerhin ist hier nicht nur die wärmste, sondern auch regenärmste Region der ganzen Insel. Aber auch der Fischerhafen, von dem aus das Hochseeangeln auf Thunfische, Schwertfische und Marlins betrieben wird, sowie das Rathaus und die Pfarrkirche sind pittoreske Sehenswürdigkeiten.

Auf einem kleinen Hügel erhebt sich die Wallfahrtskirche "Notre-Dame de la Salette", deren Fest jährlich am 19. September von tausenden Pilgern und mit viel Aufwand gefeiert wird.

Auf der Avenue de Chateauvieux erinnert ein monumentales Denkmal an die Gefallenen der Weltkriege.

Schildkrötenfarm von St-Leu

"Elevage des Tortues", RN 1, tägl. geöffnet 8.00-12.00 Uhr und 14.00-17.00 Uhr; Cafeteria; Eintritt FF 10,-.

Die berühmteste Sehenswürdigkeit von St-Leu ist jedoch die 1977 eröffnete Schildkrötenfarm. Sie erreichen die Farm kurz hinter dem Ortsausgang links an der N 1.

Natürlich hat man (zu Recht!) seine Bedenken bei Unternehmen dieser Art, die vom Aussterben bedrohte Tiere importieren und aufziehen, um sie schließlich zu schlachten und der kommerziellen Nutzung zuzuführen. Keine der 5 000 - 15 000 Meeresschildkröten, die in St-Leu jährlich aufgezogen werden, stammen von Réunion, sondern sie alle sind von den französischen Inseln Europa und Tromelin (bei Madagaskar) kurz nach dem Ausschlüpfen gefangen und

die 600 km bzw. 1800 km hierhin gebracht worden. Wenn sie ihr verarbeitungsfähiges Alter von drei Jahren erreicht haben, werden sie geschlachtet und wandern in die Produktion von Schmuck, Brillengestellen oder Schildkrötensuppen. Den Protesten von Tierschützern hält man auf Réunion entgegen, daß das erwirtschaftete Geld zum Schutz der Tiere in ihrer Heimat verwandt wird und außerdem die kontrollierte kommerzielle Nutzung dem Schwarzmarkt (und damit auch den Wilderern) die Basis entziehe. Jedenfalls ist die Meeresschildkrötenfarm von St-Leu die einzige der Welt. Dem Besucher werden in verschiedenen Bassins die unterschiedlichen Arten von Meeresschildkröten gezeigt und Informationen über deren Leben gegeben.

Zwischen St-Leu und St-Gilles-les-Bains

Die 15 km zwischen St-Leu und St-Gilles-les-Bains auf der N 1 führen an den bekanntesten und längsten Stränden der Insel vorbei, aber auch an den Pensionen, Bungalowanlagen und Hotelburgen, die die kleinen Orte an der Küste innerhalb von zehn Jahren bis zur Unkenntlichkeit veränderten. In La Saline-les-Bains beginnt das, was man 'touristisches Ballungszentrum' nennen kann und das vor Fertigstellung der neuen Umgehungsstraße in der Saison regelmäßig von Autoschlangen verstopft war. Kurz bevor die Küstenstraße von der heutigen Nationalstraße links abzweigt, ist nahe der Straße rechterhand noch ein schönes Bassin, das "Trou d'Eau" zu sehen; der Abstieg zum Wasserbecken ist allerdings verboten.

Selbst wenn man keine Badepause einlegen will, ist es nun auf alle Fälle empfehlenswert, die N 1 zu verlassen und nahe am Strand entlangzufahren. Ein schöner, breiter Filao-Wald trennt diesen von der Straße und bei gutem Wetter bietet sich hier eine ideale Farbenharmonie, wo das Türkis der Lagune und das Weiß des Strandes mit dem Grün der Filaos und dem Blau des Himmels zusammenspielen. Vorbei an l'Ermitage-les-Bains und Les Filaos erreicht man schließlich das Cap des Chameaux und die Mündung des Ravine St-Gilles, hinter der der eigentliche Ort beginnt.

Saint Gilles-les-Bains

Saint Gilles-les-Bains ist eigentlich ein kleines Dorf mit etwa 5 000 Einwohnern, das stets im Schatten der 'Oberstadt' (St-Gilles-les-Hauts) lag, dessen Hafen es war. Mit dem Anschluß an das insulare Verkehrsnetz und vor allem nach Abschluß der Autobahn St-Paul - St-Denis und dem Ausbau des Flughafens Gillot jedoch war es mit der Ruhe vorbei. Der Strand Roches Noires sowie die Strände südlich des Yachthafens Plaisance und die nördlichen bis Boucan Canot sind der größte Touristenmagnet für die überwiegend französischen Gäste. Hier konzentriert sich alles, was für Bade- und Wassersport-Interessierte von Belang sein

kann, hier finden sich entlag der Hauptstraße Rue Général de Gaulle Boutiquen, Eiscafés, Restaurants, Supermärkte, Sportgeschäfte usw., hier sorgen ein Casino, Diskotheken und abendliche Sega-Shows für die notwendige Zerstreuung und hier ist deshalb auch der beliebteste Standort für alle, die sich länger an einem Platz auf Réunion aufhalten wollen. Trotz dieser Aufzählung muß gesagt werden, daß man in den guten Hotels und Pensionen auch seine Ruhe haben kann und daß mediterrane Zustände à la Mallorca nicht zu erwarten sind. Wer vom Badeleben genug hat, kann außerdem mit dem Wagen, dem Fahrrad oder zu Fuß schöne Exkursionen in die nähere Umgebung unternehmen, die einige natürliche und kulturelle Sehenswürdigkeiten aufzuweisen hat (vgl. 7.6.3).

7.6.3 ZWISCHEN SAINT - GILLES - LES BAINS UND SAINT - DENIS

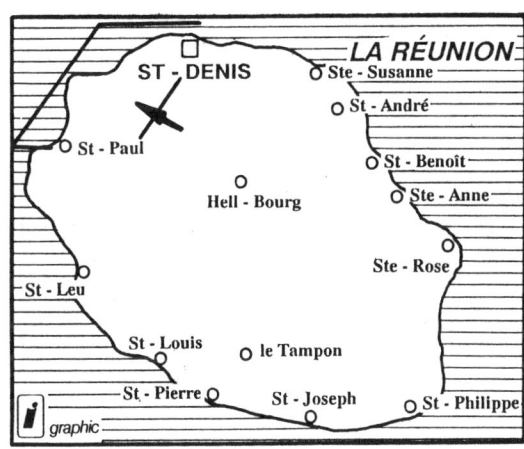

Natürlich kann man die 36 km zwischen St-Gilles und St-Denis recht schnell bewältigen, zumal nach Fertigstellung der neuen Umgehungsstraße in St-Gilles. Es wäre aber schade, auf die **Ausflugsmöglichkeiten** zu verzichten, die es gerade **ab St-Gilles-les-Bains** zu Genüge gibt:

* Da ist zunächst einmal die **Ange**botspalette der "Air Réunion", mit dem Hubschrauber die **Insel aus der Vogelperspektive** zu erleben (vgl. 6.1, Stichwort "**Inlandflüge**"). Den "Heliport St-Gilles" finden Sie 4 km südlich des Ortszentrums an der N 1 in Les Filaos.

* Billiger und näher ist ein Abstecher zu den **Bassins de St-Gilles**, zu denen man in einer einstündigen Wanderung gelangt. Fahren (oder

wandern) Sie dazu auf der "Route Leconte de Lisle" (D 10; Zugang vom Stadtzentrum über Chemin Summer oder von der N 1 zwischen St-Gilles und Boucan Canot) etwa 2 km weit, bis rechterhand das **Freilichttheater** (Théatre de Plein-Air) auftaucht. Das Beton-Bauwerk wurde 1970 für das Festival de l'Océan Indien eingeweiht und besitzt 825 Sitzplätze. 500 m weiter informiert am Parkplatz ein Hinweisschild über die Wandermöglichkeiten, die zunächst alle rechts der Straße am Canal Prune entlangführen. Nach 100 m verlassen Sie den Kanal auf dem rechten Pfad, nach weiteren 200 m geht es wieder nach rechts, wo Sie nach 400 m das "Bassin du Cormoran" erreichen. Auf dem gleichen Pfad gehen Sie dann zurück, biegen rechts ab und kommen nach 400 m zum "Bassin des Aigrettes". Von hier aus folgen Sie erneut dem Canal Prune, bis Sie das letzte Wasserbecken, das "Bassin Malheur" erreichen. Bei den Bassins de St-Gilles handelt es sich um natürliche Becken, die durch den Ravine St-Gilles gespeist werden und die ihrerseits alte Bewässerungskanäle für Kaffee- und Zuckerrohrplantagen füllen. Das

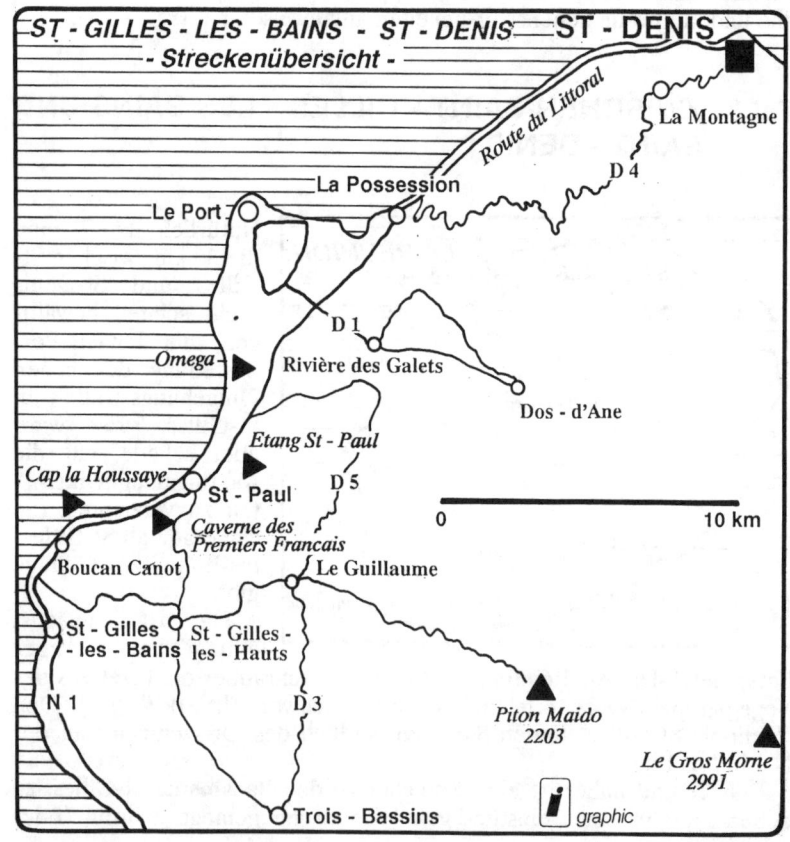

klare Wasser, die unzähligen kleinen Rinnsale, die in Kaskaden hineinplätschern, und die umgebende Natur machen diesen 5 km langen Gang zu einem Erlebnis, das durch ein erfrischendes Bad in einem der Bassins komplettiert werden kann.

 Bei der leichten Wanderung muß man durch das Bachbett und zwei kurze Tunnels waten, bekommt also in jedem Fall nasse Füße!

* Nicht viel weiter ist der **Abstecher nach St-Gilles-les-Hauts** (9 000 Einwohner), zu dem Sie ebenfalls die "Route Leconte de Lisle" (D 10) benutzen. Die schöne Straße führt durch Zuckerrohrfelder, passiert rechterhand einen kleinen tamilischen Tempel und berührt die aufgelassene Zuckerfabrik "Usine de l'Eperon" mit ihrer berühmten Diskothek.

Nach 6 km biegen Sie nach rechts auf die D 6 ab und erreichen nach einem weiteren Kilometer die 300 m hoch gelegene 'Oberstadt'. Deren größte Attraktion ist das "**Musée de Villèle**", das in einem herrlichen kolonialen Bau aus dem Jahre 1785 untergebracht ist (vgl. 6.1, Stichwort "**Museen**"). Hier wird wie kaum an anderer Stelle deutlich, welche Macht und welchen Reichtum die weiße Oberschicht der Plantagenbesitzer erlangen konnte und wie grausam andererseits das von ihr perfektionierte System der Sklavenhaltergesellschaft funktionierte. Eine der großen Gestalten dieses Anwesens (im negativen wie im positiven Sinn) war Madame Desbassyns, die, kurz bevor sie 90jährig starb, der Gemeinde 1841 das Gotteshaus "**Chapelle Pointue**" schenkte. Das interessante runde Gebäude, das in einem oktogonalen zweiten Stock ausläuft und eine schöne gemauerte Westfassade besitzt, liegt malerisch in einem Tamarinden- und Eukalyptushain jenseits der D 6, 300 m vom Museum entfernt.

* Der etwas längere **Ausflug zum Piton Maïdo** geht von der Küste weit ins Landesinnere, wobei 2200 m Höhendifferenz zu überwinden sind. Die Anfahrt dorthin benutzt die gleiche Route wie die nach St-Gilles-les-Hauts (bzw. die D 3 über Trois-Bassins, falls Sie die Küstenstraße

und St-Gilles umgangen haben). Am einfachsten fahren Sie ab St-Gilles-les-Hauts, kurz vor der Chapelle Pointue, links auf die D 101, bis Sie nach 5,5 km auf die D 3 stoßen. Hier biegen Sie wieder links ab, und folgen der D 3 etwa 7 km bis hinter die Ortschaft Le Guillaume. Von dort geht rechts die asphaltierte, aber enge Route forestière (RF 8) in etlichen Kehren steil hinauf, durchquert dabei die einzelnen Vegetationsstufen vom Zuckerrohr über Geranium bis zum Tamarindenwald mit den ortstypischen Calumet-Bambussen, bis sie nach 14 km den Parkplatz auf dem 2203 m hohen Gipfel des Piton Maïdo erreicht hat.

Der Ausblick von dort ist phantastisch und einer der Höhepunkte einer Réunion-Reise - vorausgesetzt, daß nicht Nebel oder Wolken die Sicht behindern.

Deshalb gilt hier das gleiche wie für alle Exkursionen ins gebirgige Inland: je früher Sie starten, desto besser, und am allerbesten sind die frühen Morgenstunden kurz nach Sonnenaufgang!

Der Lohn für die etwa einstündige Auffahrt: ein herrlicher Überblick über den gesamten Cirque de Mafate, tief unter sich sieht man La Nouvelle, der 2991 m hohe Le Gros Morne liegt direkt vis-a-vis und zur Seite, ebenfalls an der steilen Abbruchkante, erkennt man die Zweitausender des Piton Bernica und des Grand Bénard. Auch als Startpunkt für längere Wanderungen eignet sich der Piton Maïdo, z.B. zum Cirque de Mafate, sowie für den nur kurzen Weg (ca. 1 Stunde) zu einer zweiten Aussichtsplattform.

St-Paul

Die nächste Station auf dem Weg nach St-Denis ist das geschichtsträchtige St-Paul. Sie erreichen es in knapp 10 km auf der Küstenstraße N 1, vorbei am Sandstrand von Boucan Canot und am markanten Felsklotz des Cap la Houssay, auf der D 3 ab St-Gilles-les-Hauts oder auf der D 3/D 4/D 5 ab dem Piton Maïdo.

Wer sich an der Küste orientiert, stößt noch vor dem Ortseingang auf zwei Sehenswürdigkeiten:

* Zunächst liegen rechts der N 1 in einem hübschen Park die "**Caverne des Premiers Français**". Dabei handelt es sich um eine große und einige kleinere Grotten, die bei der Besiedlung der Insel den ersten Franzosen Unterschlupf geboten haben sollen, solange ihre Häuser in St-Paul noch nicht fertig gebaut waren. Im Gedächtnis der nationalbewußten Bevölkerung spielt dieser dunkle und feuchte Ort unterhalb einer Felswand also eine herausragende und stolze Rolle, weswegen das Gelände mit einem großen Parkplatz, gepflegten Wegen, kleinen Brücken usw. gera-

dezu pompös in Szene gesetzt wurde. An Wochenenden wird der Park gern für familiäre Picknicks genutzt (Motto: Mittagessen in historischer Umgebung!), während ein Standbild der Muttergottes von Blumenkränzen, Kerzen und Votivgaben umgeben ist.

* Auf der anderen Seite der Straße befindet sich in Sichtweite der Grotten der **"Cimetière de la Caverne"**, der wohl der schönste und eindrucksvollste der alten Friedhöfe Réunions ist. Viele berühmte Männer und Frauen der Insel sind hier beigesetzt, u.a. die Dichter Leconte de Lisle (gest. 1894) und Eugène Dayot (gest. 1852). Ihre Grabdenkmäler sind aufwendig gestaltet und von einem blühenden Blumenmeer umgeben. Das bedeutendste Grab jedoch ist das des berüchtigten Piraten "La Buse".

> *Informationen zu "La Buse":*
>
> Die Zeit der Piraten zählt zu den frühen, aber prägenden Epochen nicht nur Réunions, sondern des gesamten Indischen Ozeans. Vom harten Durchgreifen der Spanier und Portugiesen in der Karibik abgeschreckt und gleichermaßen von den enormen Reichtümern angezogen, die die Handels-Kompanien damals durch den Indischen Ozean transportierten, verlegten sie ihre Tätigkeit in dessen Gewässer und schlugen ihr Hauptquartier auf Madagaskar auf, wo sie im Norden der Insel sogar ihre eigene Republik errichteten. Es heißt, daß damals das Aufbringen eines einzigen holländischen oder

französischen Schiffes den Lebensunterhalt von Piratensippen über mehrere Generationen hinweg ermöglichte. Nach Schwierigkeiten mit der madegassischen Bevölkerung verlagerte sich die Aktivität der Seeräuber auf die Maskarenen-Gruppe, wo die damalige Ile Bourbon den Piraten sogar das volle Bürgerrecht zusprach. Unter jenen, die die Wandlung vom wagemutigen Freibeuter zum anständigen französischen Bürger nicht mitmachen wollten, war Olivier le Vaseur, der zu Lebzeiten bereits der "Bussard" = "La Buse" genannt wurde. Er war der erfolgreichste und berüchtigste Pirat der Epoche, auf den ein immens hohes Kopfgeld ausgesetzt wurde. Die 'Karriere' des La Buse ist zeittypisch: von den schwierigen Bedingungen in der Karibik vertrieben, kam er 1720 nach Madagaskar und häufte auf seinen Expeditionen bis nach Goa, den Seychellen, Ostafrika, Mauritius und Réunion unvorstellbare Reichtümer an. Schließlich jedoch konnten ihn die Franzosen fassen, brachten ihn nach Réunion, wo er am 7. Juli 1730 zum Tode verurteilt und am selben Abend in St-Paul aufgeknüpft wurde. Unter dem Galgen warf er einen geheimnisvollen Plan in die Menge und rief: "Wer ihn lesen kann, dem gehört mein Schatz!". Kopien des Planes gibt es noch, z.B. in den mauritianischen Archiven, aber trotz vieler Versuche, Mahé (Seychellen), Mauritius oder Réunion als Schatzort zu identifizieren und zu lokalisieren, ist bis heute das sagenhafte Gold nicht aufgefunden worden. Stattdessen hat es etlichen Schatzsuchern Jahre ihres Lebens und riesige Investitionen gekostet...

Das ausgeschilderte Grab des La Buse finden Sie auf dem Cimitère de la Caverne an der Mauer des Haupteingangs, wo zwei kleine Kanonen

die kriegerische Vergangenheit des Freibeuters dokumentieren. Interessant ist, daß viele Einwohner von dessen Weiterleben überzeugt sind. Sie kommen des Nachts zu seinem Grab, bitten in okkultischen Sitzungen um Beistand oder wünschen die Rache des La Buse auf ihre Feinde herab!

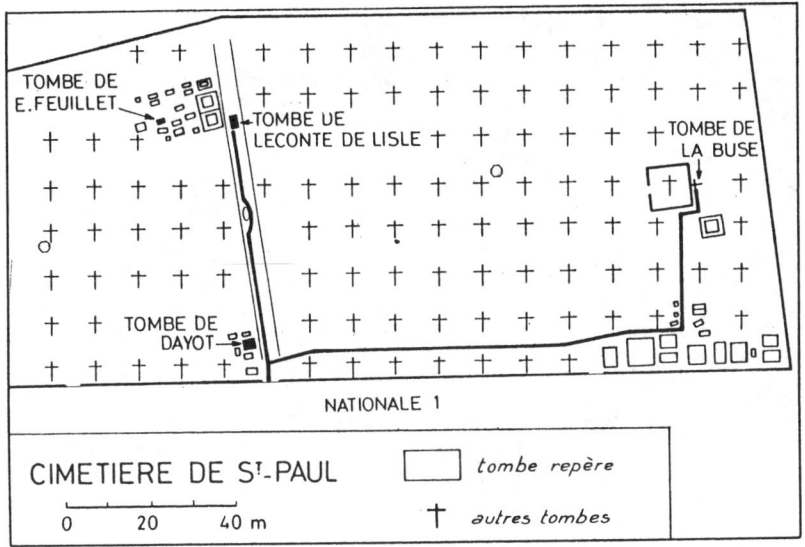

Nach dem Friedhof sollten Sie am Ortsanfang die N 1 nach links verlassen und sich noch ein wenig das Zentrum des Städtchens anschauen, das immerhin die erste französische Siedlung der Insel und vor St-Denis sogar offizielle Hauzptstadt der Ile Bourbon war. Orientieren Sie sich dabei am Küstenverlauf, und Sie kommen automatisch zur langgestreckten Straße direkt am Ufer, die zunächst Rue des Filaos, dann Quai Gilbert und schließlich Boulevard Front de Mer heißt. Wo auf der linken Seite die alten Kanonen aufs Meer hinaus weisen, gibt es genügend Parkplätze und einen weiten Blick bis zum Cap la Houssaye. Von hier aus können Sie an der Gendarmerie vorbei zum Zentrum spazieren, sich das neue Rathaus mit seinem schönen Brunnen anschauen und an den lebhaften Geschäften der Rue M. et A. Leblond vorbeibummeln. Achten Sie darauf, wie viele schöne kreolische Baudenkmäler St-Paul noch aufzuweisen hat! Überhaupt scheint die Atmosphäre in der alten Hauptstadt noch ursprünglicher, unverfälschter zu sein als in der Nachfolgerin St-Denis.

500 m vom Stadtzentrum nordwärts, nahe am Kanal, befindet sich in der Rue de l'embarcadère Nr. 3 ein kleiner hinduistischer Tempel, der Shiva und seinem Sohn Ganesh geweiht ist. Der interessante Bau hat eine buddhistische Pagode, die hier einmal stand, verdrängt.

Abstecher Etang St-Paul

Am Ortsausgang, wo die verschiedenen städtischen Straßen sich mit der N 1 wieder vereinigen, überbrückt man den Etang St-Paul und fährt weiter in Richtung Le Port. Kurz hinter der Brücke kann man auf der rechts abzweigenden D 4 einen kurzen Abstecher in die urtümliche Landschaft des Etang St-Paul unternehmen, die durch Sümpfe, einen See mit Papyrusgras, Wasserpflanzen, aber auch Kokospalmen und andere Bäume charakterisiert ist. Neben etlichen Vogelarten ist in der Fauna des Gebietes auch das Chamäleon vertreten. Die besten Landschaftseindrücke kann man auf der "Tour des Roches" sammeln, die kurz hinter der Zuckerfabrik Savannah rechts von der D 4 abzweigt.

Omega

Bei der Weiterfahrt auf der N 1 fällt linkerhand ein hoher rot-weißer Antennenmast auf. Diese Anlage namens "Omega" hat die enorme

Höhe von 427 m (die Halteseile sind 703 m lang) und dient der Ausstrahlung von Radiosendungen sowie der Navigationshilfe für Schiffe und Flugzeuge. Gekoppelt mit gleichen Antennen in Argentinien, Australien, den USA, Hawaii, Japan, Liberia und Norwegen wird praktisch der gesamte Erdball von diesem System abgedeckt und bedient.

Le Port

Kurz hinter der Überquerung des Rivière des Galets zweigt links die N 4 zur Hafenstadt Le Port ab. Dieser Ort sei an dieser Stelle ausschließlich wegen seiner Bedeutung für die insulare Wirtschaft genannt, nicht etwa wegen evtl. Sehenswürdigkeiten. Le Port verfügt seit 1884 über einen modernen und mehrfach erweiterten Hafen, über den der gesamte maritime Im- und Export abgewickelt wird; auch Kreuzfahrtschiffe legen nicht in St-Denis, sondern hier an. Ansonsten hat die Stadt dem Touristen nichts zu bieten.

Ausflug nach Dos-d'Ane

Bei genügend Zeit ist ab der Kreuzung von N 1 und N 4 ein weiterer landschaftlich schöner Ausflug nach Dos-d'Ane durchführbar. Dazu nimmt man im Kreisel die erste Ausfahrt rechts (Richtung Rivière des Galets) und folgt dann der D 1 gut 16 km. Kurz vor dem Ortsanfang von Dos-d'Ane führt rechts eine Stichstraße zu einem Parkplatz. Ab hier können Sie eine kurze und sehr einfache Wanderung zum **Cap Noir** (gut 1 km) unternehmen, die aus etwa 1200 m Höhe einen schönen Blick in den Cirque de Mafate ermöglicht. Der Ausflug ist eine geeignete Alternative zum Piton Maïdo, wenn man für diesen wegen der längeren Anfahrt keine Lust oder Zeit hatte.

Der Weg nach St-Denis berührt kurz hinter Le Port die Ortschaft **La Possession**, die ebenfalls nicht viel Sehenswertes aufzuweisen hat. Deswegen sollte man direkt auf die Autobahn fahren, es sei denn, man zieht die 34 km lange, aber landschaftlich sehr schöne Strecke über **La Montagne** (Autobahnabfahrt D 41; vgl. 7.1.4) der modernen Schnellverbindung vor.

Route en Corniche

Das 12 km lange Verbindungsstück zwischen La Possession und St-Denis ist eine Sehenswürdigkeit ganz eigener Qualität, von der die Réunioner manchmal stolzer sprechen als von ihren Cirques oder dem Vulkan. Tatsächlich ist die "Route en Corniche" ("Route du Littoral") das mit 250 Millionen Franc vielleicht teuerste Stück Autobahn, das jemals gebnaut wurde (übrigens unter finanzieller Hilfe der EG). Ihre Bedeutung kann man nur ermessen, wenn man weiß, daß bis 1850 eine Verbindung von der Hauptstadt zur Westküste allein mittels Ruderfähren vonstatten ging, bis die jetzige Bergstraße über La Montagne eröffnet werden konnte. Schließlich wurde der Plan einer an der Steilküste herumführenden Trasse in die Tat umgesetzt, zunächst als enge und oft verschüttete Küstenstraße und als Eisenbahnverbindung, die durch einen 10 km langen Tunnel (1882 eröffnet; damals der längste der Welt!) operierte. 1967 schließlich konnte nach nur 13monatiger Bauzeit das technische Paradestück eingeweiht werden. Dazu hatte man 60 500 Tetrapoden von bis zu 25 t Gewicht, 225 000 Kubikmeter Beton, 890 km Aluminiumverstrebungen und nahezu 2 Millionen Kubikmeter anderen Materials bewegt und verbaut. Immerhin hat Réunion nun auch eine kurze, aber funktionierende Strecke für Raser, die täglich von etwa 22 000 Fahrzeugen frequentiert wird. Nach einem Zyklon oder heftigen Regenfällen allerdings, wenn Felsbrocken und abgerutschte Gesteinsmassen die Autobahn blockieren, quält man sich wieder hinauf auf die alte D 41...

7.6.4 DER CIRQUE DE MAFATE

Der Cirque de Mafate kann als das eigentliche, ursprüngliche Herz von Réunion bezeichnet werden. Rundum von steilen Zweitausendern umgeben, konnte der 72 qkm große Talkessel bislang noch nicht an das insulare Straßennetz angeschlossen und damit dem problemlosen Tourismus geöffnet werden. Besucher müssen für dieses Ziel also, wenn sie nicht auf die bequeme Möglichkeit eines Helikopterfluges zurückgreifen, einigen Aufwand an Energie und Zeit mitbringen, der sich allerdings in jedem Fall lohnen wird! Den Touristen erwarten nämlich die wildeste

Réunion: Der Cirque de Mafate

Landschaft der Insel, eine karge, ursprüngliche Vegetation, wunderschöne Tamarindenwälder, halbwilde Rinderherden und einmalige Einblicke in das einfache Leben der wenigen Einwohner (ca. 600), von denen einige noch nie das Meer gesehen haben. Sie sind die Nachfahren der entlaufenen Sklaven und der sog. Kleinen Weißen der Höhe, die im Lauf der 350jährigen Geschichte den abgeschiedenen Cirque als Zufluchtsstätte entdeckt hatten und nun mit Forst- und Landwirtschaft ihr Auskommen finden. Einziger Tribut an die moderne Zeit sind Elektrizität und die regelmäßig heranschwebenden Hubschrauber, die die Bevölkerung mit Nahrungsmitteln versorgen.

Die größte der hochgelegenen Siedlungen ist **La Nouvelle**, wo etwa 100 Menschen wohnen, mit seinen beiden Berghütten und einem primitiven Campingplatz gleichzeitig auch das Ziel jeder Wanderung in den Cirque. Weitere Berghütten stehen in Aurère, Roche Plate, Grand Place und Ilet à Bourse zur Verfügung.

Ausgangspunkte für Wanderung zum Cirque de Mafate gibt es viele. Die wichtigsten und am meisten benutzten sind die vom Piton de Maïdo, vom Cirque de Salazie und vom Cirque de Cilaos aus. Ab Cilaos fährt man dabei in Richtung Ilet à Cordes und wandert schließlich über Ilet des Salazes und am Col du Taibit vorbei auf dem markierten Pfad des G.R.1 (vgl. 7.5.3).

Am nächsten zum Talkessel kommt man mit dem Wagen über den Cirque de Salazie, wo die unasphaltierte Schotterstraße RF 13 über Le Bélier bis zum Parkplatz Bord Martin (1569 m; vgl. 7.2.3) führt, von wo es nur 9 km bis La Nouvelle sind. Die Pläne, diese Straße einmal bis in den Talkessel zu verlängern und auszubauen, sind vorerst aufgegeben worden, werden in Zukunft vielleicht aber wieder aktiviert.

Eine Wanderung, die nur den Cirque de Mafate zum Ziel hat, ist in zwei Tagen bequem durchführbar, eine Kombination mehrerer Ziele braucht entsprechend länger. Bedenken Sie auch, daß die Sichtverhältnisse am Vormittag am besten sind und später Nebel und Wolken das Landschaftserlebnis beeinträchtigen können.

8 LITERATURVERZEICHNIS (Auswahl):

Mit der steigenden Popularität der Inseln im Indischen Ozean ging natürlich auch die publizistische Aufbereitung einher, insbesondere im Fall von Mauritius. In kleineren und größeren Reiseführern und Broschüren werden reichhaltige Urlaubs-Tips, Hinweise zu Hotels, Restaurants, Exkursionen, Stränden etc. angeboten. Einige von ihnen sind im folgenden genannt.

Der erste "Reiseführer" in deutscher Sprache war aber der Bericht des Hugenotten François Leguat de la Fougère, der mit seinen Gefährten die Inseln Rodrigues, Réunion und Mauritius mehr erlitten als genossen hat:

François **Leguat**: Eines Franzosen und seiner Gefehrten Reisen und Wunderliche Begebenheiten nach zweyen unbewohnten Ost-Indischen Insuln, Franckfurth und Leipzig 1709

Reiseführer zu Mauritius:

Därr, Wolfgang, Mauritius Reise-Handbuch. DuMont Richtig-Reisen, DuMont-Verlag Köln, 4. Aufl. 1989. Ausführlicher, 206 Seiten starker Reiseführer mit Artikeln, Touren- und Wandervorschlägen, viel Bildmaterial und Reise-A-Z

Durand, Jean-Pierre, Insel Mauritius. Geo Center Stuttgart 1983. Ca. 200 Seiten, großer Farbteil mit begleitenden Texten

Guderjahn, Malo, Mauritius. Goldstadt Reiseführer Bd. 6234, Goldstadtverlag Pforzheim, 3. Aufl. 1988. Präziser, 235 Seiten umfassender Reiseführer mit einleitenden Artikeln, Praktischen Hinweisen, Itinerarien, kleinem Sprach- und Fotoführer sowie einem Kapitel über Réunion

Gerisch, Peter / **Eicke**, Clausjürgen, Hildebrand's Urlaubsführer Mauritius. K+G Verlagsgesellschaft Frankfurt, 2. Aufl. 1985. Knapper Reiseführer (ca. 100 Seiten) mit Farbteil, einleitenden Artikeln und herausnehmbarer Landkarte

Rolfini, Antonio, Mauritius in Ihrer Tasche. System Bank s.r.l. Mailand 1989. Kleinformatiger, über 500 Seiten starker Reiseführer in deutscher und französischer Sprache, gutes Bildmaterial, schlampig übersetzt und schlecht verarbeitet

Reiseführer zu Réunion:

Althoff, Dirk und Henriette, Réunion. Du Mont Richtig Reisen, DuMont-Verlag Köln 1987. 270 Seiten voller Informationen, Abbildungen, Plänen, Wander- und Tourenvorschlägen sowie Reise-A-Z

Maison de la France (Hrsg.), Ile de la Réunion. Frankfurt 1989. Ausführliches Urlaubs-Begleitheft (33 Seiten) des französischen Tourismusbüros mit einzelnen Artikeln, Reise-A-Z und schönen Farbbildern

Tourisme en Réunion, Le perfait manuel du tourisme. Bourbon Éditions Nouvelles, Saint-Gilles 1987. Umfangreicher touristischer Führer in französischer Sprache, voller nützlicher Adressen, Reklame, Stadtplänen und Landkarten

Trotet, Albert, Guide touristique de la Réunion. IGN Saint Denis 1984. Knapper und präziser Reiseführer in der Art der Guide Michelin, 60 Seiten mit Skizzen, Karten und Itinerarien, keine Abbildungen, nur auf französisch

Andere Literatur:

Owadally, A.W., Sir Seewoosagur Ramgoolam Botanic Garden. Rose Hill, 2. Aufl. 1988. Beschreibung von Geschichte, Aufbau und Besichtigung der Gärten von Pamplemousses in englischer Sprache, 50 Seiten mit Skizzen, farbigen Abbildungen und lateinischem Appendix

Stein, P., Kreolisch und Französisch. Max Niemeyer Verlag Tübingen 1984. Sprachwissenschaftliche Abhandlung für tiefergehend Interessierte

David, James und Lilette u.a., Parlez Créole/Speak Créole. Éditions de L'Océan Indien, Rose Hill 1988. Praktischer Sprachführer auf englisch, französisch und Créole, 118 Seiten.

STICHWORT-, ORTS- UND NAMENSREGISTER

(Die im Stichwort- und Ortsregister angehängten Abkürzungen bedeuten: Mau = Mauritius; Reu = Réunion)

Affen 33,44,161,167,179
Agalega, Mau 194
Ägypter 12,27
Albius, Edmond 202,272
Anse des Cascades, Reu 284f
Äquator 33
Araber 27,191,238,287
Australien 10,69
Autoverleih, Mau 57
Autoverleih, Reu 214ff

Baie de la Rivière Noire, Mau..100
Baie du Cap, Mau 159,164
Baie du Tamarin, Mau 100
Baie du Tombeau, Mau 96f,117,
 137
Banken, Mau 57f
Bassas da India, Reu 204
Bassin la Mer, Reu 275
Bassin la Paix, Reu 274
Bassins de St-Gilles, Reu 323f
Baudelaire, Charles 55,202
Beau Bassin, Mau 153,156
Beau Champ, Mau 32,173
Bel Ombre, Mau 32,182
Belle Mare, Mau 98,171
Belmont, Mau 142
Bernardin de St-Pierre, Mau ... 148
Bevölkerung, Mau 51ff
Bevölkerung, Reu 208
Bier 94,155
Black River, Mau 162
Blue Bay, Mau 99,178
Bois Court, Reu 298
Bois Rouge, Reu 270
Bord Martin, Reu 278,333
Both, Pieter 27,137
Botschaften, Mau 58
Botschaften, Reu 216
Boucan Canot, Reu 229
Bras de Cilaos, Reu 204

Bras Sec, Reu 316
Bras-Panon, Reu 271f,282
Briefmarken 28,108f,132,216
Buddhisten 85
Busse, Mau 58f
Busse, Reu 217,239

Camping, Mau 59
Cap Malheureux, Mau 20,98,141
Cap Méchant, Reu 288f
Cargados-Inseln, Mau 193f
Cascade Biberon, Reu 300
Cascade Bras Rouge, Reu 315
Cascade Chamarel, Mau 163
Cascade de Chaudron, Reu 269
Cascade de la Grand
 Ravin, Reu 290
Cascades du Voile de la
 Mariée, Reu 276
Case Noyale, Mau 165
Casela Bird Park, Mau 43,167
Casinos, Mau 59
Casinos, Reu 217
Cavadee, Mau 83,86f,154
Chagos-Inseln, Mau 195f
Chamarel, Mau 84,162f,165
Château de Villbague, Mau 143
China 22,145
Chinesen 10,53,199,202,212,238
Cholera 24,29
Christen 83f
Cilaos, Reu 247,314f,333
Cirque de Cilaos, Reu....306,313ff,
 333
Cirque de Mafate, Reu 209,326,
 .... 332f
Cirque de Salazie, Reu 266f,
 .... 275ff,306,313
Cirque Mafate, Reu 278
Cirques, Reu 204,209,240
Coin de Mire, Mau 98,141,186

Col de Bellevue, Reu 301
Colorado, Reu 263ff
Coulée de lave, Reu 284
Cratère Bory, Reu 304
Cratère Commerson, Reu 302
Cratère Dolomieu, Reu 304
Créole 21,76ff,191f,197,210
Curepipe, Mau 84,152f,156ff
- Botanischer Garten................158
- Rathaus....................................157
- St. Hélène...............................157
- St. Therese 157
- Trou aux Cerfs............ 31,33,158f
Curry 77,90ff

Dänen **14**
Decaen 20,124
de Gaulle 203
Diaz, Bartolomeo.........................13
Diego Garcia...................... 26,195f
Divali 83,88f
Dodo................ 15,37ff,77,192,206
Domaine du Chasseur, Mau .42,44
.... 104,161,174ff
Dos-d'Ane, Reu........................331
Dronte..................................13,37f
Dufresne, Guilleaume............16,27
Dumas, Pierre-Benoit 308

Ebenholz **13ff,27,36**
Engländer 14,21ff,195f
Entre-Deux, Reu 312f
Étang Saint Paul, Reu...............330
Eureka, Mau..................77,132,153
Europa, Reu.......................204,321

Feiertage, Mau **60**
Feiertage, Reu............................219
Fernsehen, Mau 60
Feste, Mau...................... 82ff,86ff
Feuerlaufen 89,154,238
Flacq, Mau............................ 15,170f
Flic en Flac, Mau............... 100f,167
Floréal, Mau........................... 155f
Flüge, Reu 220ff,323
Flüge, Mau..........................61,65
Formica Leo, Reu............303,305

Franko-Mauritianer...............53,84
Franzosen 14,15ff,176,191f
Französische Revolution.............19
Fronleichnam 89
Frühlingsfest................................86

Gandhi, Mahatma **23,269**
Ganga Asnan...............................89
Garriga, Sarda..........................202
Geranium.....................202,208,292
Geschäfte, Mau.......................... 63f
Geschäfte, Reu..........................221
Geschichte, Mau..................... 12ff
Geschichte, Reu..................... 198ff
Gillot, Reu....................... 249,268f
Gomm, William........................108
Goodlands, Mau 142
Gorges de la Rivière
 Noire, Mau...........................162
Grand Anse, Reu................ 292f
Grand Baie, Mau......... 98,139f,186
Grand Bassin, Mau.......31,87f,160f
Grand Bénard, Reu..................315
Grand Coude, Reu 291
Grand Étang, Reu 299f
Grand Galet, Reu.....................290
Grand Gaube, Mau 98,141
Grand Port, Mau 20
Grand Rivière Noire, Mau 166
Grand-Ilet, Reu 278
Grande Anse, Reu....................229
Grande Rivière Sud-Est, Mau .173

Hahnenkampf **309,312**
Haiti..79
Hart, Edward Robert...............180
Hell-Bourg, Reu 277f,301
Henrietta, Mau 155
Hindus...............51f,82f,137,160f
Hirsche...............15,27,33,44,148
..................................161,174,179
Hochseeangeln, Mau..............46,56
Hochseeangeln, Reu . 242f,285,321
Holi...88
Holländer..........10,171,176,188,191
..................................200,206
Hotels, Mau................................ 101ff

337

Hugenotten 16,27,191
Humboldt, Alexander von 272

Ile au Fourneau, Mau **189**
Ile aux Aigrettes, Mau 178,188
Ile aux Benitiers, Mau 60,96,100,
.... 165,189
Ile aux Cerfs, Mau 96,99,168,
.... 171f,187
Ile aux Fouquets, Mau 188,191
Ile aux Fous, Mau 188
Ile aux Serpents, Mau 187
Ile Bonaparte 201,236
Ile Bourbon ... 17,200f,236,308,328f
Ile Cocos, Mau 43
Ile d'Ambre, Mau 142,187
Ile de France 17,19,21,201,308
Ile de l'Est, Mau 96,99,172,187
Ile de la Passe, Mau 188
Ile des Deux Cocos, Mau 178,
.... 185,189
Ile Marianne, Mau 187
Ile Plate, Mau 186
Ile Ronde, Mau 186f
Iles Glorieuses, Reu 204
Ilet á Cordes, Reu 315f
Ilet à Vidot, Reu 278
Ilot Gabriel, Mau 141,186
Ilot Sanche, Mau 181f
Inder 10,18,51f,199,210f,238,270
Indien 10,18,22f,51,90,120,126,
.... 145,160,210
Indischer Ozean 12f,15,20,78,
.... 183,196,201,205,327
Indonesien 14
Industrie, Mau 48f

Jagd **173f**
Java 15,145
Johannes Paul II. 30,84,128,203
Jugnauth, Anerood 25,29,55

Klima, Mau **33ff**
Klima, Reu 205ff
Komoren 13,65,273
Konsulate, Mau 58
Konsulate, Reu 216

Korallen 31f,45f
Korsaren 20
Krankheit 66f,223
Kreolen 10,52f,76ff,209f,236
Krokodile 179
Küche, Mau 89ff
Küche, Reu 218
Künstler, Mau 62f
Künstler, Reu 224

l'Etang-Salé, Reu **229,320**
La Buse 28,142,200,312,327ff
La Buse (Olivier le Vaseur) 16
La Fenêtre, Reu 316
La Gaulette, Mau 100,165
La Montagne, Reu 264,331
La Nouvelle, Reu 326,333
La Possession, Reu 264,331
La Réduit, Mau 77,117
La Vanille, Mau 44,179f
Laternenfest 87
Laval, Jacques Désirée 28,84,88
.... 130f
Le Bélier, Reu 278
Le Brûlé, Reu 261f
Le Dix Septième, Reu 265
Le Pavillon, Reu 314
Le Port, Reu 331
Le Pouce, Mau 32,117,132f
Le Réduit, Mau 148,153
Le Réduite, Mau 131
Le Tampon, Reu 247,297f
Leguat, Francois de la
    Fougère 188,191,334
Les Makes, Reu 316
Ludwig XV. 199f

Madagaskar **10,15,51,65,69,90**
.... **202,204,211,273,321,327f**
Maha Shivaratree 83,87ff,160f
Mahé de Labourdonnais 28,122,
.... 126,143,145,201,254f,264
Mahé de Labourdonnais, Bertrand François 17ff,115
Mahébourg, Mau 32,84,99,162,177f
- Kathedrale 177
- Marinemuseum 67f,177

- Markt 177
Malaien 12,27,211
Malaria 24,29
Malartic, Graf de 122
Manapany-les-Bains, Reu.........292
Mare à Martin, Reu 279
Mare à Poule d'Eau, Reu.........276
Mare aux Vacoas, Mau33,155,159f
Mare-Longue, Reu 288
Mascarenhas, Pedro..............13,200
Maskarenen 12f,27,33,78,242
.....................................287,328
Mayo, Jean-Claude....................286
Mille Monts, Reu.....................299
Mirador, Mau............................159
Moka, Mau 133,153
Mont Choisy, Mau....................139
Montagne Calebasses, Mau 132
Montagne du Lion, Mau..........176
Montagne du Rempart,
  Mau............... 155,166f
Montagnes Bambous, ...
  Mau.................32,35,168,173
Montagnes Savanne, Mau 35
Montagnes Vacoas, Mau 155
Moritz, Prinz von Nassau 14,27
Morne Brabant,
  Mau..................... 32,99f,165,189
Morne Langevin, Reu 291
Moçambique 211
Moslems 84f,120,202,210
Museen, Mau 67f
Museen, Reu 224f

Napoleon..............................**20,201**
Neuseeland 38
Nez de Boeuf, Reu 291,302

Omega, Reu **330f**
Ostafrika 10
Ostindien-Kompanie ...17f,27f,199f

Pakistan..................................**120**
Pamplemousses, Mau.........19,143ff
- Botanische Gärten ... 42,133,144ff
- Kirche St. Francois 144
- Mon Plaisir............................. 147f

Pas de Bellecombe, Reu.. 301,303f
Paul & Virginie 142f,148
Pereybere, Mau.......................140
Petite Ile, Reu 292
Petite Rivière Noire, Mau 165f
Pflanzenwelt, Mau....................36ff
Pflanzenwelt, Reu 206ff
Phoenix, Mau 154f
Phönizier................................12,27
Pieter Both, Mau 15,32,115,
....129,132,148
Piraten 12,16f,181,289,327f
Piton de la Fournaise, Reu......201,
......................................204,240,294ff
Piton de la Rivière Noire, Mau..32
Piton des Neiges, Reu........204,315
Piton Maïdo, Reu 325f
Plaine Champagne, Mau ...161,166
Plaine d'Affouches, Reu...........265
Plaine des Cafres, Reu........204,247
.... 298f,301
Plaine des Palmistes, Reu.........247
.... 299ff
Plaine des Sables, Reu 302f
Plaines Wilhelms, Mau 30
Plaisance, Mau 23,29
Pocken...................................19,28
Point du Diable, Mau.................173
Pointe aux Canonniers, Mau......97
.... 138f
Pointe aux Piments, Mau..........138
Pointe aux Roches, Mau...........181
Pointe de Flacq, Mau.................98
Pointe de la Table, Reu 286,288
Pointe Desny, Mau....................178
Pointe Quatre Cocos, Mau........171
Poivre, Pierre 19,28,145
Politik, Mau...............................24ff
Port Louis, Mau............. 20,22,115ff
....136,152
- Champs de Mars 122
- Chinesisches Casino................121
- Chinesisches Viertel 120
- Fort Adelaide 121f
- Fort George 115,127
- Fort William....................115,127
- General Post Office 126f

- Hafen 115
- Jardin de la Compagnie 126
- Jummah-Moschee 85,120f
- Kathedrale............................ 122f
- Marché Central 119
- Naturhistorisches Museum .. 125f
- Naturkundemuseum 67
- Pagoden......................... 85,128f
- Palais Episcopal 123
- Place Labourdonnais..............117
- Priest's Peak..........................129
- Regierungsgebäude............... 124f
- Signal Hill............................128
- Stadttheater........................ 123f
Port Napoleon................20,28,115
Portugiesen 13f,27,191,194,200,327
Post, Reu............................... 225f
Poudre d'Or, Mau 142f,170
Puits Arabe, Reu 286ff

Quatre Bornes, Mau 154

Ramgoolam, Seewoosagur 25,29
Ravine Blanche, Reu.................298
Reisezeit, Mau 33,36
Reisezeit, Reu 205ff
Religionen.............................82ff
Riambel, Mau..........................181
Rivière de l'Est, Reu 283
Rivière des Pluies, Reu.............269
Rivière des Remparts, Reu 291
Rivière des Roches, Reu ...274,282
Rivière Langevin, Reu 291
Roche Ecrite, Reu..............263,265
Roches Noires, Mau...................98
Roches Noires, Reu 229
Rochester Falls, Mau 180f
Rodrigues 10,15,27f,38,43,65,69,
.... 115,188,190ff
- Bevölkerung 191
- Geschichte........................... 191f
- Port Mathurin....................... 192f
Rose Hill, Mau.................154,156
Route du Volcan, Reu 301ff
Route en Corniche, Reu.........331f
Rum 94
Rupien.....................................63

Saint André, Reu 270
Saint Benoit, Reu......................282
Saint Bernard, Reu...................264
Saint Denis, Reu......... 17,246,252ff
- Jardin de l'Etat.............. 258, 261f
- Kathedrale............................256
- Markthalle............................258
- Moschee 259
- Museum Leon Dierx........225,258
- Naturhistorisches Museum 225
....258
- Pagode 259
- Place de la Prefecture 254
- Rathaus................................257
- Shiva-Tempel.......................260
- Siegessäule...........................258
- Universität............................257
Saint Gilles, Reu 229,244,247f,322f
- Musée de Villèle 224f,325
Saint Gilles-les-Hauts, Reu 325
Saint Joseph, Reu 291
Saint Leu, Reu 207,229,321f
Saint Louis, Reu 314,319f
Saint Paul, Reu 326ff
- Caverne des Premiers
  Français.............................. 326f
- Friedhof...............................327
Saint Philippe, Reu.....246,282,284,
....288
Saint Pierre, Reu 247,306,308ff
- Markt 310
- Moschee 310
- Pagode 311
- Rathaus................................311
- Strand 229
- Strandpromenade...........309f,312
- Tamilentempel.....................312
- Terre Saint 309
Sainte Anne, Reu..................... 282f
Sainte Croix, Mau... 84,88,117,129f
Sainte Marie, Reu....................269
Sainte Rose, Reu 284
Sainte Suzanne, Reu................ 269f
Salazie, Reu...................... 246,275f
Saline-les-Baines, Reu 229
Schildkröten 13,38,44,148,167,
.... 206,321f

340

Sega 80f,136
Senegal 211
Serpent Island, Mau 43
Seychellen ... 10,13,15f,19f,28,65,69,
.... 78,192,249,328
Sklaven .. 12,15,19,22,27f,52,78,130,
.... 165,198f,201,209,211,269,325
Solitaire 38f,192
Somalia 211
Souillac, Mau 99,178,180
Souvenirs, Mau 69ff
Souvenirs, Reu 227f
Sport, Reu 238
St-Brandon, Mau 43,115,194
Stevenson, William 124
Strände, Mau 32,95ff
Strände, Reu 228ff
Straßenverhältnisse, Mau 71f
Straßenverhältnisse, Reu 230
Südafrika 10,16,26,51,69
Surcouf, Robert 20,28
Surinam, Mau 161,181
Symbiose pour Volcan et Oiseau,
   Reu 286

Takamaka, Reu 282
Tamarin, Mau 155,164,166f
Tamarind Falls, Mau 155,159f
Tankstellen, Mau 72
Taxis, Mau 72
Taxis, Reu 230f
Teemeedee 83,89
Telefon, Mau 72f
Terres de Couleurs, Mau 162ff
Theater, Reu 231
Tierwelt, Mau 36ff
Tierwelt, Reu 206ff
Toulet, Paul Jean 180
Tourismus, Mau 50f,81
Trinken 231
Trinkgeld, Mau 73
Trinkgeld, Reu 232

Triolet, Mau 137
Trois Mamelles, Mau 167
Tromelin, Reu 204,321
Trou aux Biches, Mau 97,138f
- Aquarium 46,138f
Trou d'Eau Douce, Mau ... 99,171f
Trou de Fer, Reu 276
Twain, Mark 55

Übernachtung, Mau 73
Unterkunft, Reu 232f,244ff
Unterwasserwelt, Mau 45f
USA 26,196

Vacoas, Mau 154f
Vallée des Pretres, Mau 129
Vanille 202,208,271ff
Verkehrsregeln, Mau 73
Victoria, Queen 109,124,126
Vierge au Parasol, Reu 285f
Vieux Grand Port, Mau 176,188
Villa Labourdonnais, Mau .. 77,143
Vingt-Troisième, Reu 298
Vulkanismus 30,159,203,284,
.... 286f,294ff

Wandern, Mau 74
Wandern, Reu 233,240
Warwijk, Wybrandt van 14,27
Wassersport, Mau 74
Wassersport, Reu 234,241ff,322f
Wirtschaft 10
Wirtschaft, Mau 26,46ff
Wirtschaft, Reu 208

Zeitungen, Mau 74
Zollbestimmungen, Mau 74f
Zollbestimmungen, Reu 235
Zucker 10
Zuckerrohr 17f,21ff,27,39f,47f,
.... 173,198,202,208,269
Zyklone 13,35f,201,203,205

Globetrotter wissen, wo's langgeht . . . . .

Im Buchhandel zu beziehen.

Wir empfehlen für Mauritius
und Réunion je eine
Übersichtskarte 1 : 100 000.

Für noch genauere Karten bitte
Blattschnitte anfordern.

Internationales
Landkartenhaus
GmbH
Postfach 800830
D-7000 Stuttgart 80
Tel. 0711 / 78893-40
Telex 7255508ilh d
Telefax 0711 / 7889354

ISBN 3-923975-15-S 36,80 DM

ISBN 3-923975-11-2 34,80 DM

ISBN 3-923975-07-4 32,80 DM

ISBN 3-923975-10-4 32,80 DM

ISBN 3-923975-14-7 36,80 DM

ISBN 3-923975-12-0 39,80 DM

ISBN 3-923975-13-9 39,80 DM

ISBN 3-923975-17-1 39,80 DM

ISBN 3-923975-08-2 42,80 DM

ISBN 3-923975-19-8 42,80 DM

ISBN 3-923975-04-X 39,80 DM

ISBN 3-923975-20-1 39,80 DM

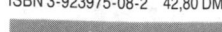

ISBN 3-923975-21-X 39,80 DM

ISBN 3-923975-24-4 44,80 DM

- USA/Nordosten
- USA/Ostküste
- USA/Städte
- USA/Hawaii
- USA/Florida
- Südsee
- Thailand
- Sri Lanka
- Mexico
- Kenia/Nordtansania

Reisebuch-Verlag Iwanowski

Raiffeisenstraße 2 · 4047 Dormagen 1
Telefon 0 21 33 / 6 19 19 · Telefax 0 21 33 / 6 31 30

Als Autor dieses Reisehandbuches hoffe ich, daß es Ihnen bei der Reiseplanung und -durchführung gute Dienste leistet.

Seitdem ich den Archipel der Maskaren bereise, konnte ich immer wieder Neues kennenlernen und z.T. rasante Veränderungen erfahren.

Deshalb weiß ich: Kein Reiseführer kann fehlerfrei sein - gerade im Tourismus ändern sich sehr viele Dinge in sehr kürzer Zeit, so daß was gestern noch galt, morgen schon überholt sein kann.

Vielleicht entdecken Sie etwas besonders Sehenswertes; vielleicht stellen Sie fest, daß Hinweise berichtigt oder ergänzt werden müssen - dann helfen Sie bitte mit, dieses Buch in den weiteren Auflagen mit Ihren persönlichen Erfahrungen zu bereichern. Für jede Anregung werde ich mich bei Ihnen mit einem kleinen Geschenk bedanken.

Viel Freude und einen erlebnisreichen Urlaub in Mauritius und/oder Réunion!

Ulrich Quack